Como Administrar o Fluxo de Caixa das Empresas

O GEN | Grupo Editorial Nacional – maior plataforma editorial brasileira no segmento científico, técnico e profissional – publica conteúdos nas áreas de ciências sociais aplicadas, exatas, humanas, jurídicas e da saúde, além de prover serviços direcionados à educação continuada e à preparação para concursos.

As editoras que integram o GEN, das mais respeitadas no mercado editorial, construíram catálogos inigualáveis, com obras decisivas para a formação acadêmica e o aperfeiçoamento de várias gerações de profissionais e estudantes, tendo se tornado sinônimo de qualidade e seriedade.

A missão do GEN e dos núcleos de conteúdo que o compõem é prover a melhor informação científica e distribuí-la de maneira flexível e conveniente, a preços justos, gerando benefícios e servindo a autores, docentes, livreiros, funcionários, colaboradores e acionistas.

Nosso comportamento ético incondicional e nossa responsabilidade social e ambiental são reforçados pela natureza educacional de nossa atividade e dão sustentabilidade ao crescimento contínuo e à rentabilidade do grupo.

EDSON CORDEIRO DA SILVA

Conselheiro de Administração Certificado pelo IBGC

Como Administrar o Fluxo de Caixa das Empresas

Guia de sobrevivência empresarial

11ª edição

Enfoque prático e objetivo de apoio aos executivos na maximização do lucro, geração de caixa e formação de preço

- O autor deste livro e a editora empenharam seus melhores esforços para assegurar que as informações e os procedimentos apresentados no texto estejam em acordo com os padrões aceitos à época da publicação, *e todos os dados foram atualizados pelo autor até a data de fechamento do livro*. Entretanto, tendo em conta a evolução das ciências, as atualizações legislativas, as mudanças regulamentares governamentais e o constante fluxo de novas informações sobre os temas que constam do livro, recomendamos enfaticamente que os leitores consultem sempre outras fontes fidedignas, de modo a se certificarem de que as informações contidas no texto estão corretas e de que não houve alterações nas recomendações ou na legislação regulamentadora.

- Data do fechamento do livro: 15/03/2022

- O autor e a editora se empenharam para citar adequadamente e dar o devido crédito a todos os detentores de direitos autorais de qualquer material utilizado neste livro, dispondo-se a possíveis acertos posteriores caso, inadvertida e involuntariamente, a identificação de algum deles tenha sido omitida.

- **Atendimento ao cliente: (11) 5080-0751 | faleconosco@grupogen.com.br**

- Direitos exclusivos para a língua portuguesa
  Copyright © 2022, 2024 (3ª impressão) by
  Editora Atlas Ltda.
  Uma editora integrante do GEN | Grupo Editorial Nacional
  Travessa do Ouvidor, 11
  Rio de Janeiro – RJ – 20040-040

  www.grupogen.com.br

- Reservados todos os direitos. É proibida a duplicação ou reprodução deste volume, no todo ou em parte, em quaisquer formas ou por quaisquer meios (eletrônico, mecânico, gravação, fotocópia, distribuição pela Internet ou outros), sem permissão, por escrito, da Editora Atlas Ltda.

- Capa: Danilo Oliveira

- Editoração eletrônica: Julia Ahmed

- Ficha catalográfica

CIP-BRASIL. CATALOGAÇÃO NA PUBLICAÇÃO
SINDICATO NACIONAL DOS EDITORES DE LIVROS, RJ

S579c
11. ed.

    Silva, Edson Cordeiro da
    Como administrar o fluxo de caixa das empresas : guia de sobrevivência empresarial/ Edson Cordeiro da Silva. – 11. ed. [3ª Reimp.], rev. e ampl. - Barueri: Atlas, 2024.

    Apêndice
    Inclui bibliografia e índice
    ISBN 978-65-5977-259-9

    1. Administração financeira. 2. Contabilidade. 3. Fluxo de caixa. I. Título.

22-76322   CDD: 657.72
                                               CDU: 657.42

Meri Gleice Rodrigues de Souza – Bibliotecária – CRB-7/6439

A Deus por tudo que tem me proporcionado.

"O segredo do sucesso não é prever o futuro,
é criar uma organização que prosperará em um futuro
que não pode ser previsto." (Michael Hammer)

"Não é o mais forte e nem o mais inteligente que sobrevive,
mas sim o mais adaptável às mudanças."[1] (Leon C. Megginson)

---

1   Nota: Frase proferida por Leon C. Megginson, professor da Louisiana State University, num discurso em 1963, onde apresenta a sua interpretação da ideia central de "A Origem das Espécies" de Charles Darwin.

Prefácio

As empresas vêm buscando ferramentas adequadas para projetar e implementar uma estratégia vencedora, devido a um mercado cada vez mais competitivo, mutável e globalizado. A recessão agravou-se no decorrer desses últimos anos. E tende a se prolongar devido ao acirramento da crise financeira, com os bancos reduzindo a oferta de crédito, aumentando juros, à volatilidade no câmbio, ao aumento da inflação, à dívida interna, ao desemprego, à queda do PIB e ao aumento de impostos (carga tributária).

Com isso, as empresas, que já sofriam com a queda nas vendas e não ajustaram a produção e/ou reduziram os custos fixos, estão ficando sem capital de giro, o que aumentará, de forma significativa, a inadimplência das empresas e provavelmente seu endividamento (principalmente das dívidas indexadas ao dólar) e as novas captações de recursos para rolagem de dívidas.

Fique atento e também não despreze as ações da concorrência, bem como o cálculo correto da margem de lucro e dos preços praticados, com descontos, promoções para queima de estoques com pouco giro.

Por essa razão, a administração do caixa faz parte dessa estratégia, pois ela se faz presente em todas as organizações, tanto nas empresas com dificuldades financeiras quanto nas empresas bem capitalizadas. Fique sempre atento ao nível de alavancagem, ao *overtrading* e ao efeito tesoura.

Acompanhe também com cuidado sua necessidade de capital de giro (NCG), principalmente quanto ao seu ciclo de caixa (prazo de pagamento aos fornecedores e o recebimento das vendas).

O fluxo de caixa é um instrumento de planejamento e controle financeiro que tem a capacidade de apresentar em valores, contas e datas os inúmeros dados gerados pelos sistemas de informação da empresa. O seu processo de elaboração deve usar novas técnicas gerenciais de maneira a projetar as receitas, os custos, as despesas, as captações de recursos e os investimentos da empresa com precisão.

É importante também salientar que o fluxo de caixa é um instrumento de tomada de decisão para o gerenciamento financeiro de curto, médio e longo prazos. Um descuido ou erro na gestão do fluxo de caixa poderá causar uma situação muito desconfortável e/ou a insolvência para a empresa. Costumo dizer que o caixa é o rei. Por isso, muito cuidado com a elaboração da previsão, com as premissas utilizadas, com os cenários e com a execução e o monitoramento diário do fluxo de caixa, principalmente em relação aos desvios relevantes. Todos os executivos na empresa devem trabalhar em sintonia com o orçamento anual aprovado pela alta administração e a previsão do **fluxo de caixa operacional. O fluxo de caixa livre e o descontado** também devem ser considerados nos estudos, para apoio ao processo de decisório nas empresas.

O executivo financeiro também deve estar sempre atento para não ser surpreendido, em suas projeções de fluxo de caixa, por eventos relevantes e imprevisíveis com caraterísticas de cisnes negros.

A presente obra nos dá os passos da elaboração desse valioso instrumento, de maneira fácil e objetiva, para os empresários, conselheiros, dirigentes, tesoureiros, gestores financeiros, executivos, docentes e estudantes. Em relação aos empresários que não têm formação acadêmica financeira, a abordagem do livro é simples e descomplicada, pois tem como objetivo atingir as micro, pequenas e médias empresas.

O autor da obra tem a preocupação de fornecer e facilitar, para um perfeito entendimento, os conceitos, princípios, o inter-relacionamento do fluxo de caixa com as outras áreas, administrativa, industrial e comercial, da empresa, com exemplos práticos, quadros auxiliares e planilhas de fluxo de caixa, que estão disponíveis no *site* da Editora: grupogen.com.br. As planilhas são simples de usar, sem dúvida serão de grande utilidade no dia a dia para a confecção do fluxo de caixa e poderão ser **adaptadas e ajustadas** à realidade operacional de cada empresa.

Cabe ressaltar, ainda, que este livro é uma fonte permanente de consulta aos interessados pelo tema.

Boa leitura!

O Autor

Agradecimentos

Ao meu saudoso pai, Sylvio (*in memoriam*), à minha querida mãe, Neuza, e à tia Wanda, por todo suporte e amor concedidos em toda trajetória de minha vida.

À minha querida esposa, Elizabeth, pelo carinho e pela paciência demonstrados ao longo das inúmeras atividades e compromissos profissionais que me privaram, algumas vezes, de um convívio mais intenso.

Ao meu amado filho Marcelo, Mestre em Engenharia de Produção, que torna minha vida mais rica e completa em minhas atividades. Agradeço também pelo apoio nas pesquisas de dados e pela revisão das planilhas de cálculos.

Material Suplementar

Este livro conta com os seguintes materiais suplementares:

- Planilhas auxiliares e planilhas de fluxo de caixa.

O acesso ao material suplementar é gratuito. Basta que o leitor se cadastre, faça seu *login* em nosso *site* (www.grupogen.com.br) e, após, clique em Ambiente de aprendizagem.

O acesso ao material suplementar online fica disponível até seis meses após a edição do livro ser retirada do mercado.

Caso haja alguma mudança no sistema ou dificuldade de acesso, entre em contato conosco (gendigital@grupogen.com.br).

Sumário

1 Introdução, 1

Objetivo do livro, 2

1.1 Citações importantes sobre planejamento financeiro com destaque para o fluxo de caixa no contexto empresarial, 2

2 Administração financeira – considerações gerais, 7

2.1 Conceito, 7

2.2 Objetivos, 7

2.3 Funções, 8

2.4 Importância, 9

2.5 Dinâmica empresarial, 10

2.6 Fluxos de fundos, levantamento e alocação de recursos, liquidez e rentabilidade, 10

   2.6.1 Fluxos de fundos, 10

   2.6.2 Levantamento e alocação de recursos, 11

   2.6.3 Levantamento de recursos, 11

   2.6.4 Alocação de recursos, 15

   2.6.5 Liquidez e rentabilidade, 15

2.7 Meta da administração financeira e segmentos de decisões financeiras, 18

   2.7.1 Meta da administração financeira, 18

   2.7.2 Segmentos de decisões financeiras, 18

Conclusões, 21

3 Demonstrações contábeis, 23

3.1 Conceitos, objetivos e princípios fundamentais de contabilidade, 23

3.2 Principais relatórios, 24

3.3 Mudanças propostas na legislação – Lei nº 11.638/07 (IFRS) alteram e revogam dispositivos da Lei nº 6.404/76 (Lei nº 10.303/01), relativos à elaboração das demonstrações financeiras, 25

   3.3.1 Uma nova visão sobre a contabilidade no contexto empresarial, 26

   3.3.2 Instruções importantes publicadas pela Comissão de Valores Mobiliários (CVM) e Bacen com foco em companhias abertas, 28

3.4 Quadro-resumo – Demonstrações contábeis (Lei nº 6.404/76, atualizada pelas Leis nos 10.303/01 e 11.638/07 (IFRS) e posteriormente pela Lei nº 11.941/09 com modificações importantes constantes nos arts. 37 e 38), 28

3.5 Painel de controle (indicadores de gestão financeira), 30

3.5.1   Quadro de indicadores – comentários, 31

3.5.2   Visão de mercado – análise resumida – indicadores e comentários, 38

Conclusões, 41

4 Administração do fluxo de caixa, 43

4.1   Conceitos, 43

4.2   A importância de um sistema confiável de projeção de fluxo de caixa, 45

    4.2.1   Fatores que afetam o fluxo de caixa, 45

    4.2.2   Enfoque do *cash management*, 47

    4.2.3   Os ciclos: operacional, financeiro e econômico, 50

    4.2.4   Regime de competência e regime de caixa, 55

    4.2.5   Método Direto × Método Indireto, 57

4.3   Objetivos, 58

    4.3.1   Principais requisitos para elaboração do fluxo de caixa, 60

4.4   Funções do administrador financeiro, 60

    4.4.1   Instrumentos de gerenciamento e relatórios com informações gerenciais, 61

    4.4.2   Informações complementares com periodicidade mensal/trimestral ou anual em função da complexidade e porte do negócio, 62

4.5   Gestão de tesouraria, 63

    4.5.1   Funções e atividades de tesouraria, 67

    4.5.2   Administração do caixa, 77

    4.5.3   Administração do contas a receber, 87

    4.5.4   Administração do contas a pagar, 89

    4.5.5   Administração financeira dos estoques, 91

    4.5.6   Plano de contas de tesouraria (ou do fluxo de caixa), 102

4.6   Índice de inadimplência, 104

    4.6.1   Devedores duvidosos/vendas totais, 104

4.7   Valores a receber em dias de vendas, 104

4.8   Cronologia dos valores a receber e o DVR, 105

4.9   Política de vendas, 105

4.10 Política de crédito, 106

4.11 Política de cobrança, 107

    4.11.1 Mecanismo de cobrança, 107

4.12 Circularização e controle da cobrança (positiva e negativa), 108

    4.12.1 Desempenho da área de cobrança (indicadores), 108

    4.12.2 Modalidades de antecipação de recebíveis – opções, 109

4.13 Outros produtos e operações de tesouraria oferecida pelos bancos, 111

4.14 Capital de giro – definições e entendimentos práticos, 113

    4.14.1 Fundamento do modelo dinâmico de análise financeira, 130

    4.14.2 Reclassificação do balanço: abordagem financeira, 131

    4.14.3 Necessidade de capital de giro (NCG), 132

4.15 Relacionamento e produtos bancários, 138

4.16 Controles internos, 141

4.16.1 Controles financeiros importantes, 141

4.17 Fontes de capital, 147

4.18 Gestão de riscos, 157

4.19 Análise de investimentos (métodos usuais de investimentos de capital), 160

    4.19.1 Conceitos, objetivos, importância e classificação, 160

Conclusões, 162

4.20 Projeto de investimento de capital (métodos de avaliação de investimentos), 162

    4.20.1 Valor presente líquido (VPL), 163

    4.20.2 Taxa interna de retorno (TIR), 166

    4.20.3 Índice de lucratividade, 170

    4.20.4 Taxa de retorno contábil (rentabilidade), 172

    4.20.5 *Payback* (período de recuperação do investimento), 173

    4.20.6 *Payback* descontado, 174

    4.20.7 Fluxo de caixa incremental, 175

    4.20.8 Limitações dos métodos de avaliação de investimentos, 177

4.21 Decisões de dividendos, 177

    4.21.1 Política de dividendos com índice de distribuição contínua, 179

    4.21.2 Política de dividendos regulares, 180

    4.21.3 Política de dividendos regulares mais distribuição extra, 180

4.22 Falta de recursos na empresa, 181

    4.22.1 Custos financeiros, *overtrade* e efeito tesoura, 184

    4.22.2 Desequilíbrio financeiro, 189

    4.22.3 Impactos da inflação e juros nas empresas, 191

    4.22.4 Valor do dinheiro no tempo, 192

4.23 Fluxo de caixa livre, modelo, 193

4.24 Modelos e estruturas do fluxo de caixa: quadros de apoio, 195

Conclusões, 197

5 Planejamento e elaboração do fluxo de caixa, 199

5.1 Planejamento, 199

    5.1.1 Questionário de coleta de informações e apoio para elaboração da projeção do fluxo de caixa e/ou orçamento de caixa anual e seu acompanhamento, 200

5.2 Implantação setorial e consolidado, 203

5.3 Mapas e planilhas auxiliares, 204

5.4 Modelos, 210

Conclusões, 221

6 Análise do fluxo de caixa, 223

6.1 Análise dos resultados, 224

6.2 Interpretação, 224

6.3 Acompanhamento e avaliação, 225

6.4 Revisão e controle, 225

    6.4.1 Mapas e planilhas de controle, 227

6.5 Dicas para controle e acompanhamento do fluxo de caixa, 232

    6.5.1 Principais reflexões, 232

Conclusões, 233

7 Indicadores econômicos e financeiros relevantes para análise da qualidade da informação na administração do fluxo de caixa, 235

7.1 EBITDA, 235

    7.1.1 Virtudes e defeitos do EBITDA, 242

    7.1.2 Algumas discussões pelos analistas de mercado sobre o formato, conteúdo e apresentação do quadro EBITDA, 244

    7.1.3 Nota: Divulgação do LAJIDA/EBITDA – "Companhias abertas" – regulação pela CVM, 246

7.2 EVA (é a versão moderna do lucro) – valor econômico agregado, 247

    7.2.1 Quadros ilustrativos e comentários sobre o cálculo do valor econômico agregado (EVA), 247

    7.2.2 Um outro formato de apresentação do valor econômico agregado (VEA) (ou EVA), 252

7.3 Gestão VBM/MVA/GVA, 254

    7.3.1 VBM – gestão voltada para criação de valor, 254

    7.3.2 MVA – valor de mercado agregado, 256

    7.3.3 GVA – geração de valor para o acionista, 257

7.4 Endividamento, 258

    7.4.1 Conceito, 263

7.5 Alavancagem operacional, 264

    7.5.1 Conceito, 264

7.6 Alavancagem combinada (total) – resumo, 265

    7.6.1 Conceito, 265

7.7 Análise do ponto de equilíbrio, 266

    7.7.1 Ponto de equilíbrio contábil, 266

    7.7.2 Ponto de equilíbrio econômico, 269

    7.7.3 Ponto de equilíbrio financeiro, 270

    7.7.4 Margem de segurança, 270

7.8 Custo de capital, 271

    7.8.1 Abordagem introdutória, 271

    7.8.2 Custo de capital – exemplo, 274

Conclusões, 276

8 Gestão de preços e otimização de custos, 277

8.1 Formação do preço de venda, 277

    8.1.1 Formação de preço com base no custo, 279

    8.1.2 Formação de preço com base no mercado, 282

    8.1.3 Formação de preço com base no lucro embutido, 282

    8.1.4 Formação de preço para mercadoria importada (com uso do *mark-up* multiplicador), 284

8.1.5 Como calcular o preço de venda, utilizando o *mark-up* divisor, 286

8.2 Análise de custos fixos e variáveis, 287

8.3 Redução de custos e eliminação de desperdícios, 290

 8.3.1 Evitar desperdícios é reduzir custos, 291

 8.3.2 Técnica de administração para eliminar desperdícios, 295

 8.3.3 *Checklist* de apoio para redução de custos, 296

 8.3.4 Controle de custos: sistema de custeio ABC *versus* o custeio por absorção , 302

 8.3.5 Resumo: especificações das terminologias contábeis usadas, 303

 8.3.6 Matriz de apoio para o processo preliminar de decisão para aprovação de novas demandas e/ou projetos com alto desembolso, 304

Conclusões, 306

9 Dicas e sugestões para um eficiente gerenciamento do caixa, 307

9.1 Dicas de gerenciamento de caixa (boa governança financeira), 307

9.2 Sugestões de saneamento financeiro, 308

Conclusões, 324

10 Estudos de casos, 325

10.1 Estudo de Caso 1, 325

10.2 Estudo de Caso 2, 329

10.3 Estudo de Caso 3, 334

Conclusões, 338

11 Situações e dificuldades financeiras das empresas, 339

11.1 Conceito, 339

11.2 Dificuldades financeiras com base em balanços e em fluxos de caixa, 339

 11.2.1 Insolvência econômico-financeira, 339

 11.2.2 Insolvência técnica, 339

11.3 Evidências de dificuldades financeiras nas empresas, 340

11.4 Dificuldades financeiras e o ciclo de vida das empresas, 341

 11.4.1 Causas da insolvência, 342

 11.4.2 Como enfrentar as dificuldades financeiras, 342

 11.4.3 Como estruturar operações para financiar empresas que demandam forte especialização no mercado de dívida e enfrentam dificuldades, 343

11.5 Recuperação extrajudicial, judicial e falência das empresas, 344

 11.5.1 Recuperação extrajudicial, 344

 11.5.2 Recuperação judicial, 344

 11.5.3 Falência, 345

11.6 Os treze erros que podem quebrar sua empresa, 345

11.7 Afinal, por que as empresas quebram?, 346

 11.7.1 Lições aprendidas, 347

Conclusões, 347

12 Valor justo das empresas – Avaliação – Escorregadas técnicas, 349

13 Orçamento empresarial – Dicas, alertas e propostas, 351
   13.1 Introdução, 351
   13.2 Elaboração do orçamento empresarial, 352
   13.3 Evolução do processo orçamentário, 354
      13.3.1 Quadros e formulários orçamentários, 354
   13.4 Vantagens do orçamento, 354
   13.5 Orçamento de caixa (nosso foco!), 355
   13.6 Objetivos e vantagens do orçamento, 355
   13.7 Limitações do orçamento, 356
   13.8 O alinhamento entre a previsão, o orçamento e o controle é fundamental, 357
   13.9 Quadro do processo orçamentário, 357
   13.10 Condições para implementação, 358
   13.11 O processo orçamentário, 358
   13.12 Fluxograma do processo orçamentário, 359
      13.12.1 Com foco no plano estratégico, 359
      13.12.2 Com foco nas metas organizacionais, 360
   13.13 Consolidação do processo orçamentário das unidades, 360
   13.14 Do orçamento empresarial: "*checklist* de apoio", 361
      13.14.1 Oportunidades de melhorias – propostas, 361
   Conclusões, 363

Anexo 1 – Relatório da administração – Quadro auxiliar, 365

Anexo 2 – Visão contábil, 369

Anexo 3 – Extrato – Fontes de financiamento de empresa e uso de capital de terceiros, 377

Anexo 4 – Para reflexão: avaliação de empresas – Perguntas-chave, 383

Anexo 5 – Sugestões para enfrentar a crise, 389

Anexo 6 – Indicadores importantes na análise financeira e do negócio (dicas), 391

Glossário, 393

Referências, 413

Sites de consulta, 421

Lista de Ilustrações

Quadro 2.1	Funções da administração financeira, 8
Figura 2.1	Dinâmica das decisões financeiras, 19
Figura 2.2	Decisões de investimento e de financiamento, 20
Figura 2.3	Deslocamento das decisões de investimento e de financiamento, 20
Quadro 3.1	Relatórios contábeis, 25
Figura 3.1	A contabilidade no contexto empresarial, 27
Figura 3.2	Medidas e conceito do retorno total de longo prazo, 41
Figura 4.1	Elaboração da demonstração de fluxos de caixa, 47
Figura 4.2	Ciclo operacional, 50
Figura 4.3	Ciclos operacional, financeiro e econômico, 54
Quadro 4.1	Regime de competência *versus* regime de caixa, 56
Figura 4.4	Modelo comparativo de construção do fluxo de caixa: Método Direto *versus* Método Indireto, 57
Figura 4.5	Visão simplificada na classificação das movimentações de fluxo de caixa, 59
Figura 4.6	Visão do macroprocesso orçamentário com foco no orçamento de caixa, 61
Figura 4.7	Elementos da gestão de tesouraria, 63
Figura 4.8	Principais ingressos e desembolsos do fluxo de caixa, 69
Figura 4.9	Diagrama sintético do fluxo de caixa, 70
Figura 4.10	Quadro analítico de movimentação do fluxo de caixa, 70
Figura 4.11	Quadro analítico de movimentação do fluxo de caixa – um olhar ampliado das transações, 71
Figura 4.12	Conceitos essenciais do fluxo de caixa e seus desdobramentos, 72
Figura 4.13	Quadro analítico do fluxo de capitais (próprio e de terceiros), 73
Figura 4.14	Processo de planejamento financeiro, 74
Figura 4.15	Exemplo de organograma da área de finanças adaptado, 77
Figura 4.16	Reclassificação do balanço baseada no modelo dinâmico, 78
Figura 4.17	O fluxo de caixa é o produto final da integração do contas a receber com o contas a pagar, 79
Figura 4.18	Custo de manutenção de estoques, 94

Quadro 4.2	Empresa ABC, 98
Figura 4.19	Curva ABC, 101
Tabela 4.1	Contas a receber, 102
Figura 4.20	Ciclo de conversão de caixa, políticas e gestão do capital de giro, 114
Quadro 4.3	Fluxo do capital de giro no ativo circulante, 116
Quadro 4.4	Capital de giro no ativo e passivo circulantes, 116
Quadro 4.5	Balanço patrimonial e capital de giro, 118
Quadro 4.6	Aplicações/fontes de capital de giro, 118
Quadro 4.7	Demonstrativo gerencial (uso interno), 119
Figura 4.21	Capital de giro (capital circulante), 122
Figura 4.22	Gráfico de análise financeira do CDG, 124
Tabela 4.2	Cronograma financeiro e faturamentos, 144
Quadro 4.8	Classificação dos riscos empresariais, 158
Quadro 4.9	VPL, 164
Quadro 4.10	Cálculo do VPL com a calculadora financeira, 164
Quadro 4.11	TIR (em milhões), 167
Quadro 4.12	Cálculo da TIR com calculadora financeira, 168
Quadro 4.13	Cálculo do índice de lucratividade, 171
Quadro 4.14	Solução pela HP 12C do 1º investimento, 171
Quadro 4.15	Solução pela HP 12C do 2º investimento, 171
Quadro 4.16	Cálculo da taxa média de retorno, 172
Quadro 4.17	Cálculo de *payback*, 173
Quadro 4.18	Cálculo do payback utilizando o VPL dos fluxos futuros à taxa de 15% ao ano, 174
Quadro 4.19	Solução com a HP 12C (cálculo do valor atual do fluxo futuro do Quadro 4.18), 174
Quadro 4.20	Fluxo de caixa incremental, 176
Quadro 4.21	Política de dividendos com índice de distribuição contínua da empresa ABS, 179
Quadro 4.22	Política de dividendos regulares da empresa TSQ, 180
Quadro 4.23	Política de dividendos regulares mais distribuição extra da empresa RCQ Alimentos, 181
Figura 4.23	Efeito tesoura, 189
Figura 4.24	Diagrama do desequilíbrio financeiro, 191
Figura 4.25	As diversas visões do fluxo de caixa, 196
Figura 4.26	DRE gerencial, 197
Modelo 5.1	Mapa auxiliar de recebimentos das vendas a prazo, 204

Modelo 5.2	Planilha de recebimentos, 205
Modelo 5.3	Planilha de despesas administrativas, 205
Modelo 5.4	Planilha de pagamentos, 206
Modelo 5.5	Planilha de planejamento de compras, 206
Modelo 5.6	Mapa auxiliar de receitas e descontos/cauções do fluxo de caixa, 207
Modelo 5.7	Mapa auxiliar de despesas do fluxo de caixa, 208
Modelo 5.8	Fluxo de caixa diário (método direto), 211
Modelo 5.9	Fluxo de caixa diário (método direto), 213
Modelo 5.10	Fluxo de caixa mensal (método direto), 215
Modelo 5.11	Fluxo de caixa mensal (método direto). Novo modelo, 217
Modelo 5.12	Fluxo de caixa (método indireto), 218
Modelo 5.13	Projeções de resultados e de fluxos de caixa líquidos, 219
Modelo 5.14	Exemplo de modelo de planilha para projeção de fluxo de caixa operacional com uma visão consolidada das informações gerenciais, 220
Figura 6.1	As quatro etapas de análise do fluxo de caixa, 223
Modelo 6.1	Controle do fluxo de caixa semanal, 228
Modelo 6.2	Controle de cobrança de clientes, 229
Modelo 6.3	Controle do contas a pagar (fornecedores), 230
Modelo 6.4	Controle de estimativas de entradas, 230
Modelo 6.5	Controle de estimativas de saídas, 230
Modelo 6.6	Controle diário de caixa e bancos, 231
Modelo 6.7	Controle de empréstimos, 231
Modelo 6.8	Controle das informações dos departamentos para o administrador financeiro, 231
Quadro 7.1	Demonstração do resultado, 236
Quadro 7.2	Fluxo de caixa, 237
Quadro 7.3	Desdobramento do EBITDA (*geração de caixa ampla*), 240
Tabela 7.1	Cálculo do custo médio ponderado de capital, 250
Quadro 7.4	Estrutura de capital, 259
Quadro 7.5	Demonstrativo de estrutura de capital, 261
Quadro 7.6	Elementos determinantes na escolha da estrutura de capital, 262
Quadro 7.7	Alavancagem financeira, 263
Quadro 7.8	Alavancagem financeira – "outro exemplo", 264
Quadro 7.9	Ponto de equilíbrio (PE), 268
Tabela 7.2	Custo médio ponderado de capital de terceiros, 275
Tabela 7.3	Custo médio de capital dos acionistas, 275
Quadro 8.1	Evolução do processo de formação de preços, 278

Quadro 8.2	Demonstrativo da estrutura de preço, 281
Quadro 8.3	Estrutura de preços em valor presente, 283
Quadro 8.4	Cálculo do valor presente usando HP 12C. Receita bruta, 283
Quadro 8.5	Cálculo do valor presente usando HP 12C. Custos variáveis, 284
Quadro 8.6	Apuração de custos de importação, 285
Quadro 8.7	Formação de preço de venda em R$, 285
Figura 8.1	Elementos da análise de custo/volume/lucro, 288
Figura 8.2	Relação entre custo direto e indireto, 289
Figura 8.3	Demonstrativo do sistema de custeio gerencial, 290
Figura 8.4	Custeio por absorção e custeio ABC, 302
Quadro 8.8	Matriz de apoio para aprovação de projetos com alto desembolso, 304
Figura 9.1	Medidas para implementação na gestão de crise financeira, 323
Tabela 10.1	Demonstrativo de vendas a prazo para recebimento em outubro/200X, 323
Tabela 10.2	Pagamentos aos fornecedores, 327
Tabela 10.3	Despesas administrativas e financeiras, 327
Tabela 10.4	Demonstrativo do fluxo de caixa diário, 328
Tabela 10.5	Demonstrativo de vendas a prazo realizadas, 330
Tabela 10.6	Estimativa de vendas, 330
Tabela 10.7	Pagamentos aos fornecedores, 331
Tabela 10.8	Estimativas de compras, 332
Tabela 10.9	Despesas administrativas e financeiras, 332
Tabela 10.10	Demonstrativo do fluxo de caixa mensal, 333
Tabela 10.11	Projeção de pagamentos por fornecedor referente ao período de 1º a 5/7/20XX (em mil $), 335
Tabela 10.12	Projeção de faturamento diário referente ao período de 1º a 5/7/20XX (em mil $), 335
Tabela 10.13	Projeção das vendas faturadas e os respectivos recebimentos referentes ao período de 1º a 5/7/20XX (em mil $), 336
Tabela 10.14	Previsão de recebimentos sem atraso e com atraso referentes ao período de 1º a 5/7/20XX (em mil $), 336
Tabela 10.15	Projeção do fluxo de caixa diário referente ao período de 1º a 5/7/20XX (em mil $), 337
Tabela 10.16	Demonstrativo do fluxo de caixa diário (previsto e realizado) (em mil $), 338
Figura 11.1	Ciclo de vida das empresas, 341
Figura 13.1	Fluxo de planejamento e controle, 357
Figura 13.2	Plano estratégico e orçamentário, 359
Figura 13.3	Processo orçamentário com foco nas metas organizacionais, 360

Introdução

Para a sobrevivência e o sucesso de qualquer empresa, é fundamental que o fluxo de caixa apresente liquidez, com ou sem inflação ou recessão, de forma a cumprir com seus compromissos financeiros, e que suas operações tenham continuidade, pois, se a empresa tem liquidez, ela pode gerar lucro. A gestão dos fluxos financeiros é tão relevante quanto a capacidade de produção e de vendas da empresa.

A presente obra aborda os principais aspectos para a elaboração e gerenciamento do fluxo de caixa de maneira simples e objetiva, ressaltando a importância da qualidade da informação para projeção do fluxo de caixa. Dessa maneira, procura atender às necessidades que demandam os responsáveis pela área financeira da empresa. Também é dado destaque à diferença do conceito de lucro e geração de caixa, bem como aos cuidados na elaboração do cálculo para formação do preço de venda.

Considera-se também que os contextos econômicos modernos de concorrência de mercado exigem das empresas maior eficiência na gestão financeira, não cabendo indecisões e improvisações sobre as aplicações ou captações de recursos, quando necessário. Sabidamente, uma boa gestão de recursos financeiros reduz substancialmente a necessidade de capital de giro, proporcionando maiores lucros com a redução das despesas financeiras. Se os fluxos de caixa são bem administrados, obtém-se maior segurança na utilização do capital de giro. Essa é e deve ser a preocupação constante das empresas, pois os custos financeiros podem absorver valores significativos da sua receita operacional. A preocupação com o fluxo de caixa não deve ser exclusiva das grandes empresas. As pequenas e médias empresas, bem como as empresas privadas ou estatais, independentemente do porte, também necessitam de um bom controle do fluxo de caixa com a finalidade de atingir os seus objetivos de maneira adequada. Somente um sistema de fluxo de caixa bem gerenciado poderá dimensionar com segurança o capital de giro do negócio.

Outro aspecto que também deve ser considerado através do gerenciamento da previsão do fluxo de caixa é otimizar custos fixos e eliminar os desperdícios, evitar investimentos equivocados, agilizar a venda de ativos ociosos ou subutilizados (desinvestimento), controlar gastos desnecessários, e muita atenção com renúncias de direitos, preços desalinhados, aumento da inadimplência, queda do *market share*, imobilização de capital em excesso (ao invés de locação), carga tributária indevida ou perdas de receitas. Nunca despreze as ações de seus potenciais concorrentes.

OBJETIVO DO LIVRO

O presente livro tem por objetivo apresentar a empresários, executivos, gestores financeiros e profissionais, principalmente de micro, pequenas e médias empresas, as bases conceituais da moderna gestão de fluxo de caixa, de modo a auxiliar no entendimento e implementação em suas empresas, para que seja um instrumento de apoio às decisões financeiras. É desejável que o leitor tenha noções de finanças, para que haja adequado entendimento e aproveitamento dos conteúdos abordados.

Para muitos dos exemplos apresentados, é necessário o uso de uma calculadora com funções financeiras (HP 12C); dessa forma, o leitor poderá fazer os cálculos com facilidade.

Estão disponíveis no *site* da Editora, www.grupogen.com.br, as planilhas de fluxo de caixa, objetivando facilitar o trabalho do administrador financeiro.

O *software* utilizado na construção das planilhas é o Excel, da Microsoft, fácil de ser manuseado, pronto para ser usado, bastando talvez fazer algumas mudanças nas terminologias utilizadas nas planilhas de forma a adaptar à realidade de cada empresa.

Qualquer comentário ou sugestão sobre a obra pode ser direcionado ao autor através do *e-mail*: ecordeirosilva@globo.com.

1.1 CITAÇÕES IMPORTANTES SOBRE PLANEJAMENTO FINANCEIRO COM DESTAQUE PARA O FLUXO DE CAIXA NO CONTEXTO EMPRESARIAL

Ross *et al.* (1995, p. 522) afirmam:

> "*O planejamento financeiro determina as diretrizes de mudança numa empresa. É necessário porque (1) faz com que sejam estabelecidas as metas da empresa para motivar a organização e gerar marcos de referência para a avaliação de desempenho, (2) as decisões de investimento e financiamento da empresa não são independentes, sendo necessário identificar sua interação, e (3) num mundo incerto a empresa deve esperar mudanças de condições, bem como surpresas.*"

Gitman (2005, p. 250) afirma:

> "*Os planos financeiros e orçamentos fornecem roteiros para atingir os objetivos da empresa. Além disso, esses veículos oferecem uma estrutura para coordenar as diversas atividades da empresa e atuam como mecanismo de controle estabelecendo um padrão de desempenho contra o qual é possível avaliar os eventos reais.*"

Na visão de Welsch (1996, p. 255-256), o planejamento e o controle de **disponibilidades** normalmente devem estar relacionados a três dimensões temporais diferentes:

1. *Planejamento a longo prazo quando a ocorrência de fluxos corresponde às dimensões dos projetos de investimento e à dimensão temporal do plano de resultados a longo prazo (geralmente de cinco anos).*
2. *Planejamento a curto prazo quando a ocorrência de fluxos está enquadrada no plano anual de resultados.*
3. *Planejamento operacional, em que as entradas e saídas de caixa são projetadas para o mês, a semana ou o dia seguinte.*

Afirmam Gropelli e Nikbakht (2006, p. 365):

> *"O sucesso e a solvência de uma empresa não podem ser garantidos meramente por projetos rentáveis e pelo aumento das vendas. 'A crise de liquidez', isto é, **a falta de caixa** para pagar as obrigações financeiras sempre põe em perigo uma companhia."*

Segundo Yoshitake e Hoji (1997, p. 149), os analistas de balanços com visão moderna dão mais importância ao fluxo de caixa:

> *"[...] não é muito importante saber se uma empresa teve lucro ou prejuízo em determinado exercício, pois o resultado pode ter sido maquilado por algum artifício contábil permitido pela lei e, portanto, sem conhecer o **fluxo de caixa**, não se pode saber que capacidade a empresa tem em gerar receita."*

O **fluxo de caixa operacional** (FCO) é o resultado financeiro (no sentido estrito de caixa) produzido pelos ativos identificados diretamente com a atividade da empresa (ASSAF NETO; SILVA, 2002 apud OLIVEIRA; ARAÚJO, 2006). É obtido na demonstração do fluxo de Caixa, no primeiro grupo de operações: das atividades operacionais. Esse grupo contém o resultado das operações relacionado às atividades-fins da empresa. Através desse pode-se calcular um índice de liquidez diferente daquele obtido no Balanço Patrimonial.

De acordo com Martins (1998), trata-se, na verdade, de uma forma de medir o desempenho da empresa em termos de fluxo de caixa e de auxiliar, de forma prática, no processo de avaliar a empresa como um todo, olhando basicamente a capacidade de geração de recursos dos ativos da entidade. Segundo Assaf Neto, o EBITDA equivale ao conceito restrito de **fluxo de caixa operacional** da empresa, apurado antes do imposto de renda.

EBITDA significa, na linguagem inglesa, *Earning Before Interest, Taxes, Depreciation and Amortization*, ou seja, lucro antes dos juros, impostos (sobre o lucro), depreciação e amortizações. Na nossa língua ficaria LAJIDA.

Para Masakazu (2003, p. 161), a **projeção do fluxo de caixa** nas organizações deve estar relacionada ao fluxo de serviços e bens e também ao fluxo de capital. Ambos determinam a saúde da empresa, uma vez que o orçamento de caixa analisa a quantia financeira existente para honrar os compromissos no presente e também no futuro. Quando a gestão do orçamento de caixa identifica de forma precisa a ausência ou sobra de capital, possibilita ao gestor financeiro a otimização da sobra financeira ou planejamento para avaliar a falta do dinheiro no caixa. Descreve-se com a seguinte afirmação: "O **orçamento de caixa** tem a finalidade de apresentar com antecedência a provável situação financeira futura, caso as transações ocorram dentro das premissas e condições planejadas."

Segundo o CRCSP (1997, p. 112-113), o **método de apresentação do fluxo de caixa** referente às transações originadas de atividades operacionais poderá ser apresentado pelo método direto ou indireto. O *FASB*, através da **FAS-95,** incentiva, mas não exige a utilização do método direto. Com relação às transações originadas em atividades de investimento ou financiamento, tanto pelo método direto como pelo indireto, não apresentam diferença na demonstração do fluxo de caixa.

De acordo com Assaf Neto (1995), a atividade financeira de uma empresa requer acompanhamento permanente de seus resultados, de maneira a avaliar seu desempenho, bem como proceder aos ajustes e às correções necessários. **O objetivo básico da função financeira é prover a empresa de recursos de caixa** suficientes de modo a respeitar os vários compromissos assumidos e promover a maximização da riqueza.

Do ponto de vista de Hopp e Paula Leite (1989), a **análise financeira tradicional** pressupõe a liquidação da empresa no curto prazo e, arbitrariamente, classifica os chamados índices de liquidez em padrões preestabelecidos. Embora esses índices sejam fáceis de calcular, é primordial que o usuário esteja ciente da condição estática da informação, onde a empresa trabalha dentro de uma estrutura definida de capital e que as dúvidas sejam resgatadas pelo fluxo de recursos produzidos pelas operações dos ativos e não pela sua liquidação. Os índices financeiros têm sido supervalorizados como instrumentos eficientes de previsão de falências de empresas, sendo que ultimamente o **fluxo de caixa** tem sido considerado um melhor indicador de futuras dificuldades financeiras das empresas.

No entendimento de Barbieri (1996), Marques (1996), Formoso (1996) e Falcão (1995), "a **demonstração de fluxo de caixa** é de fácil compreensão para todos os interessados e dá condições para tomadas de decisões com relação a recursos a fim de se tornarem competitivos e proporcionarem um ambiente adequado para a atração de investimentos e também para a obtenção de financiamentos, tanto no presente como para o futuro".[1]

De acordo com Berti (1999, p. 38), o **fluxo de caixa** é um instrumento administrativo que registra (relaciona) as entradas e saídas de recursos provenientes das atividades de uma empresa, num período de tempo. A partir do momento em que se elabora o fluxo, é possível detectar com antecedência o volume de recursos necessários para a empresa, possibilitando evitar escassez ou excedentes.

Por sua vez Salim *et al.* (2004, p. 172) conceitua: o **fluxo de caixa** é um instrumento que retrata todas as entradas e saídas no caixa da empresa, ou seja, receitas e despesas da empresa, classificadas conforme sejam direcionadas para operação, investimento ou financiamento associadas ao tempo, permitindo saber qual o volume de recursos empregados

---

[1]   DALBELLO, 1999, p. 29.

em cada uma dessas atividades num intervalo de tempo. Um resultado mostrado no fluxo de caixa é o saldo disponível no caixa da empresa, a cada dia, semana ou mês.

"Há tempos se sabe que uma empresa pode operar sem lucros por muitos anos, desde que tenha um **fluxo de caixa** adequado. O oposto não é verdade" (DRUCKER, 1992, p. 174).

"O **fluxo de caixa** é um instrumento que permite ao administrador financeiro: planejar, organizar, coordenar, dirigir e controlar os recursos financeiros de sua empresa num determinado período" (ZDANOWICZ, 1995, p. 21).

O **fluxo de caixa** tem por objetivo fundamental levantar todas as necessidades da organização, para que possa cumprir com todas as obrigações nos prazos certos, alcançando resultados positivos considerando os desembolsos necessários para seu funcionamento (ZDANOWICZ, 1998).

Assaf Neto e Silva (1997, p. 38) explicam que o **fluxo de caixa**, de maneira ampla, "é um processo pelo qual a empresa gera e aplica seus recursos de caixa determinados pelas várias atividades desenvolvidas", no qual as atividades da empresa dividem-se em operacionais, de investimentos e de financiamento.

Com o **fluxo de caixa** feito antecipadamente, o gestor poderá antever situações de falta ou excesso de dinheiro no caixa, quantos e quais serão os compromissos para o período, assim como a previsão de ingressos de numerários provenientes das vendas à vista e de recebimentos de clientes que compram a prazo (TÓFOLI, 2008, p. 69).

Para que esses descompassos não aconteçam e comprometam o **fluxo de caixa**, é necessário que haja entrosamento entre os setores, para que as decisões a serem tomadas sejam antes conversadas e analisadas com o administrador financeiro, a fim de em conjunto verificar e conhecer os possíveis impactos no caixa, e assim preservar os interesses da empresa. Assim, o fluxo de caixa é um instrumento gerencial que permite apoiar o processo decisório da empresa, de modo que ela alcance os resultados estabelecidos.

O **ciclo financeiro** mede exclusivamente as **movimentações de caixa**, abrangendo o período compreendido entre o desembolso inicial de caixa (pagamento de materiais e fornecedores) e o recebimento da venda do produto. Em outras palavras, representa o intervalo de tempo em que a empresa irá necessitar efetivamente de financiamento para suas atividades. Evidentemente, ocorrendo desconto dos títulos representativos da venda a prazo, o **ciclo de caixa** e, consequentemente, o período de necessidade de caixa reduzem--se pelo prazo da operação.

O **fluxo de caixa projetado** estabelece parâmetros de desempenho para a empresa como um todo. Certa magnitude de vendas à vista para o período, por exemplo, é uma meta que vai afetar a liquidez e que deve ser cobrada da área comercial. Os valores de desembolsos para compras, que devem ser pagos dentro do período, fazem parte das responsabilidades da área de suprimentos; analogamente, devem ser dela cobrados (FREZATTI, 1997, p. 33).

Segundo Lemes, Rigo e Cherobim (2002), "a **gestão do caixa** é a atividade da administração financeira que objetiva a otimização dos recursos financeiros, integrada às demais atividades da empresa". Assim, a boa administração do caixa depende da harmonia entre as saídas e entradas, sendo que pode haver sobras e faltas de dinheiro, o que obrigará o administrador financeiro a buscar soluções para resolver situações dessa natureza.

O fato é que, "independentemente do porte e da natureza operacional da empresa, seja grande ou pequena, indústria, comércio ou prestadora de serviços, não é possível gerenciá-la sem o acompanhamento do fluxo de caixa" (PEREZ JUNIOR; BEGALLI, 1999, p. 182).

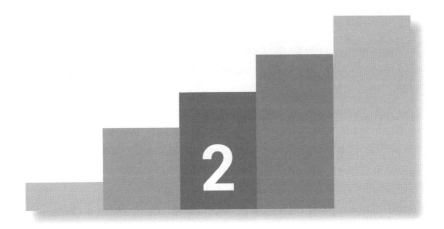

Administração financeira – considerações gerais

2.1 CONCEITO

A administração financeira compreende gerenciar os recursos financeiros para obter lucros, e dessa forma maximiza a riqueza dos acionistas. Ela pode ser exercida nas mais variadas organizações, tais como: indústrias, comércio ou serviços e empresas estatais ou privadas, voltadas ou não para fins lucrativos.

Existem vários enfoques da administração financeira, com destaque os de risco-retorno, liquidez, solvência, endividamento, fusões e aquisições, mercados financeiro e de capitais, mercados futuros e de opções, eficiência-eficácia operacional, alavancagem, estrutura de capital, valor justo, testes de *impairment*, marcação a mercado, entre outros.

Administração financeira é a ciência de administrar recursos financeiros aplicados em um negócio, observando seus riscos potenciais e buscando o melhor retorno possível para um capital investido. Tem a responsabilidade de obter e utilizar eficientemente os recursos necessários para o bom funcionamento do negócio.

Podemos também entender que administração financeira é o conjunto de atividades de planejamento, execução, controle e análise voltadas ao financiamento das operações de uma empresa, bem como suas respectivas decisões de investimentos, com o objetivo de alcançar os resultados econômicos e financeiros desejados pelos acionistas (KATO, 2012).

2.2 OBJETIVOS

O seu objetivo é maximizar o valor de mercado do capital dos proprietários. Esse objetivo deve estar em sintonia com o desejo mais cobiçado pelo acionista, ou seja, a remuneração de seu capital, sob a forma de distribuição de dividendos e/ou lucros. A criação de valor ao negócio no longo prazo e com sustentabilidade é um fator muito importante na avaliação do mercado. Outro fator também relevante é a **ética empresarial** aplicada aos negócios.

É importante também o foco na mensuração pelo chamado fluxo de caixa livre para a empresa, isto é, o montante disponível a distribuir para todos os credores e acionistas da empresa ao fim de um exercício, bem como a medição do custo médio ponderado de capital, que representa a taxa de retorno exigida por credores e acionistas, levando em consideração os montantes que eles investiram na empresa.

Quanto maior a perspectiva de geração de fluxos de caixa ao longo do tempo e menor o custo de capital, maior o valor da empresa. Uma boa governança financeira pode influenciar positivamente ambos os termos dessa equação.

2.3 FUNÇÕES

A sua função é ser responsável pela obtenção dos recursos necessários e pela formulação de uma estratégia voltada para a otimização do emprego desses fundos. Em geral, no Brasil, as funções de tesouraria são exercidas pelo gerente financeiro ou tesoureiro, e as funções de controladoria são exercidas pelo *controller*. No entanto, essas funções surgem, expandem-se ou desaparecem dependendo das necessidades de cada companhia, de acordo com a sua natureza, complexidade, porte e estágio de desenvolvimento. O Quadro 2.1 lista a maioria das funções da administração financeira.

Quadro 2.1 Funções da administração financeira

Tesouraria	Controladoria
Administração de fluxo de caixa (inclui conciliação bancária).	Administração de custos e preços
Administração de crédito e cobrança	Controles Internos
Administração de riscos e derivativos (*hedge, swap* e operações estruturadas)	Contabilidade
Administração de câmbio	Controle orçamentário
Decisão de financiamento	Patrimônio e Inventário
Decisão de investimento	Planejamento tributário
Planejamento e controle financeiro	Relatórios (indicadores KPIs) gerenciais de desempenho para diretoria
Proteção de ativos, custódia e seguros	Desenvolvimento e acompanhamento de sistemas de informação financeira
Administração de contas a receber e a pagar (negociação com clientes e fornecedores).	Avaliação de projetos de investimento (inclusive pós EVTE – estudo de viabilidade técnica e econômica)

Tesouraria	Controladoria
Relações com os bancos	Controle de operações internacionais (*holding* e controladas, inclusive SPEs)
Avaliação de empresas (*Valuation*) Fusões & Aquisições. Estudos especiais (*)	Gestão, desempenho e Controle compartilhado de Participações Societárias - controladas e coligadas. (*)

(*) Essas tarefas poderão ser efetuadas através de gestão compartilhada (comitê) pelas duas áreas.

Fonte: LEMES JUNIOR, 2005, com adaptações do autor.

As funções financeiras podem ser de curto e longo prazo. As funções referentes a curto prazo incluem a administração do caixa, do crédito, das contas a receber e a pagar, dos estoques e dos financiamentos de curto prazo. A companhia precisa dispor de recursos para atender aos compromissos assumidos com empregados, fornecedores, tributos e outras obrigações. Os recebimentos das vendas e/ou prestação de serviços aos clientes necessitam acontecer simultaneamente ao vencimento dos compromissos. Podem existir prazos diferentes de recebimentos e pagamentos, aí, nesse momento, a empresa precisa captar recursos no mercado financeiro, mediante empréstimos, ou resgatar aplicação de recursos excedentes. A administração de curto prazo é também conhecida como administração do capital circulante.

As funções financeiras de longo prazo incluem as decisões financeiras estratégicas, como, por exemplo, orçamento de capital, estrutura de capital, relacionamento com investidores etc. No longo prazo, as decisões financeiras requerem a captação de recursos para projetos e investimentos e a definição dos critérios a serem adotados para escolher investimentos alternativos.

Os principais campos de decisão financeira são investimentos, financiamentos e distribuição de lucros, porém sempre analisando e correlacionando cada um deles com os objetivos estratégicos da empresa.

As funções básicas de uma tesouraria são o gerenciamento diário do caixa, fluxos de pagamentos e recebimentos, os serviços de crédito e cobrança, aplicação e captação, além da manutenção das relações bancárias da empresa.

2.4 IMPORTÂNCIA

O administrador financeiro é o principal responsável pela geração de valor da empresa. Ele envolve-se cada vez mais com os negócios da organização, como, por exemplo, as decisões estratégicas, no sentido de escolher as melhores opções de investimentos e as decisões de financiamento de longo prazo, além das operações de curto prazo, como a gestão de caixa, a obtenção de crédito junto aos fornecedores, prestadores de serviços e credores, a negociação com bancos, o gerenciamento de risco, a concessão de crédito aos clientes, entre outras responsabilidades.

Como sua área de atuação é vasta, o administrador financeiro com boa experiência profissional poderá trabalhar como gerente financeiro, gerente de projetos, *controller*, coordenador de planejamento e controle financeiro, analista de investimentos, analista de crédito e cobrança, analista de custos, tesoureiro e em tantas outras áreas de todos os segmentos empresariais, como no mercado financeiro (bancos, corretoras, distribuidoras e bolsas de valores), indústrias, comércio, prestação de serviços, hospitais, escolas etc. Os profissionais da área encontram grandes oportunidades de contribuir para o êxito dos negócios da empresa.

2.5 DINÂMICA EMPRESARIAL

O dinamismo da função da administração financeira é amplo em qualquer empresa, onde várias pessoas executam as tarefas. A forma como estão distribuídas depende do porte de cada organização e das atividades por ela desenvolvidas. Normalmente, quando as empresas são de porte pequeno, os donos acumulam as funções financeiras e administrativas com as demais funções gerenciais da companhia, referentes à produção, marketing e recursos humanos; e a contabilidade, muitas das vezes, é terceirizada. Quando a empresa é de porte maior, as funções administrativas e financeiras são melhores separadas das demais funções da companhia.

2.6 FLUXOS DE FUNDOS, LEVANTAMENTO E ALOCAÇÃO DE RECURSOS, LIQUIDEZ E RENTABILIDADE

2.6.1 Fluxos de fundos

Uma instituição requer investimentos em bens que compõem os meios de produção, mediante os quais são gerados os produtos ou serviços a serem postos no mercado. Esses investimentos são referentes a imóveis, equipamentos, máquinas, instalações, móveis, entre outros, conhecidos como imobilizações ou ativos fixos.

Outros recursos são exigidos para financiar o giro das operações. Vejamos que a transformação de matérias-primas em produtos acabados gera custos com mão de obra e outros custos de fabricação. As atividades de prestação de serviços envolvem pagamento de salários e outras despesas. O estoque de materiais e de produtos significa aplicações de recursos, assim como as contas a receber decorrentes das vendas a prazo e de outras transações. Assim, determinado valor deve ser mantido em caixa e nas contas bancárias para suprir os pagamentos diários. As sobras devem ser aplicadas junto ao mercado financeiro.

O financiamento de todas essas operações é feito com recursos próprios e/ou com recursos de terceiros. A disponibilidade inicial de fundos acontece com a integralização do capital social, em seguida, junto aos bancos, são conseguidos empréstimos a curto prazo destinados ao atendimento das necessidades de momento de caixa e financiamentos a médio e longo prazos para a compra de ativos fixos e para a expansão do capital de giro, formado por estoques, contas a receber etc.

Outros recursos de terceiros podem ser conseguidos no mercado de capitais mediante lançamento de títulos de dívidas a longo e curto prazo (debêntures e outras). Os contratos de arrendamento mercantil (*leasing*) concedem a posse e o emprego de ativos fixos, constituindo uma alternativa à compra desses bens de produção. A companhia pode também dispor de fontes de financiamento provenientes dos créditos fornecidos pelos fornecedores e dos prazos para pagamento de salários, impostos, entre outros.

As receitas de vendas/serviços são a principal fonte operacional de recursos financeiros e de lucros, o que permite pagar os compromissos e remunerar os investimentos feitos pelos proprietários. Outro tipo de recurso próprio é a parcela de lucros não distribuída aos donos da empresa (lucros retidos).

2.6.1.1 *Tripé dos investimentos*

Existem **três aspectos** importantes relacionados aos investimentos e que influenciam diretamente nas nossas escolhas.

- **Liquidez:** a velocidade com que podemos resgatar um investimento e transformá-lo em caixa (disponível);
- **Segurança ou risco:** é o risco que estamos dispostos a correr pela escolha de determinado investimento;
- **Rentabilidade** (lucro líquido/investimento total) × 100: é o retorno sobre o investimento que foi feito na empresa em longo prazo, ou seja, é o retorno que determinado investimento pode nos oferecer.

> **Atenção:** não é possível, a nenhum investimento, oferecer as três possibilidades, mas podem-se obter até duas delas.

2.6.2 Levantamento e alocação de recursos

Existem duas tarefas básicas na administração financeira: o levantamento dos recursos, o mais favorável possível; e a alocação eficiente desses recursos dentro da organização.

2.6.3 Levantamento de recursos

Os recursos à disposição de uma companhia podem ser classificados de algumas maneiras, como sendo:

- Recursos próprios (capital integralizado, reservas e lucros retidos) e recursos de terceiros (compromissos assumidos e dívidas contraídas).
- Recursos permanentes (recursos próprios e dívidas a longo prazo) e recursos temporários (compromissos e dívidas a curto prazo).
- Recursos onerosos (provocam despesas financeiras).

2.6.3.1 *Levantamento de recursos de forma complementar*

Cessão de créditos é outra forma de obtenção de recursos financeiros inerentes aos diversos tipos de recebíveis constante do balanço da empresa (transformação de contas a receber em caixa) através de:

Operação de *factoring* é um mecanismo de fomento mercantil que possibilita à empresa fomentada vender seus créditos, gerados por suas vendas a prazo, a uma empresa de *factoring*.

Securitização é um excelente veículo de segregação de risco do *pool* de recebíveis daquele do seu originador. O objetivo da operação de securitização de recebíveis é permitir a uma empresa originadora obter recursos sem comprometer o seu limite de crédito junto aos credores e sem prejudicar os índices de endividamento do seu balanço – no caso de operações de mútuo. Consiste na antecipação de fluxos de caixas futuros, provenientes de contas a receber de uma empresa, sem comprometer seu limite de crédito e sem prejudicar seu índice de endividamento.

Os recursos próprios embutem um custo implícito que corresponde à expectativa de lucros dos acionistas que não deve ser decepcionada, pois pode causar desinteresse em continuar participando do negócio. Dessa forma, os recursos adicionais a serem propiciados pelos acionistas mediante novas integralizações de capital e/ou os lucros reinvestidos envolvem um custo de oportunidade. Esse custo equivale ao retorno que os acionistas conseguiriam com tais recursos em outras aplicações, considerando o mesmo grau de risco suportado por seus investimentos na companhia.

Em geral, a expectativa de retorno dos acionistas constitui uma taxa de lucratividade superior às taxas de juros em vigor no mercado, assim os recursos próprios se tornam uma fonte que envolve custos implícitos elevados.

Quanto às demais fontes de recursos, incidem juros e outros encargos (prêmios de riscos, *spreads* etc.) sobre os empréstimos e financiamentos, o que oneram o resultado econômico, diminuindo a parcela de lucro para os acionistas. Os emprestadores de recursos, geralmente, exigem garantias reais e impõem condições contratuais que diminuem a flexibilização na gestão da companhia. Dessa forma, emergem os custos explícitos, os quais são mensurados em valor e taxa.

Nota: Consulte seu advogado.

- Quando as empresas precisam levantar recursos para arcar com obrigações financeiras ou realizar investimentos, pelo menos **três caminhos são considerados**: recorrer a empréstimos bancários, emitir ações ou títulos de dívida ou vender ativos, como unidades de produção e bens imóveis. Contudo, nos últimos anos, outra forma de aumentar a liquidez vem ganhando espaço.
  Trata-se da venda com deságio de créditos contidos em processos judiciais. Essa foi uma das estratégias adotadas, por exemplo, pela OAS, companhia de infraestrutura que entrou em recuperação judicial. Há também potencial para

as empresas usarem **ativos judiciais** como garantia a empréstimos bancários ou operações no mercado de capitais.

- Covid-19 – decisão do Conselho Nacional de Justiça (CNJ) – Resolução de março de 2020: Justiça também autoriza **substituição de depósitos judiciais** por ofertas de outras garantias para liquidez e preservação do caixa das empresas. Para fins de garantia, carta-fiança e o seguro garantia exercem o mesmo papel de moeda. Tomando como premissa a solvência das instituições existentes das respectivas garantias ou apólices, prestam-se como garantias solidas e totalmente satisfatórias e eficazes (ex.: art. 835 do Código de Processo Civil).

2.6.3.2 *Formas de captação de recursos para projetos*

A captação de recursos financeiros é uma fase crucial na busca pela viabilização econômico-financeira de um projeto de inovação. Para ser bem-sucedido, o projeto deve apresentar uma significativa atratividade aos agentes de financiamento.

Dado o caráter estratégico da inovação no aumento da produtividade, competitividade empresarial e na geração de riqueza para o país, o apoio à inovação tem sido uma prioridade de diversos agentes de fomento no Brasil. Nessa perspectiva, destacam-se as seguintes modalidades de captação de recursos:

- **Financiamento bancário:** trata-se de um modelo tradicional de captação de recurso por meio de instituições financeiras tanto públicas quanto privadas. Nessa modalidade, é possível ter acesso a juros subsidiados por meio das instituições públicas. No entanto, sua principal característica é a existência da necessidade de pagamento de juros acrescidos à devolução do principal captado.
- **Subvenção econômica:** consiste no apoio financeiro por meio da aplicação de recursos públicos não reembolsáveis (que não precisam ser devolvidos) diretamente nas empresas, visando compartilhar com elas os custos e riscos inerentes aos projetos de inovação.
- ***Venture capital*:** o investimento é destinado a empresas de pequeno e médio porte que já estão estabelecidas no mercado e que apresentam grande potencial de crescimento. O principal objetivo é financiar as primeiras expansões do negócio.
- ***Private equity*:** o investimento destina-se às empresas já consolidadas no mercado e que apresentam elevado faturamento. Nesse tipo de investimento, o empreendedor vende uma participação acionária de sua empresa em troca de apoio à gestão estratégica do negócio, governança corporativa, além do próprio capital.
- ***Crowdfunding*:** no Brasil, é também conhecido como financiamento coletivo. Nessa modalidade, o investimento é realizado a partir de contribuições originadas por meio de doações, sem que os doadores conquistem direitos legais

sobre o produto ou a empresa financiada, recurso direcionado para pequenos negócios e *startups*.

2.6.3.3 *Captação/regulação/inovação*

- *Fintech*: essa terminologia é formada a partir da contração de duas palavras inglesas: *finance* e *technology* (tecnologia financeira). Essa denominação se refere às empresas de serviços financeiros que utilizam as novas tecnologias para oferecer serviços ou produtos similares aos ofertados pelo sistema bancário tradicional e segundo as vantagens do *software* e da internet por meio da Inteligência Artificial (IA). Seu principal objetivo é reduzir os custos do banco convencional. Para isso, algumas estratégias são utilizadas: o uso de aplicativos em *mobile banking*, o conhecimento de *Big Data* como ferramenta nos modelos preditivos, as criptomoedas, o *crowdfunding* e a gestão automatizada dos processos.

As *fintechs* podem oferecer uma ampla variedade de serviços, tanto para usuários domésticos (pessoas físicas) quanto para empresas e demais instituições (pessoas jurídicas). Alguns desses serviços não diferem muito daquilo que encontramos em bancos e afins: fornecimento de cartão de crédito (inclusive pré-pago), meios de pagamentos, financiamentos, transferência de recursos, seguros, entre outros. Também podem ser definidas como *startups* financeiras, que estão criando uma nova forma de se lidar com os produtos e serviços financeiros com uso intensivo de tecnologia.

As *fintechs* estão criando uma nova experiência na contratação e utilização de serviços financeiros, atuando em um setor que sempre utilizou demasiada burocracia e complexidade dos processos.

Os principais tipos de *fintechs* são:

- *Fintechs* de pagamentos (*payments*);
- *Fintechs* de gestão financeira (*personal finance*);
- *Fintechs* de empréstimos e negociação de dívidas(*lending*).

Nota: Cuidados devem ser tomados com financiamentos das *startups* bilionárias que estão sendo questionadas por falta de resultados reais. Os **unicórnios** (*startups* avaliadas em, pelo menos, 1 bilhão de dólares), que entraram definitivamente na economia e no radar do mercado financeiro na captação de recursos, embora populares, têm enfrentado dificuldades para entregar lucros para os investidores.

O Conselho Monetário Nacional (CMN) editou a **Resolução nº 4.792/2020**, que promoveu alterações relevantes na Resolução nº 4.656/2018, a qual regula as operações de crédito realizadas pelas ***fintechs***. O CMN e o BCB publicaram a **Resolução Conjunta nº 1/2020 (Institui o arranjo de pagamentos Pix e aprova o seu regulamento)**, que regulamenta o ***open banking*** no Brasil (sistema de compartilhamento de dados dos clientes) e as novas plataformas e formas de pagamento instantâneo).

O **Pix** é um sistema brasileiro de transferências monetárias eletrônicas instantâneas. Gerido pelo Banco Central, ele visa ser uma inovação frente à TED e ao DOC. Para isso, a ferramenta usa uma rede moderna que funciona 24 horas por dia, de segunda a segunda, que engloba diversas instituições financeiras. Além de bancos, é possível fazer um Pix também por meio de aplicativos de pagamentos que hoje dependem exclusivamente da rede bancária para operar.

Empréstimos sindicalizados

Um novo tipo específico de crédito, conhecido como empréstimo sindicalizado, bateu recordes no volume (alto), no prazo (longo) e nos preços (baixos). Muitos dos grandes bancos internacionais têm migrado para esse mercado, e as empresas brasileiras são bastante atrativas. Nessa modalidade de empréstimo, dois ou mais bancos se reúnem em grupo, conhecido pelo termo em inglês *syndicate*, e repartem o crédito.

Para os bancos, agir em grupo reduz os riscos e diminui a concentração em uma empresa, um setor ou um país. E, para as empresas, contratar esses financiamentos, em geral, representa um aumento dos limites de crédito ou dos prazos. A queda dos custos de captação mostra o interesse dos banqueiros. Essa queda de preços decorre de dois motivos; um deles é que as corporações nacionais estão menos endividadas, o que reduz seu risco de crédito e diminui sua necessidade de pagar taxas polpudas para captar recursos.

As companhias no Brasil vêm reduzindo seu passivo, o que torna mais fácil para os bancos liberar o dinheiro.

Outro motivo é o fato de o Brasil ser um terreno relativamente inexplorado. Os bancos estão com muito dinheiro em caixa e os principais tomadores de empréstimos sindicalizados de outros países emergentes estão muito endividados. No Brasil há mais demanda, e a situação do País está melhorando, por isso a ordem é diversificar o risco.

2.6.4 Alocação de recursos

A alocação de recursos envolve uma constante busca de otimização da alocação eficiente desses recursos, de modo que se possa alcançar a rentabilidade esperada e preservar a capacidade de honrar os compromissos nos vencimentos. Esse tipo de responsabilidade faz com que o administrador financeiro amplie seus conhecimentos de todas as fases de funcionamento da empresa e analise com profundidade os novos projetos de investimento.

2.6.5 Liquidez e rentabilidade

Alguns conceitos, características e considerações são vistos nesta seção para melhor compreender a relação que existe entre liquidez e rentabilidade.

2.6.5.1 *Liquidez*

A liquidez significa cumprir os compromissos financeiros em datas acordadas com os fornecedores e as instituições bancárias; pagamentos de salários e outros compromissos em dia; não possuir excesso de imobilizações ou de estoques; não conceder aos clientes prazos muito longos para pagamento ou, ainda, o uso de fontes de financiamentos inadequadas por parte da empresa. Se esse processo não se desenvolve de modo satisfatório, possivelmente haverá descompassos nos fluxos de caixa, que têm de ser previstos com certa precisão para que possam ser tomadas, em tempo hábil, as decisões pertinentes.

Vale ressaltar que empresas de capital intensivo exigem grandes investimentos em ativos imobilizados, como: Telefônica, Copel, Embraer etc. Empresas do segmento de varejo não exigem grandes imobilizações, mas requerem grandes investimentos em estoques, como as grandes redes de varejo.

Uma companhia apresenta boa liquidez quando seus ativos e passivos são administrados corretamente. Não é preciso conservar numerário parado em caixa para liquidar compromisso a vencer em futuro próximo, isso não é aconselhável do ponto de vista da rentabilidade, já que tais recursos não são de graça. O importante é conservar os fluxos de entradas e saídas de caixa sob controle e conhecer com antecedência as ocasiões em que faltaram numerários.

Verifica-se que a liquidez constitui questão relevante para a continuidade das atividades da empresa, e sua manutenção é a preocupação mais imediata do administrador financeiro/tesoureiro, que é o executivo responsável por essa parte da administração financeira.

2.6.5.2 *Rentabilidade*

Quanto à rentabilidade, ela pode ser definida como o nível de sucesso econômico alcançado por uma companhia em relação ao capital nela investido.

A saúde financeira da empresa é derivada da obtenção de sua rentabilidade. Uma companhia rentável, isto é, bem administrada, não terá problemas de solvência, e será capaz de honrar seus pagamentos. A rentabilidade resulta das operações da companhia em certo período e inclui todos os elementos operacionais, econômicos e financeiros do empreendimento.

Para medir a rentabilidade, existem algumas abordagens básicas, mas existe uma maneira que é considerada como análise definitiva de rentabilidade, pois relaciona o lucro líquido após os impostos, que é a medida final do lucro alcançado com o valor do patrimônio líquido médio, mensurando a rentabilidade do maior interessado no investimento na empresa, o dono do capital. Essa **rentabilidade** é conhecida como a do **patrimônio líquido**.

Outra abordagem tem por finalidade mensurar a rentabilidade da companhia como um todo, sem se preocupar, à primeira vista, quem foi o financiador do investimento. Esse tipo de abordagem procura medir a rentabilidade do investimento total, isto é, do ativo, e é também conhecido como **rentabilidade do ativo operacional**.

Existe uma abordagem que é considerada a mais importante, que procura levantar o impacto do financiamento que a companhia conseguiu do capital de terceiros (bancos, acionistas etc.). Avalia-se o custo médio do capital de terceiros e sua relação com a rentabilidade operacional,

Cap. 2 · Administração financeira – considerações gerais

para identificar se houve vantagem no uso desses capitais. Essa vantagem, quando acontece, é conhecida como **alavancagem financeira** ou **rentabilidade do financiamento**.

Em decorrência da complexidade da análise da rentabilidade, outras abordagens foram criadas. Elas estão praticamente centradas nos conceitos de valor adicionado e criação de valor. Basicamente, essas abordagens introduzem um elemento adicional, não explícito, que é o custo de oportunidade de capital, que avalia a rentabilidade alcançada e a compara com a rentabilidade de outros ativos e investimentos no mercado financeiro.

Assim, a rentabilidade relaciona o lucro alcançado com o investimento realizado ou existente. O propósito da rentabilidade é encontrar o retorno do investimento, ou seja, a apuração da rentabilidade tem por objetivo saber se o retorno real estava em linha com o retorno programado. A rentabilidade é sempre uma medida percentual e, por isso, relativa.

Vale ressaltar que a rentabilidade é uma medida definitiva, pois pode ser comparada com qualquer companhia ou qualquer investimento, enquanto a lucratividade é uma medida parcial, pois sua mensuração só tem significado para a empresa analisada, já que cada empresa tem sua estrutura de custos e despesas em relação às receitas ou preço de venda de seus produtos e serviços. No entanto, existe uma ligação direta entre essas duas medidas de desempenho econômico-financeiro, pois é por intermédio da lucratividade ou obtenção das margens sobre as vendas que se alcança a rentabilidade do investimento.

2.6.5.3 *Liquidez versus rentabilidade*

O equilíbrio entre a liquidez e a rentabilidade adequada constitui frequente desafio para o administrador financeiro. A manutenção da liquidez da companhia tem a ver com a necessidade de ser conservado certo volume de recursos sob a forma de disponibilidades que equivalem à manutenção de fundos ociosos ou aplicados a curto prazo.

O administrador financeiro deve ter um bom relacionamento com os bancos, de modo que a empresa tenha linhas de crédito permanentemente abertas. As relações com os bancos requerem o oferecimento de certas vantagens a título de reciprocidade. Devem ser balizados pelo administrador os custos desse relacionamento bancário com os benefícios, no sentido de manter a liquidez, que algumas vezes pode comprometer a rentabilidade, e aí deve ser analisado o que é melhor para a companhia.

Observa-se que os recursos financeiros movimentados pelas companhias compreendem tanto o numerário em espécie quanto em créditos obtidos e concedidos.

Há duas tarefas básicas na administração financeira, que são a captação de recursos, em condições favoráveis, o máximo que se possa conseguir, e alocação de recursos, que deve ser feita de maneira eficiente. Deve haver um equilíbrio entre fontes e empregos de recursos considerando prazos e custos.

A rentabilidade das operações e os efeitos dos custos financeiros sobre o retorno do capital investido pelos proprietários na empresa é uma das preocupações básicas do administrador financeiro, a outra é preservar a liquidez, o que implica manter certa importância disponível para cumprir os compromissos acordados.

2.7 META DA ADMINISTRAÇÃO FINANCEIRA E SEGMENTOS DE DECISÕES FINANCEIRAS

2.7.1 Meta da administração financeira

O propósito de cada empresa é maximizar a riqueza de seus donos ou acionistas, e as decisões financeiras são voltadas para o aumento do valor de mercado da empresa, que equivale ao objetivo básico dos proprietários. A maximização da riqueza envolve alguns elementos listados, pois é mais ampla e complexa do que a maximização de lucros:

- A companhia deve ser perpetuada, então é recomendado efetuar investimentos em tecnologia, inovação, pesquisa & desenvolvimento, novos produtos etc., que podem afetar a rentabilidade hoje, mas no futuro propiciará benefícios.

- Os projetos de investimento incluem fluxos de desembolsos e entradas de caixa, tendo em vista que existem diversas técnicas para avaliar investimentos. Algumas delas transformam os fluxos futuros de caixa em valores atuais, usando certa taxa de desconto, que deve refletir o custo de oportunidade dos recursos a serem investidos. Esse custo de oportunidade equivale a uma taxa mínima de retorno requerida pelo projeto para que o valor de mercado da empresa não se modifique. Ao considerar o valor do dinheiro no tempo, a escolha do projeto a ser tocado visa aumentar ou pelo menos manter o valor de mercado da companhia.

- Os acionistas desejam ser remunerados mediante dividendos e, principalmente, pela valorização de suas ações.

- O retorno deve estar em linha com o risco assumido.

- Deve ser adotada uma política de distribuição de dividendos, independentemente das variações dos lucros, de forma a minimizar os efeitos negativos que podem comprometer as cotações das ações.

2.7.2 Segmentos de decisões financeiras

São identificados três segmentos de decisões financeiras:

- **Decisões de investimento**: as instituições, em geral, desenvolvem novos projetos e tomam decisão sobre sua implantação, o que equivale dizer que grandes quantias precisam ser injetadas no empreendimento. Investimentos em novos ativos exercem longos efeitos sobre a vida de uma companhia e uma decisão inadequada pode comprometer seu futuro.

- **Decisões de financiamentos:** objetivam criar uma estrutura financeira mais adequada às operações da companhia e aos novos projetos a serem implantados, no que se refere à captação de recursos próprios ou através de terceiros (onerosa).

- **Destino dos lucros:** uma companhia de sucesso sempre terá planos de investimentos que requerem injeção de recursos adicionais. Para isso acontecer é necessário reter parte dos lucros e o restante pode ser captado por outras fontes. No entanto, essa posição vai depender do número de acionistas, do consenso da posição do acionista majoritário e outros aspectos que devem ser analisados, inclusive a política de dividendos.

O administrador financeiro deve considerar como meta para a maximização da riqueza aos acionistas os seguintes aspectos: perspectiva de longo prazo; valorização do dinheiro no tempo; retorno do capital próprio; análise de risco e política de distribuição de dividendos.

Os três segmentos de decisões financeiras aos quais o administrador deve se ater são as áreas de investimento, financiamento e distribuição de lucro.

Ressalta-se que uma política de dividendos adequada facilita a manutenção dos preços das ações em níveis elevados, e isso pode assegurar o êxito de futuros lançamentos de novas ações no mercado.

RESUMO DA DINÂMICA DAS DECISÕES FINANCEIRAS

- **Planejamento financeiro**: onde obter e como alocar recursos.
- **Controle financeiro**: análise e correção de desvios entre o previsto e o realizado.
- **Administração de ativos**: melhor estrutura dos investimentos em termos de risco e retorno.

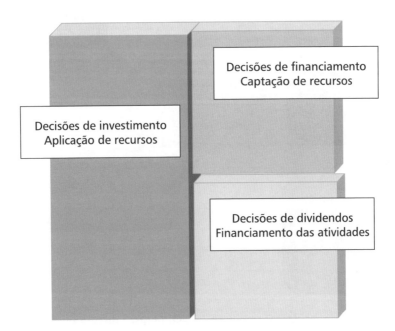

Figura 2.1 Dinâmica das decisões financeiras.

O objetivo das empresas privadas é a maximização do seu valor no longo prazo, que é obtido através das **decisões de investimento e financiamento**.

Figura 2.2 Decisões de investimento e de financiamento.

O ganho operacional através de sua taxa de retorno dos investimentos sempre deverá ser maior que custo de capital do financiamento.

Essas decisões de investimento e financiamento são desdobradas em ganho operacional esperado (fluxo de caixa operacional), custo de capital (taxa de desconto) e mensuração da criação de valor por meio do indicador EVA – valor econômico agregado ou adicionado (nova versão do lucro) –, conforme indicado na Figura 2.3.

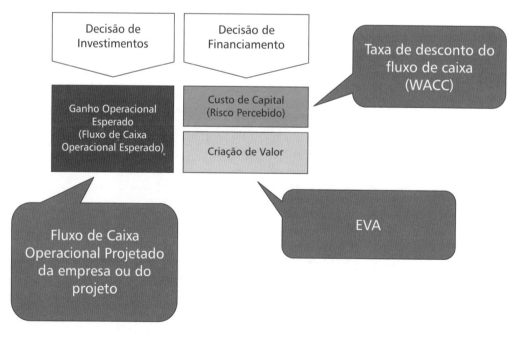

Figura 2.3 Deslocamento das decisões de investimento e de financiamento.
Fonte: FLEURIET; KEHDY; BLANC, 2003.

ANÁLISE ECONÔMICA VERSUS ANÁLISE FINANCEIRA

➲ **Análise econômica:** análise do lucro/prejuízo que resulta na variação do patrimônio líquido dos acionistas. O principal objetivo da empresa é econômico.

➲ **Análise financeira:** análise da capacidade da empresa em honrar seus compromissos. Trata-se da análise da liquidez da empresa.

CONCLUSÕES

A área de administração financeira abrange inúmeras tarefas e atividades, e os profissionais da área podem contribuir muito para o sucesso da empresa. O administrador tem sempre em mente a maximização da riqueza dos acionistas. As receitas alcançadas com as operações devem ser suficientes para atender aos custos, investimentos e despesas incorridas, e o excesso de caixa deve ser aplicado adequadamente, bem como a captação de recursos deve ser bem administrada, tendo em vista o alto custo financeiro do mercado.

A ausência da administração financeira adequada pode causar os seguintes problemas de confiabilidade, por:

- Não ter as informações corretas sobre saldo do caixa diário, valor dos estoques das mercadorias, valor das contas a receber e das contas a pagar, volume das despesas fixas e financeiras. Isso ocorre porque não é feito o registro contábil e financeiro adequado das transações realizadas.

- Não saber se a empresa está tendo lucro ou prejuízo em suas atividades operacionais, porque não é elaborado o demonstrativo de resultados.

- Não calcular corretamente o preço de venda, porque não são conhecidos seus custos, impostos, encargos e despesas.

- Não conhecer corretamente o volume e a origem dos recebimentos, bem como o volume e o destino dos pagamentos, porque não é elaborado um fluxo de caixa, um controle do movimento diário do caixa.

- Não saber o valor patrimonial da empresa, porque não é elaborado o balanço patrimonial; não observar os princípios contábeis (IFRS).

- Não conhecer a remuneração fixa e variável dos sócios-administradores por falta de controle confiável.

- Não saber administrar a necessidade de capital de giro (NCG) e o saldo de tesouraria.

- Não fazer análise e planejamento financeiro da empresa, porque não existe um sistema de informações gerenciais (fluxo de caixa, demonstrativo de resultados e balanço patrimonial etc.).

- Não ter controle sobre o nível de inadimplência dos clientes.

- Não controlar eficazmente as principais contas de fornecedores (prazos e encargos).
- Não controlar o movimento de caixa e os controles bancários, inclusive de captações e aplicações financeiras.
- Não fazer previsão de vendas e de projeção do fluxo de caixa.
- Não acompanhar a evolução do patrimônio da empresa, nem conhecer a lucratividade e rentabilidade da empresa.
- Não apurar a margem de contribuição (receita líquida, menos custos e despesas variáveis) dos produtos e/ou segmentos de negócio da companhia.
- Não conhecer o ponto de equilíbrio econômico e financeiro do negócio.
- Não controlar adequadamente os efeitos tesoura (o evento acontece quando a empresa financia grande parte de sua necessidade de capital de giro por meio de recursos caros e de curto prazo) e *overtrading* (grande expansão no volume de atividades de uma empresa, não havendo recursos disponíveis para bancar as necessidades adicionais de giro).
- Não saber calcular corretamente a formação (composição) do seu preço de venda, prejudicando seriamente a margem de lucro dos produtos e/ou serviços.
- Não fazer diariamente uma boa "**conciliação bancária**" entre os registros contábeis e financeiros e as informações e extratos bancários.
- Desconhecer (desprezar!) a forma de operação das atividades de seus principais concorrentes. O preço desse descuido normalmente é caro!

Em suma, o administrador financeiro é o responsável pela saúde econômica e financeira da organização e deve compartilhar essas informações e responsabilidades com os demais executivos da empresa no enfoque do *cash management*.

Demonstrações contábeis

A contabilidade deve estar pronta para suprir com informações precisas as pessoas físicas e jurídicas, cujos interesses são diferentes.

As informações oriundas da contabilidade não são limitadas apenas ao balanço e ao demonstrativo de resultados, ela fornece um fluxo de informações contínuo sobre os mais diversos fatores da gestão econômico-financeira da empresa, e é isso que queremos apresentar.

3.1 CONCEITOS, OBJETIVOS E PRINCÍPIOS FUNDAMENTAIS DE CONTABILIDADE

A contabilidade pode ser conceituada como um grande depósito de informações da empresa. Se organizada e controlada adequadamente, ela pode dar subsídios aos usuários sobre qualquer tipo de informação, seja de natureza econômica, financeira, societária, de produção, física e/ou social.

Pode também ser conceituada como uma metodologia voltada para captar, registrar, acumular, resumir, interpretar os aspectos que refletem nos âmbitos econômico, financeiro e patrimonial, tanto das pessoas físicas quanto das jurídicas de qualquer segmento empresarial.

A contabilidade tem como princípio produzir a informação precisa para que seja usada com segurança nas tomadas de decisão. Dentro desse contexto, podemos dizer que ela tem dois objetivos com base nas informações geradas: o controle e o planejamento. Ela fornece informações para sócios, acionistas, quotistas, fornecedores, funcionários, administradores e governo. Segundo alguns autores, ela pode ser dividida em três tipos: Contabilidade Financeira (Societária), Contabilidade Gerencial e Contabilidade Fiscal.

A estrutura conceitual básica da Contabilidade (Deliberação CVM nº 29/86) revogada pela deliberação CVM nº 539/08 enumera os postulados contábeis (entidade contábil e continuidade), princípios contábeis (custo histórico, denominador comum monetário, realização da receita, confrontação de despesa e essência sobre a forma) e convenções (objetividade, materialidade, consistência e conservadorismo), bem como as Resoluções CFC n⁰ˢ 1.121/08 e 1.328/11.

Deve ser também observada a Resolução nº1.282/10 do Conselho Federal de Contabilidade (CFC), que dispõe sobre os Princípios de Contabilidade e é composta dos seguintes princípios: entidade, continuidade, oportunidade, registro pelo valor original, atualização monetária, competência e prudência.

3.2 PRINCIPAIS RELATÓRIOS

O relatório contábil corresponde à informação apurada pela contabilidade de forma ordenada e resumida, de modo a informar aos usuários internos e externos à empresa fatos acontecidos em certo período de tempo. Existem relatórios obrigatórios e não obrigatórios.

A contabilidade é reconhecida pelas legislações comercial e fiscal, e, portanto, existem relatórios confeccionados pelas empresas cuja divulgação é obrigatória, seja para o público externo ou para os órgãos de fiscalização. Esses relatórios contêm informações de caráter econômico-financeiro.

Os relatórios cuja divulgação não é obrigatória são os relatórios gerenciais e têm por objetivo atender às necessidades do corpo gerencial. As elaborações desses relatórios não estão atreladas à legislação fiscal, societária, ou de órgãos que regulam as atividades-fim das empresas.

Os relatórios obrigatórios mencionados a seguir são para as empresas de sociedades por ações, sejam elas de capital aberto ou fechado.

O Quadro 3.1 mostra um resumo dos relatórios contábeis obrigatórios e não obrigatórios das sociedades anônimas e limitadas.

Quadro 3.1 Relatórios contábeis

Obrigatórios – exigidos pela Lei das Sociedades por Ações (6.404/76) e alterada pela Lei nº 11.638/07	**Sociedade Anônima** – exige-se publicação	BP – Balanço Patrimonial DRE – Demonstrativo do Resultado do Exercício DLPA – Demonstrativo de Lucros ou Prejuízos Acumulados (ou Mutações do Patrimônio Líquido IN-CVM nº 59/86, para companhia aberta) DRA – Demonstração do Resultado Abrangente* DOAR – Demonstrativo de Origens e Aplicações de Recursos (substituído pelo DFC) NE – Notas Explicativas DFC – Demonstrativo de Fluxo de Caixa DVA – Demonstrativo do Valor Adicionado (para Companhia Aberta)
	Limitada – não é exigida publicação	BP – Balanço Patrimonial DRE – Demonstrativo do Resultado do Exercício DLPA – Demonstrativo de Lucros ou Prejuízos Acumulados
Não obrigatórios – divulgação não é exigida por lei		Balanço Social e Ambiental (se aplicável) e/ou Relatório Anual de Sustentabilidade GRI4 (ou novo Relato Integrado). Orçamentos e Previsões Financeiras (Suporte ao Relatório Anual de Administração).

* De acordo com a Resolução CFC nº 1.185/09 e o CPC 26, a demonstração do resultado abrangente é obrigatória, mesmo não sendo prevista na Lei nº 6.404/76.

Nota: a) A companhia fechada com patrimônio líquido, na data do Balanço, inferior a **dois milhões de reais**, não será obrigada à elaboração e publicação da Demonstração do Fluxo de Caixa (DFC).

b) Demonstrações Financeiras de Sociedades de Grande Porte (Lei nº 11.638/07).

b.1) Aplicam-se às Sociedades de Grande Porte, ainda que não constituídas sob a forma de Sociedades por Ações, as disposições da Lei nº 6.404/76, sobre escrituração e elaboração de demonstrações financeiras e a obrigatoriedade de auditoria independente por auditor registrado na CVM.

b.2) Considera-se grande porte, para os fins exclusivos desta Lei (11.638/07), a sociedade ou conjunto de sociedades sob controle comum que tiver, no exercício social anterior, ativo total superior a R$ 240.000.000,00 (duzentos e quarenta milhões de reais) ou receita bruta anual superior a R$ 300.000.000,00 (trezentos milhões de reais).

3.3 MUDANÇAS PROPOSTAS NA LEGISLAÇÃO – LEI Nº 11.638/07 (IFRS) ALTERAM E REVOGAM DISPOSITIVOS DA LEI Nº 6.404/76 (LEI Nº 10.303/01), RELATIVOS À ELABORAÇÃO DAS DEMONSTRAÇÕES FINANCEIRAS

Essas mudanças que se fazem necessárias são devidas ao panorama econômico, ao processo de globalização das economias, que trouxe a abertura dos mercados, com fluxos de capitais entrando no país e com elevada captação de recursos no exterior.

Os **principais objetivos** dessas mudanças propostas na elaboração de divulgação das demonstrações contábeis são:

- Atender à necessidade de maior transparência e qualidade das informações contábeis.
- Procurar uma harmonização com as práticas contábeis internacionais.
- Acabar ou diminuir as dificuldades de interpretação e de aceitação de nossas informações contábeis.

As **mudanças mais importantes** são:

- Referentes às demonstrações contábeis:
  - introdução da demonstração dos fluxos de caixa, em substituição à demonstração das origens e aplicações de recursos;
  - introdução da demonstração do valor adicionado para companhias abertas;
  - eliminação da demonstração dos lucros ou prejuízos acumulados;
  - dois novos subgrupos de contas: intangível (no ativo permanente) e ajuste de avaliação patrimonial (no patrimônio líquido);
  - classificação e avaliação das aplicações financeiras, inclusive derivativos;
  - ajuste a valor presente e o valor justo?;
  - avaliação e contabilização a valor de mercado em fusões, incorporações e venda;
  - criação da reserva de incentivos fiscais;
  - eliminação de reserva de reavaliação;
  - o ordenamento jurídico obriga as empresas a realizar, periodicamente, a análise para verificar o grau de recuperação dos valores registrados no ativo imobilizado, intangível e no diferido (art. 183, § 3º). Teste de *impairment* de ativos;
  - a nova forma de contabilização das operações de *leasing* no balanço.
- Referentes à escrituração mercantil e tributária.
- Referentes à classificação das contas no balanço patrimonial.
- Referentes à classificação das contas na demonstração do resultado do exercício (DRE).
- Referentes aos critérios de avaliação.
- Referentes à consolidação das demonstrações contábeis.
- Referentes às empresas de grande porte.

3.3.1 Uma nova visão sobre a contabilidade no contexto empresarial

A contabilidade deve ser um grande banco de dados para a empresa, visando atender a diversas finalidades no contexto empresarial, conforme a Figura 3.1.

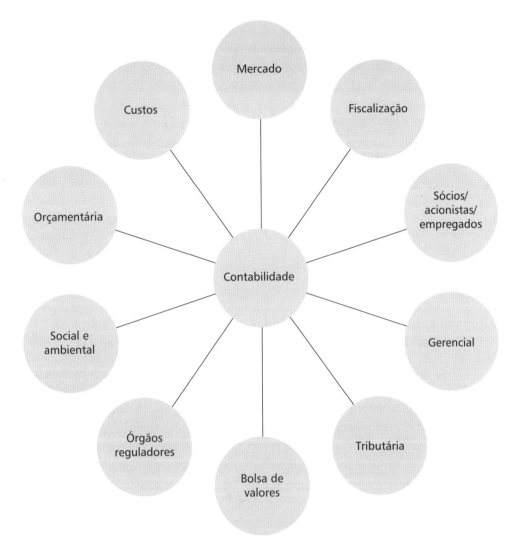

Figura 3.1 A contabilidade no contexto empresarial.

Dicas
- Atenção com as regras sobre contingenciamento (ativo ou passivo) e seu impacto nas atividades empresariais e os respectivos provisionamentos contábeis (tipo: provável, possível e remota) e a divulgação em notas explicativas, sempre que aplicável. Este é um ponto muito sensível para equívocos ou manipulação de resultado.
- Outro aspecto importante é a utilização da contabilidade de *hedge* (IFRS nova regra contábil). Cuidado com o diferimento de despesas financeiras e a variação cambial oriundas de dívidas/financiamentos. Isso também é um ponto sensível para equívocos ou manipulação de resultado.
- Os testes de *impairment* de ativos devem ser tecnicamente bem fundamentados (atenção com as premissas e critérios adotados, taxas de desconto e a análise individualizada dos ativos/segmentos de negócios).

- Atenção para o critério de contabilização (apropriação) dos gastos de CAPEX (imobilização de recursos) e OPEX (custo e/ou despesas de operação/manutenção, inclusive terceirizada). Cuidado com a análise da margem bruta e operacional, pois dependendo do registro contábil a mesma poderá ser equivocada e/ou manipulada.
- Faça sempre uma leitura prévia dos pareceres (relatórios) dos auditores independentes, do conselho fiscal e empresas de classificação de riscos (*rating*), se houver.
- **"Quando aplicável", discuta sempre esses pontos com o auditor independente, comitê de auditoria e conselho fiscal, se houver.**

Nota:
a) Lei nº 14.195 de 26/08/2021, que alterou a Lei nº 6.404/1976, entre outras.
b) Resolução CVM nº 44, de 23/08/2021, que alterou as INCVM nº 358/02, nº 369/02 e nº 449/07.
c) Resolução CVM nº 14, de 09/12/2020, que aprovou a Orientação Técnica CPC 09 – Relato Integrado.
d) Resolução Bacen nº 4910/2021, de 27/05/2021, e Resolução CVM nº 23, de 25/02/2021 (auditoria Independente).

3.3.2 Instruções importantes publicadas pela Comissão de Valores Mobiliários (CVM) e Bacen com foco em companhias abertas

Por meio da Instrução CVM nº 457, editada em julho de 2007, e alterada pela Instrução CVM nº 485/10, em alinhamento com o Comunicado nº 14.259 do Banco Central do Brasil, de março de 2006, a CVM determinou que as **companhias brasileiras de capital aberto** passem a elaborar as demonstrações financeiras consolidadas com base nas *International Financial Reporting Standards* (IFRS) a partir do exercício de **2010**. As demonstrações consolidadas do exercício anterior devem ser apresentadas para fins comparativos, sendo facultada às empresas a adoção antecipada. Dessa forma, o mercado de capitais brasileiro está em sintonia com o movimento internacional de unificação dos padrões contábeis.

3.4 QUADRO-RESUMO – DEMONSTRAÇÕES CONTÁBEIS (LEI Nº 6.404/76, ATUALIZADA PELAS LEIS Nºs 10.303/01 E 11.638/07 (IFRS) E POSTERIORMENTE PELA LEI Nº 11.941/09 COM MODIFICAÇÕES IMPORTANTES CONSTANTES NOS ARTS. 37 E 38)

Relatório Anual da Administração (para companhias abertas)
Apresentação da prestação de contas dos administradores aos acionistas baseada nas demonstrações contábeis (financeiras), bem como histórico da empresa, análise prospectiva, estratégias de crescimento, planos futuros, política de recursos humanos e seus investimentos em pesquisa e desenvolvimento (Lei nº 6.404/76, art. 133, item I, art. 243, Parecer de Orientação – CVM nº 15/87 e Deliberação CVM nº 488/05, itens 09 e 10, e IN CVM nº 480/09, art. 25, § 1º) e Instrução CVM nº 547/14 altera IN CVM nº 358/02 e IN CVM nºs 480/09, 552/14 e 567/15.

Balanço Patrimonial	Demonstração das Mutações do Patrimônio Líquido
Fotografia da empresa em determinado momento, mostrando os bens, direitos e obrigações e o Patrimônio Líquido (art. 178, Lei nº 6.404/76).	Detalha as principais ocorrências que modificaram o patrimônio líquido no período (art. 182). IN CVM nº 59/86.

Demonstração do Resultado Abrangente
Mutação que ocorre no patrimônio líquido durante um período que resulta de transações e outros eventos que não derivados de transações com os sócios na sua qualidade de proprietários. Item 7 do CPC 26 - R1 UC: 10/02/16).

Demonstração do Resultado do Exercício	Notas Explicativas
Acumula receitas, custos, perdas e despesas de um período, para apurar o resultado. É uma espécie de história do período (art. 187).	Ajudam a esclarecer as demonstrações financeiras, critérios, práticas e os princípios contábeis adotados (§ 4º, art. 176).

Demonstração do Valor Adicionado	Parecer do Conselho Fiscal**
Detalha (geração e distribuição) os principais grupos de beneficiários do valor adicionado pela empresa (Lei nº 11.638/07).*	Opina sobre o relatório anual e sobre as demonstrações contábeis (facultativo) (art. 164, Lei das S.A. e § 1º do art. 29 da Instrução CVM nᵒˢ 480/09 e 552/14 – companhias abertas).

* Detalha (geração e distribuição) os principais grupos de beneficiários do valor adicionado pela empresa (Lei nº 11.638/07).

** O funcionamento do Conselho Fiscal será permanente nas companhias de economia mista (art. 240, LSA e Lei nº 13.303/16 e Decreto nº 8.945/16).

Demonstração das Origens e Aplicações de Recursos	Demonstração dos Fluxos de Caixa (DFC)
Detalha os principais fatores que modificaram o capital circulante líquido no período (**substituído pelo DFC, art. 188**).	Mostra o fluxo líquido de caixa gerado pelas operações, pelas atividades de investimento e de financiamento (Lei nº 11.638/07).
* Para companhias abertas.	

(*) Relatório dos Auditores Independentes
Opina sobre os princípios, práticas e integridade das demonstrações contábeis das companhias de capital aberto. (§ 3º, art. 177, da Lei nº 6.404/76 e inc. II, § 1º, art. 25 da Instrução CVM nᵒˢ 480/09 e 552/14).

Informações complementares

* Relatório do Comitê de Auditoria, se houver

Opina sobre atendimento às exigências da legislação da SOX/SEC/NYSE/CVM IN nº 481/09, art. 9º, item III e IN CVM nº 509/11. Companhias de capital aberto e Instituições Financeiras (Resolução Bacen nº 3.198/04, art. 10, e a Lei no 13.303/16 e Decreto nº 8.945/16 para as empresas estatais).).

* Declaração dos Diretores – IN CVM nºs 480/09 e 552/14: empresa de capital aberto
a) *Quanto ao Relatório (Parecer)*: declaração dos diretores de que reviram, discutiram e concordam com as opiniões expressas no Relatório **(parecer) dos auditores independentes**, informando as razões, em caso de discordância (inc. V, § 1º, art. 25 da Instrução CVM nº 480/09);
b) *Quanto às Demonstrações Contábeis*: declaração dos diretores de que reviram, discutiram e concordam com as **demonstrações financeiras** (inc. VI, § 1º, art. 25 da Instrução CVM nº 480/09).

Balanço Social (facultativo) é um conjunto de informações demonstrando atividades de uma entidade privada com a sociedade que a ela está diretamente relacionada, com o objetivo de divulgar sua gestão econômico-social, e sobre o seu relacionamento com a comunidade, apresentando o resultado de sua responsabilidade social e Resolução CFC nº 1.003/04, NBC T 15.

Balanço Ambiental (facultativo). Segundo Lopes de Sá, é aquela demonstração das contas que evidencia as relações do patrimônio com o meio ambiente ou da natureza. É um documento demonstrativo que expressa o ativo e passivo ambiental natural num determinado momento. Ele evidencia, de forma sintética, as contas da gestão ambiental natural da célula social.

Para as empresas estatais devem ser observados também a Lei nº 13.303/16 e o Decreto nº 8.945/16, no que dispõe sobre o estatuto jurídico da empresa pública, da sociedade de economia mista e de suas subsidiárias quanto às exigências legais.

Nota: A Lei nº 14.195/2021, por meio do seu art. 5º, alterou a Lei nº 6.404/1976, a Lei nº 10.406/2002, entre outras.

3.5 PAINEL DE CONTROLE (INDICADORES DE GESTÃO FINANCEIRA)

A contabilidade é uma ferramenta indispensável para a gestão de negócios. De longa data, contadores, administradores e responsáveis pela gestão de empresas se convenceram de que a amplitude das informações contábeis vai além do simples cálculo de impostos e atendimento de legislações comerciais, previdenciárias e legais.

Contabilidade gerencial, em síntese, é a utilização dos registros e controles contábeis com o objetivo de gerir uma entidade.

A gestão de entidades é um processo complexo e amplo, que necessita de uma adequada estrutura de informações – e a contabilidade é a principal delas.

A contabilidade gerencial não "inventa" dados, mas se lastreia na escrituração regular dos documentos, das contas e de outros fatos que influenciam o patrimônio empresarial (*Júlio César Zanluca*).

Dentre as utilizações da contabilidade, para fins gerenciais, destacam-se, entre outras:

- Projeção do fluxo de caixa.
- Análise de indicadores-chaves de desempenho (KPIs).
- Elaboração e acompanhamento do orçamento.
- Planejamento tributário e societário.
- Cálculo do ponto de equilíbrio (econômico, financeiro e operacional).
- Determinação de custos-padrões.
- Apuração da margem de contribuição por segmentos de negócios ou produtos (muito importante).
- Apuração do indicador EBITDA (ou EBIT) para análise de potencial geração de caixa, combinada com o fluxo de caixa operacional da empresa.
- O indicador **EVA** (valor econômico adicionado – nova versão do lucro) também deve ser considerado nas análises gerenciais e complementares, sempre que possível.

3.5.1 Quadro de indicadores – comentários

Adiante apresentaremos um quadro sugestivo com alguns indicadores que poderão servir de suporte na análise econômica e financeira da empresa; porém, o executivo financeiro deverá fazer a sua análise com cuidado, de forma individual e **combinada**, dos indicadores para um melhor entendimento do negócio como um todo, inclusive os índices estabelecidos pela média setorial e evolução da tendência. Na dúvida, use sempre sua experiência e o bom senso nas decisões. Integridade: os demonstrativos utilizados nas análises sempre devem ser auditados por auditores independentes. Esses indicadores também poderão ser substituídos e/ou complementados por outros específicos, em função da atividade e ciclo operacional do negócio. O quadro de indicadores é apenas um suporte para o processo decisório, pois existem outras análises complementares que devem ser consideradas pelos executivos em cada negócio.

Para a realização de qualquer tipo de análise gerencial, devem ser considerados, no mínimo, dois (ou três) exercícios consecutivos (em moeda constante, se for possível), porque não é possível determinar uma tendência que evidencie a evolução da empresa em um único exercício.

- **Análise vertical**: é um processo comparativo, expresso em porcentagem que relaciona cada conta patrimonial ou de resultado com um valor referencial (base) identificado no demonstrativo contábil específico. Essa análise ocorre pela decomposição das partes que formam o todo, a fim de melhor interpretar seus componentes. É importante avaliar se os coeficientes apresentam alguma tendência para mais ou para menos em relação aos demais da série histórica.

- **Análise horizontal**: é a técnica que procura estudar o crescimento real ou não dos valores dispostos em cada conta ou grupo contábil do ativo, passivo e patrimônio líquido, bem como em itens da demonstração do resultado do exercício. Serve para avaliar o aumento ou a redução dos principais valores das contas e dos grupos dispostos no Balanço Patrimonial e na Demonstração de Resultado do exercício através de confronto de uma série histórica de períodos iguais corrigidos, visando verificar a evolução e identificar as possíveis tendências.

- **Análise por diferença absoluta**: é realizada através de tabelas informando a movimentação financeira da empresa no período em questão. Essa análise é denominada também de composição e distribuição de recursos. Na análise por diferença absoluta procura-se avaliar as mutações ocorridas na posição financeira da empresa decorrente de mudanças verificadas no capital circulante líquido entre dois balanços sequenciais. Essa informação é útil e prática, pois indica alguns aspectos distintos em relação às outras análises apresentadas sobre a posição financeira da empresa entre dois períodos consecutivos, a valores constantes.

1. Indicadores de atividade

		Ano 1	Ano 2
PMRE – Prazo Médio de Rotação dos Estoques	$\dfrac{\text{Estoque Médio} \times 360}{\text{CMV}}$		
PMRV – Prazo Médio de Recebimento das Vendas	$\dfrac{\text{Contas a Receber de Clientes Médios} \times 360}{\text{Receita Líquida de Vendas}}$		
PMPC – Prazo Médio de Pagamento das Compras	$\dfrac{\text{Fornecedores Médios} \times 360}{\text{Compras}}$		
Identificação dos Dias Financiados (Ciclo Operacional × Ciclo Financeiro)	(PMRE + PMRV) – PMPC		

2. Indicadores Econômicos e Financeiros

			Ano 1	Ano 2
Liquidez	Liquidez Imediata	$\dfrac{\text{Disponibilidades}}{PC}$		
	Liquidez Geral	$\dfrac{AC + RLP}{PC + ELP}$		
	Liquidez Corrente	$\dfrac{AC}{PC}$		
	Liquidez Seca	$\dfrac{AC - \text{Estoques}}{PC}$		

Nota:

- Os índices tradicionais de liquidez baseiam-se numa premissa irreal de que os ativos podem ser utilizados para saldar os compromissos e que todas as dívidas de curto prazo serão liquidadas.
- Nem a totalidade dos ativos pode ser utilizada para saldar os compromissos, bem como nem todas as dívidas são necessariamente liquidadas, mas sim **renovadas**.
- Por exemplo, a empresa necessita manter um nível mínimo de estoques. Portanto, não pode lançar mão dele para saldar compromissos, pois isso levaria ao encerramento das atividades operacionais. Cuidado com o uso desses indicadores, pois existem várias interpretações e informações adicionais do negócio que necessitam ser consideradas antes da tomada de decisões pelos executivos.
- O mesmo vale, por exemplo, para a dívida com fornecedores. Elas não são liquidadas, mas, sim, **renovadas**, o que, sob o ponto de vista da liquidez, faz uma enorme diferença.
- Solvência e liquidez não são sinônimos. Os bens e direitos da empresa, em termos de solvência, podem não ter liquidez, no mercado. Isso significa que itens dispostos no ativo poderão não representar fluxo de caixa em igual valor e velocidade no mercado, caso a empresa necessite transformar em dinheiro para pagar dívidas no período sob análise.

			Ano 1	Ano 2
Estrutura de Capital	Participação de Capitais de Terceiros (Grau de Endividamento)	$\dfrac{(PC + ELP) \times 100}{PLt}$		
	Composição do Endividamento	$\dfrac{PC \times 100}{PC + ELP}$		
	Grau de Imobilização do Patrimônio Líquido	$\dfrac{AP \times 100}{PL}$		
	Grau de Imobilização dos Recursos não Correntes	$\dfrac{AP \times 100}{PL + ELP}$		

			Ano 1	Ano 2
Rentabilidade	Giro do Ativo	$\dfrac{\text{Vendas Líquidas}}{\text{Ativo Médio}}$		
	Margem Líquida	$\dfrac{\text{Lucro Líquido} \times 100}{\text{Vendas Líquidas}}$		
	Rentabilidade do Ativo (ROA ou ROI)	$\dfrac{\text{Lucro Líquido} \times 100}{\text{Ativo Médio ou Total}}$		
	Rentabilidade do Patrimônio Líquido (ROE)	$\dfrac{\text{Lucro Líquido} \times 100}{\text{Patrimônio Líquido Médio ou Total}}$		
	Análise do ROI pelo Modelo DuPont	Margem Líquida $\times$ Giro Ativo		

			Ano 1	Ano 2
Alavancagem	GAF – Alavancagem Financeira	$\dfrac{\Delta\% \text{ no LPA}}{\Delta\% \text{ no LAJIR}}$ Ou: $\dfrac{\text{ROE}}{\text{ROA/ROI}}$		
	GAO – Alavancagem Operacional	$\dfrac{\Delta\% \text{ no LAJIR}}{\Delta\% \text{ nas vendas}}$ Ou: Δ VLOP (Variação no Lucro Operacional)		
		ΔVA_t (Variação no Volume da Atividade)		
	GAT – Alavancagem Total	GAF $\times$ GAO		

Legenda: LPA = Lucro por ação.

LAJIR = Lucro antes de juros e IR.

$\Delta\%$ = Variação percentual.

ROI = Taxa de retorno sobre investimentos.

ROA= Taxa de retorno sobre os ativos totais.

ROE = Taxa de retorno sobre o patrimônio líquido.

CMV = Custo das mercadorias vendidas.

PC = Passivo circulante.

AC = Ativo circulante.

RLP = Realizável a longo prazo.

ELP = Exigível a longo prazo.

PL = Patrimônio líquido.

AP = Ativo permanente.

			Ano 1	Ano 2
Índices de valoriza- ção das ações	Valor Patrimonial das Ações	$\dfrac{\text{Patrimônio Líquido}}{\text{Nº de Ações}}$		
	Lucro por Ação	$\dfrac{\text{Lucro Líquido}}{\text{Nº de Ações}}$		
	Índice de Preço da Ação	$\dfrac{\text{Preço da Ação}}{\text{Lucro por Ação}}$		
	Índice de Dividendos por Ação	$\dfrac{\text{Valor dos Dividendos por Ação}}{\text{Preço da Ação}}$		
	Índice *Payout*	$\dfrac{\text{Dividendos}}{\text{Lucro Líquido}}$		

DIFERENÇA ENTRE INDICADOR ECONÔMICO E INDICADOR FINANCEIRO

- **Econômico:** indicadores que procuram medir o nível de retorno econômico da empresa (tem a ver com medição de desempenho: fluxo de lucros e investimentos). A análise econômica estuda a capacidade que a empresa tem para geração de lucros no exercício e estimar para os próximos anos. A situação econômica pode também ser avaliada de forma estática, ao se considerar apenas o montante dos recursos próprios investidos e alocados no ativo e, de forma dinâmica, pela sua evolução patrimonial.
- **Financeiro:** indicadores procuram medir o nível de liquidez e solvência da empresa (tem a ver com medição da capacidade de pagamento: fluxo de caixa e endividamento). A análise financeira compreende a capacidade da empresa de ter ou não condições de pagar suas dívidas e obrigações com os credores na data acordada. Pode-se dizer que a análise financeira visa também avaliar se a empresa possui fluxo de caixa suficiente no presente para honrar, dentro dos prazos combinados, obrigações, compromissos e dívidas bancárias assumidos no passado. Outro item importante que deve ser analisado é a qualidade dos seus recebíveis em termos de liquidez no fluxo de caixa projetado.

OBJETIVOS E VANTAGENS DA ANÁLISE ECONÔMICA E FINANCEIRA

Objetivos:

- Avaliar as condições de liquidar os compromissos assumidos com pontualidade.
- Estruturar as demonstrações contábeis e financeiras para aquisição, incorpora- ção, fusão ou cisão.
- Analisar a capacidade de geração de lucros no exercício.
- Aproveitar a oportunidade de propor melhorias na aplicação do *compliance*, riscos e controles internos.
- Calcular a rentabilidade sobre o capital investido.
- Elaborar e manter o fluxo de caixa para o exercício.
- Projetar a capacidade de geração de valor ao negócio.
- Prever a situação financeira de curto e longo prazo.

Vantagens:

- Estimar os níveis mínimo e máximo de liquidez por meio do fluxo de caixa.
- Determinar os lucros obtidos e compará-los com a média setorial.
- Identificar quanto de capital próprio foi investido em imobilizações.
- Calcular o volume de capital em giro utilizado no exercício.
- Gerar valor para a empresa para os próximos exercícios.
- Estabelecer o nível de endividamento aceitável.
- Definir a taxa interna de retorno e o VPL (positivo) sobre os investimentos realizados.
- Ter conhecimento prévio das garantias e reciprocidades a oferecer aos capitais de terceiros.
- Saber avaliar corretamente os ciclos operacional, econômico e financeiro da empresa.
- Verificar em quantos dias, em média, ocorrem os pagamentos e recebimentos a prazo.
- Ter a capacidade de projetar quantos dias, em média, são necessários para renovação de seus estoques normais, bem como o nível de segurança.

Tome cuidado nas análises: uma empresa pode apresentar bons indicadores econômicos, mas péssimos indicadores financeiros. O desafio do executivo é maximizar o lucro e saber transformá-lo em **caixa**. Não se prenda apenas aos relatórios (números frios), verifique o negócio como um todo.

As análises dos indicadores econômicos e financeiros devem considerar todos os aspectos conjuntamente. O analista deve assumir alguns parâmetros e buscar dizer se a empresa está bem ou não, tanto em cada um dos indicadores quanto no conjunto deles. Um ponto importante também é a integridade dos números. Adicionalmente, verifique, entre outras coisas:

1. O endividamento/alavancagem financeira está dentro de limites prudenciais? Caso negativo, explicar os motivos.

    1.1 Como foi feita a análise da alavancagem financeira da empresa em relação à sua atual estrutura de capital (próprio e de terceiros)?

    1.2 Quanto representa percentualmente (%) a dívida bruta em moeda estrangeira sobre o total da dívida? A dívida bruta está lastreada em operações de *hedge*? Em qual proporção (%)?

2. Os atuais índices de liquidez do negócio são aceitáveis (verificar a situação atual quanto à robustez do fluxo de caixa da companhia)?

    2.1 Atenção para as análises do efeito tesoura, saldo de tesouraria e o *overtrading* no fluxo de caixa da empresa (*vide* Glossário).

2.2 Como está a relação entre o fluxo de caixa operacional e o fluxo de caixa dos acionistas no momento atual?

2.3 Os investimentos indicados no plano de negócios da empresa, inerente ao ano corrente, estão sendo realizados ou reduzidos/cortados? Se forem reduzidos de forma relevante, entender os motivos.

3. O giro do ativo (vendas/ativo médio – índice de eficiência no uso dos ativos) está melhorando a cada período?

4. Os prazos médios de recebimento e pagamento são normais ou precisam ser ajustados no fluxo de caixa?

5. Os prazos médios de estocagem são aceitáveis para o setor? Não há excesso de estoques de forma crônica?

6. O lucro gerado apresenta um grau de segurança para o pagamento dos juros dos financiamentos?

7. A rentabilidade do capital próprio está dentro da média do custo de oportunidade do mercado?

8. Os dividendos distribuídos aos acionistas foram superiores aos limites mínimos legais? Eles promoverão maior valor para a empresa?

9. A análise geral indica empresa em crescimento e potencial de geração de vendas, lucros e de caixa?

9.1 Existe crescimento real (descontada a inflação) das vendas e lucros no período?

10. Os índices de valorização das ações estão bem cotados no mercado?

10.1 Avaliar a relação entre o **P/L** (preço/lucro) da empresa, no que se refere à concorrência, levando em consideração o prazo de retorno do investimento.

11. A margem de lucro bruta, operacional e líquida está em conformidade com o plano de negócio?

12. O EBITDA e o **fluxo de caixa operacional** estão alinhados com o planejamento financeiro da empresa?

13. O índice de inadimplência dos recebíveis está dentro de limites aceitáveis para a empresa e em linha com a média do setor?

14. O gerenciamento da Necessidade de Capital de Giro (NCG) é acompanhado diariamente, e existem evidências formais de controle de variações relevantes?

15. O saldo de tesouraria (ST) (ativo errático-passivo errático) está sendo monitorado através de algum indicador e/ou alguma análise financeira?

16. A empresa possui alto índice de imobilização de recursos? Caso positivo, identificar os motivos e justificativa financeira.

17. O Lucro Líquido do período aumentou em função do **lucro não operacional?** Caso positivo, investigar a qualidade e periodicidade deste lucro.

18. O volume de investimento anual realizado pela empresa está em conformidade com a sua geração de EBITDA? Caso negativo, e se relevante, investigar o excesso de investimento anual e suas fontes e custo de capital do financiamento, bem como a cobertura da dívida sobre o EBITDA.

19. O índice de crescimento das despesas operacionais está superior ao índice de crescimento das vendas líquidas no período? Caso positivo, identificar as contas e verificar as medidas tomadas para sua adequação (qualidade das despesas e eficiência nos gastos).

20. A empresa tem uma boa imagem e reputação no mercado (isso ajudará também quando da necessidade de captação de recursos, principalmente no curto prazo, para suprir eventualidades e/ou contingências).

> O EBITDA não é um indicador contábil. Por essa razão, deve ser bem analisado quanto à sua integridade e confiabilidade na composição/utilização para efeitos de validação pela auditoria independente.

3.5.2 Visão de mercado – análise resumida – indicadores e comentários

Alguns analistas no mercado costumam utilizar o resultado de alguns indicadores considerados chaves na sua avaliação financeira das empresas, para efeito de orientação aos clientes quando da aquisição do papel, como, por exemplo:

EBITDA – *Earnings Before Interest Rates, Taxes, Depreciation and Amortization* (em inglês) ou **LAJIDA** – Lucro antes dos Juros, Imposto de Renda, Depreciação e Amortização (em português)

- Representa a geração operacional de caixa da companhia. Visa refletir o quanto a empresa gera de recursos apenas em sua atividade principal, sem levar em consideração os efeitos financeiros (qualidade do crédito tomado e rentabilidade de investimentos financeiros) e de impostos (aspectos regulatórios e enquadramentos tributários). É um importante indicador para avaliar a qualidade operacional da empresa.

- **EBITDA** = LAIR + DEPRECIAÇÃO E AMORTIZAÇÃO – RESULTADO FINANCEIRO LÍQUIDO

EBIT

- É também conhecido como o lucro na atividade. A diferença entre este indicador e o EBITDA se refere apenas à depreciação e amortização. O EBIT leva em consideração estes efeitos contábeis.

> A Comissão de Valores Mobiliários (CVM) editou a **Instrução 527** sobre a divulgação voluntária de informações **de natureza não contábil**, as denominadas LAJIDA ou EBITDA (sigla em inglês para *earnings before interest, taxes, depreciation and amortization*, ou lucros antes de juros, impostos, depreciação e amortização, em português) e LAJIR ou EBIT (*earnings before interest and taxes* em inglês, que é o lucro antes de encargos financeiros – pagamento de juros – e impostos).

Preço Justo

- O preço justo corresponde à avaliação da empresa, determinado pela metodologia de fluxo de caixa descontado projetado. Tal preço deve ser comparado com a cotação atual para observação do potencial de valorização teórico nos próximos 12 meses, em média. Atenção para a taxa de desconto utilizada na previsão do fluxo de caixa descontado.

P/L

- Relação Preço (Cotação)/Lucro. Indica o retorno esperado para a ação. Deve-se levar em consideração que efeitos não operacionais podem distorcer este indicador.
- FÓRMULA: COTAÇÃO/(LUCRO LÍQUIDO/Nº TOTAL DE AÇÕES).

EV/EBITDA

- Relação Valor da Empresa/Geração Operacional de Caixa. Indica o retorno esperado sobre o valor da empresa levando em consideração apenas os aspectos operacionais (ligados à atividade principal) da companhia. Pode-se dizer que este indicador representa o P/L normalizado, ou seja, P/L sem considerar efeitos financeiros e não operacionais.
- FÓRMULA: EV (*Enterprise Value*) = VALOR DE MERCADO + ENDIVIDAMENTO LÍQUIDO/EBITDA.

P/VPA

- Relação Preço/Valor Patrimonial da Ação. Indica o quanto a ação representa do valor patrimonial contábil.
- FÓRMULA: COTAÇÃO/VPA.
- VPA = PATRIMÔNIO LÍQUIDO (contábil)/Nº TOTAL DE AÇÕES.

EBITDA/AÇÃO

- Indica o valor do EBITDA para cada ação.
- FÓRMULA: EBITDA/Nº TOTAL DE AÇÕES.

P/EBITDA

- Indica a relação entre a cotação e a geração operacional da empresa.
- FÓRMULA: COTAÇÃO/(EBITDA/Nº TOTAL DE AÇÕES).

Rentabilidade sobre o Patrimônio Líquido

- Indica o retorno em relação ao patrimônio líquido contábil.
- FÓRMULA: LUCRO LÍQUIDO (12 meses)/PATRIMÔNIO LÍQUIDO.

Rentabilidade sobre o Ativo

- Indica o retorno em relação ao ativo total contábil.
- FÓRMULA: LUCRO LÍQUIDO (12 meses)/ATIVO TOTAL.

> Outros analistas adotam também a técnica da análise gráfica (técnica) muitas vezes combinada com a análise fundamentalista de algumas empresas, considerando seu porte, complexidade, atividade e volume de movimentação em bolsa.

GOVERNANÇA FINANCEIRA – QUADRO-RESUMO DOS INDICADORES

O retorno total dos proprietários é o indicador-síntese dos resultados corporativos. Ele resulta de duas formas de compensação do capital investido: o recebimento de dividendos ao longo do tempo e os ganhos de capital resultantes da rentabilidade e do crescimento das empresas. A Figura 3.2 sintetiza esses conceitos.

Quando o foco da administração é a geração de máximo valor para os investidores, desenvolvem-se dentro das empresas instrumentos de gestão e de aferição de resultados que contribuem para a eficácia corporativa, tanto no âmbito das unidades de negócios quanto nas áreas de serviços compartilhados.

Medições com base em indicadores como o *total shareholder return* (TSR) são filtros para tomada de decisões estratégicas e para as politicas operacionais. O acompanhamento eficaz com base nas medições indica tendências de melhoria, de deterioração ou de recuperação de resultados.

Proporciona, ainda, comparações entre as empresas de um mesmo setor e entre os diferentes setores de negócio. Atende às demandas dos analistas do mercado de capitais, dos fundos de *private equity* e dos investidores institucionais. São, assim, indicadores eficientes de alocação ótima de recursos, bem como da administração, segundo os melhores padrões possiveis, dos recursos disponibilizados para os gestores.

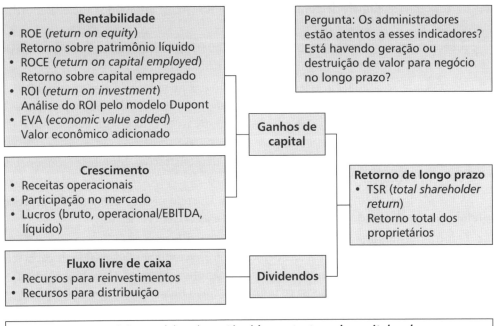

Figura 3.2 Medidas e conceito do retorno total de longo prazo.
Fontes: BCG, 1995; EAESP-FGV, 1999; ROSSETTI; ANDRADE, 2014, p. 116.

CONCLUSÕES

A contabilidade de uma empresa tem como objetivo principal prover aos usuários as informações necessárias para tomada de decisão, daí a importância de haver qualidade na informação.

O administrador financeiro que sabe usar as informações contábeis tem uma poderosa ferramenta, o que permite ver o futuro com mais segurança, melhorando, assim, o processo decisório com base nos acertos e erros de decisões passadas.

A CVM deu início ao processo de regulação da Lei nº 11.638/07 (relativo ao Projeto nº 3.741/00), que atualiza as regras contábeis brasileiras para sua conversão ao padrão internacional, aprovado em 28-12-2007, após sete anos de discussão no Congresso Nacional.

A Lei nº 11.638/07 apresenta duas novas demonstrações, que são fundamentais nos processos decisórios tanto internos como externos da empresa, que são: o fluxo de caixa e o valor adicionado; além de sugerir outras inovações.

A citada Lei nº 11.941/09, principalmente através dos arts. 37 e 38, trouxe também várias modificações relativas aos aspectos contábeis e inclusive quanto à entrada em vigor das normas internacionais de contabilidade, o IFRS (International Financial Reporting Standards).

A Lei nº 12.431/11 alterou o art. 59 da Lei nº 6.404/76, principalmente quanto à emissão de **debêntures** (instrumento importante de captação de recursos).

Recomenda-se, ainda, em relação à regulação das matérias societárias e contábeis a leitura das instruções, deliberações, ofícios-circulares, notas explicativas e pareceres de orientação da CVM disponíveis para consulta no *site* www.cvm.gov.br, bem como o *site* do CFC, www.cfc.org.br.

Destacamos também o quadro-resumo das demonstrações contábeis e o painel de controle com os indicadores econômico-financeiros.

A novidade também é a Lei nº 13.303/16 e o Decreto nº 8.945/16 para as **empresas estatais** e suas subsidiárias quanto aos requisitos e às exigências legais.

Outro ponto importante para destacar é o conceito de lucro e caixa: lucro é uma margem que indica a eficiência econômica da operação, informa rentabilidade. Saldo de caixa tem a ver com liquidez e disponibilidade financeira: significa dinheiro. O lucro é econômico (ex.: receitas menos custos, despesas e impostos) e não financeiro (disponibilidades).

Fazemos menção ao **fluxo de caixa**, porque é objetivo de nosso trabalho dar enfoque a esse principal instrumento de análise e controle financeiro, que atende aos mais variados usuários das informações contábeis. **Atualmente, sua divulgação é exigida por lei**, o que comprova sua relevância na análise e gerenciamento de uma empresa. Podemos assim dizer que o caixa é o rei.

Administração do fluxo de caixa

Este capítulo apresenta o dinamismo da administração do fluxo de caixa, abordando conceitos, aspectos, objetivos, princípios, entre outros pontos que são fundamentais conhecer para melhor entendimento e elaboração do fluxo de caixa.

4.1 CONCEITOS

Fluxo de caixa é uma **ferramenta** que **controla a movimentação financeira** (as **entradas** e **saídas** de recursos financeiros) de uma empresa, em um período determinado.

Fluxo de caixa é um instrumento de gestão financeira que projeta para períodos futuros todas as entradas e as saídas de recursos financeiros da empresa, indicando como será o saldo de caixa para o período projetado.

O fluxo de caixa facilita a gestão de uma empresa no sentido de saber exatamente qual o valor a pagar com as obrigações assumidas, quais os valores a receber e qual será o saldo disponível naquele momento. Denomina-se saldo a diferença entre os recebimentos e os pagamentos.

Ao analisar o fluxo de caixa, se o saldo for negativo significa que a empresa tem gastos a mais. Nesse caso, o gestor terá que rever os gastos para conseguir aumentar a entrada de dinheiro. Por outro lado, se um saldo for positivo, ele indica que a empresa está conseguindo pagar as suas obrigações e ter disponibilidade financeira.

O fluxo de caixa é um recurso fundamental para os gestores saberem com precisão qual a situação financeira da empresa e, com base no resultado, decidir os caminhos a seguir, ou seja:

É o principal instrumento da gestão financeira que planeja, controla e analisa as receitas, as despesas e os investimentos, considerando determinado período projetado.

Pode-se também dizer que consiste numa representação gráfica (planilha) e cronológica de entradas (ingressos) e saídas (desembolsos) de recursos monetários, o que permite às empresas executar suas programações financeiras e operacionais, projetadas para certo período de tempo.

É possível, a partir da elaboração do fluxo de caixa, verificar e planejar eventuais excedentes e escassez de caixa, o que provocará medidas que venham a sanar tais situações.

É importante ressaltar que o caixa é o instrumento fundamental para tomada de decisões financeiras e representa a "disponibilidade imediata", ou seja, é **diferente** do "resultado econômico contábil".

O caixa de uma empresa gera lucro quando há disponibilidade de recursos para aplicação, que consequentemente receberá juros. Do mesmo modo, se não houver caixa, isso impactará no resultado, porque a empresa utilizará recursos de terceiros, pagando juros pela captação, para fazer frente aos compromissos assumidos, o que tornará o resultado menor.

O resultado econômico, isto é, o lucro ou prejuízo de uma empresa, pode ser diferente do resultado financeiro, que é a geração de caixa. **O que se quer dizer é que existe diferença entre lucro e caixa**; mesmo que o caixa tenha liquidez, não significa que se tenha lucro no decorrer do tempo.

Alguns aspectos podem gerar **diferenças entre o lucro e o fluxo de caixa**, dos quais citaremos alguns casos:

- A não pontualidade das receitas e o não reconhecimento como perda geram diferenças que podem ser tanto temporárias como permanentes. Mesmo quando se recebem os atrasos com juros, tais valores ajustados podem gerar diferenças, caso a taxa de juros cobrada pelos atrasos seja diferente do custo de oportunidade da empresa.

- A depreciação e a amortização de valores, devidamente contabilizadas, ocasionam o reconhecimento contábil no lucro. Entretanto, não representam saída de caixa. Elas constituem, porém, o critério de atribuir parcelas ao resultado ao longo da vida útil do ativo. Dessa forma, afetam o cálculo de impostos, os quais refletem no fluxo de caixa da empresa.

- O capital de giro também sofre impacto, pois os tempos de recebimentos e pagamentos são diferentes. Outro fator ligado ao capital de giro são os estoques, que também geram diferenças.

- Quaisquer tipos de provisões afetam a demonstração de resultados; porém, não afetam o fluxo de caixa. A provisão de longo prazo pode impactar o caixa em casos de contingências e disputas judiciais, por exemplo, e também pode impactar em curto prazo, como os casos de encargos provisionados ao final do mês, para serem pagos no início do período seguinte.

- Receitas geradas, mas não recebidas, como são os casos de investimento no mercado financeiro, em que são reconhecidos os juros; porém, só serão recebidos no final do período de investimento.

Assim, podemos dizer de forma simples que lucro (no regime de competência, o registro do documento se dá na data em que o evento aconteceu) é o total de dinheiro que lhe resta depois de obter o seu retorno e pagar as suas despesas. Fluxo de caixa (regime de caixa é o regime contábil que apropria as receitas e despesas no período de seu recebimento ou pagamento, respectivamente, independentemente do momento em que são realizadas) ocorre quando você de fato recebe e paga o dinheiro.

Cashflow é uma expressão inglesa, muito conhecida no meio financeiro, que significa fluxo de caixa.

4.2 A IMPORTÂNCIA DE UM SISTEMA CONFIÁVEL DE PROJEÇÃO DE FLUXO DE CAIXA

O fluxo de caixa projetado e real da empresa representa uma importante informação gerencial. Através dessas demonstrações do fluxo de caixa, podem ser analisadas as alternativas de investimentos, os motivos que ocasionaram as mudanças da situação financeira da empresa, as formas de aplicação do lucro gerado pelas operações e também as razões de eventuais reduções no capital de giro.

Para o fluxo de caixa se tornar referência de gestão, é necessário que seja possível mensurar o efeito resultante entre as decisões gerenciais e o nível de liquidez; aumentar o horizonte de projeção, e, consequentemente, aumentar uma visão futura da empresa; acompanhar os processos vigentes, bem como fazer uma revisão contínua desses processos no caso de eventuais mudanças nos negócios. A **integridade** das informações financeiras inerentes aos cálculos, premissas, cenários e informações operacionais, considerados na projeção, é muito importante na avaliação financeira e de auditoria (quando necessário) do negócio.

4.2.1 Fatores que afetam o fluxo de caixa

Existem fatores internos e externos que afetam o fluxo de caixa, o que ocasiona diferenças acentuadas entre o previsto e o realizado, comprometendo a eficácia do sistema, bem como a sua liquidez.

Vejamos primeiro os **fatores internos**:

- Falta de um sistema de cobrança eficiente.
- Investimentos não planejados e inesperados.
- Aumento no prazo de vendas concedido como uma maneira de aumentar a competitividade ou a participação no mercado.
- Compras que não estão em linha com as projeções de vendas.
- Diferenças representativas no giro de contas a pagar e a receber em decorrência dos prazos médios de recebimento e pagamento.
- Capitalização inadequada com a consequente utilização de capital de terceiros de forma excessiva, aumentando o nível de endividamento.

- Ciclos de produção muito longos que não estão em consonância com o prazo médio dado pelos fornecedores.
- Política salarial incompatível com as receitas e demais despesas operacionais.
- Pequena ocupação do ativo fixo.
- Expansão descontrolada das vendas, implicando um volume maior de compras e custos operacionais.
- Distribuição de lucros incompatíveis com a capacidade de geração de caixa.
- Custos financeiros altos originários do nível de endividamento.
- Giros do estoque lento, significando o carregamento de produtos obsoletos ou de difícil venda, imobilizando recursos da empresa no estoque.

Investimentos desnecessários e/ou indevidos em relação aos prazos e estratégias mal definidas com retorno mensurado pelo VPL negativo.

Os **fatores externos** são:

- Inflação (elevação do nível de preços), recessão e taxas de juros.
- Mudança na política cambial, fiscal e de crédito.
- Mudanças na política de importação e exportação.
- Diminuição das vendas em decorrência de retração do mercado.
- Novos concorrentes.
- Mudanças na legislação fiscal (aumento de alíquota de impostos e/ou novos impostos, ou seja, aumento da carga tributária).
- Aumento do nível de inadimplência.
- Diminuição do fechamento de contratos.
- Falta de foco na prospecção de novos clientes.

Para que esses descompassos não aconteçam e comprometam o fluxo de caixa, é necessário que haja entrosamento entre os setores, para que as decisões a serem tomadas sejam antes conversadas e analisadas com o administrador financeiro para, em conjunto, verificar e conhecer os possíveis impactos no caixa, e assim preservar os interesses da empresa.

Outra grande vantagem que o fluxo de caixa pode dar para a empresa é a capacidade de aprender com o passado e prever o futuro do caixa, assim, oferecendo suporte a decisões futuras importantes para o negócio.

Desse modo, o fluxo de caixa é um instrumento gerencial, que permite apoiar o processo decisório da empresa, de modo que ela alcance os resultados estabelecidos, conforme a Figura 4.1.

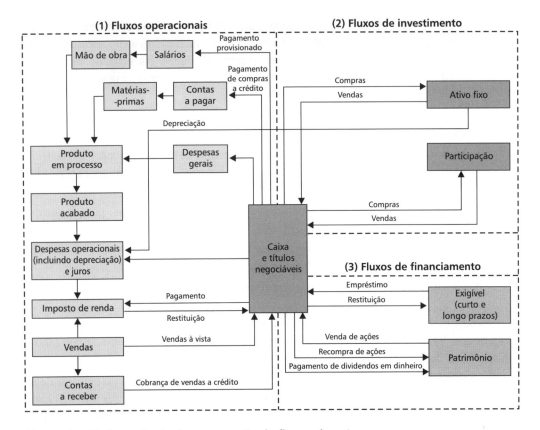

Figura 4.1 Elaboração da demonstração de fluxos de caixa.

Fonte: GITMAN, 2004.

4.2.2 Enfoque do *cash management*

Para se visualizar o *cash management* nas empresas, é fundamental que o administrador financeiro atente para os seguintes aspectos:

- Conhecimento geral do caixa do ponto de vista dos negócios (nacional e internacional), isto é, o administrador financeiro ou tesoureiro não deve estar voltado apenas para a geração de caixa, mas também para todas as oportunidades operacionais de todas as áreas (novos projetos), e precisa estar preocupado com o aumento de receitas e redução de custos/despesas, bem como a maximização de lucro e geração de caixa.
- Comprometimento com a competitividade e desempenho, como, por exemplo, cobrar da área de vendas maior liquidez nas vendas; da mesma forma, cobrar da área de compras as solicitações de suprimentos que devem ser feitas dentro dos prazos estabelecidos.

- Definição do perfil de investimentos que a empresa deseja operar; escolha das instituições financeiras com que se quer trabalhar; política de crédito para os clientes; política de cobrança; entre outras definições. Na verdade, está-se falando em gestão de caixa. A administração da liquidez é uma das atividades mais importantes do administrador financeiro.

- Transmissão da importância do fluxo de caixa como instrumento gerencial da empresa para todos os executivos, pois muitos não têm essa visão.

- Elaboração do fluxo de caixa com a participação de todas as áreas, ou seja, toda a empresa deve estar comprometida com a seriedade das informações passadas para a tesouraria.

- Explicação sobre os efeitos gerados pela liquidez das vendas, para a equipe de vendas.

- Discussão e análise das ideias e sugestões entre as áreas para saber se haverá impactos nos resultados, antes de colocar em prática.

- Constante preocupação com o equilíbrio financeiro.

Portanto, os elementos do *cash management* são: os princípios; fluxo de informações; relações com as instituições financeiras; estrutura do capital; investimentos e captações; concentração de fundos; análise das receitas e despesas operacionais.

É importante lembrar que para as empresas que possuem operações no exterior deve haver controles separados da tesouraria nacional e internacional e de novos projetos com alto impacto no caixa, sendo que, posteriormente, devem ser consolidados para efeito de controle e tomada de decisões. A organização, o planejamento e o controle do *International Cash Management* devem ter uma estruturação quanto aos seguintes aspectos financeiros e gerenciais:

- Organizar os processos, limites de competência e alçadas, procurações, representações, custódia, inventários, conciliação bancária diária, controle dos contratos de mútuos, AFAC (Aumento para Futuros Aumentos de Capital), lastreamento das operações (coberturas e margem) e controles internos eficazes de uma tesouraria internacional.

- Integrar o orçamento internacional de tesouraria com os outros orçamentos da empresa.

- Saber quais os fatores determinantes para a centralização de tesouraria nacional e internacional.

- Gerir a liquidez para grupos de empresas (controladas e coligadas).

- Analisar os principais meios de cobrança e pagamentos internacionais.

- Conhecer a legislação relativa à transferência de fundos internacionais.

As seguintes características contribuem para que este gerenciamento seja bem controlado:

- Conhecer as estratégias-chave para melhorar a gestão da liquidez.
- Estudar os novos instrumentos de gestão de cobranças e pagamentos: *confirming, factoring* e *renting*.
- Saber como são afetados os processos de cobrança e pagamentos internacionais pelos sistemas *Target* e outros, bem como sua relação com SPB (Sistema de Pagamento Brasileiro).
- Analisar o risco de remessa de capitais quanto à legislação nas transferências de fundos internacionais.

Alguns bancos também oferecem esses serviços de forma parcial e ou integral, inclusive em operações internacionais e de *intercompanies*.

O serviço de *cash management* oferece a possibilidade de aperfeiçoar a gestão de tesouraria nacional e internacional da empresa através de:

- Inclusão dos processos de negócio relacionados à gestão dos fluxos financeiros, desde a centralização de informação, passando pela otimização de tesouraria até à gestão dos produtos financeiros.
- Integração diária de todos os fluxos financeiros na posição de tesouraria da empresa. De salientar a disponibilização e análise de informação da empresa relativa à posição de tesouraria, bem como relatórios com a previsão de tesouraria.

Os serviços prestados são os seguintes:

- Gestão de contas bancárias e captações de curto prazo.
- Gestão da posição de tesouraria nacional e internacional.
- Gestão de produtos financeiros (pagamentos, recebimentos, financiamento/aplicações, custódia, tarifas, impostos/taxas, câmbio, cobertura de risco, *hedge* etc.).
- Previsão de tesouraria de curto prazo com maior abrangência de informações
- Cartão de débito corporativo com validade nacional disponibilizado para colaboradores que efetuam pequenos gastos em nome dos executivos, como viagens, combustível, refeição, deslocamento, compra de materiais, entre outros.

A seguir, os benefícios para a empresa:

- Rapidez de acesso a posições de tesouraria.
- Melhores condições contratuais e de reciprocidades e float junto com os bancos.
- Aumento da qualidade de informação.

- Melhoria das relações com parceiros bancários.
- Redução de custos com a gestão de tesouraria.
- Centralização de caixa: convênio que possibilita a transferência automática de recursos entre contas correntes de um mesmo grupo econômico (matriz e filiais), concentrando os saldos em uma só conta corrente, o que facilita a gestão de caixa e a conciliação financeira.

Porém, o **administrador financeiro** deve fazer uma análise detalhada em relação aos custos, riscos e benefícios da terceirização desses serviços pela instituição financeira, antes de sua tomada de decisão, principalmente quanto aos aspectos estratégicos e operacionais de compartilhamento do sistema de controle financeiro da organização.

4.2.3 Os ciclos: operacional, financeiro e econômico

O constante aumento no nível de rotatividade do capital de giro aplicado ao negócio é um fator decisivo para a manutenção do equilíbrio financeiro da operação. Então, é fundamental o acompanhamento sistemático do ciclo operacional, com destaque para os aspectos relevantes.

O **ciclo operacional** inicia-se com a compra de matéria-prima e se estende até o recebimento de vendas, conforme a Figura 4.2.

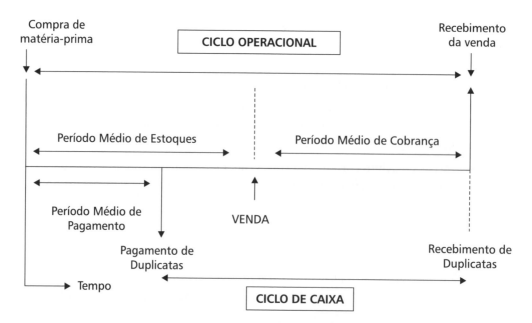

Figura 4.2 Ciclo operacional.

Um ciclo operacional adequado refletirá de maneira positiva o comportamento e o uso do capital de giro investido. A otimização dos prazos médios de permanência de estoques, contas a receber e contas a pagar deve ser um propósito permanente por parte do administrador financeiro.

Conhecendo o ciclo de caixa, pode-se estabelecer o giro de caixa da empresa, isto é, a rotação com base em certo período de tempo.

O **ciclo financeiro** representa o tempo entre o pagamento a fornecedores e o recebimento de vendas.

Um dos fatores mais importantes na determinação da necessidade de capital de giro é o ciclo de caixa. O **ciclo de caixa** é também definido como o tempo decorrido entre o pagamento da matéria-prima e o recebimento da venda. Durante esse período, os recursos da empresa estão aplicados no capital de giro.

Outra forma de entendermos o **ciclo de caixa** é definindo esse período como sendo o tempo necessário para que a rotação do ativo circulante possa fazer frente aos pagamentos relativos ao passivo circulante nas respectivas datas de pagamento.

Como cada empresa tem uma relação de rotação e pagamentos diferentes, o nível de capital de giro para cada empresa será diferente. De forma geral, o nível suficiente de capital de giro depende diretamente do grau de liquidez dos ativos operacionais da empresa (duplicatas a receber e estoques).

Resumindo, podemos definir o ciclo de caixa como:

> Ciclo de Caixa = Data de Recebimento da Venda – Data de Pagamento da Compra

O **critério básico** para achar os prazos médios dos elementos que compõem o capital de giro é discriminado a seguir, e a título de análise será considerado o período anual (360 dias):

- Prazo médio de permanência de estoques = (estoque médio/custo produtos vendidos) × 360.
- Prazo médio de contas a receber = (contas a receber médio/vendas a prazo) × 360.
- Prazo médio de pagamento a fornecedores = (contas a pagar médio/compras a prazo) × 360.

Exemplo: A empresa ABC opera dentro das seguintes variáveis:

- Prazo médio de permanência de estoque (PME) – 10 dias.
- Prazo médio de recebimento de vendas (PMR) – 35 dias.
- Prazo médio de pagamentos (PMP) – 30 dias.

Então:

$$CF = PME + PMR - PMP$$

Ciclo financeiro = 10 + 35 – 30 = 15 dias.

Giro de caixa baseado num período anual = 360/15 = 24 vezes.

Os **15 dias** equivalem ao prazo médio em que a empresa permanece a **descoberto** financeiramente, isto é, precisa de recursos complementares, de natureza própria e/ou de terceiros. E o giro do caixa se reveza 24 vezes ao ano.

Vejamos outro **exemplo**:

A empresa XYZ possui as seguintes variáveis:

- Prazo médio de permanência de estoque (PME) – 40 dias.
- Prazo médio de recebimento de vendas (PMR) – 35 dias.
- Prazo médio de pagamentos (PMP) – 30 dias.

Então:

CF = 40 + 35 – 30 = 45 dias.

Giro de caixa (é o número de vezes que o caixa da empresa se renova durante um determinado ano) = 360/45 = 8 vezes.

No decorrer do ano, o giro de caixa da empresa XYZ se reveza oito vezes.

Com base na fórmula do ciclo financeiro, quanto menor for o ciclo financeiro, maior será o giro de caixa. É aconselhável que a empresa tenha alto giro de caixa, de forma que reduza sua necessidade de capital de giro. Quanto maior o poder de negociação da empresa com fornecedores, menor o ciclo financeiro.

Exemplo: Clientes sendo financiados pelos fornecedores:

Supondo que a empresa obteve a seguinte condição na negociação com os fornecedores:

- PME de 10 dias.
- PMR de 30 dias.
- *Ciclo Operacional* de 40 dias.
- PMP de 45 dias.
- *CF = Ciclo de Caixa:* negativo 10 + 30 – 45 = (5) dias.

Isso significa que os clientes estão sendo totalmente financiados pelos fornecedores. A empresa está comprando, estocando, vendendo e recebendo o valor de suas vendas para, só depois, pagar seus fornecedores. Este caso apresenta a melhor situação para a empresa, mas caso não seja possível ter um *ciclo de caixa* **negativo**, a empresa precisa reduzi-lo o máximo possível.

É importante dizer que o conceito tradicional de ciclo de caixa leva em consideração o prazo em que a empresa precisa financiar a parcela complementar do capital de giro. No entanto, é fundamental destacar que, para cada período componente do ciclo operacional, o valor a ser investido pode sofrer mudanças decorrentes do que for agregado ao processo produtivo da empresa.

A seguir, um exemplo de **ciclo financeiro em dias de venda:**

$$\text{Ciclo Financeiro} = \frac{60.000}{540.000} \times 360 \text{ dias} = 40 \text{ dias}$$

Na média e no geral, o intervalo entre o desembolso e o ingresso na empresa equivale a 40 dias de venda.

Analisar as ocorrências que podem refletir o resultado previsto para o fluxo de caixa é primordial. Assim, deve-se considerar as chamadas **áreas de risco**.

Bem, vejamos o que vem a ser risco: é a probabilidade de certo evento previamente planejado não acontecer da forma que foi definido. Ele, consequentemente, impactará no resultado.

O correto gerenciamento do ciclo operacional e financeiro da empresa é de extrema importância para a qualidade do fluxo de caixa, ou seja, a geração de caixa de certa operação é consequência direta das premissas assumidas no ciclo financeiro.

Vejamos alguns **exemplos** de riscos que devem ser gerenciados:

- Análise da carteira de clientes da empresa, considerando a possível inadimplência: quanto maior a concentração em poucos clientes, maior será a probabilidade do grau de risco.
- Análise das compras concentradas com poucos fornecedores: é um risco em termos de política de preços e da regularidade no fornecimento.
- Análise do dimensionamento da composição dos estoques da empresa: porcentagem sobre o investimento, levando em conta o prazo médio ideal de giro de cada produto e/ou grupo de produtos.

Dessa forma, quaisquer mudanças no ciclo operacional e também financeiro poderão ocasionar grandes modificações para a geração de caixa da empresa.

O **ciclo econômico** se constitui pelo prazo decorrido entre as entradas de matérias-primas ou compras e as saídas de produtos acabados ou vendas, enquanto o **ciclo financeiro**, como já visto, é composto pelo prazo decorrido entre as saídas de caixa (pagamentos a fornecedores) e as entradas de caixa (recebimentos dos clientes). Como se observa, o ciclo financeiro se mostra defasado em relação ao ciclo econômico, porque os movimentos de caixa acontecem em momentos posteriores aos tempos das compras de matérias-primas e das vendas de produtos acabados.

A Figura 4.3 ilustra os três ciclos: operacional, financeiro e econômico.

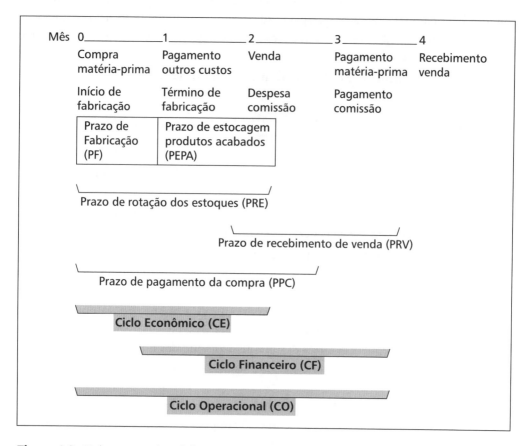

Figura 4.3 Ciclos operacional, financeiro e econômico.

Fonte: HOJI, 2004, p. 26.

A Figura 4.3 mostra os ciclos operacional, financeiro e econômico de uma indústria, considerando que todas essas etapas acontecem no segmento industrial, apenas variando os tempos de cada empresa, pois empresas varejistas e prestadoras de serviços não têm todas as etapas demonstradas na figura.

O ciclo financeiro de uma empresa varejista é definido pelo prazo de estocagem e pelos prazos de pagamento e recebimento.

Quando acontece de uma empresa não ter estoques (em geral, é o caso das empresas prestadoras de serviços), o prazo médio de fabricação e estocagem é igual a zero.

Resumindo, uma administração eficaz do caixa está baseada em alguns princípios básicos:

- Reduzir o ciclo compra – produção – estoque, de forma a aumentar o giro do estoque, sem prejudicar a receita ou as margens de lucro.
- Instituir formas eficazes de cobrança.
- Fazer uma boa análise de crédito dos clientes, visando reduzir a inadimplência. As áreas de crédito e cobrança devem trabalhar em sintonia.
- Postergar ao máximo o pagamento das contas a pagar, sem prejudicar o conceito de crédito da empresa, e não ficar inadimplente ou pagar juros elevados.
- Fazer um planejamento financeiro eficiente em relação ao *mix* de vendas (à vista e a prazo), principalmente quanto à margem, prazos e encargos de financiamento aos clientes.
- Ficar atento às ações dos seus principais concorrentes no mercado, bem como pesquisar e analisar o seu *market share* (% de mercado) periodicamente.
- Manter um controle rigoroso da Necessidade de Capital Giro (NCG) em relação às fontes de recursos disponíveis.
- Reduzir os estoques ao mínimo, sem comprometer a produção ou perder oportunidades de bons negócios (manter a margem de segurança).
- Buscar antecipação dos recebimentos junto aos devedores sem prejudicar a capacidade competitiva em vendas.
- Maximizar a rentabilidade das aplicações financeiras dos saldos de caixa.

4.2.4 Regime de competência e regime de caixa

O resultado econômico se traduz como lucro ou prejuízo do capital investido que mede a **rentabilidade**.

A contabilidade adota o **regime de competência** para apurar o resultado econômico e medir a rentabilidade das transações. Esse regime reconhece as receitas no momento da venda e as despesas no momento em que ocorrem. O regime de competência é o mesmo quando ocorre o ciclo econômico.

A **liquidez** representa a capacidade de pagar os compromissos financeiros em curto prazo.

A administração financeira adota o **regime de caixa** para planejar e controlar as necessidades e sobras de caixa e apurar o resultado financeiro (superávit ou déficit de caixa). No regime de caixa, as receitas são reconhecidas no momento em que são recebidas, e as despesas, no momento em que são pagas.

Regime de competência
- Reconhece a receita quando ocorre a venda, com entrega da mercadoria ou prestação do serviço.
- Reconhece despesa quando incorrida, independentemente de ter sido paga ou não.

Regime de caixa
- São as datas de recebimentos e pagamentos que determinam os registros.

Os dois regimes, de competência e de caixa, não são conflitantes; eles são interdependentes e se complementam.

Vejamos um **exemplo**:

A empresa ABC vendeu no mês de dezembro R$ 40.000, e o recebimento foi distribuído da seguinte maneira: R$ 10.000 no próprio mês, dezembro, R$ 10.000 em janeiro, R$ 10.000 em fevereiro e R$ 10.000 em março. As despesas do mês de dezembro foram de R$ 28.000, mas o pagamento dessas despesas está distribuído da seguinte forma: R$ 10.000, no próprio mês de dezembro, R$ 9.000 em janeiro e R$ 9.000 em fevereiro.

O Quadro 4.1 mostra a distribuição das receitas e despesas da empresa ABC, considerando os regimes de competência e de caixa.

Quadro 4.1 Regime de competência *versus* regime de caixa

Tipo de Conta	Regime de Competência	Regime de Caixa			
	Dezembro	Dezembro	Janeiro	Fevereiro	Março
Receitas	40.000	10.000	10.000	10.000	10.000
Despesas	28.000	10.000	9.000	9.000	–
Lucro	12.000	0	1.000	1.000	10.000

Observa-se que no regime de competência se consideram os recebimentos e os pagamentos no mês em que acontecem os fatos; enquanto no regime de caixa os recebimentos e os pagamentos são considerados no momento em que são realmente recebidos e pagos.

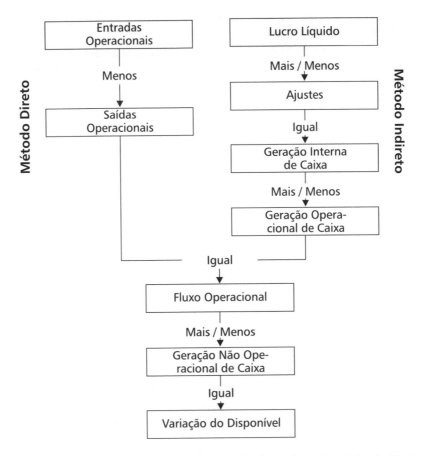

Figura 4.4 Modelo comparativo de construção do fluxo de caixa: Método Direto *versus* Método Indireto.

Fonte: SÁ, 2008, p. 36.

4.2.5 Método Direto × Método Indireto

A seguir, uma comparação entre o método direto e o indireto do Prof. Gelson Maranhão (http://www.coladaweb.com/contabilidade/fluxo-de-caixa).

"Na comparação entre os dois métodos, é importante irmos além dos aspectos técnicos e considerarmos a realidade em que vivemos, principalmente a realidade brasileira.

- **Método Indireto – Vantagens**
    1. Representa baixo custo. Basta utilizar dois balanços patrimoniais (o do início e o do final do período), a demonstração de resultados e algumas informações adicionais obtidas na contabilidade.
    2. Concilia lucro contábil com fluxo de caixa operacional líquido, mostrando como se compõe a diferença.

- **Método Indireto – Desvantagens**
  1. O tempo necessário para gerar as informações pelo regime de competência e só depois convertê-las para regime de caixa. Se isso for feito uma vez por ano, por exemplo, podemos ter surpresas desagradáveis e tardiamente.
  2. Se há interferência da legislação fiscal na contabilidade oficial, e geralmente há, o método indireto irá eliminar somente parte dessas distorções.
- **Método Direto – Vantagens**
  1. Cria condições favoráveis para que a classificação dos recebimentos e pagamentos siga critérios técnicos e não fiscais.
  2. Permite que a cultura de administrar pelo caixa seja introduzida mais rapidamente nas empresas.
  3. As informações de caixa podem estar disponíveis diariamente.
- **Método Direto – Desvantagens**
  1. O custo adicional para classificar os recebimentos e pagamentos.
  2. A falta de experiência dos profissionais da área financeira em usar as partidas dobradas para classificar os recebimentos e pagamentos.

Quando falamos em informações para administrar os negócios, pelo menos duas condições devem estar presentes:
  1. Essas informações devem representar 100% das atividades da empresa.
  2. As informações devem ser geradas por critérios técnicos e não por critérios fiscais, que visam pagar menos tributos.

Para a realidade da maioria das empresas brasileiras, o método direto traz mais benefícios, principalmente para a redução dos custos financeiros.

A escolha por um dos dois métodos deve ser analisada considerando a realidade de cada empresa. Há segmentos, o da construção civil, por exemplo, em que as vantagens do método direto são ainda maiores, porque os números de competência têm pouco significado para essa atividade."

4.3 OBJETIVOS

Os objetivos do fluxo de caixa são muitos, mas o principal é a visão geral de todas as atividades (entradas e saídas) diárias, do grupo do ativo circulante. Assim, há uma visão das disponibilidades, representando o grau de liquidez da empresa.

Os demais objetivos do fluxo de caixa também são relevantes e podemos citar:

- Planejar as necessidades de captação de recursos de maneira a preservar a liquidez.
- Fornecer recursos para a realização das transações definidas no planejamento financeiro.
- Pagar as obrigações dentro do vencimento.
- Aplicar de forma eficaz os recursos disponíveis, sem comprometer, contudo, a liquidez.
- Planejar e controlar os recursos financeiros, utilizando:

- análise e controle das atividades de planejamento de vendas e despesas;
- análise das necessidades de capital de giro;
- prazos médios de contas a receber, a pagar, estoques etc..

- Verificar as fontes de crédito onerosas de maneira a minimizar o custo do seu uso.
- Visar ao equilíbrio financeiro dos fluxos de entrada e saída de recursos.
- Prognosticar desembolsos de caixa elevados em ocasiões de encaixe baixo.
- Coordenar os recursos a serem usados pelas diversas atividades da empresa em termos de investimentos.
- Determinar o exato nível desejado de caixa, considerando o volume de negócios estimado para o exercício projetado.
- Proporcionar melhor integração entre as áreas industrial, de vendas, administrativa, de recursos humanos etc. com a área financeira.

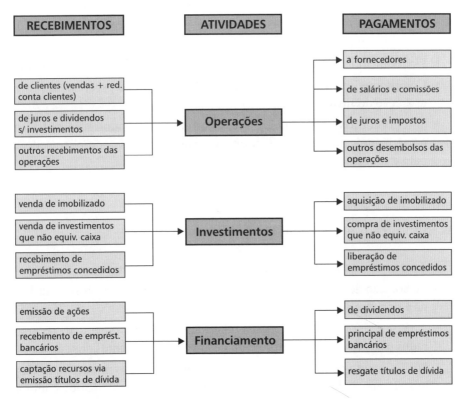

Figura 4.5 Visão simplificada na classificação das movimentações de fluxo de caixa.

Fonte: HORNGREN, 1996.

- Pesquisar fontes menos onerosas de recursos para financiar os projetos de expansão, inovação, modernização e implantação de novos segmentos de negócios.
- Diagnosticar se a empresa irá operar com aperto ou folga de caixa no exercício e as providências a serem tomadas.
- Estudar melhores políticas de prazos para os fluxos de recebimentos e pagamento.
- Identificar a existência de algumas limitações, falta de apoio ou desconhecimento pelos dirigentes e gestores da necessidade de integração com o planejamento do fluxo de caixa.

4.3.1 Principais requisitos para elaboração do fluxo de caixa

Os principais requisitos para elaboração do fluxo de caixa são:

- Definição do gestor responsável de cada área na prestação de informações confiáveis.
- Regras claras e bem definidas na gestão das disponibilidades.
- Capacitação dos gestores envolvidos no processo de elaboração, execução e acompanhamento.
- Planejamento, controle, centralização e consolidação de informações financeiras.
- Comprometimento de todos os gestores/executivos no processo de projeção e execução do fluxo de caixa.
- Sistema confiável de tecnologia da informação e comunicação considerando porte, complexidade e atividade operacional da empresa, como requisito básico para elaboração e suporte da projeção do fluxo de caixa.

4.4 FUNÇÕES DO ADMINISTRADOR FINANCEIRO

As principais funções do administrador financeiro são:

- Análise financeira dos registros e demonstrativos financeiros.
- Elaboração do fluxo de caixa, antecipando-se a eventuais problemas de liquidez da empresa e agindo de forma a resolvê-los.
- Análise econômico-financeira das alternativas de investimento de recursos gerados pela atividade da empresa ou de novos investimentos dos sócios.
- Fornecimento de informações precisas sobre a situação financeira da empresa que sirvam de base para tomadas de decisões sobre política de compras, de vendas, de crédito, de cobrança, entre outras.
- Elaboração de orçamentos financeiros referentes à obtenção/captação e aplicação de recursos, tanto a curto como a longo prazo.
- Adoção de medidas para otimização de custos.

- Elaboração da política de crédito e cobrança.
- Rigoroso acompanhamento da inadimplência.

Em geral, o administrador financeiro recebe o apoio técnico de profissionais especializados das áreas de Tesouraria (ou Financeira) e Controladoria (ou Contabilidade), respectivamente. É lógico que isso depende da estrutura, faturamento, complexidade operacional e do tamanho (porte) da empresa. Em empresas de pequeno porte, por exemplo, muitas vezes o administrador financeiro é também tesoureiro e *controller*. Sempre deve ser considerada a relação entre custos, riscos e benefícios. Quando o nível de controle ficar muito caro, deve ser feita uma análise sobre as vantagens e desvantagens do aumento de nível de controle. A segregação de função é muito importante. Use sempre o bom senso.

Normalmente, o tesoureiro é responsável pelo planejamento, controle e movimentação de recursos financeiros, e o *controller* é responsável pelo planejamento, controle e análise das operações e investimentos.

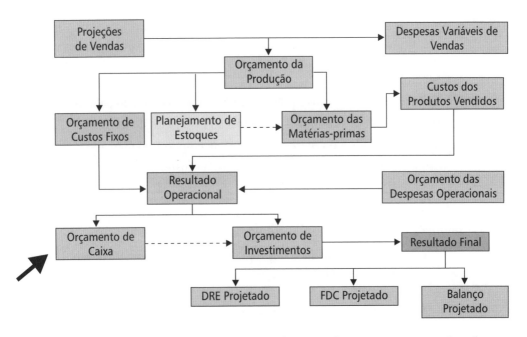

Figura 4.6 Visão do macroprocesso orçamentário com foco no orçamento de caixa.
Fonte: ASSAF NETO, 2006.

4.4.1 Instrumentos de gerenciamento e relatórios com informações gerenciais

A seguir, listamos algumas dicas de instrumentos de gerenciamento e relatórios com informações gerenciais utilizados pelos administradores financeiros no seu dia a dia:

- Controle diário e acumulado das vendas realizadas e sua comparação com as vendas projetadas e análise de flutuações relevantes.
- Controle da movimentação e saldos dos estoques relevantes. Atenção para a curva ABC dos estoques.
- Controle dos custos de produção, operação e administrativo (*overhead*). Atenção para os custos fixos e despesa financeira líquida.
- Controle diário do fluxo de caixa (o caixa é o rei!) quanto a: inadimplência, descasamento de prazos entre recebimentos e pagamentos, constante saldo negativo de caixa operacional no fluxo e capacidade de pagamento das obrigações.
- Acompanhamento mensal e acumulado do EBITDA, e se está realmente se transformando em caixa dentro do que foi planejado. Cuidado como é apurada a informação sobre o cálculo do EBITDA!
- Ficar atento ao aumento dos custos e despesas indiretas dos produtos, serviços e/ou projetos de difícil controle e com os critérios de rateio. Isso afeta a margem de lucro!.
- Apuração e acompanhamento dos resultados da empresa quanto à lucratividade: bruta, operacional e líquida. Atenção com os resultados relevantes das atividades *não operacionais*. Fazer uma leitura e entender o lucro ou prejuízo desta linha.
- Informações sobre preços e políticas praticados no mercado pela concorrência.
- Revisão do *mix* de produtos – participação (%) no total da receita.
- Avaliação periódica do *market share* (%) da empresa no mercado.
- Acompanhamento rigoroso do orçamento de custeio, pessoal e investimento.

4.4.2 Informações complementares com periodicidade mensal/trimestral ou anual em função da complexidade e porte do negócio

A seguir, informações complementares com periodicidade mensal/trimestral ou anual em função da complexidade e porte do negócio:

- Margem de contribuição por produtos ou segmento de negócio.
- EBITDA (lucro antes dos juros, impostos, depreciação e amortização) – demonstra a capacidade de potencial geração de caixa operacional.
- Nível de liquidez – capacidade de pagamento das obrigações.
- Alavancagem operacional e financeira (nível de endividamento).
- Rentabilidade sobre Patrimônio Líquido (ROE) e Capital Empregado (ROCE).
- Cálculo do ponto de equilíbrio econômico e financeiro.
- EVA (Valor Econômico Agregado) nova versão de lucro.
- Índice de preço da ação (preço da ação/lucro por ação).

- Lucro por ação (lucro líquido/número de ações).
- Índice de dividendos por ação (valor dos dividendos por ação/preço da ação).
- Informação sobre avaliação financeira dos ativos intangíveis (*branding*), que geram valor ao negócio. Facilita também na captação eventual de recursos junto às instituições financeiras.

4.5 GESTÃO DE TESOURARIA

Figura 4.7 Elementos da gestão de tesouraria.

A tesouraria (ou gerência financeira) é a área da empresa que administra os fluxos financeiros e é uma das mais importantes, pois praticamente todos os recursos financeiros passam por ela. A tesouraria de uma empresa é uma área de apoio às unidades de negócios da empresa e não tem como objetivo principal a obtenção de lucro. Entretanto, deve ser estruturada de maneira a agregar valores e contribuir de modo a gerar lucro, através da obtenção de financiamentos às taxas adequadas, da maximização da rentabilidade das aplicações financeiras, da viabilização de projetos, entre outros meios.

Uma empresa que quer se manter no mercado de maneira saudável ou crescer de maneira sustentada precisa ter uma visão ampla, não se preocupando apenas com as atividades de tesouraria, mas também se comprometendo com os seguintes aspectos:

- Coordenar integradamente o fluxo de caixa, de modo a atingir os resultados programados.
- Buscar as melhores oportunidades de aplicação de recursos nas atividades operacionais.
- Verificar as ações tomadas por todas as áreas da empresa e analisar seus impactos nos resultados financeiros e econômicos.
- Manter o nível de liquidez em consonância com os objetivos da diretoria.
- Manter o foco econômico-financeiro nas decisões operacionais ou estratégicas e não apenas nas financeiras.
- Considerar o fluxo de caixa como instrumento de gestão, buscando o comprometimento da alta direção no processo.
- Fixar parâmetros do desempenho financeiro para a empresa de forma geral.
- Fazer cumprir os interesses globais da empresa em detrimento das necessidades setoriais.

Os auditores orientam para que haja uma segregação de funções entre as pessoas que "executam" e as que "controlam", mesmo que exista um ambiente totalmente informatizado. No entanto, esse tipo de orientação é discutido em empresas que necessitam diminuir pessoal, para agilizar processos e aumentar produtividade. Isso, logicamente, aumenta o risco pela não segregação de funções.

O *controller* é responsável por controlar, porém a dinâmica dos negócios exige que os relatórios gerenciais estejam prontos para os administradores utilizá-los nas tomadas de decisões.

Assim, seria mais racional se as próprias áreas, que conhecem muito bem suas atividades, fizessem os registros contábeis baseados na orientação técnica do contador, pertinentes a seu campo de atuação. Para isso, a empresa precisaria criar mecanismos de controle internos para verificar a exatidão dos registros, o que pode ser feito através de manuais de instruções, políticas, formulários, inventários, conciliações bancárias, auditoria interna, entre outros instrumentos.

Os principais controles internos de tesouraria são:

- Saldos de disponibilidades de recursos e contas garantidas.
- Aplicações financeiras e *spread* bancário.
- Empréstimos, financiamentos, desconto de duplicatas e crédito rotativo.
- Custos financeiros e rentabilidades de operações financeiras.
- Contas a receber (por idade).
- Contas a pagar (por idade e tipo de compras).
- Reciprocidade, *float* bancário e operações de *hedge/swap*, *factoring*, *funding* e *leasing* (operacional e financeiro).

- Inadimplência de clientes e circularização de contas a receber.

- Seguros (cobertura, bônus, valor do prêmio pago e sinistralidade).

- Operações com câmbio, inclusive trava de câmbio (importação e exportação).

- Transferências bancárias com DOC e TED.

- Retenção e pagamentos de impostos.

- Contratos de mútuos com controladas e coligadas (identificar as taxas de juros cobradas no contrato e sua contabilização).

- Instrumentos financeiros – **derivativos de proteção** – **exportação**. Limites de competência e alçadas por tipo de operação. Fazer conciliação periódica dos registros financeiros e contratos com a contabilidade.

- Instrumentos financeiros – **derivativos exóticos**, se houver – manter controle rigoroso dessas operações em conjunto com a área de gestão de riscos, finanças e contabilidade, observando sempre os limites de operação, competências e alçadas estabelecidos pela diretoria. A empresa deve ter uma **política formal** aprovada pela alta administração da empresa que proíba o uso de derivativo exótico com a finalidade de especulação financeira no mercado. **Nota:** Os contratos de derivativos relevantes, se houver, devem ser auditados periodicamente pelos auditores internos e externos com suporte da área de riscos e conformidade (*compliance*), se houver.

- Controles de alavancagem financeira e de custo de capital.

- Operações no mercado de renda variável – bolsa (lastro, chamada de margem, exercícios de direitos, dividendos, bonificações e prêmios etc.).

- Controle diário das necessidades de capital de giro. Aumento de prazo de financiamento pelos credores, sem custo financeiro.

- Manter controle e análise dos serviços de **custódia** (fungíveis e infungíveis) dos títulos e ações negociados (CETIP/SELIC etc.).

- Controle e análise de **novas** formas de captação de recursos no mercado, através dos **Certificados de Operações Estruturadas** (COE) (conhecida no exterior como nota estruturada), que combina características de renda fixa e variável.

- Controle dos contratos referentes às operações de *factoring* de duplicatas a receber e outros.

- Coordenar e controlar os contratos referentes às operações de **securitização** de ativos.

- Coordenar e controlar a emissão de debêntures e notas promissórias (*commercial papers*) com registro na CVM.

- Controle da **caução** de duplicatas a receber, usada para garantir empréstimo a curto prazo.

- Controle e acompanhamento financeiro das **garantias** de uso de estoque como colateral.

- Controles financeiros das operações com empréstimos e encargos com **alienação fiduciária**.
- Controle financeiro dos empréstimos e encargos com **certificado de armazenagem**.

Nota: Pix: 19/04/20 – Banco Central anuncia novo meio de pagamento eletrônico.

A autoridade monetária central informou que o novo meio de pagamento será eletrônico, mais rápido e prático que as transações realizadas por DOC, TED ou boleto bancário.

A partir de 16 de novembro de 2020, o oferecimento do Pix é obrigado não somente entre as maiores instituições financeiras e de pagamento do Brasil, como em todos os bancos com mais de 500 mil contas abertas. Os pagamentos feitos por aproximação, no entanto, começarão a funcionar em 2021.

O acompanhamento e controle financeiro de todos os negócios e operações com *Project Finance* aprovado pela alta administração é, essencialmente, uma modalidade de estruturação financeira de projetos, utilizada para o desenvolvimento de grandes investimentos de infraestruturas, onde o fluxo de caixa gerado pelo projeto é a principal fonte de pagamento do serviço e da amortização do capital de terceiros.

Existem **outros controles internos** de tesouraria que também devem ser considerados:

- Tarifas, serviços bancários e taxa de abertura de crédito (TAC).
- Talões de cheques.
- Cheques devolvidos.
- Cheques cancelados.
- Cheques emitidos e não retirados.
- Fundos fixos de caixa (estabelecer política de utilização).
- Boletim diário de caixa ou bancos (fechamento diário)
- Inventários de cofres, custódia etc.
- Depósitos e cauções e penhor mercantil.
- Vendas com cartão de crédito (rever o *float* e taxa de administração cobrada pela administradora).
- Cartão de crédito, débito e cheques de viagem, se houver.
- Cheques pré-datados e notas promissórias.
- Cartas de crédito (consórcio).
- Depósitos judiciais, inclusive quanto à atualização e conciliação com os extratos e com a contabilidade e jurídico.
- Depósitos vinculados e prazos de resgate.
- Controle de borderôs de cobrança e desconto de duplicatas.
- Controle de recebimentos e pagamentos em trânsito (muita atenção).
- Controle de notas promissórias atreladas a contrato de confissão de dívidas.

- Cartão de crédito corporativo – forma de uso, limites e tipo de gasto.
- Conciliação diária (registros *versus* extratos) das contas bancárias nacionais e internacionais, inclusive eventuais estornos de débitos e ou créditos relevantes nos extratos bancários.
- Registros de dividendos a receber e a pagar.
- Operações com trocas de moedas-câmbio.
- inventário, controle, prazos e conciliação das ações em tesouraria.
- Fundos de pagamentos e recebimentos utilizados pelas empresas controladas de forma similar aos contratos de mútuos com a empresa *holding*.
- Custos financeiros dos contratos de prestação de serviços terceirizados de tesouraria juntos aos bancos.
- Contratos de prestação de serviços relativo às cobranças terceirizadas de clientes.
- Controle de adiantamentos aos fornecedores, bem como conciliação mensal com a contabilidade.
- Empréstimos, retenções contratuais, descontos e valores consignados.
- Controle e conciliação das contas a receber não operacionais (aluguéis a receber, venda de imobilizado, vendas de sucatas etc.).
- Atualização do banco de dados (o uso da Tecnologia da Informação – TI é muito importante) dos contratos, principalmente quanto aos fiscais de contratos, assinaturas, responsáveis e limites de competências e alçadas para liberação de pagamentos aos fornecedores e demais credores.
- Atenção máxima às despesas financeiras relevantes e outras, serviços, anuidades, convênios, entre outros pagamentos, sem contrato formal para efeito de identificação do gestor, contabilização e responsabilização pela aprovação de contas.
- Controle de contratos/faturas em moeda estrangeira de clientes e credores internacionais, principalmente quanto aos vencimentos, registros contábeis e legais (BCB etc.), taxas pactuadas, variação cambial, garantias, alçadas etc.

> É muito importante um bom controle interno (financeiro e contábil) para efeito de conciliação periódica entre as áreas, bem como o controle de circularizações internas e externas e as informações recebidas das instituições financeiras em que a empresa opera.

4.5.1 Funções e atividades de tesouraria

O objetivo básico da tesouraria ou do administrador responsável pela gestão do caixa é administrar os recursos e instrumentos financeiros fundamentais para assegurar o equilíbrio financeiro, isto é, a manutenção da liquidez adequada de modo a gerir os negócios da organização.

Podemos arrolar as seguintes funções da tesouraria em consonância com as respectivas atividades listadas:[1]

Funções da administração de caixa

As funções da administração de caixa são as seguintes:

- Controlar os recursos financeiros que se encontram disponíveis nos bancos e em caixa.
- Controlar e analisar depósitos (idem para os débitos) não identificados de terceiros nas contas bancárias da companhia.
- Elaborar e verificar a demonstração do fluxo de caixa realizado e suas variações relevantes.
- Fazer conciliação bancária diária do movimento financeiro com registro manual ou automático por meio de sistema informatizado entre a empresa e as instituições financeiras (*check point* de controles entre troca de arquivos).
- Prover recursos para atender à escassez de caixa.
- Aplicar os recursos excedentes do caixa.
- Verificar alternativas de financiamento de capital de giro.
- Analisar antecipações de recebimentos e pagamentos.
- Restringir a realização de constantes pagamentos urgentes (atenção: a empresa deve ter uma política formal para pagamentos de fornecedores e credores em geral).
- Controlar as operações do caixa nacional, internacional, de novos negócios/ projetos relevantes, inclusive das empresas controladas e coligadas.
- Conferência dos débitos em conta-corrente referentes a tarifas bancárias de cobrança pelos bancos.
- Elaborar o fluxo de caixa consolidado em moeda nacional e estrangeira.
- Manter um controle por tipo de captação de recursos.
- Fechamento diário do boletim caixa e sua consolidação.
- Gestão mensal sobre a prestação de contas dos fundos fixos em poder dos gestores.
- Para que a tesouraria funcione eficazmente, é imprescindível que ela disponha de uma boa previsão de fluxo de caixa. O ideal é ter **dois fluxos** de caixa. Um de curto prazo, em base diária, cobrindo pelo menos um mês à frente, e outro de médio prazo, em base mensal, cobrindo seis meses à frente.
- Controlar as transações financeiras e transferências de arquivos pela Internet com os bancos (chamadas de transações eletrônicas).
- Fazer a certificação digital para total proteção de suas transações eletrônicas.

---

[1] Adaptação de HOJI, Masakazu. *op. cit.*, p. 137-139.

- Manter o caixa centralizado com gerenciamento da movimentação financeira, visualizada em uma única conta matriz.
- O maior desafio da tesouraria na administração do fluxo de caixa é obter um razoável grau de **acerto nas previsões** realizadas. É considerado satisfatório o fluxo de caixa que tem uma margem de erro de até 10%. Significa um grau de acerto de pelo menos 90% entre a primeira projeção efetuada e os valores efetivamente realizados. É importante entender as dificuldades e os erros da projeção e aperfeiçoar suas premissas e demais informações coletadas para melhorar o nível de acerto da próxima projeção.
- Controlar se as procurações, delegações e substabelecimento para os executivos para autorização de pagamento estão vigentes.
- Zelar para que as autorizações para pagamento devam ser assinadas sempre por duas pessoas credenciadas formalmente e independentes, sem subordinação, sempre que possível.

A Figura 4.8 apresenta os principais ingressos e desembolsos de caixa.

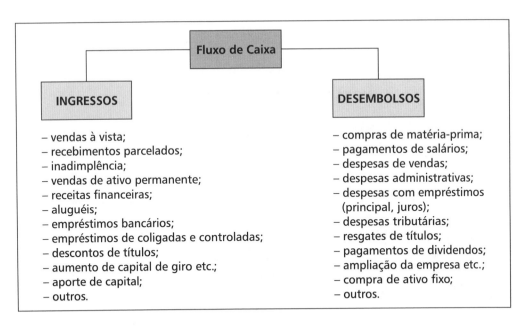

Figura 4.8 Principais ingressos e desembolsos do fluxo de caixa.

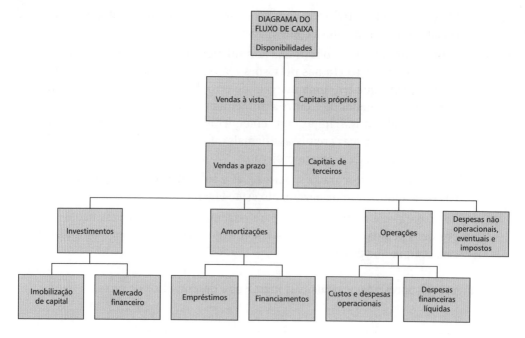

Figura 4.9 Diagrama sintético do fluxo de caixa.

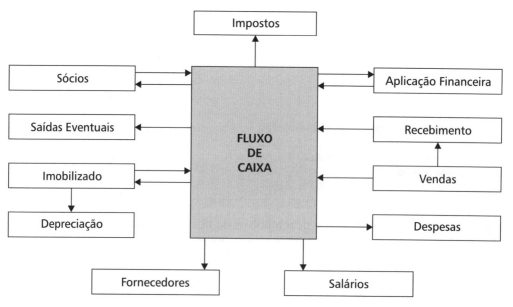

Figura 4.10 Quadro analítico de movimentação do fluxo de caixa.
Fonte: ZDANOWICZ, 2000.

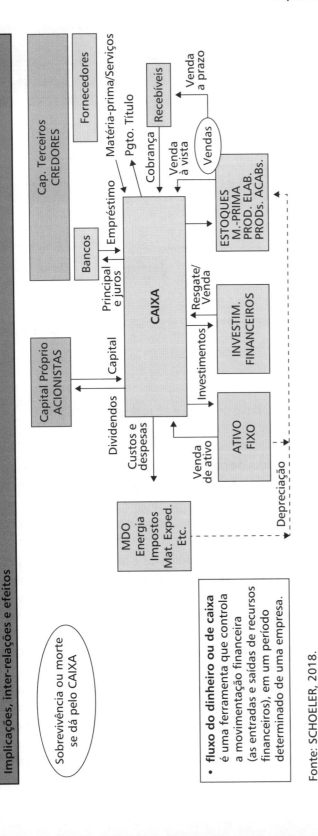

Figura 4.11 Quadro analítico de movimentação do fluxo de caixa – um olhar ampliado das transações.

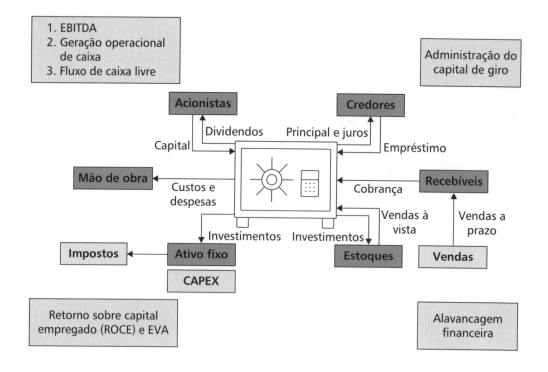

Figura 4.12 Conceitos essenciais do fluxo de caixa e seus desdobramentos.
Fonte: SCHOELER, 2018.

Modelo de financiabilidade da estrutura de capital

A Figura 4.13 detalha a representação de um modelo de estrutura de capital. Quanto maior for o capital de terceiros, maiores serão as despesas financeiras da empresa. O capital próprio também tem o seu custo, considerando as expectativas de retorno dos acionistas. Por essa razão, o equilíbrio dos capitais é uma das principais decisões gerenciais de uma empresa.

Segundo alguns autores, diferentemente de Modigliani e Miller (*Teoria do mercado perfeito*, 1958), que afirmam que a estrutura de capital não afeta o valor da empresa, os determinantes da estrutura de capital afetam sim o valor da empresa. Essas pesquisas procuram por possíveis determinantes da estrutura de capital, como, por exemplo:

- **Porte da empresa**: quanto maior a empresa, mais fácil tende a ser o acesso a linhas de crédito mais baratas, aumentando o endividamento.
- **Lucratividade**: quanto melhor forem os indicadores de lucratividade da empresa ao longo dos anos, melhor tende a ser seu acesso a boas opções de crédito.
- **Oportunidade de crescimento**: empresas com boas oportunidades de crescimento e baixa relação livro-mercado (relação usada para encontrar o valor de uma empresa, comparando o valor contábil de uma empresa com seu valor de mercado) tendem a ser mais endividadas.

- **Volatilidade dos resultados operacionais**: quanto menor for a volatilidade dos resultados da empresa, maior tende a ser o acesso a linhas de crédito e também o endividamento de longo prazo.

Por fim, **não existe fórmula perfeita para definir a estrutura de capital ótima para as empresas.** O que há é um dilema entre (i) aumentar o endividamento, reduzir o custo de capital, mas correr o risco de ter que pagar juros em anos de prejuízos; e (ii) aumentar o capital próprio, aumentar o custo de capital, mas não precisar pagar dividendos aos acionistas em anos de resultados financeiros ruins.

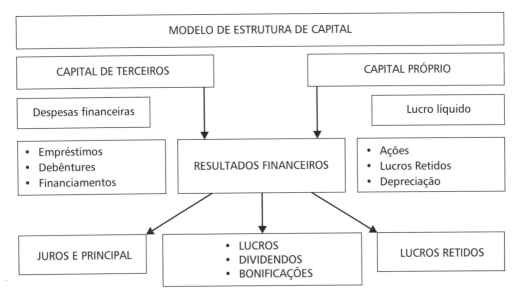

Figura 4.13 Quadro analítico do fluxo de capitais (próprio e de terceiros).

Funções do planejamento financeiro

As funções do planejamento financeiro são as seguintes:

- Elaborar projeção de fluxo de caixa.
- Planejar, controlar e analisar as despesas financeiras.
- Fixar política de aplicação financeira.
- Estabelecer política de financiamento de capital de giro.
- Verificar os aspectos tributários e financeiros das aplicações financeiras.
- Negociar e controlar as aplicações financeiras.
- Fixar limite de crédito para instituições financeiras.
- Controlar e analisar a rentabilidade das aplicações financeiras.
- Fixar política de empréstimos e financiamentos.
- Verificar os aspectos tributários e financeiros dos empréstimos e financiamentos.
- Negociar linhas de crédito com instituições financeiras (BNDES e outras linhas de crédito disponíveis no mercado).

- Negociar e controlar empréstimos e financiamentos bancários.
- Negociar e controlar operações de *leasing*.
- Administrar riscos de flutuação de preços e taxas (*hedge*).
- Analisar investimentos em ativos permanentes.
- Elaborar o orçamento anual de caixa.
- Analisar a estrutura de capital e propor alternativas de financiamentos, inclusive estruturação financeira através de **SPEs** e ***project finance***.

A seguir, a Figura 4.14 apresenta um modelo de processo de planejamento financeiro.

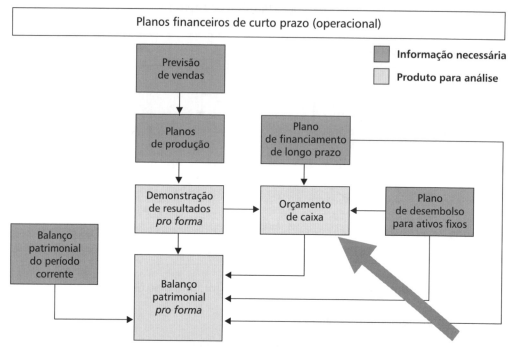

Figura 4.14 Processo de planejamento financeiro.
Fonte: GITMAN, 1997.

Funções do câmbio

São as seguintes as funções do câmbio:

- Controlar as operações financeiras em moeda estrangeira, inclusive travas de câmbio.
- Providenciar registro das operações financeiras em moeda estrangeira junto ao Banco Central.
- Negociar taxas para fechamento de câmbio nos processos de exportação e importação.
- Negociar taxas para fechamento de câmbio de operações financeiras.
- Providenciar remessas de numerários ao exterior.

Funções de administração de riscos de flutuação de preços e taxas

As funções de administração de riscos de flutuação de preços e taxas são:

- Avaliar a necessidade de fazer operações de *hedge* contra flutuação de preços, taxas de câmbio e juros.
- Analisar alternativas e custos do *hedge* e/ou *swap*.
- Avaliar operações e demandas com impacto em arbitragem cambial, de bolsa a bolsa, e operações à vista ou a prazo.

Funções de negociações e controle de garantias e seguros

A seguir, as funções de negociações e controle de garantias e seguros:

- Negociar linhas de crédito para fianças bancárias e seguros-garantia.
- Controlar os instrumentos de garantia entregues a terceiros.
- Negociar comissões de fianças bancárias e prêmios de seguros.
- Analisar, controlar e manter a guarda dos instrumentos de garantia recebidos de fornecedores.
- Controlar processo de licitação de seguros de responsabilidade civil dos administradores (**D&O**).
- Idem para os seguros de ***performance bond*** para obras, serviços de engenharia e empreendimentos de alta complexidade e de valor relevante (muito importante).

A negociação com bancos depende principalmente da **reciprocidade** da empresa, como, por exemplo:

- Histórico do cliente junto à instituição.
- Movimentação financeira e volume de negócios.
- Aplicações financeiras realizadas.
- Certidão negativa de débitos e regularidade fiscal.
- Aquisição de produtos e serviços financeiros.

Funções do crédito e contas a receber

As funções do crédito e contas a receber são:

- Controlar o *float* de recebimento dos escritórios de cobrança (externo).
- Levantar e analisar os cadastros de clientes e fixar limites de crédito.
- Proceder à cobrança e recebimento das duplicatas nos vencimentos estabelecidos.
- Proceder à cobrança e recebimento de saques de exportação.

- Controlar as duplicatas em carteira e em cobrança bancária.

- Providenciar cobrança dos inadimplentes.

- Controlar a operação de novação (extinção de uma obrigação pela formação de outra, destinada a substituí-la) de crédito junto a terceiros.

- Controlar cobrança, caso seja terceirizada (muita atenção).

- Controlar as notas promissórias a receber, cheques pré-datados, contratos de assunção de dívidas.

- Analisar cadastro dos clientes para concessão de créditos com base nas informações recebidas do sistema informatizado de crédito e contas a receber.

- Controlar eventos financeiros contratuais.

- Emissão de relatórios gerenciais de contas a receber por idade e tipo de operação.

- Manter reuniões periódicas com a área de vendas sobre o aumento da inadimplência (não adianta vender e não receber dos clientes).

- Discutir periodicamente o percentual da provisão para devedores duvidosos dos clientes com área comercial, financeira e contábil.

- Promover mensalmente a conciliação do saldo de contas a receber com a contabilidade.

Funções do contas a pagar

As funções do contas a pagar são:

- Conciliar mensalmente o saldo financeiro e o contábil dos fornecedores e outros passivos.

- Fixar políticas de pagamentos e antecipação.

- Controlar adiantamentos a fornecedores.

- Controlar abatimentos e devoluções de mercadorias.

- Controlar e liberar pagamentos a fornecedores.

- Limitar o custo dos financiamentos pelos fornecedores ao CDI, sempre que possível.

- Cumprir a tabela de limites de competência e alçadas fixadas pela diretoria para liberação de pagamentos.

- Solicitar constantemente certidão negativa de débitos dos tributos junto ao fisco municipal, estadual e federal.

- Solicitar constantemente certidões nos cartórios específicos para identificar gravames, protestos e apontes de títulos.

- Emitir relatório gerencial sobre os compromissos a pagar.

A Figura 4.15 apresenta um exemplo de organograma da área de finanças, podendo variar a terminologia e a distribuição das áreas, a depender do tamanho da organização e da forma com que as áreas estão divididas.

Figura 4.15 Exemplo de organograma da área de finanças adaptado.

Fonte: HOJI, 2001, p. 21.

4.5.2 Administração do caixa

A administração de caixa tem por objetivo identificar excedentes ou insuficiências de recursos que possam prejudicar a manutenção de um caixa mínimo de forma a equilibrar a liquidez da empresa.

Em sua essência, a administração de caixa busca ser um referencial que possibilite o planejamento e o controle dos recursos financeiros de uma empresa, indispensável no processo de tomada de decisão.

As principais contas patrimoniais do ativo e passivo circulante, que têm forte impacto no caixa e estão relacionadas, são oriundas de:

- Ingressos e desembolsos **ligados à atividade operacional** que estão vinculados às **contas cíclicas** do ativo circulante e do passivo circulante.
- Ingressos e desembolsos **não ligados à atividade operacional** que estão vinculados às **contas erráticas** do ativo e do passivo circulante.

Relação das contas patrimoniais

As contas patrimoniais são:

- **Ativo Cíclico** (aplicações operacionais: estoques, clientes, despesas antecipadas, adiantamento a fornecedores e créditos fiscais): são as contas de curto prazo, renováveis e ligadas à atividade operacional da companhia.
- **Ativo Errático** (aplicação de curto prazo: caixa, aplicações financeiras etc.): são contas de curto prazo não necessariamente renováveis ou ligadas à atividade operacional da companhia.
- **Passivo Cíclico** (fontes operacionais: salários a pagar, impostos a pagar, fornecedores, receitas antecipadas etc.): são contas de curto prazo, renováveis e ligadas à atividade operacional da companhia.
- **Passivo Errático** (fontes de curto prazo não renováveis: empréstimos e financiamentos, dividendos etc.): são contas de curto prazo não necessariamente renováveis ou ligadas à atividade operacional da companhia.

Do ponto de vista da **liquidez**, os **"ativos não circulantes"** são tratados como ativos de longo prazo, ao passo que o passivo não circulante mais o patrimônio líquido, como passivo de longo prazo.

Como ilustração, temos a Figura 4.16, que mostra a reclassificação do balanço baseada no modelo dinâmico.

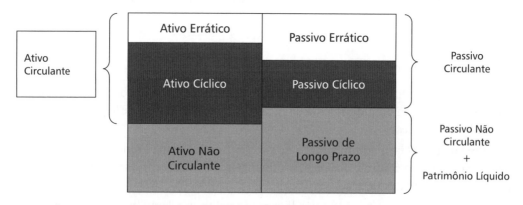

Figura 4.16 Reclassificação do balanço baseada no modelo dinâmico.
Fonte: FLEURIET; ZEIDAN, 2015.

Quanto aos impactos: o estoque tem forte impacto quando é comprado à vista, pois é sentido imediatamente; se for a prazo, o impacto só ocorrerá por ocasião do pagamento da duplicata (observar os descontos financeiros).

Se for pelo regime de competência, as compras e vendas serão registradas nas datas de sua efetiva realização. As contas a receber são advindas das vendas a prazo, e os estoques são advindos das compras à vista ou a prazo; então, estão consumindo recursos financeiros, o que quer dizer que estão tendo custos financeiros. As contas a pagar são provenientes de compras a prazo e obrigações fiscais e trabalhistas, entre outras, e fornecem recursos para financiar os ativos operacionais.

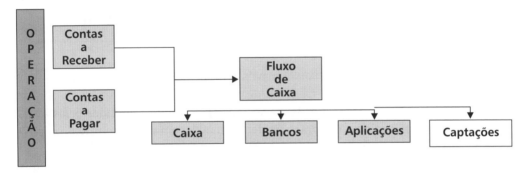

Figura 4.17 O fluxo de caixa é o produto final da integração do contas a receber com o contas a pagar.

Fonte: SÁ, 2008, p. 10, com adaptação pelo autor.

A administração de fluxo de caixa é aplicável na gestão financeira das empresas, no sentido de subsidiar a tomada de decisão quanto aos aspectos inerentes à questão da liquidez e financiamento de terceiros para manutenção das atividades operacionais.

Uma das mais relevantes responsabilidades do administrador financeiro ou tesoureiro é assegurar o equilíbrio financeiro da empresa, analisando e orientando a respeito dos prazos de compras, estoque e vendas, e também garantir o custo financeiro do capital de giro. É importante que se tenha um saldo de caixa adequado às atividades da empresa, em virtude das possíveis incertezas dos fluxos de recebimentos e pagamentos.

Se existe disponibilidade de recursos no caixa, devem-se fazer aplicações de curto prazo ou prazo mais longo, e o saldo do caixa deve ser mantido o mais baixo possível. A prioridade sempre é liquidar dívidas através de boa negociação financeira.

É importante conhecer a capacidade de obtenção de financiamento da empresa; dessa forma, é possível planejar e administrar com maior eficácia os eventuais déficits de caixa. As atividades da empresa devem ficar restritas ao limite da capacidade de obtenção de financiamento, pois, quando a empresa excede esse limite, ela poderá ter sérios problemas financeiros, que poderão comprometer a continuação das atividades empresariais.

O administrador financeiro ou tesoureiro tem de manter um bom relacionamento com as instituições financeiras, para obter adequados limites de créditos, prazos, taxas de juros em caso de financiamento, taxas de aplicação de recursos, entre outros.

Os bancos fixam *spread*, de acordo com o *rating* (classificação de risco de cada empresa). As empresas que têm baixo risco conseguem financiamentos com taxas de juros mais atrativas (com *spread* incluso) do que as empresas que são consideradas com alto risco. Essas empresas precisam apresentar **garantias adicionais**, como duplicatas e hipotecas, o que limita muito a obtenção de crédito.

Outro ponto que é observado pelas instituições financeiras é a capacidade da empresa de gerar caixa (quem não gosta de uma empresa que gera caixa?) por meio de suas operações ou de conseguir recursos financeiros de outras maneiras, como, por exemplo, aumento de capital e venda de ativos que não comprometam suas operações.

As modalidades de aplicação financeira podem ser divididas em produtos bancários de renda fixa e renda variável.

As operações financeiras de *renda fixa* mais comuns são:

- **Certificados de Depósito Bancário (CDB):** são títulos emitidos pelas instituições financeiras, com prazo predeterminado, com taxas prefixadas ou pós--fixadas, como, por exemplo, taxas X% a.a. ou taxa referencial + X1% a.a.; são endossáveis e, assim, podem ser cedidos a terceiros; as instituições financeiras emitem CDBs escrituralmente e os registram na Central de Custódia de Títulos Privados (CETIP).

- **Recibos de Depósito Bancário (RDB):** são títulos parecidos com os CDBs, mas não são endossáveis; podem ser resgatados apenas pelo aplicador, e também não podem ser negociados nem transferidos antes do *vencimento*.

- **Fundos Mútuos de Renda Fixa:** são fundos administrados por instituições especializadas, que podem ser um banco, em que é cobrada uma taxa de administração; quando se faz uma aplicação no fundo, o aplicador se torna proprietário de cota do patrimônio líquido do fundo; quando ocorre a liquidação da instituição que administra o fundo, os ativos do fundo continuam sendo dos cotistas; as carteiras de ativos dos fundos são formadas por CDBs, títulos da dívida pública, debêntures etc.

- **Títulos da Dívida Pública:** são títulos emitidos pelo governo para financiar a dívida pública; os títulos públicos federais são emitidos em nome do Tesouro Nacional ou do Banco Central; os títulos com taxas prefixadas são emitidos com "valor de face" fixado e sua negociação é realizada com deságio; os títulos pós-fixados pagam juros e são corrigidos por um indexador, como a taxa de variação cambial.

Podemos dividir os títulos públicos do **Tesouro Direto** em basicamente duas categorias:

- **Prefixados:** o investidor sabe exatamente a rentabilidade que irá receber se esperar até o final da aplicação.

- **Pós-fixados:** o investidor receberá uma remuneração de acordo com um indexador (são índices como o IPCA, por exemplo, que serve para medir a inflação).

Os títulos mais famosos são:

- **LFT (Letras Financeiras do Tesouro) – Tesouro SELIC**: é um título pós-fixado, pois o valor é corrigido pela variação da taxa básica de juros, a Taxa SELIC. Pode-se considerar um investimento bem conservador.
  - *Vantagens*: irá variar de acordo com a Taxa SELIC. Logo, é uma alternativa muito boa se compararmos ao CDB, pois a LFT paga muito próximo de 100% do CDI. É um título interessante para o curto prazo.
  - *Desvantagens*: em um cenário de queda de taxa de juros ou de inflação a níveis próximos da Taxa SELIC, o ganho real pode ser próximo a zero.
- **LTN (Letras do Tesouro Nacional) – Tesouro Prefixado:** é um título prefixado, ou seja, você sabe a rentabilidade prometida da aplicação se esperar até o vencimento.
  - *Vantagens*: você sabe exatamente quanto irá receber na data do vencimento. No geral, paga-se um valor um pouco maior que a taxa de juros, por você estar correndo o risco da taxa de juros subir e você ganhar menos. Pode gerar ganhos no curto prazo se a taxa de juros cair.
  - *Desvantagens*: se a taxa de juros subir e você precisar do dinheiro no curto prazo, você pode perder dinheiro.

- **NTN-F (Notas do Tesouro Nacional Série F) – Tesouro Prefixado com Juros Semestrais:** é um título semelhante a LTN, com uma pequena diferença: paga juros periodicamente. As desvantagens são as mesmas da LTN e as vantagens também, com apenas uma diferença: você recebe os juros semestralmente. Podemos discutir se isso é vantagem ou não, mas para muitos é.
- **NTN-B (Notas do Tesouro Nacional Série B) – Tesouro IPCA+ com Juros Semestrais:** é um título pós-fixado indexado à inflação. Isso significa que o valor do título é atualizado pelo IPCA (índice de inflação utilizado pelo governo). A NTN-B distribui juros periodicamente, ou seja, se você investiu dinheiro na NTN-B irá receber semestralmente um valor na sua conta. Uma NTN-B que paga 4% ao ano rentabiliza 4% + inflação ao ano. Se a inflação for de 6% o seu título irá valorizar 4% + 6% = 10%.
  - *Vantagens*: rentabilidade real, ou seja, rentabiliza acima da inflação. Muito interessante para quem deseja acumular patrimônio num prazo longo, tendo uma rentabilidade acima da inflação. Título possui prazos longos, o que ajuda quem quer investir a longo prazo. Bom para quem quer receber renda corrigida pela inflação.
  - *Desvantagens*: se os juros subirem e você precisar do dinheiro no curto prazo, pode ter perda de capital. No curto prazo tende a oscilar bastante.
- **NTN-B Principal – Tesouro IPCA+:** semelhante à NTN-B, mas não paga juros semestralmente. Você só receberá o valor investido no vencimento ou se

vender antecipadamente. Possui vantagens e desvantagens semelhantes às da NTN-B. No entanto, você não irá receber renda periódica.

> Da rentabilidade bruta do papel devem ser descontadas as despesas com IR, IOF e taxas dos agentes de custódia.

- **Debêntures:** são valores mobiliários de renda fixa que podem ser emitidos por sociedades por ações, de capital aberto ou fechado. Entretanto, para que sejam distribuídas publicamente, devem ser emitidas por companhias de capital aberto, com prévio registro na CVM – Comissão de Valores Mobiliários. Há duas formas de debêntures: **nominativas ou escriturais**. Quanto à classe, podem ser **simples, conversíveis ou permutáveis**. Já no que diz respeito à garantia, podem ter as seguintes classificações: **real, flutuante, quirografária ou subordinada**.

  Esses títulos dão aos seus detentores um direito de crédito sobre a companhia emissora e possuem características particulares de prazo e rentabilidade, sempre definidas em sua escritura de emissão. O **Decreto nº 7.063/11** definiu condições para aplicação da **Lei nº 12.431/11**. A norma reduziu para <u>0% e 15%</u> o imposto de renda devido, respectivamente, por pessoa física e jurídica, sobre rendimentos de debêntures de longo prazo.

  O que analisar para diminuir o risco com operações com debêntures:

  - *Rating*: olhar a **nota de crédito** que as agências de classificação de riscos dão a empresa.
  - **Segurança:** debêntures com **garantia real** são mais seguras (por exemplo: como bens da empresa ou recursos que ela tem a receber de seus clientes/ fornecedores. Se a empresa não quitar a dívida, o investidor poderá tomar para si esse ativo em garantia)
  - **Capital:** ver a **relação** entre a dívida da empresa e seu EBITDA
  - **Rendimento**: saber a taxa de juros do papel
  - **Tempo:** prazo do investimento
  - *Covenants*: são clausulas de garantias contratuais da empresa (por exemplo, que seu endividamento não subirá acima de um determinado patamar).
  - **Projeto**: os especialistas recomendam também avaliar o tipo de projeto em que a debenture está envolvida.
- **Certificados de Recebíveis Imobiliários (CRI):** criados pela Lei nº 9.514/97, são títulos de renda fixa, fiscalizados pela CVM, lastreados em créditos originados a partir de operações imobiliários (ex.: aluguel, compra e venda) e constitui promessa de pagamento em dinheiro. Em alguns casos são admitidas duas classes: o CRI de classe sênior, que possui preferência para efeitos de amortização e resgate, e CRI de classe júnior, que se subordinam aos CRIs sênior para efeito de amortização e resgate.

Possui risco privado e, comumente, tem rentabilidade atrelada a um índice de inflação (IGP-M, IPCA) e uma taxa fixa (ex.: IPCA + X% a.a.). Só podem ser emitidos por companhias securitizadoras, responsáveis por "empacotar" os créditos imobiliários e transformá-los em CRIs.

As negociações são realizadas pelos sistemas centralizados de custódia e liquidação financeira de títulos privados (CETIP/CBLC). O investimento em CRIs não possui patrimônio garantido. A duração recomendada para este investimento é de longo prazo.

O CRI é isento de Imposto de Renda para pessoa física conforme estabelecido em legislação pertinente. Já para pessoa jurídica, a tributação acompanha os mesmos percentuais dos produtos de renda fixa, começando com alíquotas de 22,5% para aplicações de 180 dias, até 15% para prazos superiores a 720 dias.

> Os CRA's e CRI's são certificados do agronegócio e imobiliários, respectivamente. São semelhantes aos populares e também isentos LCA e LCI. A diferença é o risco associado. Os certificados não são amparados pelo fundo garantido de crédito (FGC), pois não são emitidos por bancos, mas por securitizadoras. Geralmente, remuneram o investidor pagando inflação mais juros. É importante olhar para as garantias por trás de cada papel. Também é preciso estar atento à liquidez desses certificados, cujo prazo médio é quatro anos, ficando bem mais difícil para negociação antes do prazo de vencimento do papel.

Letra de Crédito do Agronegócio (LCA)

Lei nº 11.076/04. Título emitido por instituições financeiras públicas e privadas, vinculado a direitos creditórios originários de negócios na área rural, sejam financiamentos ou empréstimos para a produção agropecuária. O título representa promessa futura de pagamento em dinheiro, remunerada por percentual do CDI.

Por ser isento de Imposto de Renda é uma boa alternativa de investimento. Destinado para investidores qualificados.

O risco primário da LCA é da instituição financeira. Na inadimplência do banco, o lastro está penhorado por lei ao investidor final, que pode requisitar sua propriedade ao juiz quando o banco não pagar o ativo.

Características

- Liquidez na data do vencimento.
- Isenção de Imposto de Renda e de IOF para pessoa física.
- Destinado a investidores qualificados.

Já para as pessoas jurídicas, a tributação acompanha os mesmos percentuais dos produtos de renda fixa.

Letra de Crédito Imobiliário (LCI)

Lei nº 10.931/04. LCI são títulos de créditos, nominativos, que têm como lastro financiamentos imobiliários, garantidos por hipoteca ou alienação fiduciária.

Vantagens

- Rentabilidade diária e sem a incidência de Imposto de Renda, propiciando rentabilidade superior ao investido.
- Não há cobrança de tarifas e obrigatoriedade de abertura de conta-corrente.
- As LCIs são emitidas com o lastro de financiamentos imobiliários que constam com a garantia real de um imóvel.

Rentabilidade

A rentabilidade final ao investidor fica em torno de um percentual do CDI, podendo variar em função do montante aplicado e do prazo.

Características

- Valor mínimo de aplicação (investimento inicial): sob consulta.
- Remuneração: percentual do CDI definido na contratação.
- Prazo: mínimo sob consulta; máximo três anos.
- Imposto de Renda: isenção de Imposto de Renda para investidor pessoa física.

Importante

CRIs, CRAs, COE, LI e debêntures **não** contam com a garantia do Fundo Garantidor de Crédito (FGC) e CDB, RDB, LCA, LCI e LC **contam** com a garantia do Fundo Garantidor de Crédito (FGC), que assegura a devolução do principal investido na hipótese da incapacidade de pagamento da instituição financeira, de até R$ 250 mil por CPF ou CNPJ.

Antecipação de pagamento a fornecedores

Outra aplicação financeira que deve ser sempre estudada pelo executivo financeiro é a antecipação de pagamentos aos fornecedores, quando a taxa de desconto for atrativa financeiramente.

Liquidar dívida com uma taxa de desconto atrativa também é um bom investimento. Não esqueça a regra de usar sempre o crédito e prazo negociado com o fornecedor para financiar suas compras. Você também pode fazer uma trava na taxa de negociação com o fornecedor baseada no CDI.

As **aplicações financeiras de *renda variável*** mais comuns são:

- **Ativos de renda variável**: são aqueles cuja remuneração ou retorno de capital não pode ser dimensionado no momento da aplicação, podendo variar positiva ou negativamente, de acordo com as expectativas do mercado, como segue:

- **Ações em bolsas:** são títulos que representam o capital das empresas (sociedades anônimas) de capital aberto, negociadas em bolsas de valores; o preço de uma ação varia no decorrer do tempo, para cima ou para baixo, proveniente de diversos fatores: situação econômica e financeira, rentabilidade, cenários econômicos etc.

- **Ouro:** em períodos de incertezas econômicas e políticas, o ouro serviu como *reserva de valor*; o preço do ouro segue o preço praticado pelo mercado internacional; é negociado em bolsas de valores; o comprador do ouro não necessita ter a posse física desse metal, porque os *certificados de custódia* emitidos por entidades credenciadas têm o mesmo valor e são negociáveis.

- **Fundos mútuos de renda variável:** são títulos parecidos com os fundos mútuos de renda fixa, porém os resgates podem ser realizados a qualquer momento, pelo valor da cota ajustada do período, conforme a rentabilidade da carteira de ativos do fundo; sua carteira de ativos é formada de títulos de renda variável, tais como ações, ouro e *commodities*, que podem gerar rentabilidade negativa; além dos títulos de renda variável, os fundos desse tipo podem aplicar uma parte dos recursos em títulos de renda fixa, ou fazer operações de derivativos.

O tratamento tributário conferido às pessoas físicas nessas operações depende das modalidades em que são negociados os ativos ou contratos, modalidades essas denominadas mercados à vista, de opções, futuro e a termo.

- **Fundos imobiliários**: os fundos imobiliários são condomínios de investidores, administrados por instituições financeiras e fiscalizados pela CVM. Têm por objetivo aplicar recursos em negócios com base imobiliária, como desenvolvimento de empreendimentos imobiliários, imóveis já prontos ou títulos financeiros imobiliários, como CRI, LH, LCI ou cotas de fundos imobiliários já constituídos. Os fundos de investimento imobiliário (FII) são como "condomínios fechados", divididos em cotas que podem ser adquiridos por qualquer pessoa. Esses fundos servem para investir em empreendimentos imobiliários como *shoppings*, hospitais e prédios comerciais. Por serem fundos fechados, suas cotas **não admitem resgate**; assim **como as ações, o caminho é a negociação na Bovespa, no ambiente Bolsa ou Balcão Organizado**, por meio de ordens. Em ambos os ambientes, o modo de negociar é exatamente igual ao das ações, dentro dos mesmos horários de pregão. Os **rendimentos** são dados por alienação, locação ou arrendamento ou, como na maioria das vezes, através do aluguel. Existem **duas formas** de comprar essas cotas. Assim como no mercado de ações, é possível participar do IPO (oferta pública) comprando-as direto do fundo, ou no mercado secundário, comprando de outros investidores através do *home broker*. Nos rendimentos recebidos você fica **isento** de pagar o imposto de renda. **Cotista pessoa física** – A isenção de IR para as pessoas físicas foi definida pela Lei nº 11.033 de 21-12-2004 e posteriormente pela Lei nº 11.196 de 21-11-2005. O **IRPF** só é **cobrado** sobre o **ganho de capital**, que é de 20% (**Cotista pessoa jurídica** – imposto de renda de 20% sobre os **rendimentos** obtidos). Existem também **riscos** de desvalorização, rendimento abaixo do esperado, vacância, inadimplência, queda do valor patrimonial, taxas de juros etc. **Não há garantia do fundo garantidor de crédito (FGC).**

Existem também os chamados **"fundos multimercado"**, que são fundos que podem investir em diferentes ativos, como títulos públicos e privados, ações e câmbio, de acordo com sua estratégia prevista.

Não se recomenda que os recursos que estão disponíveis para serem aplicados temporariamente sejam aplicados de forma integral em títulos de renda variável, porque eles podem provocar perdas permanentes e, no curto prazo, grande prejuízo financeiro se o resgate tiver que ser feito em ocasião não adequada.

Saldos mínimos de caixa

Toda decisão do gestor financeiro está voltada para o aumento do valor da empresa. A definição de saldos mínimos de caixa deve estar consoante com esse objetivo.

Caixa mínimo operacional

Caberá ao executivo financeiro proporcionar o maior **giro de caixa** (dias no ano/ciclo de caixa) possível para minimizar o risco de ter o capital de giro da companhia paralisado ou comprometido com bens de baixa liquidez. Portanto, a companhia necessita atentar para um nível mínimo de caixa a ser mantido regularmente como saldo. Esse nível mínimo de caixa a ser mantido pela empresa pode ser calculado de várias maneiras. **Por exemplo: caixa mínimo operacional = saídas de caixa totais anuais/giro de caixa.**

O nível desejado de caixa é a projeção das disponibilidades, o encaixe mínimo necessário para o período seguinte, visando operar com margem de segurança operacional.

O objetivo do Caixa Mínimo Operacional é fazer com que a empresa opere de modo a precisar de um mínimo de caixa, planejando o montante de caixa que lhe permitirá saldar suas contas no vencimento e com margem de segurança para efetuar pagamentos não programados ou operar sem a entrada das receitas programadas.

Um dos métodos também utilizados consiste em determinar o nível mínimo de caixa com base em um percentual (%) sobre as vendas faturadas.

Exemplo:

$1^{\underline{a}}$ etapa = Identificar o ciclo Financeiro (CF) = PME + PMR − PMP = 40dias

$2^{\underline{a}}$ etapa = Identificar as despesas totais (DT) (Despesas Fixas + Despesas Variáveis)

$3^{\underline{a}}$ etapa = Achar o Caixa Mínimo Operacional (CMO) = DT: 30 × CF

DT = 30.000 + 160.000 = 190.000

$$CMO = \frac{190.000 \times 40 \text{ dias}}{30 \text{ dias}} = R\$\ 253.000$$

Podemos dizer também que o Caixa Mínimo Operacional:

- É o capital de giro próprio necessário para movimentar seu negócio.
- Representa o valor em dinheiro que a empresa precisa ter disponível para cobrir os custos até que as contas a receber de clientes entrem no caixa.
- Corresponde a uma reserva inicial de caixa.

Para Gitman (2004), o método do caixa mínimo operacional é falho por considerar que as operações de compra, produção e vendas (e os respectivos desembolsos e ingressos) se comportam de maneira uniforme durante o ano, sem qualquer variabilidade. Assim, não há formação de reserva para atender às incertezas e desequilíbrios existentes no período.

Existem alguns modelos matemáticos que utilizam percentual da projeção de vendas do período ou modelos quantitativos como os de *Baumol e de Miller-Orr*", que, pela sua alta dose de teoria, não são aqui discutidos neste estudo.

4.5.3 Administração do contas a receber

Representa a concessão de créditos aos clientes, gerando o volume de vendas à vista e a prazo. Uma das medidas que aumenta o grau de satisfação de um cliente é quando se concedem prazos para pagamentos, já que talvez não concretizassem a compra se a condição de pagamento fosse apenas à vista. Acarretam uma série de custos, principalmente financeiros, com relação ao aumento no volume de duplicatas a receber e ao risco de inadimplência.

Quando se tem uma política de crédito adequada, ela fornece os elementos para a concessão de crédito a um cliente, ocasionando aumento de lucro nas vendas e redução dos custos de financiamento, cobrança e das perdas com inadimplência. Portanto, o planejamento financeiro dos valores a receber deve ser feito com cautela pelo administrador financeiro.

O controle de contas a receber é importante para:

- Conhecer clientes que pagam em dia.
- Conhecer o perfil de cada um dos seus clientes e saber quais são responsáveis pela maior parte de seu faturamento.
- Fornecer informações para elaboração do fluxo de caixa da empresa.
- Conhecer o montante a receber em um determinado período, possibilitando comprometer estes valores em algum compromisso financeiro da empresa.

Ajuda a programar cobranças com maior exatidão

Prazo médio de recebimento

O prazo de recebimento é medido pelo espaço de tempo médio que as vendas levam para se transformar em disponibilidades de caixa e determina os investimentos necessários em contas a receber. É normal o volume de vendas afetar o investimento em contas a receber. Ressalta-se que, para um mesmo volume de vendas, quanto maior o período de recebimento, maior é o investimento em contas a receber, o que implica a necessidade de um volume maior de capital de giro para financiar essa defasagem.

É comum algumas empresas dilatarem o prazo de vendas a crédito como estratégia mercadológica. Se essa estratégia não tiver suporte financeiro, acabará comprometendo a liquidez financeira. Esse tipo de estratégia é tão ruim quanto a estratégia de redução de preço, quando também não se tem suporte financeiro.

Existe um ponto de referência para estipular o prazo médio de recebimento, que é o prazo concedido pelos fornecedores para o pagamento das dívidas. Será errado estabelecer um prazo médio de recebimento acima do prazo médio de pagamento, exceto em condições especiais, em que a empresa tenha alguma vantagem ou as condições de mercado assim os impõem.

Para calcular o prazo de recebimento (PR), basta dividir o saldo médio do contas a receber pelo volume de vendas, multiplicado pelo número de dias de vendas considerado.

Exemplo: Para uma empresa que vendeu $ 120.000 no semestre e apresentou um contas a receber médio de $ 24.000, temos:

PR = 24.000/120.000 × 180 dias = 36 dias de vendas.

Outra maneira de cálculo é: calcular o dia de vendas (DV), dividindo as vendas pelo número de dias do período, para, em seguida, calcular quantos dias de vendas representa o contas a receber. Considerando o exemplo anterior:

DV = 120.000/180 = $ 666,67 de vendas por dia.
PR = 24.000/666,67 = 36 dias.

Exemplo: Prazo Médio de Cobrança – "Indicadores de análise"
Possibilita o conhecimento dos seguintes aspectos:

- Montante dos valores a receber.
- Contas vencidas e a vencer.
- Clientes que não pagam em dia.
- Como programar suas cobranças.

O prazo médio de cobrança pode ser calculado utilizando a rotação de Contas/Duplicatas a Receber ou apurado diretamente:

- **Rotação da Cobrança**

Gerenciamento: A empresa não pode se descapitalizar financiando clientes que são constantes inadimplentes, conforme informações cadastrais, inclusive para diminuir os impactos no caixa com aumento de garantias contratuais, pessoais ou reais, até uso de departamentos especializados e ou terceirizados em cobrança e renegociação de dívidas.

Índice de rotação de cobrança: $IRC = \dfrac{VPL}{SMCR}$

Onde:

VPL = vendas a prazo líquidas

SMCR = saldo médio de contas/duplicatas a receber

Prazo médio de cobrança: $PMC = \dfrac{NDP}{IRC}$

Onde:

NDP = número de dias do período (360 dias)

IRC = índice de rotação de cobrança

> Recomenda-se que a empresa tenha um **quadro auxiliar** para acompanhamento gerencial mensal da evolução da <u>inadimplência</u> por cliente, período, percentual, valor, região e consolidado.

Período de recebimento e o fluxo de caixa

A diminuição do prazo de recebimento é um propósito constante da gestão de caixa. Essa diminuição, entretanto, pode ser proveniente de políticas e ações em outras áreas da empresa. Se, no exemplo anterior, as vendas são feitas para recebimentos com 30 dias, o *atraso médio de seis dias* pode ser um problema nos procedimentos de recebimento da empresa.

4.5.4 Administração do contas a pagar

O princípio básico da gestão de contas a pagar é não pagar nenhuma conta antes do vencimento. Existem outras considerações que devem ser levadas em conta, como, por exemplo: possibilidade de melhores condições de prazo com outros fornecedores; compensações entre prazos e descontos; e possibilidade de renegociação de contratos de longo prazo.

Se a empresa tem uma margem de lucro que absorve bem os custos financeiros de mercado e se esses custos são maiores que o custo do financiamento dos fornecedores, ela deve procurar estender os prazos do contas a pagar até onde for possível. Assim, ela aumenta sua capacidade de caixa, que pode ser investida em estoques ou no contas a receber e pode alcançar um volume maior de vendas.

A título de **exemplo**, pode-se calcular a taxa mensal (TM) equivalente de um desconto de fornecedor com a seguinte expressão:

$$TM = [(1 + TD) \wedge (30/(PN - PD))] - 1$$

Em que:

PN = prazo normal sem desconto (em geral 30 dias).

PD = prazo limite do desconto, em dias.

TD = taxa de desconto oferecido para pagamento no PD.

^ = representa exponenciação (elevado a).

Considerando um fornecedor que dá um desconto de 6% para um pagamento com 10 dias, em vez de 30 dias, então:

TM = (1 + 0,06) ^ (30/(30 – 10)) – 1 = 9,1% a.m.

1,06 ↑ 1,50 y^x – 1 – 100x = 9,1% a.m. (com o uso HP 12C)
Enter

O prazo de pagamento é medido levando em conta os dias de compras, isto é, o tempo médio que a empresa tem para pagar os fornecedores. Para calcular o período de pagamento (PP), **divide-se o saldo médio do contas a pagar pelo volume de compras, multiplicado pelo período em dias de compras considerado**.

Exemplo: Para uma empresa que comprou $ 120.000 no semestre e apresentou um contas a pagar médio de $ 30.000, qual é o período de pagamento?

PPP = 30.000/120.000 × 180 dias = 45 dias.

Ou

DC = 120.000/180 = $ 666,67 de compras por dia.

PP = 30.000/666,67 = 45 dias de compras.

Em que:

DC = dia de compras.

Para um mesmo volume de compras, sem atrasos, quanto maior o período de pagamento, maior o investimento dos fornecedores no contas a pagar da empresa. É interessante *ter em separado as compras de materiais e serviços das outras despesas*, tais como aluguéis e salários, cujos pagamentos são fixos e incidem sobre uma mesma data, normalmente nos primeiros dias do mês vencido.

É fundamental ter um bom relacionamento com os fornecedores, pois isso tem um impacto direto no caixa da empresa, uma vez que atinge o volume de compras e os créditos obtidos. Assim, existem dois aspectos que favorecem o relacionamento: primeiro, efetuação dos pagamentos em dia; segundo, manter os canais de comunicação abertos.

Devem-se fazer os pagamentos a fornecedores e funcionários através de cheques nominativos, créditos em conta bancária e documento de crédito (DOC) e/ou transmissão eletrônica de dados (TED), evitando riscos. Todos os cheques emitidos pela tesouraria devem ser, obrigatoriamente, nominativos ao beneficiário do pagamento, e podem também ser cruzados. Em alguns casos, por segurança, pode ainda ser declarada no verso do cheque a finalidade do pagamento, com a assinatura do(s) emitente(s), **dois responsáveis,**

observado os limites de alçada (assinaturas cruzadas). Esses procedimentos são para assegurar que os pagamentos sejam feitos aos beneficiários de direito.

Também é importante manter uma boa conciliação entre a contabilidade e a tesouraria das contas e registros, relativo ao contas a pagar da empresa.

Exemplo: Prazo Médio de Pagamento – **"Indicadores de análise"**

Possibilita que o gestor financeiro fique informado e tome decisões sobre:

- Vencimento dos compromissos.
- Como estabelecer prioridades de pagamento.
- Montante dos valores a pagar.

O prazo médio de pagamento é o período compreendido entre o momento em que foram efetuados as compras e o momento de seu pagamento. Para esse cálculo utilizaremos a seguinte fórmula:

$$\text{Giro da duplicatas a pagar } (=) \frac{\text{Saldo médio das duplicatas a pagar}}{\text{Compras bruta a prazo}}$$

$$\text{Resultado} = \text{N}^{\text{o}} \text{ Médio de Dias}$$

$$\text{Prazo médio de pagamento } (=) \frac{\text{N}^{\text{o}} \text{ dias do período}}{\text{Giro das duplicatas a pagar}}$$

4.5.5 Administração financeira dos estoques

A grande maioria das empresas precisa investir em estoques para atender aos clientes. Os estoques (matérias-primas, produtos intermediários, produtos acabados, estoques em trânsito, estoques nos distribuidores, entre outros) representam uma boa parte dos ativos de empresas comerciais e industriais.

Os custos com estoques são possivelmente recuperáveis, mas não se pode esquecer que há outros tipos de despesas, tais como: armazenagem, seguros, equipamentos e pessoal, em operações de recepção, movimentação e processamento (transformação industrial, emba-lagem etc.). Devem ser consideradas também certas perdas, por queda de preços, acidentes, mudanças de hábitos de consumo, ações de concorrência, validade vencida e outras.

Os investimentos em estoques são a base para a geração de lucros. Eles podem trazer um retorno sobre o valor investido muito maior que qualquer outro ativo, quando bem administra-dos. No entanto, é importante ressaltar que se deve dimensionar os investimentos em estoques de maneira a compatibilizar a capacidade de caixa com os objetivos de venda, já que estoques em excesso absorvem recursos que poderiam ter outro destino, reduzem a capacidade de lucro da empresa, além de gerar custos financeiros, custos de carregamento físico etc.

Quanto maior é o giro, maior é o retorno que o investimento em estoques proporciona, maior também é a liquidez do investimento.

O inventário periódico tem por objetivos:

- Verificação dos procedimentos contábeis e administrativos, se eles refletem corretamente a situação física do investimento.
- Identificação dos itens com quantidades inadequadas, em relação às necessidades do negócio.
- Identificação de desvios, furtos etc.

A maioria das empresas trabalha com mais de um produto, então cada um deles apresenta índices de giro diferentes. Por isso é importante analisar item a item, e a empresa deve se concentrar nos itens que representam a maior parte das vendas.

A análise dos itens do estoque dá a visão para a empresa dos itens que demoram a sair (talvez os eliminando), e, sobretudo, dos itens que saem rápido, que podem ser estimulados, melhorando, dessa forma, os lucros.

Portanto, a utilização de auditoria periódica nos estoques da empresa é muito importante em relação ao seu planejamento, controle e administração de capital de giro.

Manutenção de estoques

A literatura específica da matéria se refere às finalidades básicas para justificar a existência de estoques nas empresas como sendo:

Estoques operacionais, funcionais ou mínimos

Representam a quantidade necessária de estoque destinada a garantir o desenvolvimento e a operacionalização ou produção.

Estoques de segurança

São estoques de materiais e produtos definidos como importantes para o processo produtivo, que são mantidos para superar os imprevistos que podem acontecer nos processos de fornecimento, produção e vendas.

Estoques especulativos

Estoques mantidos para se beneficiarem ou reduzirem os efeitos negativos de variações de preços no mercado. A decisão de manter estoques especulativos deve ser momentânea e considerar a relação custo-benefício.

Custo dos estoques

Custo de manter os estoques

As empresas não podem deixar de considerar os seguintes custos que estão diretamente ligados à sua manutenção:

- Inventário e manuseio.
- Armazenagem.

- Transferência.
- Impostos.
- Seguros.
- Perdas.
- Controle.
- Desuso/obsolescência.
- Custo de carregamento (*carrying costs*).
- Furtos e sinistros.
- Custo do capital de giro investido, perdendo a empresa a oportunidade de realizar outros investimentos.

Custo de faltar o estoque

- Atraso na produção/entrega.
- Custo da compra eventual fora ou programação e reduzido poder de negociação.
- Custo de reemissão de faturamento, embalagem e despacho de mercadoria.
- Custo de venda perdida – o cliente vai comprar no concorrente.
- Alto custo da fabricação devido à falta de matéria-prima que prejudica o processo normal da produção.
- Sobrecarga com necessidade de realização de horas extras adicionais intercaladas com períodos de ociosidade.

Há ainda os seguintes fatores:

- Velocidade de reposição.
- Duração do ciclo de produção.
- Hábitos de compra dos clientes.
- Durabilidade dos produtos estocados.

Gestão dos estoques

A administração de estoques requer o conhecimento de dois conceitos básicos:

- **Tempo de trânsito**: é o tempo entre disponibilizar o produto para transporte, já embalado e faturado e a entrega ao cliente.
- **Tempo de ciclo** (*lead time*): é o tempo transcorrido entre o cliente efetuar o pedido, o produto ser produzido ou separado no armazém, embalado, faturado e disponibilizado para coleta. No caso de vendas CIF, com a entrega incluída, considera-se também o tempo de trânsito.

Fonte: LEMES JR.; RIGO; CHEROBIM, 2005, p. 377.

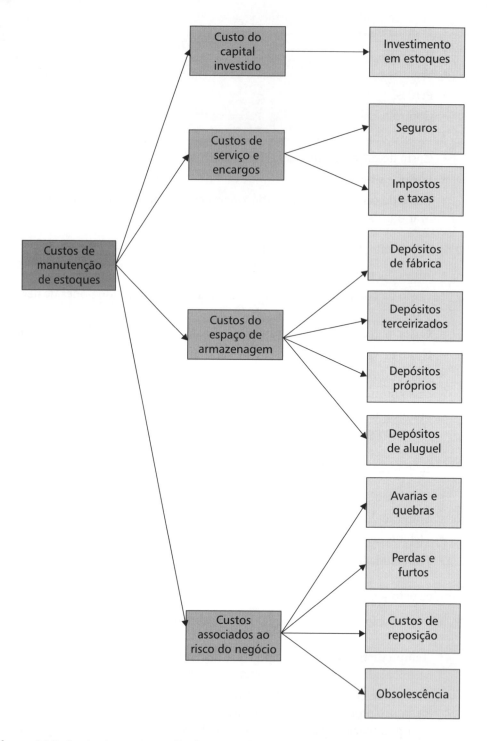

Figura 4.18 Custo de manutenção de estoques.

Fonte: SEBRAE/outras fontes com adaptação pelo autor.

Gerenciamento de estoques – Indicadores de análise

O cálculo do giro ou rotação dos recursos investidos nos estoques fornece uma medida adequada para a avaliação da eficiência na sua gestão. Esse cálculo indica o número de vezes em que tais recursos foram renovados em certo intervalo de tempo.

Considerando os padrões observados em cada ramo de negócios, estoques com baixa rotação representam fundos ociosos, enquanto um giro alto significa otimização dos recursos investidos.

Giro dos estoques de Produtos Acabados ou Mercadorias para Revenda (=):

$$\frac{\text{Custo das vendas}}{\text{Saldo médio dos estoques}}$$

Resultado = Nº de vezes por período

Dispondo do giro dos estoques, torna-se fácil calcular o prazo médio de estocagem, também conhecido por prazo médio de renovação dos estoques, a saber:

Prazo médio de estocagem dos produtos estocados ou

Das mercadorias para revenda (=)

$$\frac{\text{Nº de dias do período}}{\text{Giro dos estoques}}$$

Resultado = Nº médio de dias

Para calcular diretamente o prazo médio de estocagem dos produtos acabados ou das mercadorias para revenda, temos:

$$\frac{\text{Saldo médio dos estoques} \times \text{Nº dias do período}}{\text{Custo das vendas}}$$

Resultado = Nº médio de dias

O denominador da primeira fórmula fornece-nos o custo médio diário das vendas. Logo, o prazo médio de estocagem corresponde ao número médio de dias de venda mantidos em estoque.

Qualquer uma das duas últimas fórmulas fornece o mesmo resultado de número de dias. Também poderíamos calcular os prazos médios em número de meses.[2]

---

[2] Fonte: João Florêncio Vieira Ramos e Paulo Henrique Teixeira – www.portaldecontabilidade.com.br/obras.htm com adaptações pelo autor.

Política de compras

Os níveis de investimento em estoques são definidos com base em uma série de fatores, tais como: volume de vendas, tempo médio de reposição de estoques, tempo de processamento (transformação industrial, embalagem etc.) e capacidade de caixa da empresa.

As projeções de vendas devem ser as mais realistas possível para uma definição adequada do nível de estoque. Essas projeções devem considerar as flutuações previsíveis do negócio, sazonais e outras, e eventual crescimento ou diminuição das vendas para certos itens.

As vendas podem flutuar, acontecer atrasos na entrega dos pedidos de reposição, entre outros motivos; então, é recomendado considerar adicionalmente determinado nível de "estoque de segurança". No entanto, o custo de se ter um estoque de segurança não pode exceder a previsão de vendas, tampouco a capacidade de caixa da empresa. Isso, na verdade, é uma política imposta pela realidade financeira da empresa, e tem que ser analisada criteriosa e periodicamente.

O **lote econômico de compra** (LEC) é um dos modelos mais usados na gestão financeira de estoques, talvez o mais utilizado. O lote econômico procura a melhor estratégia para achar qual será a quantidade que deve ser mantida em estoque e em que tempo deve ser feito um novo pedido. Para isso, o LEC auxilia a encontrar a quantidade ótima de cada pedido (Q^*), de maneira que os custos totais, compreendidos pelo custo do pedido e o custo de estocagem, sejam os menores possível.

Método do lote econômico de compra

Este método – LEC – está mais voltado para os produtos dos grupos A e B do sistema *ABC*. Considera os custos operacionais e financeiros e determina a quantidade do produto a ser comprada para minimizar os custos totais de estocagem, procurando estabelecer a quantidade ótima de compra.

O **sistema ABC** – esse método pauta-se na lei de Pareto, que afirma, baseada na lei dos grandes números, que em um amplo universo de itens, 20% a 30% deles detêm 70% a 80% da responsabilidade do conjunto.

Tabela – Gráfico ABC de estoques		
Grupos	Valor	Itens
A	70%	10%
B	20%	20%
C	10%	70%

São classificados como *A*: menor número de produtos que requerem maior volume de investimentos; são também os que demandam maior atenção exigindo acompanhamento permanente dos níveis de estoque.

Os produtos do Grupo *B*: vêm em seguida, em termos de investimentos, e são controlados por meio de contagens frequentes. A quantidade de itens também é pequena.

Os produtos do Grupo *C*: há grande quantidade e variedade de itens de produtos e menores investimentos totais.

A fórmula do lote econômico de compra é a seguinte:

$$Q^* = \sqrt{(2V \times CP)/CE}$$

Em que:

Q* = quantidade de cada pedido.

V = volume de vendas do período.

CP = custo de cada pedido.

CE = custo de estocagem de cada unidade.

Exemplo: A empresa ABC apresenta as seguintes variáveis:

V = 1.000 unidades/mês de certo produto.

CP = $ 3 de cada pedido.

CE = $ 0,6 por produto.

Então:

$$Q^* = \sqrt{(2 \times 1.000 \times 3)/0,6} = 100 \text{ unidades}$$

Cada pedido a ser feito ao fornecedor é de 100 unidades. Desse modo, o estoque médio do produto será de 50 unidades (100 unidades/2 = 50 unidades); o número de pedidos no decorrer do mês será de 10 (1.000 unidades/100 unidades = 10 pedidos); e o tempo entre cada pedido é de cerca de 3 dias (30 dias/10 pedidos = 3 dias).

Outro ponto que deve ser considerado é o tempo adequado para a recompra, porque compras antecipadas geram custos maiores de carregamento e aceleram as saídas de caixa; e compras atrasadas geram perdas de vendas.

O **ponto de recompra** (P) é o momento em que a empresa deve fazer o pedido de estoque a seu fornecedor.

Considerando o exemplo anterior, se a quantidade de tempo entre a solicitação do estoque e seu recebimento for de cinco dias, o ponto de recompra poderá ser obtido apenas multiplicando as vendas diárias pelo tempo estimado de recebimento do pedido, ou seja:

Exemplo: (5 × 1.000) : 30 = 166,67 unidades.

Então, o ponto de recompra é de 166,67 unidades, ou seja, quando existirem no estoque 166,67 unidades, deve-se fazer novo pedido.

Quando acontece de o prazo de estocagem ser menor do que o prazo de atendimento ao pedido, o modelo apresentado também é válido. A empresa, mesmo que não tenha recebido os pedidos já solicitados, deve fazer novos pedidos conforme o previsto. Os pedidos em carteira serão recebidos, enquanto novo pedido entra na fila de espera para que o fornecedor possa atender.

É importante ressaltar que o volume de compras da empresa não corresponderá ao valor dado no modelo do lote econômico, quando o nível de estocagem estiver abaixo do ponto de recompra. Quando isso acontece, a quantidade a ser solicitada equivale ao lote econômico de compra mais o volume para alcançar o ponto de recompra.

Quadro 4.2 Empresa ABC

Estoque inicial do dia	170 unidades
– Vendas do dia	34 unidades
= Estoque no final do dia	136 unidades
Ponto de recompra	166 unidades
– Estoque no final do dia	136 unidades
+ Lote Econômico de Compra	100 unidades
= Quantidade a ser adquirida	130 unidades

O ponto de recompra também pode ser feito com base não apenas no prazo de entrega dos pedidos (em dias), mas também no volume diário médio de vendas, e mais um **estoque de segurança**, para cobrir os dias necessários para processamento do pedido, eventuais atrasos na entrega e aumentos de vendas.

Exemplo: A empresa ABC apresenta as seguintes variáveis:

PE = 5 dias.

DV = 33,33 unidades/dia.

ES = 166,65 unidades ou 5 dias de venda.

$$P = PE \cdot DV + ES$$

Em que:

PE = prazo de entrega ou de atendimento dos pedidos.

DV = vendas diárias.

ES = estoque de segurança (em dias de vendas).

Então:

P = 5 × 33,33 + 166,65 = 333,30 unidades.

Nesse sentido, toda vez que o estoque atingir 333,30 unidades, é porque está na hora de ser feito novo pedido. Vale a pena ressaltar que o ponto de recompra (P) é apenas um indicador na definição da política de compras, a qual deve considerar outros pontos, como: capacidade de armazenagem (à parte do custo); descontos por volume; perspectivas de inflação no preço do produto e possíveis correções nos preços de venda; deterioração; obsolescência etc.

Existem várias fórmulas para o cálculo do estoque mínimo, mas a fórmula a seguir é simplificada e pode ser usada para esse tipo de cálculo:

$$EM_i = C \times APE + PE \times AC + AE \times AC$$

Em que:

EM_i = estoque mínimo.

C = consumo.

APE = atraso no prazo de entrega.

PE = prazo de entrega.

AC = aumento do consumo.

AE = atraso na entrega.

Usando essa fórmula, podem-se identificar três vantagens:

- Faz o inventário físico.
- Facilita o manuseio dos estoques.
- Propicia a aquisição de lotes econômicos.

Lote econômico de compra – considerações finais

Antes de aplicar o LEC, é preciso conhecer bem as suposições desse modelo, que são as seguintes:

- **Demanda constante:** a empresa pode determinar a procura pelo produto; sabe-se que é constante por unidade de tempo (dia, quinzena, mês etc.). Se um produto tem vendas anuais de 144 mil unidades por ano, isso significa que cada mês terá vendas iguais de 12 mil unidades.

  Por consequência, a utilização do LEC depende da previsibilidade da demanda do produto e o do fato de sua demanda não ser muito irregular ao longo do ano. Em algumas situações, pode-se não saber com precisão qual o valor da demanda, embora informações aproximadas possam ser utilizadas no cálculo do LEC.

- **Recebimento instantâneo do estoque:** esta suposição diz respeito ao fornecimento do estoque a ser comercializado. Quando chegar o momento em que o estoque da empresa atingir zero, novas unidades serão pedidas e recebidas imediatamente. Esta hipótese não é do modelo do LEC, mas será adotada neste instante somente por conveniência de exposição do assunto.

- **Não existe desconto:** a existência de desconto é um incentivo para que se adquira mais unidades do que previsto originalmente. Ao não admitir a existência de desconto, procura-se retirar o incentivo dado pelo fornecedor para compra do produto e se concentrar na análise tão somente dos incentivos internos (da empresa) no processo de tomada de decisão de estocagem.

- **Os preços não se alteram:** buscam também isolar algumas variáveis para estudar melhor a gestão de estoques de uma empresa. Em ambientes inflacionários, deve-se alterar esta restrição para melhor estruturar a decisão de estocagem. Caso o estoque a ser adquirido esteja indexado por uma moeda forte, basta ao gestor utilizar o LEC em moeda forte; caso contrário, é necessário considerar esta variável.

- **Não existe risco:** o LEC considera somente a variável rentabilidade no modelo, relegando, assim, a questão do risco.

- **Existem dois tipos de custo:** para o lote econômico de compra existiria somente dois tipos de custos: o custo de estocagem e o custo do pedido.
  - O *custo de estocagem* se refere a todo tipo de custo proveniente da atividade de estocagem. Enquadram-se neste grupo os custos de aluguel, segurança, seguros, financiamento de estoques, impostos, obsolescência etc.
  - O *custo do pedido*, como o próprio nome diz, refere-se a todo custo decorrente do ato de pedir determinado produto: o número de funcionários que trabalham no setor de material, o custo de emissão do pedido etc.
  - Desse modo, enquanto o custo de estocagem guarda uma relação com o número de estoques existentes, o custo do pedido está intimamente ligado ao processo de fazer um pedido para um fornecedor.

- **Cada estoque é analisado independentemente:** o lote econômico de compra considera que a administração de estoques é independente para cada produto. A gestão de um item do estoque não afeta a gestão de outros itens.

O primeiro passo é classificar todos os produtos por ordem decrescente de receita, utilizando informações históricas, como, por exemplo, as do último exercício social. Em empresas industriais, a curva ABC também poderá ser utilizada para matérias-primas, tomando como base de classificação o valor ou o uso projetado.

Após a classificação, os valores da receita são somados um a um, do produto que representa a maior contribuição ao faturamento ao produto com menor valor monetário. A soma dos valores da receita, que na estatística é denominada *frequência acumulada*, mostra que a receita da empresa, acumulada por produto, cresce em proporções cada vez menores à medida que vão sendo agregados itens com menor receita. Em geral, a receita acumulada segue o desenho da Figura 4.18, onde os primeiros produtos contribuem com grande parte do faturamento.

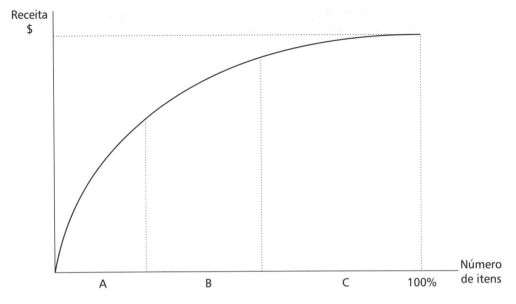

Figura 4.19 Curva ABC.

Fonte: ASSAF NETO; SILVA, 2006, p. 160-204.

A Figura 4.19 mostra que, ao se classificar os estoques em ordem decrescente de receita e somar estes valores, alguns poucos são responsáveis pela grande maioria do faturamento. Estes produtos estão na primeira parte da figura e, conforme comentado anteriormente, são denominados *produtos A*.

É interessante avaliar o potencial de geração de caixa e os custos diretos e de oportunidade da redução de um dia no prazo de recebimento.

Exemplo: Uma empresa que tem vendas diárias de $ 120, com um período médio de recebimento de 40 dias, tem o contas a receber igual a $ 4.800. Se diminuir o PR para 30 dias, tornará disponíveis $ 1.200, que podem ser aplicados com rendimentos ou na redução de obrigações financeiras.

Prevenção de problemas

O contas a receber pode agrupar por cliente e data de vencimento, de modo que visualize não apenas o que tem a receber, como também os atrasos dos clientes que não pagam em dia. É apresentado um modelo de tabela por agrupamentos do contas a receber a vencer e vencidas com 30 e 60 dias.

O propósito da Tabela 4.1 é identificar clientes em atraso e antecipar eventuais tendências de crescimento nas contas vencidas, fazendo um acompanhamento mensal ou semanal, dependendo da atividade da empresa. A ação imediata nas causas evitará que a inadimplência do contas a receber aumente, não precisando de maiores investimentos. Caso o acompanhamento seja semanal, o agrupamento também deverá ser semanal, como 1ª semana, 2ª semana, e assim por diante.

Esse modelo é um **exemplo**, podendo se estender pelo número de dias de atrasos (90, 120 dias etc.) que a empresa tenha em seu contas a receber.

Tabela 4.1 Contas a receber

Clientes	Total a receber	A vencer	Atraso com até 30 dias	Atraso com até 60 dias
A	12.000	3.000	4.500	4.500
B	8.000	2.000	4.000	2.000
C	4.200	1.000	–	3.200
D	7.000	5.000	1.000	1.000
E	3.000	–	1.000	2.000
Total	34.200	11.000	10.500	12.700
%	100	32	31	37

4.5.6 Plano de contas de tesouraria (ou do fluxo de caixa)

Normalmente, o plano de contas utilizado pela tesouraria é o baseado no modelo de fluxo de caixa pelo método direto. As contas são codificadas pelos grupamentos de entradas (recebimentos) e saídas (pagamentos). O plano de contas de tesouraria deve ter apenas dois níveis de controle; entretanto, cada uma das contas pode ser decomposta em subcontas em função da necessidade de análise e conciliação bancária. Cada empresa detalha seu plano de contas de acordo com as necessidades de informações utilizadas nas tomadas de decisões.

O demonstrativo do fluxo de caixa diário e mensal (projetado, realizado e desvios) deve usar os códigos do plano de contas de tesouraria para facilidade de classificação, comparação e análise das contas, conforme exemplo a seguir.

Cap. 4 · Administração do fluxo de caixa — 103

Exemplo de estrutura do plano de contas de tesouraria: código, contas e subcontas.

1 SALDO INICIAL

CÓDIGO DAS CONTAS	DESCRIÇÃO DAS CONTAS
200	2 ENTRADAS (RECEBIMENTOS)
201	2.1 Recebimento de clientes
202	2.2 Outras entradas operacionais
203	2.3 Entradas financeiras
204	2.4 Entradas patrimoniais
205	2.5 Entradas eventuais
300	3 SAÍDAS (PAGAMENTOS)
301	3.1 Saídas operacionais (pagamento a fornecedores)
302	3.2 Saídas administrativas
303	3.3 Saídas financeiras
304	3.4 Saídas comerciais
305	3.5 Saídas com pessoal
306	3.6 Saídas com encargos
307	3.7 Saídas com impostos e taxas
308	3.8 Saídas com investimentos – imobilização
309	3.9 Saídas com investimentos societários – controladas e coligadas
310	3.10 Saídas eventuais

4   SALDO FINAL (1 + 2 – 3)

5   Relacionar os bancos onde os recursos estão aplicados quando houver superávit de caixa e/ou demonstrar as captações de recursos efetuadas para equilibrar o déficit de caixa.

- A conciliação bancária do fluxo de caixa (caixa e bancos) deve ser feita diariamente pela tesouraria e os desvios relevantes devem ser analisados e justificados para efeito de controle financeiro, contabilidade e providências cabíveis. O boletim diário de fechamento de caixa e bancos (manual ou eletrônico) é uma ferramenta fundamental para efeito de controle interno.

- Caso a empresa possua subsidiárias no exterior, o fluxo de caixa deve destacar, para efeito de controle interno, as contas de entradas e saídas do exterior e/ou fazer um fluxo de caixa em separado e depois incorporar no fluxo de caixa consolidado, inclusive em moeda estrangeira e nacional.

- Para o caso de novos projetos de imobilização de capital, interno ou externo, deve haver um controle rigoroso das fontes de financiamentos e taxa de retorno dos projetos.
- O saldo negativo de caixa operacional constante no fluxo de caixa (entradas menores que as saídas, por dia, sem considerar o saldo inicial de caixa) deve ser controlado de forma rigorosa para identificação de descasamento de prazos, déficits crônicos operacionais e com isso providenciar o ajustamento no fluxo de caixa.
- Também pode ser usado o plano de contas da contabilidade ajustado às operações de controle financeiro para efeito de planejamento e controle de tesouraria.

4.6 ÍNDICE DE INADIMPLÊNCIA

4.6.1 Devedores duvidosos/vendas totais

Idealmente, o índice de inadimplência deve ser apurado, relacionando os devedores duvidosos com as vendas de competência do período que lhe deram origem, e não com as vendas do mês em que foram levantados os problemas nos créditos.

4.7 VALORES A RECEBER EM DIAS DE VENDAS

Uma medida largamente adotada no controle da carteira de valores a receber é o *DVR* – dias de venda a receber, que expressa o montante de contas a receber em número de dias de vendas.

$$DVR = \frac{\text{Valores a receber no período}}{\text{Vendas do período/número de dias do período}}$$

Se o DVR de um determinado mês for igual a 20, isso indica que 20 dias das vendas efetuadas pela empresa ainda não foram recebidas, constando da carteira de realizáveis. A carteira a receber equivale a 20 dias de vendas.

Venda _____ $ 2,2 milhões no trimestre

Duplicatas a receber _____ $ 850 mil, logo, o DVR do trimestre será:

$$DVR = \frac{\$\,850{,}000}{2.200{,}00/90\ \text{dias}} = 35{,}0\ \text{dias}$$

Esse resultado releva que 35 dias das vendas do trimestre ainda não tinham sido recebidas ao final do período, encontrando-se registradas na carteira de valores a receber da empresa.

4.8 CRONOLOGIA DOS VALORES A RECEBER E O DVR

Com o intuito de analisar os resultados de uma carteira de valores a receber através do DVR e da série cronológica dos realizáveis, também conhecido por AGING, admite as seguintes informações:

a) Padrão de vendas –   À vista = 30%

Em 30 dias = 50%

Em 60 dias = 20%

b) Volume de vendas – $ 800/mensais

Quadro de controle mensal de valores a receber

	Jan.	Fev.	Mar.
Vendas totais	$ 800	$ 800	$ 800
Valores a receber			
No 1º mês	560	560	560
No 2º mês	–	160	160
Total	560	720	720
DVR ($ 720/$ 800) × 30	–	27,0	27,0
AGING no 1º mês ($ 560/$ 720)	–	77,8%	77,8%
AGING no 2º mês ($ 160/$ 720)	–	22,2%	22,2%

Considerando um padrão de cobrança e volume de vendas inalterados ao longo de todo o período, as medidas do DVR e do AGING permanecem constantes no mesmo intervalo de tempo, sinalizando idêntico comportamento dos valores a receber. Mensalmente, a empresa mantém o equivalente a 27 dias de suas vendas em valores realizáveis, apresentando uma cronologia de recebimento de valores de 77,8% no primeiro mês e de 22,2% no mês subsequente (ASSAF NETO; SILVA, 2006).

4.9 POLÍTICA DE VENDAS

A área comercial ou área de vendas é a responsável por transformar o estoque em contas a receber e, consequentemente, em caixa. As políticas de vendas adotadas se refletem no volume e na qualidade das vendas, e, como decorrência, no contas a receber. Em se tratando de caixa, são relevantes as políticas relativas a prazos de pagamento, desconto de vendas, concessão de crédito e cobrança.

Os **prazos de pagamento** concedidos aos clientes refletem-se nas vendas e no contas a receber. Quando as vendas estão em baixa, as empresas se tornam mais flexíveis, e quando as vendas estão em alta, a flexibilidade diminui.

Os **descontos de vendas** são comuns, quando se trata de pagamentos antecipados e à vista. Quando se trata de pagamento antecipado, o que acontece na verdade é um financiamento à empresa feito pelos clientes. Esse tipo de desconto tem que ser vantajoso para a empresa e para o cliente.

Existem os descontos quando o cliente faz um pedido maior do que a média, e muitas empresas concedem descontos. Esse tipo de desconto tem dois efeitos: reduz os custos de administração de vendas e de logística, em particular quando há entregas pelo vendedor; e acelera o processo de transformação de estoques em caixa, reduzindo riscos de perdas de estoque.

4.10 POLÍTICA DE CRÉDITO

É difícil todos os clientes pagarem em dia, existem falhas na cobrança, reclamações ou esquecimentos de pagamentos por parte dos clientes, e isso pode comprometer o caixa da empresa.

A concessão de crédito feita de maneira rígida diminui as perdas com inadimplência, mas, por outro lado, limites muito rígidos para concessão de crédito reduzem as vendas.

É interessante que haja uma análise permanente dos prazos de recebimento, dos clientes que pagam em dia e dos maus pagadores, dos cálculos de custos financeiros e de cobrança, para decidir se a empresa deve ser ou não mais flexível em seus padrões de crédito.

Quando se trata de cliente novo, existem algumas rotinas que podem ser observadas para a aprovação de crédito, como, por exemplo:

- **Ficha cadastral e documentação-PF:** o objetivo é fixar um limite de crédito.
- No caso de pessoa jurídica, incluir na solicitação para cadastro os principais documentos, como estatuto/contrato social atualizado, ata de assembleia e certidões negativas, quando for o caso etc.
- **Investigação do cliente:** verificar seu conceito junto às instituições financeiras e fornecedores.
- **Estimativa da probabilidade de pagamento do cliente:** com base nas informações obtidas nos itens *a* e *b*, e outras que podem complementar.
- **Aprovação do pedido:** a decisão de aceitar ou não o pedido de um cliente resulta da análise da estimativa do risco de crédito, no caso de devedores inadimplentes, e do limite de crédito a ser fixado.
- **Limite de crédito:** estabelecer uma avaliação prospectiva para se fixar o limite de crédito do cliente.

A empresa também deve tomar suas precauções, pesquisando juntos os órgãos qualificados como SERASA, SPC e cartório de distribuição de títulos para obter informações sobre apontes, cheques devolvidos e ou sem fundos, protestos, penhoras, recuperação judicial e concordatas no caso de pessoas jurídicas ou PF quando aplicáveis.

Não existe uma regra geral para estipular o limite de crédito. Existe um método tradicional que é fixar em torno de 25% a 30% da renda líquida ou garantia de patrimônio disponível do cliente. Isso depende da política de crédito de cada empresa.

Algumas empresas têm áreas de crédito centralizadas e outras descentralizadas como forma de agilizar o processo de aprovação de crédito junto aos clientes.

4.11 POLÍTICA DE COBRANÇA

Parte da inadimplência tem origem na pressa com que se analisa o cadastro de um cliente, estabelecendo um limite de crédito no entusiasmo de fechar uma venda.

A empresa não deve gastar mais com o seu esforço de cobrança do que tem a receber. Entretanto, as despesas de cobrança devem ser consideradas, para saber se a empresa pode ou não perder, sob a forma de acréscimo de dívidas não pagas por seus clientes.

As políticas de cobrança têm o objetivo de fazer com que os recebimentos ocorram nas datas de vencimento e estejam prontamente à disposição da administração de caixa de empresa.

Como condição negocial, as políticas de cobrança devem ser do conhecimento dos clientes no momento da negociação para que não haja reclamações futuras. As políticas de cobrança devem estabelecer desde mecanismos de como o débito será cobrado até os procedimentos nos casos de atrasos e inadimplência. As políticas definem ações sequenciais para esses casos, por exemplo:

- Telefonema de cobrança amigável.
- Carta ou *e-mail*.
- Acionamento do avalista ou garantidor.
- Envio ao Cartório de Protesto de Títulos.
- Execução da dívida através do encaminhamento do título aos advogados da empresa ou de terceirizados.

4.11.1 Mecanismo de cobrança

A eficiência e o custo das diversas formas de realização de cobrança são fatores a serem considerados na decisão entre os diversos mecanismos de cobrança:

- Via bancária.
- Cobrança simples.
- Caução dos títulos.
- Desconto dos títulos.
- Via carteira.
- Via representante.

- Cobrança terceirizada.
- Montar ou utilizar os serviços terceirizados de um *call-center* para facilitar a cobrança.

> Convênio e parcerias com instituições financeiras são muito utilizados, inclusive com administradoras de cartão de crédito e empresa de *factoring*.

4.12 CIRCULARIZAÇÃO E CONTROLE DA COBRANÇA (POSITIVA E NEGATIVA)

A empresa precisa realizar periodicamente a circularização da sua carteira de cobrança, visando verificar se as regras de crédito e cobrança estão sendo cumpridas, com vista à futura atuação da área de auditoria interna da empresa.

A circularização positiva de títulos ocorre pelo envio ao cliente de carta constando todos os valores em aberto para confirmação. Se houver alguma informação indevida o cliente provavelmente irá reclamar. Se houver circularização negativa, neste caso, o cliente só retornará em caso de divergências nos valores.

> É importante que mensalmente seja feita uma **conciliação** dos saldos em aberto entre as áreas de cobrança, tesouraria e contabilidade com revisão posterior a critério da auditoria interna.

Existem ainda outros critérios técnicos, inclusive através de programas de computação específicos (*softwares*) para fixação de limites de crédito e cobrança para os clientes pessoa física ou jurídica como o ***rating, scoring*, redes neurais e o *risk rating*.**

4.12.1 Desempenho da área de cobrança (indicadores)

Esses indicadores devem ser gerenciados periodicamente pela administração financeira (fluxo de caixa) e comercial da empresa, principalmente quanto à inadimplência (sinalizador de problemas) dos clientes relevantes, bem como o processo de análise previa, impactos e providências tomadas quanto ao aumento de garantias contratuais, pessoais e reais, inclusive pelas de áreas especializadas e ou terceirizadas em cobrança e renegociação de dívidas.

1. Rotação de cobrança (Índice de rotação de cobrança)

   IRC = vendas a prazo líquidas /Saldo médio de contas a receber
2. Prazo médio de cobrança PMC

   PMC = Número de dias do período (360 dias) /IRC – índice de rotação de cobrança

4.12.2 Modalidades de antecipação de recebíveis – opções

Desconto de duplicatas

O desconto de duplicatas pelo banco permite à sua empresa receber agora as vendas realizadas a prazo com duplicatas na modalidade.

Duplicatas em cobrança simples

O gerenciamento dos descontos pode ser realizado diretamente da sua empresa através de negociação com o banco selecionado. Negocie com o banco o custo unitário por boleto ou por volume de transação.

Desconto de cheques

Sempre que necessário você pode solicitar a antecipação de recursos das vendas realizadas através de cheques pré-datados. Basta que os cheques estejam sob custódia pelo banco, que fará o depósito dos valores nas datas exatas dos vencimentos.

Conta integrada de caução cartões

O banco oferece a conta integrada caução cartões, com a qual você tem limite de crédito para antecipar os resultados das vendas pagas com cartão de crédito. Sua empresa vende a prazo, mas recebe à vista.

Desconto de cartões de crédito

Disponibilizado para sua empresa e para profissionais liberais de ocupações específicas, este produto tem o objetivo de antecipar as suas vendas efetuadas através de cartões de crédito, com agenda de recebimento para um período de 30 dias.

Conta integrada penhor cheques

Cheques em custódia simples que podem ser utilizados como garantia da operação.

Conta penhor duplicata/notas promissórias/contrato confissão de dívida

Duplicatas em carteira simples e outros títulos de crédito que podem ser utilizados como garantia da operação.

Antecipação de recebíveis multicartões

Sua empresa poderá utilizar os recebíveis de cartões de crédito para antecipar os recursos das vendas a prazo a qualquer momento. Aproveite a oportunidade para utilizar as linhas de crédito que os grandes bancos podem oferecer; não se esqueça, porém, de analisar o custo financeiro (taxa) do recurso antecipado.

Antecipação a fornecedores – modalidade via internet

Essa modalidade agrega rapidez e comodidade para a antecipação de recebíveis de sua empresa. Por meio desse serviço, as notas fiscais e/ou duplicatas agendadas e confirmadas no sistema pela empresa sacada e conveniada poderão ser antecipadas pelos seus fornecedores, via internet, agilizando e reduzindo os custos operacionais. Converse com o gerente de seu banco.

Cheque pessoa jurídica

Limite de crédito disponível em conta-corrente com a finalidade de suprir necessidades emergenciais de sua empresa, movimentada através do talão de cheques e com a escolha de data para débitos dos encargos. Busque detalhes desta operação com o gerente do seu banco (ou em outros bancos) no qual você possui conta e boa movimentação financeira.

Limite rotativo PJ

É um limite de crédito pré-aprovado, disponível para suprir eventuais necessidades de caixa de sua empresa, com toda a praticidade e segurança. Sua empresa poderá realizar quantas transações desejar, desde que já tenha limite disponível. À medida que as parcelas forem quitadas, o limite é recomposto para novos saques, sem a necessidade de comparecer à agência. A liberação do limite é feita na agência do banco. Procure seu gerente e busque melhores informações sobre essa operação.

Capital de giro – captação de recursos

Linha de crédito para atendimento das necessidades de caixa da sua empresa, destinada a financiar o ciclo operacional e a honrar compromissos como compra de matérias-primas e mercadorias.

Capital de giro com recursos externos (Resolução nº 2.770/00)

É uma linha de crédito indexada à variação cambial destinada ao financiamento do capital de giro ou ativo fixo (imobilizado) com fonte de recursos captados no exterior.

Compror

É um limite de crédito para o financiamento do estoque de sua empresa. Por meio desse limite, você efetua suas compras, negociando as melhores condições de preço. Seu fornecedor recebe à vista e você ainda escolhe o prazo mais adequado para efetuar o pagamento ao banco.

Conta garantida

Limite de crédito rotativo disponível em conta-corrente para suprir necessidades emergenciais da sua empresa. Usar somente em momento emergência, tendo em vista o alto custo financeiro (taxa de juros) do recurso ofertado.

Desconto

É uma linha de crédito que o banco oferece para antecipar duplicatas, recebíveis e cheques pré-datados, com agilidade e segurança.

Hot money

Linha de crédito de curtíssimo prazo para atender às necessidades de caixa da sua empresa, com prazo limitado de até 30 dias. Somente para uso em momentos emergenciais.

Microcrédito

Linha de crédito destinada a microempreendedores que desejam montar, ampliar ou obter capital de giro para um pequeno negócio.

Vendor

É uma modalidade de crédito que permite aos fornecedores financiar a venda de seus produtos aos compradores, utilizando recursos do banco. Converse com seu gerente.

> Para essas opções existe um custo financeiro (taxa de juros e cobrança de despesas bancárias) ofertado pelos bancos que deve ser analisado com cuidado pelo administrador financeiro para efeito de tomada de decisão, com relação à gestão do fluxo de caixa da empresa. É muito importante você conhecer a tabela de serviços bancários dos principais bancos para uma melhor negociação e barganha em função do seu volume de negócios com a instituição financeira.

Factoring

A operação de *factoring* é um mecanismo de fomento mercantil que possibilita à empresa fomentada vender seus créditos, gerados por suas vendas à prazo, a uma empresa de *factoring*. O resultado disso é o recebimento imediato desses créditos futuros, o que aumenta seu poder de negociação, por exemplo, nas compras à vista de matéria-prima, pois a empresa não se descapitaliza. A empresa recebe à vista suas vendas feitas à prazo, melhorando o fluxo de caixa para movimentar os negócios

4.13 OUTROS PRODUTOS E OPERAÇÕES DE TESOURARIA OFERECIDA PELOS BANCOS

Opções

Mecanismo de *hedge* utilizado para proteção contra oscilações de taxas do mercado financeiro. Caracteriza-se como a aquisição de um direito de comprar ou de vender determinado ativo no mercado financeiro, por um preço previamente negociado, em uma data futura, pagando ao banco um prêmio no ato da contratação da operação.

Stop loss forward (*swap* com limitador)

Trata-se de um *hedge* por meio do qual sua empresa compra dólar americano futuro no mercado financeiro, por um preço previamente combinado, para se proteger da alta do mesmo e, concomitantemente, estabelece um valor máximo de ajuste negativo, caso ocorra valorização do real frente ao dólar.

Nesse caso, sua empresa sabe de antemão qual o custo máximo do *hedge* contratado com o banco.

Trava de exportações

Instrumento de câmbio com liquidação futura, oferecido em duas modalidades: prefixada e variação cambial.

No caso da prefixada, sua empresa consegue fixar uma taxa de câmbio para uma exportação com liquidação, tanto dos reais quanto dos dólares, em uma data futura.

No caso da trava com variação cambial, sua empresa pode maximizar os resultados de sua exportação, valendo-se da diferença entre as taxas de juros no mercado financeiro interno e no exterior.

Câmbio pronto

Instrumento que permite a compra ou venda de moeda estrangeira no mercado financeiro, necessária ao cumprimento de compromissos oriundos de importações, exportações, remessas financeiras etc.

O banco dispõe de mesas especializadas nesse instrumento, proporcionando as soluções necessárias com a máxima segurança que o banco oferece.

Swap

É a modalidade de *hedge* mais utilizada no mercado financeiro.

Caracteriza-se por ser um contrato de troca de riscos financeiros entre sua empresa e o banco por um prazo e montantes previamente determinados.

O *Swap* possibilita que o cliente, com obrigações corrigidas por um determinado indexador (exemplo: dólares americanos), faça a proteção desta posição, trocando o índice por outro mais adequado.

A modalidade envolve recursos financeiros somente no vencimento da operação, quando o resultado do *Swap* é creditado ou debitado na conta da empresa.

Remessa de recursos – *private placement*

Essa é uma das formas mais simples de uma companhia com sede no exterior enviar recursos para uma subsidiária no Brasil.

Serviços – banco mandatário/instituição depositária

Quando a emissão de debêntures for escritural, a empresa emissora deve obrigatoriamente contratar os serviços de banco mandatário.

Seguro garantia × carta de fiança bancária

Num mundo cada vez mais globalizado, buscar a redução de custos é uma questão de estratégia competitiva. E quando o assunto é garantia para editais, quando da realização de **licitações públicas e garantias para contratos de construção, fornecimento de bens e prestação de serviços, o Seguro Garantia** apresenta enormes **vantagens** se comparado com as tradicionais **cartas de fiança bancária**. As apólices de Seguro Garantia oferecem menor taxa, são emitidas com mais rapidez e, além de tudo, não afetam a linha de crédito bancário do tomador. Isso significa que o **capital de giro** da sua empresa para novos investimentos **não fica comprometido**.

> *Valor Econômico*: "STJ nega uso de seguro-garantia" 3.2.2014.

Com chamada de capa, o *Valor Econômico* (E1) publica que o seguro-garantia não tem sido admitido no Superior Tribunal de Justiça (STJ) para assegurar **execuções fiscais**, apesar de previsto no Novo Código de Processo Civil (CPC) desde 2006. Segundo levantamento do veículo, "das seis decisões sobre o tema, todas negaram o uso do seguro por grandes empresas". A reportagem ainda afirma que não há possibilidade de recurso em nenhum dos processos.

Quando for o caso, é importante que o administrador financeiro antes de contratar o seguro-garantia, faça consulta prévia na área jurídica da empresa sobre as coberturas e entendimento legal do seguro.

4.14 CAPITAL DE GIRO – DEFINIÇÕES E ENTENDIMENTOS PRÁTICOS

O capital de giro tem papel relevante na vida operacional da empresa, cobrindo normalmente mais da metade de seus ativos totais investidos. O capital de giro também é conhecido como capital circulante, pois ele fica girando dentro da empresa, e, cada vez que sofre alguma mudança em seu estado patrimonial, produz alteração na contabilidade. Uma administração inadequada do capital de giro acarreta sérios problemas financeiros, podendo ocasionar até a insolvência.

O valor inicial do capital de giro vai tendo acréscimo a cada transformação, de maneira que, quando o capital voltar ao "estado de dinheiro", ao findar o ciclo operacional, deverá estar maior do que o valor inicial.

O capital de giro se refere aos recursos de curto prazo da empresa, em geral, aqueles que podem ser convertidos em caixa no prazo máximo de um ano.

Para Braga (1994), o capital de giro diz respeito aos recursos aplicados no ativo circulante, composto principalmente por estoques, contas a receber e disponibilidades.

Segundo Lemes Junior *et al.* (2002), o capital de giro pode ser entendido como o valor dos recursos aplicados pela empresa para movimentar o ciclo operacional. Esse, por sua vez, é o espaço de tempo decorrente entre a entrada da matéria-prima na empresa e o recebimento das vendas dos produtos acabados resultantes.

Assaf Neto e Tibúrcio Silva (2002) enfatizam que a necessidade de capital de giro surge da falta de sincronismo entre as atividades de produção, vendas e cobrança.

Gitman (2004) destaca que as saídas de caixa são relativamente previsíveis, enquanto as entradas são mais difíceis de ser previstas.

Capital de giro é a soma de recursos financeiros aplicados no caixa, banco, estoques e valores a receber dos clientes. Ou seja, tudo aquilo que tem liquidez, que pode virar dinheiro com certa rapidez e que financia as atividades operacionais.

Também o capital de giro significa o capital de trabalho, ou seja, o capital necessário para financiar a continuidade das operações da empresa, como recursos para financiamento aos clientes (nas vendas a prazo), recursos para manter estoques e recursos para pagamento aos fornecedores (compras de matéria-prima ou mercadorias de revenda), pagamento de impostos, salários e demais custos e despesas operacionais (www.sebrae.com.br).

Gestão do capital de giro

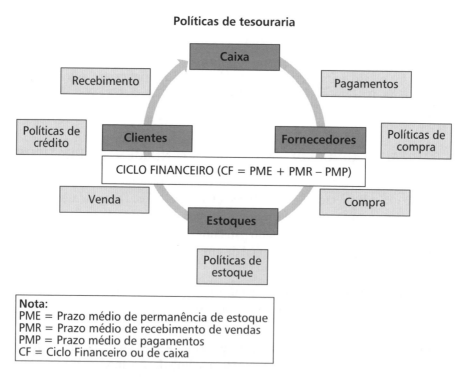

Figura 4.20 Ciclo de conversão de caixa, políticas e gestão do capital de giro.

O objetivo da gestão do capital de giro é minimizar o tempo entre o desembolso com a compra de materiais e o recebimento das vendas.

A política de capital de giro se refere a decisões relativas aos tipos de ativos circulantes que a companhia deve ter e a como esses ativos devem ser finalizados.

Essas decisões podem envolver:

- Eficiente gerenciamento do caixa.
- Gestão dos estoques de insumos e produtos a ser mantido.
- Política de crédito e cobrança de recebíveis.
- Financiamento dos estoques e recebíveis.
- Empréstimos de curto prazo.
- Gestão da liquidez e rentabilidade praticada.
- Composição de itens do passivo circulante.

Elementos de giro

A gestão do capital de giro diz respeito aos elementos de giro, que correspondem aos recursos correntes (curto prazo) da empresa, como o ativo circulante e o passivo circulante, e de que maneira esses elementos estão inter-relacionados, conforme o Quadro 4.3.

Assim, o capital de giro, do ponto de vista econômico, pode ser representado graficamente como a diferença entre as aplicações de curto prazo e as fontes também de curto prazo.

O processo do capital de giro é primordial para a administração financeira, pois a empresa necessita recuperar todos os custos e despesas, inclusive os financeiros, acontecidos no decorrer do ciclo operacional, e conseguir o lucro esperado, através da venda do produto ou prestação de serviço.

Vejamos um **exemplo** do fluxo do capital de giro dentro do ciclo operacional e, a seguir, o Quadro 4.3, que explica melhor este fluxo.

No momento 1, o capital de giro, no valor de $ 300, que estava representado pela conta Caixa, transforma-se em Estoque de matérias-primas, que segue para o momento 2; nesse momento, o capital de giro tem um aumento de $ 80, devido ao processo de fabricação. Do momento 2 para o momento 3, gira um capital no valor de $ 380. No momento 3, acontecem dois aumentos, um de $ 60, por causa das despesas de vendas e distribuição, e outro de $ 70, referente à parte do lucro da empresa, pois esse valor necessita ser embutido no preço de venda. Então, no momento 4, o capital de giro acumulado, no valor de $ 510, transforma-se de duplicata em dinheiro.

Quadro 4.3 Fluxo do capital de giro no ativo circulante

Momentos 1 e 2:	
Caixa $ 300	Estoque matérias-primas
+ Outros custos $ 80	Estoque produtos acabados
= $ 380	
Momentos 3 e 4:	
$ 380	Acréscimos de despesas $ 60 + lucro $ 70
$ 510 = Duplicatas a receber	Caixa

O desembolso inicial de $ 300 resultou em retorno de $ 510. O aumento de $ 210 não quer dizer que a empresa conseguiu superávit de caixa nesse valor, porque, com o valor de retorno de $ 510, a empresa precisa saldar os compromissos financeiros de $ 80 e $ 60, relacionados a "outros custos e despesas", respectivamente. Quando a empresa pagá-los, ela terá em seu caixa o valor de $ 370; isso quer dizer que conseguiu um superávit de caixa ou lucro de $ 70 ao fim do ciclo operacional.

O capital de giro circula não apenas nas contas do ativo circulante, mas também nas contas do passivo circulante, conforme mostra o Quadro 4.4. No dia a dia, os recursos financeiros gerados pelas duplicatas recebidas entram em primeiro lugar no caixa e, a seguir, saem para saldar os compromissos financeiros.

Quadro 4.4 Capital de giro no ativo e passivo circulantes

Momentos 1 e 2:	
Caixa $ 300	Estoque matérias-primas +
Outros custos $ 80	Estoque produtos acabados = $ 380
Momentos 3 e 4:	
$ 380	Acréscimos de despesas $ 60 + lucro $ 70
$ 510 = Duplicatas a receber	Caixa
Momento 5:	
$ 510 = Duplicatas a receber − $ 140 = Custos e despesas	
a pagar Caixa = $ 370 − $ 300 estoque = Lucro $ 70	

Atividades que enfraquecem o capital de giro (CDG):

- Prejuízos.
- Aquisição de ativo imobilizado.
- Aquisição de investimentos.

- Aplicação de recursos no ativo intangível.
- Distribuição de lucros.

Atividades que fortalecem o capital de giro (CDG):

- Lucros.
- Alienação de investimentos.
- Venda de bens do ativo imobilizado.
- Venda de ativos intangíveis.
- Aporte de recursos de sócios para aumento de capital.
- Depreciação (a depreciação é a desvalorização do bem em função do uso e da obsolescência. A razão dessa depreciação é promover a capitalização das empresas para que o objeto que está sendo usado seja substituído no seu descarte, fazendo a entidade "poupar" recursos que seriam distribuídos aos sócios ou acionistas, afinal, o lucro contábil da entidade, que será distribuído "monetariamente", foi reduzido por um efeito contábil "não monetário", através da depreciação, e, assim, capitalizou a empresa no exato valor lançado nesta rubrica, através do lançamento a débito do patrimônio na despesa com depreciação).

O **capital circulante líquido** (CCL) ou **capital de giro líquido** (CGL) é a diferença entre o ativo circulante e o passivo circulante, e significa a folga financeira da empresa. O CCL representa o volume de recursos de longo prazo (exigibilidades e patrimônio líquido) que se acha financiando os ativos circulantes de curto prazo.

Quando a soma dos elementos do ativo circulante é maior do que a soma dos elementos do passivo circulante, o CCL é **positivo**; quando a soma dos elementos do ativo circulante é menor do que a soma dos elementos do passivo circulante, o CCL é **negativo**; e quando a soma de ambos os elementos tanto do ativo como do passivo é igual, o CCL é **nulo**.

Quando o CCL é negativo, significa que a empresa está utilizando recursos passivos circulantes para financiar seus investimentos permanentes.

Capital de giro líquido: Muitas vezes, mesmo que o ativo circulante seja maior que o passivo circulante, a empresa poderá ter dificuldades para efetuar seus pagamentos. Isso ocorre porque suas dívidas estão vencendo com uma rapidez maior do que os valores que se transformam em dinheiro. Recorre-se, então, ao desconto das contas a receber nos bancos e ou nas empresas de *factoring*.

O **capital circulante** ou **capital de giro** é representado pelo ativo circulante, ou seja, pelas disponibilidades, pelos valores a receber e estoques. Considerando num sentido mais amplo, o capital de giro representa os recursos necessários para uma empresa financiar suas necessidades operacionais desde a aquisição de matérias-primas (mercadorias) até o recebimento pela venda do produto acabado.

O Quadro 4.5 apresenta um resumo da estrutura do balanço patrimonial de uma empresa com os principais componentes, sendo que o "ativo realizável a longo prazo (RLP)" é pouco considerado na prática, salvo algumas exceções.

Quadro 4.5 Balanço patrimonial e capital de giro

ATIVO			PASSIVO		
CIRCULANTE	Financeiro	Caixa e Bancos Aplicações Financeiras	Empréstimos Bancários Financiamentos Duplicatas Descontadas Dividendos e IR	Financeiro	CIRCULANTE
	Operacional	Duplicatas a Receber Estoques Adiantamentos e Despesas de Competência do Exercício Seguinte	Fornecedores Salários e Encargos Impostos e Taxas Adiantamentos de Clientes	Operacional	
PERMANENTE		Realizável a Longo Prazo Investimento Fixo	Exigível a Longo Prazo Patrimônio Líquido		PERMANENTE

Do ponto de vista econômico, uma empresa apresenta em seus ativos e passivos os grupamentos do Quadro 4.5. Vejamos os significados dessa terminologia no Quadro 4.6.

Quadro 4.6 Aplicações/fontes de capital de giro

Aplicações	Fontes
Ativos Circulantes = Aplicações com prazo inferior a 360 dias	**Passivos Circulantes =** Dívidas com prazo inferior a 360 dias
Realizável a Longo Prazo = Aplicações com prazo superior a 360 dias	**Exigível a Longo Prazo =** Dívidas com prazo superior a 360 dias
Ativos Permanentes = Aplicações sem prazo definido	**Patrimônio Líquido =** Dívidas sem prazo definido

Quadro 4.7 Demonstrativo gerencial (uso interno)

QUADRO-RESUMO – Administração de Capital de Giro – Em Reais

Ativo Circulante	20x1	20x2	Passivo Circulante	20x1	20x2
1 – "Aplicações de Capital de Giro"	19.386.232	13.591.949	1 – "Fontes de Capital de Giro"	18.907.407	16.262.682
Ativo operacional			Passivo operacional		
Ctas. Rec. Clientes – Mercado	13.720.734	10.497.357	Fornecedores	7.596.076	6.190.933
Ctas. Rec. Clientes – Controladas	3.569.523	1.271.708	Obrigações Fiscais	937.781	684.755
Estoques	1.295.845	86.694	Obrigações Trabalhistas	3.122.667	2.695.671
Despesas Antecipadas	16.306	87.052	Adiantamento de Clientes	500	200
Adiantamentos	451.651	1.323.207	Outros Valores a Pagar	7.250.383	6.691.123
Outros Valores a Receber	332.173	325.931			
2 – Ativo Financeiro	2.074.374	2.786.008	2 – Passivo Financeiro	1.300	700
Disponibilidades/Aplicações	1.887.086	2.732.589	Empréstimos e Financiamentos	1.000	500
Impostos a Compensar	75.617	–	Outros Valores a Pagar	300	200
Depósitos Vinculados	111.671	53.419	**Total do Passivo Circulante**	18.908.707	16.263.382
Total do Ativo Circulante	21.460.606	16.377.957			
3 – RESUMO FINANCEIRO			3 – RESUMO DE CONTROLE		
Aplicações de Capital de Giro	19.386.232	13.591.949	Ativo Circulante	21.460.606	16.377.957
(–) Fontes de Capital de Giro	(18.907.407)	(16.262.682)	(–) Passivo Circulante	(18.908.707)	(16.263.382)
(=) NLCDG = Necessidade Líquida* de Capital de Giro	478.825	(2.670.733)	(=) **Capital Circulante Líquido**	2.551.899	114.575
(+) Ativo Financeiro	2.074.374	2.786.008	(+) Ativo Financeiro	2.074.374	2.786.008
(–) Passivo Financeiro	(1.300)	(700)	(–) Passivo Financeiro	(1.300)	(700)
			(–) Capital Circulante Líquido	2.551.899	114.575
			(=) Necessidade Líquida de Capital de Giro – NLCGD	478.825	(2.670.733)
(=) **Saldo de Tesouraria**	2.551.899	114.575			

* Em alguns casos, é possível que a NCG seja negativa. As saídas de caixa ocorrem depois das entradas de caixa. O passivo cíclico é maior do que o ativo cíclico, tornando-se uma fonte de fundos para a empresa. Isso ocorre quando algumas empresas recebem o valor de suas vendas antes de pagar os seus fornecedores.

A NCG (necessidade de capital de giro) é o total de dinheiro que a companhia deve ter em suas operações diárias.

Instrumentos para Análise do "Saldo de Tesouraria" – Em Reais (uso interno)

1. Tesouraria Líquida

Expressa o valor de tesouraria descontando os demais valores a receber, uma vez que este grupo de contas pode esconder alguns valores de difícil realização:

	20X1-200X	20X2-200X
Saldo de Tesouraria	2.551.899	114.575
(–) Demais valores a Receber – em atraso	(332.173)	(900)
(=) Saldo de Tesouraria Líquido	2.219.726	113.675

2. Magnitude da Folga ou da Exposição Financeira

Relação que expressa a dimensão da tesouraria em relação ao nível de atividades da empresa medido pela receita líquida operacional

Em R$	20X1-200X	20X2-200X
Saldo de Tesouraria = 2.219.726		
Receita Líquida Operacional 64.431.824	3,440	1,600

3. Termômetro Financeiro

Indicador de grande sensibilidade que mede a relação entre o valor do saldo de tesouraria e as necessidades líquidas de capital de giro (NLCDG)

	20X1-200X	20X2-200X
Saldo de Tesouraria = 2.551.899		
Nec. de Cap. Giro – (NLCDG) 478.825	5,32	1,04

4. Fluxo do Saldo de Tesouraria

Expressa a Variação do Saldo de Tesouraria de um Período para o Outro

	20X1-200X	20X2-200X
Valor do Saldo de Tesouraria do Período Atual	2.551.899	113.675
(–) Valor do Saldo de Tesouraria do Período Anterior	114.575	(5.081.853)
(=) Fluxo do Saldo de Tesouraria	2.437.324	5.195.528

* Notas: MIYOSHI, 2012. **(a) Tesouraria positiva**: quando o ativo financeiro da empresa é maior que o passivo financeiro, o saldo de tesouraria é positivo e a empresa possui recursos para realizar aplicações e manter uma reserva para eventualidades. Essa é a situação desejada de todas as empresas. Um **(T) positivo** indica que a empresa tem dinheiro suficiente para lidar com obrigações financeiras de curto prazo sem reduzir os recursos alocados no ciclo operacional. **(b) Tesouraria negativa**: quando o ativo financeiro da empresa é menor que o passivo financeiro, o saldo da tesouraria é negativo e a empresa necessita de aporte de capital dos sócios ou captação de empréstimo no mercado financeiro. Essa situação é crítica e indesejável, pois as taxas de juros cobradas em empréstimos de curto prazo são elevadas. **(c) Comentários**: Uma importante função da gerência financeira (tesouraria) de uma empresa é **acompanhar a evolução do saldo de tesouraria**, a fim de evitar que permaneça constantemente negativo e crescente. Um saldo de tesouraria **(T) negativo** indica que a empresa está financiando ativos ilíquidos (ativos fixos e necessidade de capital de giro) com dívidas de curto prazo.

Fonte: OLINQUEVICH; SANTI FILHO, 2004.

O capital de giro pode ser **fixo** (ou **permanente**) ou variável (ou **sazonal**). O capital de giro fixo ou permanente equivale ao volume mínimo de ativo circulante que é preciso para manter a empresa em condições normais de funcionamento. Já o capital de giro variável ou sazonal representa as necessidades adicionais e temporais de recursos, em certas épocas, motivadas, geralmente, por compras antecipadas de estoques, demora no recebimento de clientes, recursos do disponível em trânsito, maiores vendas em alguns meses do ano, entre outros motivos.

Quadro-resumo: exemplo.

Ativo circulante	=	Ativo circulante operacional	+	Ativo circulante financeiro
21.460		19.386		2.074
Passivo circulante	=	Passivo circulante operacional	+	Passivo circulante financeiro
18.908		18.907		1
Capital circulante líquido – CCL	=	Necessidade de investimento em giro – NIG	+	Saldo de tesouraria – ST
2.552		479		2.073

Diagrama do capital de giro (capital circulante)

Segundo alguns autores, a presença do capital de giro dá-se pela relação independente do ativo circulante e o passivo circulante em termos de tomada de decisões.

Os elementos que compõem o ativo circulante costumam apresentar sincronização temporal equilibrada em seus níveis de atividade.

No diagrama a seguir, observa-se a transição que o capital de giro percorre durante as atividades da empresa.

DIAGRAMA

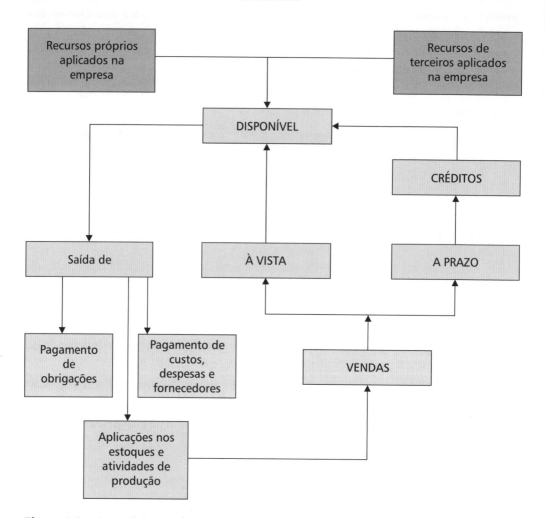

Figura 4.21 Capital de giro (capital circulante).
Fonte: NEVES; VICECONTI, 1998, p. 244.

O **capital de giro (CDG)** é o recurso utilizado para sustentar as operações do dia a dia da empresa, ou seja, é o capital disponível para condução normal dos negócios da empresa. Ele necessita de recursos para seu financiamento, isto é, quanto maior for seu valor, maior a necessidade de financiamento, seja com recursos próprios ou com recursos de terceiros.

Um ponto importante da administração eficiente do capital de giro é seu impacto no **fluxo de caixa** da empresa. O volume de capital de giro utilizado por uma empresa depende de seu volume de venda, política de crédito e do nível de estoque mantido.

As **dificuldades** relativas ao CDG em uma empresa são devidas, principalmente, à ocorrência dos seguintes fatores:

- Redução de vendas.
- Crescimento da inadimplência.
- Aumento das despesas financeiras.
- Aumento de custos.
- Desperdícios de natureza operacional.

O CDG também é um **conceito** econômico-financeiro e não uma definição legal, constituindo uma fonte de fundos permanente utilizada para financiar a "necessidade de capital de giro".

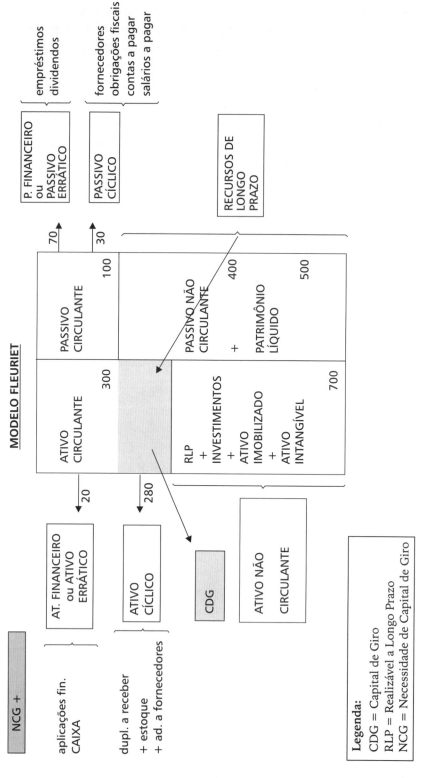

Figura 4.22 Gráfico de análise financeira do CDG.

Cap. 4 · Administração do fluxo de caixa **125**

A **necessidade de capital de giro (NCG)** é uma função do ciclo de caixa da empresa. Quando o ciclo de caixa é longo, a necessidade de capital de giro é maior e vice-versa. Assim, a redução do ciclo de caixa – em resumo, significa receber mais cedo e pagar mais tarde – deve ser uma meta da administração financeira.

Entretanto, a **redução do ciclo de caixa** requer a adoção de medidas de natureza operacional, envolvendo o encurtamento dos prazos de estocagem, produção, operação e vendas. O cálculo através do ciclo financeiro possibilita prever mais facilmente a necessidade de capital de giro em função de uma alteração nas políticas de prazos médios ou no volume de vendas.

O **capital de giro pode ser negativo.** Nesse caso, as **aplicações permanentes** são maiores do que as fontes permanentes, significando que a empresa financia parte de seu ativo não circulante com fundos de curto prazo. Embora esta condição aumente o risco de insolvência, a empresa poderá se desenvolver, desde que sua **necessidade de capital de giro seja <u>também negativa</u>.**

Um exemplo da análise dinâmica do capital de giro (em R$ mil)

Descrição	20X1	20X2	20X3
(+) duplicatas a receber	200	400	540
(+) estoques	300	253	303
(+) outros ativos circulantes	34	69	79
(−) fornecedores	86	86	87
(−) obrigações fiscais	46	46	58
(−) outros passivos circulantes	135	134	135
1. (=) Necessidade de capital de giro – NCG	267	456	642
Passivo não circulante (ELP + PL)	3.800	3.600	3.580
(−) Ativo não circulante (RLP + Permanente)	3.300	2.961	2.647
2. Capital de Giro – CDG (PNC menos ANC)	500	639	933
3. Saldo de Tesouraria (CDG – NCG) = 2 – 1	233	183	291

Legenda:

ANC = ativo não circulante

PNC = passivo não circulante

RLP = realizável a longo prazo

ELP = exigível a longo prazo

PL = patrimônio líquido

Exemplo:

1. Através do saldo das contas no Balanço Patrimonial:

NCG = "Valor" das Contas a Receber + Valor em Estoque – Valor das Contas a Pagar.

Exemplo: Contas a Receber: R$ 35.000,00 + Estoques R$ 50.000,00 – Contas a Pagar R$ 45.000,00 = "Necessidade" Capital de Giro: R$ 40.000,00.

2. Através do Ciclo Financeiro (Prazo Médio de Estoques + Prazo Médio de Recebimentos? Prazo Médio de Pagamentos).

NCG = "Ciclo" Financeiro × Valor das Vendas por Dia PM Recebimentos 30 dias + PM Estoques 45 dias – PM Pagamentos 60 dias =" Ciclo" Financeiro: 15 dias

Vendas por dia: R$ 1.000,00 = "Necessidade" Capital de Giro: R$ 15.000,00 (R$ 1.000,00 × 15 dias).

A opção por um dos métodos depende das necessidades do momento. O cálculo, através do ciclo financeiro, possibilita mais facilmente prever a necessidade de capital de giro em função de uma alteração nas políticas de prazos médios, ou no volume de vendas.

Diagrama para a projeção do capital de giro

O diagrama a seguir visa demonstrar uma melhor compreensão da relevância para projeção do capital de giro da empresa.

Para apuração e eficiente administração do capital de giro, devem-se levar em consideração itens do disponível, contas a receber, estoques e passivo circulante conforme o tipo de atividade da empresa no período.

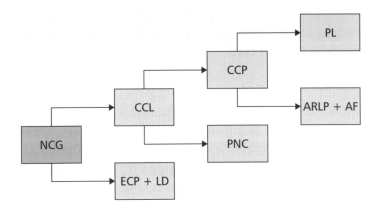

Legenda:
NCG=Necessidade de capital de giro
CCL= Capital Circulante liquido
ECP= Empréstimos de curto prazo
LD= Lucros a distribuir
CCP= Capital circulante próprio
PNC= Passivo não circulante
PL= Patrimônio liquido
ARLP= Ativo realizável de longo prazo
AF= Ativo fixo (investimentos, imobilizado e intangível)

Fonte: Zdanowicz, 2014, Atlas.

Diagrama dos ciclos operacional e financeiro

                Necessidade de capital de giro (NCG) positiva
                CICLO OPERACIONAL = PME + PMRV
                CICLO FINANCEIRO = PME + PMRV − PMP

DUPLICATAS A RECEBER	= PMRV × VENDAS BRUTAS ANUAIS / 360
(+) ESTOQUES	= PME × CMV / 360
(−) FORNECEDORES	= PMP × COMPRAS / 360
(−) OBRIGAÇÕES FISCAIS	= PMROF × IMPOSTOS S/ VENDAS / 360
(=) **NECESSIDADE CAP. DE GIRO**	

> NCG (a empresa carrega um investimento permanente no giro). No início da operação de uma empresa, o capital de giro ideal seria aquele que suportasse seis meses de despesas fixas e de estoque até o negócio começar a gerar lucro.

A **necessidade de capital de giro** representa a quantidade de recursos necessários para manter a operação da empresa (neste ponto que a análise de **fluxo de caixa** é muito importante). É basicamente a diferença entre as aplicações de recursos nas atividades operacionais e as fontes de recursos, que podem ser de longo prazo, de curto prazo ou de uma combinação dessas duas opções.

Índice de autofinanciamento (IAF)

Para medir a relação entre estratégias de investimentos (NCG) e financiamentos (CCL) do capital de giro, teremos que acompanhar o IAF. Sua finalidade é medir a capacidade de uma empresa em financiar sua NCG com fontes de longo prazo.

A fórmula do IAF é capital circulante líquido (CCL) dividido pela necessidade de capital de giro (NCG). Assim, a análise dinâmica do IAF revela o risco aparente de insolvência da empresa.

Por combinar em sua fórmula o CCL e a NCG, o IAF se transforma em uma importante ferramenta de análise e acompanhamento das políticas de investimento e financiamento do capital de giro, que, conjugadas, afetam o risco de solvência da empresa.

Resumindo: se o resultado do IAF for inferior a 1, com o saldo de tesouraria (ST) negativo, o capital circulante liquido (CCL) será menor que a necessidade de capital de giro (NCG) e, com isso, o risco de insolvência será **alto** para a empresa.

Importância da gestão de capital de giro

E não basta apenas calcular a NCG. É preciso analisá-la, levando em consideração não só os resultados, mas também a estratégia geral da empresa:

- **NCG positivo (ativo cíclico <u>maior</u> que passivo cíclico):** a empresa está com superávit de capital de giro, não necessitando recorrer a bancos ou outras fontes de recursos;

- **NCG negativa (ativo cíclico <u>menor</u> que passivo cíclico):** as empresas com NCG negativa normalmente recebem antes de desembolsar, e o resultado de seu ciclo financeiro é negativo, por algumas razões, como, por exemplo: 1) a relação com seus clientes e fornecedores; 2) empresas que recebem pagamentos adiantados por bens em produção; 3) o modelo de negócio da empresa – ou seja, o período de pagamento de obrigações a pagar é maior que o período de giro de estoque, mais o período de recebimento das contas a receber.

- **CGL negativo:** a empresa tem um déficit em seu capital de giro, significando que parte de seu capital de giro vem de **recursos de terceiros onerosos,** o que pode levar a despesas com pagamento de juros por este capital e, em alguns casos, demonstrar um quadro de risco associado ao negócio. O ideal é se financiar com recursos de terceiros **não onerosos,** como, por exemplo, seus fornecedores e outros credores com dilatação de prazos para pagamento. A empresa paga depois (ganha um prazo maior); enquanto isso, seus estoques giram mais rápido, ao mesmo tempo em que os clientes também pagam suas contas mais rápido.

Mesmo que a empresa tenha uma operação rentável, lucrativa e trabalhe com boas margens de lucro, a administração eficiente do capital de giro é fundamental para manter o **fluxo de caixa** da empresa "saudável".

Fontes de financiamento da necessidade de capital de giro

As principais fontes de financiamento da NCG são:

- Capital circulante próprio.
- Debêntures.
- Duplicatas descontadas.
- Empréstimos bancários de curto prazo.
- Empréstimos e financiamentos bancários de longo prazo.

Correlação entre o capital de giro, fluxo de caixa e seus impactos pela redução e aumentos:

Fatores que reduzem	Fatores que elevam
Compras à vista	Venda à vista
Retiradas em excesso	Maior redução de estoques
Distribuição de lucros	Lucratividade
Aquisição/Imobilização de capital (em excesso)	Redução do ciclo produtivo
Níveis elevados de estoques	Aumento dos prazos de compras
Prazos de venda muito longo	Cobrança eficiente
Ineficiência do sistema de cobrança	Diminuição da inadimplência
Devolução de cotas de capital	Aporte/Integralização de capital
Pagamento de juros e amortização de empréstimos	Empréstimos/financiamentos LP (bancos de fomento)
Desembolso para despesas operacionais e pagamentos a fornecedores	Venda de ativo imobilizado
Aplicação em empresas controladas	Redução de ativo não circulante
Prejuízos no exercício (destruição de valor ao longo do tempo)	Emissão de debêntures

O CDG (capital de giro) **positivo** significa que a empresa financia seu ativo permanente com recursos de longo prazo. O CDG **negativo** demonstra que a empresa está financiando o ativo permanente com recursos de curto prazo, aumentando o risco de insolvência.

4.14.1 Fundamento do modelo dinâmico de análise financeira

Para realizar a sua atividade econômica, a empresa necessita realizar investimentos em imóveis, equipamentos e instalações (ativo não circulante), bem como alocar recursos para cobrir a necessidade de capital de giro (NCG).

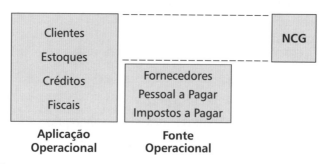

A análise financeira consiste em monitorar as alterações na dívida de curto prazo motivadas pela dinâmica da NCG.

Fontes de curto prazo, financiando aplicações operacionais, têm implicações importantes sob o ponto de vista da liquidez, pois precisam estar permanentemente sendo renovadas, o que nem sempre é algo fácil de ser feito.

Essa necessidade de investimento em capital de giro (NIG) ou, como também é conhecido, necessidade de capital de giro (NCG), é apurada pela diferença entre os ativos e passivos operacionais. Quando a atividade operacional da empresa criar um fluxo de saídas de caixa mais rápido que o das entradas, identifica-se claramente uma necessidade permanente de investimento em seu giro (ASSAF NETO; SILVA, 2002).

NIG ou NCG = Ativo Circulante Operacional – Passivo Circulante Operacional

Quadro demonstrativo da gestão integrada de capital de giro

NCG: NECESSIDADES DE CAPITAL DE GIRO

Fonte: ASSAF NETO; SILVA, 2012.

4.14.2 Reclassificação do balanço: abordagem financeira

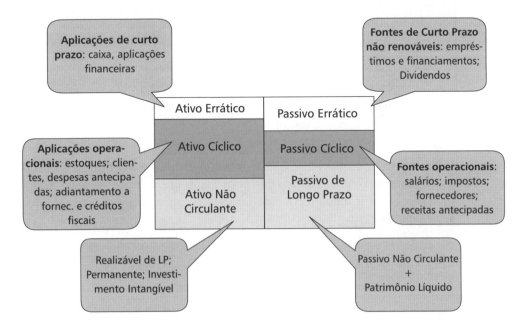

Fonte: FLEURIET; ZEIDAN, 2015, p. 21.

As necessidades de financiamento das empresas podem ser **permanentes** ou **sazonais** (GITMAN, 1997), pois algumas empresas necessitam de mais capital de giro em determinadas épocas. Essa reclassificação de contas permite calcular o capital de giro, da seguinte forma:

$$CG = \text{Passivo permanente} - \text{Ativo permanente}$$

- **Passivo permanente**: é formado pelas contas do passivo exigível a longo prazo e patrimônio líquido; representa as fontes permanentes de recursos.
- **Ativo permanente**: ou investimento fixo, representa as contas a receber no longo prazo e o ativo permanente propriamente dito.

4.14.3 Necessidade de capital de giro (NCG)

Exemplo 1

NCG = Ativo Cíclico – Passivo Cíclico

Ativo Cíclico		Passivo Cíclico		
Estoque	30.000	Salários	20.000	NCG > 0
Clientes	70.000	Fornecedor	20.000	Aplicação Operacional
Ativo Não Circulante		Passivo de Longo Prazo		

NCG = (30.000 + 70.000) – (20.000 + 20.000) = 60.000

NCG = 100.000 – 40.000 = 60.000

- *Dos $ 100.000 aplicados na atividade operacional (ativo cíclico), apenas $ 40.000 foram financiados espontaneamente pelas fontes operacionais (passivo cíclico). Com isso, gerou-se uma necessidade adicional de capital denominada necessidade de capital de giro.*

Exemplo 2

$$\boxed{\text{NCG} = \text{Ativo Cíclico} - \text{Passivo Cíclico}}$$

Ativo Cíclico	Passivo Cíclico	
Estoque 30.000 Clientes 50.000	Salários 20.000 Fornecedor 80.000	NCG < 0 Fonte Operacional
Ativo Não Circulante	Passivo de Longo Prazo	

NCG = (30.000 + 50.000) − (20.000 + 80.000) = − 20.000

NCG = 80.000 − 100.000 = − 20.000

- A operação gera espontaneamente fontes de recursos que são suficientes para financiar todas as aplicações operacionais, bem como aplicações de longo prazo (ativo não circulante) e passivo de longo prazo.

Quadro-resumo: Variação da Necessidade de Capital de Giro (NCG). "Exemplo"

Análise da NCG	Ano x1	Ano x2	Ano x3
Ciclo financeiro (em dias)	30 dias	30 dias	30 dias
Receita liquida diária (receita liqui-da/360)	15.000,00	18.000,00	25.000,00
NCG (Ciclo financeiro × Receita líquida diária)	(450.000,00)	(540.000,00)	(750.000,00)
Variação da NCG	(450.000,00)	(90.000,00)	(210.000,00)

Existem três estratégias de financiamento da NCG a serem consideradas pelas empresas:

- **Otimista**: a NCG de longo prazo é financiada com o CDG e a NCG sazonal é financiada pela tesouraria sem ociosidade de recursos financeiros.
- **Pessimista:** o CDG financia a NCG a longo prazo e parte da sazonal com baixa ociosidade.
- **Conservadora**: a NCG a longo prazo e a sazonal são financiadas com o CDG tendo ociosidade eventual.

Capital de giro – comentários adicionais

Podemos assim dizer que as dificuldades de capital de giro numa empresa são oriundas da ocorrência dos seguintes fatores (Prof. Júlio César Zanluca com adaptações pelo autor):

- Redução de vendas e problemas de sazonalidades.
- Mau gerenciamento do ciclo de caixa (descasamentos de prazos).
- Conflitos entre as políticas de crédito e cobrança.
- Crescimento da inadimplência (e falta de providências imediatas).
- Aumento das despesas financeiras e alavancagem.
- Aumento de custos fixos e desperdícios na produção.
- Falta de gerenciamento dos estoques (giro lento, alto custo de manutenção, sem controle de avarias e furtos, compras inadequadas e/ou obsoletas).
- Investimentos equivocados e/ou mal negociados com os credores.
- Falta de controle dos gastos administrativos (*overhead*).
- Apuração de margem de contribuição negativa dos produtos.
- Não observância dos preços e políticas de crédito praticados pela concorrência.
- Distorções relevantes no *mix* de produtos e falta de pesquisa de mercado quanto à evolução ou queda do *market share* (%) da empresa em relação ao mercado de atuação.
- Apuração de erros de cálculo relevantes na formação do preço de venda (quanto a impostos, encargos e margem):
- Na situação mais frequente, os problemas de capital de giro surgem como consequência de uma *redução da receita de vendas e alta inadimplência*.

Nesse caso, o administrador financeiro se defronta com as *seguintes questões*:

- Como administrar o capital de giro diante de um cenário de redução da receita de vendas?
- Foi feito algum planejamento financeiro para evitar uma crise maior de desequilíbrio de capital de giro?

Os tópicos seguintes apresentam algumas alternativas de solução para essas questões

1. Formação de um colchão financeiro (reserva)

Como acontece no trato de muitos outros problemas, a *ação preventiva* tem um papel importante para a solução dos problemas de capital de giro.

A principal ação consiste na *formação de reserva financeira* para enfrentar as mudanças inesperadas no quadro financeiro da empresa.

A *determinação do volume* dessa reserva financeira levará em conta o grau de proteção que se deseja para o capital de giro em função da característica de cada empresa:

- À primeira vista, poderia soar antieconômico a formação de uma *reserva financeira*, já que esta decisão tiraria recursos financeiros que de outra forma deveriam ser aplicados no investimento em ativos fixos de modo a permitir a expansão da empresa.
- Dada a alta *volatilidade* da economia brasileira, a formação de *reserva financeira* para o capital de giro deveria ser considerada no planejamento financeiro da empresa.
- Além disso, os recursos destinados e essa reserva seriam aplicados no mercado financeiro, *momentaneamente,* se as taxas de juros forem maiores do que a taxa de rentabilidade do capital fixo.
- Porém, cada caso deve ser analisado com o devido cuidado pelo gestor financeiro.

2. Encurtamento do ciclo econômico

- Quando a empresa encurta seu *ciclo econômico* – este pode ser definido como o tempo necessário à transformação dos insumos adquiridos em produtos ou serviços – suas necessidades de capital de giro se reduzem drasticamente.
- Numa indústria, a redução do ciclo econômico (*período entre a data de compra e a data de venda*) significa um menor tempo para produzir e vender.
- No comércio, esta redução significa um giro mais rápido dos estoques (ou liquidação dos estoques de pouco giro e/ou obsoletos).
- Na atividade de serviços, a redução do ciclo econômico significa basicamente trabalhar com um cronograma mais curto para a execução dos serviços.
- A redução do ciclo econômico não é uma função tipicamente financeira. Ela requer o apoio de funções como produção, operação e logística.

2.2 Outra questão é o mal entendimento dos conceitos de ciclos de negócios, relacionamento e o efetivo gerenciamento dos prazos nas empresas:

- **Operacional:** período entre a data de planejamento/compra do insumo e a data de recebimento da venda do produto.
- **Econômico:** período entre a data de planejamento/compra do insumo e a data de venda do produto.
- **Financeiro (caixa):** período entre a data de pagamento ao fornecedor e a data de recebimento de venda do produto.

3. Controle da inadimplência

- A inadimplência dos clientes de uma empresa pode decorrer do quadro *econômico geral do país ou de fatores no âmbito da própria empresa.*

- No primeiro caso, a contração geral da atividade econômica e a consequente diminuição da renda das pessoas tendem a aumentar a inadimplência. Nessa situação, a empresa deve ter uma política de crédito seletiva.

> Deve haver uma boa sintonia entre as políticas de crédito e cobrança na empresa.

- Quando a inadimplência é decorrente de práticas de *crédito inadequadas*, estabelecidas pela própria empresa, existe uma solução viável para o problema.
- Nesse caso, é preciso dar mais atenção à *qualidade das vendas* (tanto as vendas a crédito como as vendas faturadas) do que ao volume dessas vendas.
- No caso das vendas a crédito, também será recomendável uma *redução* do prazo de pagamento concedido aos clientes.

4. Alavancagem – não se endividar a qualquer custo

Na tentativa de suprir a *insuficiência de capital de giro*, muitas empresas utilizam empréstimos de custo elevado e de curto prazo.

- Como regra, qualquer dinheiro captado a um *custo financeiro elevado em termos reais* é incompatível com a rentabilidade normal da empresa, também em termos reais.
- Assim, o gestor financeiro deve ter cuidado com as *taxas de juros* de captações de curto prazo, que hoje ainda estão muito caras em termos reais, ficando financeiramente antieconômicas.
- O financiamento de capital de giro a uma *taxa real elevada* ao mês pode resolver o problema imediato de caixa da empresa, mas cria *um novo problema* – seu pagamento na frente, como será repassado para o preço do produto ou impacto negativo na margem de lucro.
- O administrador tem consciência da inviabilidade do custo financeiro dos financiamentos de capital de giro. *Ele tenta ganhar tempo*, esperando que uma melhora posterior nas condições de mercado da empresa permita pagar o capital de terceiros.
- Todavia, quando a recuperação das vendas acontece, a empresa já acumulou um *estoque de dívidas* cujo pagamento será muito oneroso.

5. Negociação – alongar o perfil do endividamento

Quando a empresa consegue negociar *um prazo maior* para o pagamento de suas dívidas, ela adia as saídas de caixa correspondentes e, portanto, melhora seu capital de giro.

Embora essa melhora seja *provisória*, ajudará bastante até que a empresa se ajuste financeiramente.

Cap. 4 · Administração do fluxo de caixa 137

Também, neste caso, é importante uma atenção especial para o *custo do alongamento de prazo*. Ele precisa ser suportado pela rentabilidade da empresa.

6. Programa de redução de custos (fixos) e eliminação de desperdícios

- A implantação de um *programa de redução de custos* tem um efeito positivo sobre o capital de giro da empresa desde que não traga *restrições* às suas vendas ou à execução de suas operações.

- Uma vez que a empresa com problema de capital de giro também estará com sua *capacidade de investimento comprometida*, a redução de custos em atividades como logística, pesquisas, modernização, automação ou informatização, deverá ser avaliada de forma técnica e cuidadosa.

- O estudo para redução de custos deverá começar pelo *overhead* e depois para as atividades do negócio, de forma inteligente, visando identificar as *disfunções nos processos relevantes, bem como eliminar os desperdícios*.

7. Substituição de passivos onerosos

- A política de substituição de passivos consiste em trocar uma dívida por outra de *menor custo financeiro e maior prazo, sempre que possível*.

- Por exemplo, uma empresa de *grande porte* poderia adotar essa solução, através do lançamento de títulos no exterior (ADR etc.), emissão de ações no mercado de capitais, cessão de créditos, *leasing*, desmobilização de ativos ociosos e outros instrumentos de captação de recursos financeiros.

> A empresa deve usar o máximo o financiamento dos fornecedores não onerosos, bem como as operações de consignações a custo zero.

- Entretanto, as *empresas de pequeno e médio porte* não têm essa opção. Um programa tradicional de substituição de passivos para essas empresas quase sempre significaria uma negociação mais difícil por falta de *lastro e garantias*.

- Também numa situação extrema essas empresas poderiam trocar passivo exigível (dívidas) por um *aporte de capital*, através dos sócios e/ou da admissão de novos sócios.

- Sem dúvida, esta seria uma solução a ser adotada em último caso, em função da estratégia e da nova *estrutura de capital* para a empresa.

Recomendação

É evidente que existe um forte *entrelaçamento* entre a administração do capital de giro da empresa e sua administração estratégica.

Por isso, a *solução para o problema* do capital de giro consiste na recuperação da lucratividade da empresa e a consequente recomposição de seu fluxo de caixa, **e evitar investimentos equivocados e/ou mal negociados**, bem como fazer uma gestão eficiente dos custos operacionais, principalmente os fixos.

- É importante também *não menosprezar* a concorrência.

- Essa solução exige a adoção de *medidas estratégicas* de grande alcance que vão desde revisão do *mix* de produtos, *market share*, o lançamento de novos produtos ou serviços e a eliminação de outros, adoção de novos canais de venda ou até mesmo a reconfiguração do negócio como um todo.

- Desse modo, a solução das dificuldades/insolvência de capital de giro de uma empresa requer *muito mais* do que medidas financeiras.

- *Repensando a empresa*: também, quando for o caso, a administração da empresa deve fazer uma reflexão de caráter geral, sobre os seguintes pontos:
  - rediscutir com seus executivos o planejamento estratégico da empresa, alinhado com a execução de seu plano de negócios.
  - rever com um olhar crítico os macroprocessos de negócios, suporte e gestão, integrantes da **cadeia de valor**.
  - fazer pesquisa sobre satisfação dos empregados, clientes, fornecedores etc.
  - adoção de metas realistas, aumento de produtividade, incentivo à redução de custos e pacote de recompensas/premiação.
  - o desempenho da **carteira de projetos orçados e realizados** deve ser acompanhado de forma **física e financeira**, com justificativas dos desvios e do VPL dos projetos. Atenção para os custos afundados.
  - os sistemas de logística, tecnologia e armazenagem devem ser avaliados periodicamente em função das demandas, altos custos e reclamações constantes.
  - as *práticas gerenciais* precisam ser *repensadas*, para que a lucratividade e a geração de caixa (liquidez) voltem ao estado de normalidade.
  - por último, a empresa deveria também ter um *modelo eficiente de gestão*, com *métricas* bem definidas, para efeito de avaliação de desempenho (quem não mede, não gerencia).

Fonte: http://www.portaldecontabilidade.com.br por Júlio César Zanluca com adaptações pelo autor.

4.15 RELACIONAMENTO E PRODUTOS BANCÁRIOS

As empresas devem concentrar suas operações com o menor número possível de instituições bancárias. Entretanto, podem manter um relacionamento com outras, dependendo do tipo de operações, o que pode trazer vantagens para a empresa, porque nem todas são competitivas em todos os tipos de transações financeiras.

A empresa deve buscar o equilíbrio de modo a não ser prejudicada, seja mantendo a concentração de suas operações financeiras com certas instituições (mas pode sofrer "abusos" por parte delas), seja diluindo essas operações; porém, nesse caso, perde o poder de "barganha". Portanto, é necessário ter cautela.

Cap. 4 · Administração do fluxo de caixa   139

As atividades estratégicas de tesouraria não devem ser terceirizadas, porque podem prejudicar a sobrevivência da empresa, caso a gestão não seja adequada. Contudo, existem empresas especializadas que realizam alguns serviços melhor e com menor custo do que a própria empresa.

Algumas tarefas que poderiam ser efetuadas por terceiros, integral ou parcialmente:

- Cobranças de duplicatas e carnês.
- Cobranças de cheques devolvidos.
- Acompanhamento de títulos em cartório de protestos.
- Pagamentos de fornecedores.
- Controles de documentação de importação.
- Cotação de fechamento de câmbio.
- Administração e negociação de seguros.

Os **serviços de terceirização** exigem alto nível de especialização ou são trabalhos repetitivos que demandam grande número de funcionários. Os benefícios da terceirização são os seguintes: redução do número de funcionários; melhor qualidade nos serviços; e rapidez no fluxo de informações. A terceirização, no início, pode ser mais cara do que se fossem executados os serviços na própria empresa, mas os benefícios devem ser analisados a médio e a longo prazo. Deve haver um acompanhamento desse tipo de serviço na empresa.

As empresas devem negociar a **reciprocidade** com a instituição financeira, considerando o volume de operações e não em termos de favorecimentos ou concessões, pois mesmo as instituições que expressam ter parceria com o cliente dificilmente fazem alguma operação que ocasione desvantagem para elas. Alguns tipos de custos para a empresa, às vezes, podem estar escondidos pelas reciprocidades exigidas pelos bancos.

O *float* é a diferença entre o saldo da conta de uma empresa no banco e o valor registrado pela empresa em seus controles bancários. O *float* é sempre favorável para o banco e deve ser usado pela empresa quando se discutir reciprocidade, por ocasião de captação de recursos de curto prazo ou barganhar melhor taxa de aplicação.

O *float* acontece quando a instituição financeira não avisa o cliente com antecedência sobre a existência de valores creditados ou, quando se trata de uma cobrança feita pelo banco, o *float* se refere à diferença entre a data do pagamento feito pelo cliente e a data em que o dinheiro está efetivamente disponível para a empresa.

Se o pagamento é feito num dia e creditado somente no dia seguinte, o recurso ficou no banco por um dia. A aplicação desse recurso nesse prazo pelo banco é conhecida como D1 (se a diferença fosse de dois dias, seria D2, e assim por diante).

Dessa forma, o *float* pode ser também conceituado como o montante de recursos transitórios que fica no banco. Sua existência é normal no mercado financeiro, e é de responsabilidade do administrador financeiro negociar melhores condições para a empresa.

Vejamos o seguinte **exemplo**:

Em um empréstimo no valor de $ 800.000, com a taxa de juros de 24% a.a., pelo prazo de três meses, a empresa tomadora precisa deixar aplicado um valor de $ 150.000 pelo mesmo período e a taxa de aplicação é de 17% a.a. Sabe-se que a taxa de empréstimo é sempre maior que a taxa de aplicação.

Então, os cálculos do custo efetivo são os seguintes, não considerando impostos: x

Juros do empréstimo:

$$\$ 800.000 \times (1,24^{90/360} - 1) = \$ 44.200$$

Juros da aplicação:

$$\$ 150.000 \times (1,17^{90/360} - 1) = \$ 6.005$$

Juros líquidos: $ 44.200 - $ 6.005 = 38.195.

Os juros de $ 38.195 são pagos para um empréstimo no valor efetivo de $ 650.000 (800.000 – 150.000). Assim, o custo efetivo do empréstimo é de 25,66% a.a.

$$(\$ 38.195/\$ 650.000 + 1)^{360/90} - 1 = 25,66\% \text{ a.a.}$$

Com relação às **tarifas bancárias**, damos o **exemplo** de uma empresa que está verificando em qual banco colocará a cobrança simples de suas duplicatas. O valor médio das duplicatas é de $ 1.500 e a quantidade média mensal é de 1.000 duplicatas. A empresa analisa as seguintes opções:

- Tarifa do Banco X é de $ 2,00 por duplicata, debitada no final do mês, e faz o crédito da cobrança em D + 1 (data da cobrança + 1 dia).
- Tarifa do Banco Y é de $ 1,00 por duplicata, debitada no final do mês, e faz o crédito em D + 2 e abre uma conta garantida com taxa de juros de 2,50% a.m.

O valor mensal da tarifa cobrada pelo Banco X é de $ 2.000 (1.000 × 2,00 = $ 2.000).

O valor mensal da tarifa cobrada pelo Banco Y é de $ 1.000 (1.000 × 1,00 = $ 1.000), mais o custo adicional da conta garantida ou o custo de oportunidade, dependendo do caso. Se a empresa é tomadora de recursos, o custo adicional é de $ 1.250 ($ 1.500.000/30 dias × 2,50% a.m. = $ 1.250), e o custo total é de $ 2.250, isso se não houver outros encargos. Se a empresa é aplicadora de recursos, a taxa média de aplicação é de 1,50% a.m., o custo adicional é de $ 750 ($ 1.500.000/30 dias × 1,50% a.m. = $ 750) e o custo total é de $ 1.750.

Então, com base nos cálculos efetuados, se a empresa for aplicadora de recursos, a opção do Banco Y é a melhor, pois o custo mensal é de $ 1.750. Se a empresa for tomadora de recursos, a opção do Banco X é a melhor, pois o custo mensal é de $ 2.000.

4.16 CONTROLES INTERNOS

4.16.1 Controles financeiros importantes

Para assegurar uma gestão eficaz, é preciso que o administrador financeiro tenha um sistema de informações que lhe permita controlar todas as transações financeiras da empresa. É aconselhável que este sistema de informações seja completamente integrado, controlando os ingressos, a emissão de pedidos de clientes, a venda, o faturamento da venda, a saída da mercadoria do estoque, o recebimento da venda e a entrada dos recursos em caixa, os desembolsos, a requisição de compra, o pedido de compra, a entrada no estoque, a fatura do fornecedor, a entrada da mercadoria no estoque, o pagamento ao fornecedor e a saída dos recursos do caixa.

Deve sempre ser observada a relação de controle entre custos, riscos e benefícios, considerando também o porte da empresa e logicamente o uso do bom senso e sensibilidade empresarial, nas tomadas de decisões, ou seja, quando o custo do controle for mais caro que o seu benefício, deve-se refletir antes de decidir.

Os controles financeiros, que devem integrar as políticas de qualquer empresa, constituem-se de procedimentos gerenciais fixos para os processos de uma companhia, objetivando proteger seus recursos contra fraudes, desperdícios e ineficiências; assegurar a precisão e a produção de dados contábeis, financeiros e operacionais confiáveis; assegurar o atendimento às diretrizes e dos procedimentos internos; por fim, analisar a eficiência operacional de todos os setores da empresa, observando a relação de custos *versus* benefícios.

O conjunto de programas de computador integrados usados por inúmeras empresas para melhorar o desempenho é denominado planejamento de recursos empresariais (ERP). A seguir, são descritos sucintamente alguns controles que auxiliarão o administrador financeiro no seu dia a dia.

Controle de disponibilidades

O controle de disponibilidades é a conciliação periódica do saldo de caixa e da "conciliação dos bancos" (Anexo 1). Reconciliações são controles críticos que asseguram a precisão das transações; é uma checagem dos registros que diferenciam entre eles. A conciliação deve ser realizada com base nos extratos bancários e registros contábeis que deram origem à transação; verificar se todos os pagamentos foram feitos a pessoas (atestadas) e empresas cadastradas pela organização e se os valores pagos correspondem aos valores das notas fiscais/faturas/duplicatas ou recibos emitidos.

O "**fundo fixo**" de caixa também deve ser controlado e conciliado conforme o Anexo 2.

Controle de aprovações de transações

Deve haver uma ou mais pessoas responsáveis por autorizar as transações. O administrador financeiro ou tesoureiro deve ter um cartão ou controle digital, via sistema, com todas as assinaturas das pessoas autorizadas a assinar cheques e documentos da companhia, inclusive procurações (delegações, sub-rogações etc.) atualizadas. **A tesouraria deve ter um controle físico de todas as procurações em vigor na companhia**. Toda procuração deve ter prazo de validade. O **jurídico** deve também fazer um inventário das procurações emitidas, vencidas e em vigor junto aos executivos para efeito de conciliação com a tesouraria e **auditoria interna**. Atenção para as boas práticas quanto às regras de segregação de funções e uso de tabela de limites de competências e alçadas.

Assinaturas cruzadas

É uma boa prática de controle interno que todas as autorizações para pagamento devem ser assinadas sempre em conjunto e nunca individualizadas, e de áreas diferentes e de subordinação, observando também o limite de alçada.

Controles físicos de ativos e registros

Deve haver um cofre para guardar dinheiro, cheques não depositados, talão de cheques; mesas e armários com chaves para guardar documentos confidenciais (se for o caso) e senhas de acesso a arquivos de computador. Convém, periodicamente, fazer um inventário do numerário em caixa/cheques, cartões, entre outros. Essa contagem deve ser reconciliada com os respectivos saldos dos registros contábeis; qualquer divergência deve ser investigada, resolvida e analisada, para saber se há possíveis deficiências de controle.

Controles de sistemas

São controles feitos por programas de computador e de processos. Existem os controles de entrada, de processamento e saída de todas as inserções e deleções feitas pelos funcionários referentes à folha de pagamento, aquisição de mercadorias, controle das contas a pagar e a receber, previsão e monitoramento do fluxo de caixa, entre outros.

Relatórios de controle financeiro

São ferramentas gerenciais para analisar as operações, monitorar o desempenho com o propósito de alcançar os objetivos traçados, como, por exemplo, relatório financeiro, balancete analítico, que permite que o administrador ou analista verifique se os saldos estão em linha com os valores previstos; relatório da movimentação diária de pagamentos e recebimentos; entre outros. As prestações de contas devem ser diárias, sempre que possível.

Controle do caixa

Este tipo de controle é fundamental para o administrador financeiro. Ele é justamente o que trata dos recebimentos e desembolsos, e se houver um grande volume de recebimentos em dinheiro ou cheques, o cuidado deve ser redobrado, da mesma forma para as saídas de caixa. O caixa é o setor mais suscetível a desvios e desfalques; por isso, a empresa deve investir nessa área, com o intuito de controlar todas as operações da tesouraria.

O volume médio de recursos em caixa deve se limitar às necessidades diárias de pagamento de pequenas despesas, já que o custo do dinheiro em nosso país é alto. Aconselha-se o pagamento das despesas em cheques nominativos, porque essa é uma forma de retardar os desembolsos de caixa e de evitar a manutenção de quantias significativas em caixa.

Controle de bancos

Os principais controles recomendados para controle do caixa se aplicam ao controle de pagamentos através de bancos, principalmente os cheques emitidos pela empresa. A conciliação bancária parece ser simples, mas às vezes não é, pois os saldos dos extratos bancários e das respectivas contas da empresa são diferentes. Isso pode ser proveniente, por exemplo, de cheques emitidos pela empresa, mas que ainda não foram compensados; registros constantes do extrato bancário e que não foram lançados na contabilidade pela empresa, entre outros. A empresa deve ter um controle rigoroso sobre todos os pagamentos eletrônicos, como, por exemplo, DOCs (todo tipo) e TEDs. **Atenção para os estornos de débitos/créditos relevantes no extrato bancário, principalmente em operações de câmbio. Procure entender os motivos do estorno.**

Controle de contas a receber

A estratégia de gestão das contas a receber depende da política de crédito de uma empresa. As políticas de crédito não devem desestimular as vendas, e muito menos provocar prejuízos à empresa. Os procedimentos de concessão de crédito e cobrança devem ser adequados e bem administrados; mesmo assim, ainda pode haver inadimplências.

Como o financiamento a clientes, em geral, funciona como se fosse um empréstimo sem cobrança de juros, quanto maior for o volume de recursos aplicados aos financiamentos de contas a receber, maior será a necessidade de capital de giro da empresa e será maior o seu custo financeiro. Atenção para a cobrança por empresa terceirizada. Periodicamente deve ser feita a circularização/auditoria das contas a receber e sua conciliação com a contabilidade.

Verificar também junto à contabilidade se a **provisão para devedores duvidosos (PDD)** está sendo contabilizada adequadamente em relação à posição financeira da carteira do contas a receber na tesouraria, considerando o controle da inadimplência dos clientes.

Alguns exemplos de planilhas de controles de contas a receber são apresentados nesta obra nos Capítulos 5, Planejamento e elaboração do fluxo de caixa, e 6, Análise do fluxo de caixa.

Controle de formas de cobrança e pagamentos

A empresa que não precisa de recursos adicionais pode enviar as duplicatas para o banco para efetuar a cobrança simples; é uma operação de baixo custo, é eficiente e mais seguro do que manter as duplicatas para cobrança em carteira; e se a empresa estiver precisando de recursos, pode efetuar a sua cobrança com operações de desconto, crédito rotativo, caução etc. Nesse caso, a empresa envia as duplicatas ao banco, o qual credita o valor na conta da companhia, já debitadas as despesas da operação.

Os controles de contas a receber, em geral, são produzidos pelas instituições financeiras, o que favorece ao usuário grande flexibilidade de extrair relatórios e controle das despesas bancárias. Algumas empresas utilizam a terceirização desses serviços, desenvolvendo análise de custos e benefícios financeiros.

Controle de contas a pagar

O controle de contas a pagar é parte integrante do processo de gestão do fluxo de caixa, sendo usado para o controle de pagamentos de fornecedores, para pagamentos pertinentes às atividades normais da empresa e para aquisição de investimentos em ativos permanentes.

Com os avanços tecnológicos, é possível a companhia, mediante contrato com a instituição bancária, implantar uma ligação através de sistema de intercâmbio dinâmico de dados (DDE) de um computador da empresa com o centro de processamento de dados do banco. Utilizando esse sistema, a companhia pode remeter borderôs de cobrança de duplicatas de clientes e de pagamentos a fornecedores, como duplicatas, boletos bancários, faturas etc. Quando o banco efetua as operações, ele registra automaticamente os créditos e débitos na conta-corrente da empresa. Mais adiante vamos discutir esse tópico com maior riqueza de detalhes. Mensalmente, a posição financeira de tesouraria/contas a pagar deve ser conciliada com a contabilidade. **Cuidado com passivos fictícios. Fazer circularização junto aos fornecedores dos valores relevantes**.

Controle de contratos

Em geral, as contas a receber são tratadas como o resultado da emissão de duplicatas, mas existem alguns segmentos da economia em que as contas a receber não provêm da emissão de duplicatas e sim de contratos. Alguns desses setores são a construção civil pesada e equipamentos e sistemas de telecomunicações, como, por exemplo, a construção de uma usina hidrelétrica, de uma estrada, aluguel de equipamentos e máquinas pesadas, obras de concretagem, entre outras.

Tabela 4.2 Cronograma financeiro e faturamentos

Ano	0	1	2	3	Total
Itens	Assinatura do contrato	Conclusão da etapa I	Conclusão da etapa 2	Testes finais	
Recebimentos	15%	20%	40%	25%	100%
Faturamentos					
Materiais		15%	20%	15%	50%
Mão de obra		15%	15%	5%	35%
Administração		5%	5%	5%	15%
Total do faturamento		35%	40%	25%	100%

Faturamentos: atenção para os **aditivos contratuais e as cláusulas de desequilíbrio econômico financeiro** nos contratos assinados, bem como os limites de reajustes acordados (± até 25%). Normalmente, essas exceções devem ser autorizadas por um **comitê de gestão orçamentária**. Porém, valores relevantes e de alto impacto no caixa devem ser aprovados pela diretoria

Na Tabela 4.2, mostra-se um cronograma de eventos financeiros, tanto de recebimentos quanto de faturamentos de materiais e serviços realizados, de modo simples, pois, em geral, os cronogramas são complexos e mais detalhados.

Verifica-se que o controle do contas a receber, conforme será abordado mais adiante, é muito diferente do controle de duplicatas a receber, pois as cobranças e recebimentos são produzidos por etapas contratuais e não pela emissão de faturas de entrega de materiais e serviços. Dessa forma, a cobrança via contrato é feita sobre a conclusão de etapas técnicas e financeiras contratadas, o que requer um meio diferente de operacionalizar a cobrança da cobrança tradicional com base em emissão de duplicatas. A área de contas a pagar deve ter um sistema de controle interno de contratos para acompanhamento do **cronograma físico e financeiro** dos desembolsos referentes aos serviços, compras e projetos em andamento e realizados.

COMO ADMINISTRAR O FLUXO DE CAIXA DAS EMPRESAS • *Silva*

Anexo 1 – Conciliação Bancária

Banco   Agência   Conta   Data   Código Contábil

Cheques emitidos		Cheques pagos e não apresentados ao banco	
No	Valor	No	Valor
Total		Total	

Valores lançados pelo banco sem correspondência no Razão		Valores lançados no Razão sem correspondência pelo banco	
No	Valor	No	Valor
Total		Total	

1 –	Saldo do extrato bancário em:	
2 –	Depósitos não compensados:	
3 –	Débitos no Razão s/corresp. p/banco:	
4 –	Subtotal (1 + 2 – 3)	
5 –	Cheques emitidos em carteira:	
6 –	Cheques pagos e não apresentados ao banco:	
7 –	Saldo constante no Razão (4 – 5 – 6)	

1 –	Saldo do extrato bancário em:	
2 –	Total de aplicações no mês:	
3 –	Resgates creditados na c/c:	
4 –	I.R. Retido:	
5 –	Rendimento líquido no período:	
6 –	Rendimento bruto:	
7 –	Saldo constante no Razão:	
8 –	Saldo constante no extrato em:	

Responsável pelas informações

A conciliação bancária (extratos *versus* controle interno financeiro) deve ser feita diariamente pela tesouraria e posteriormente conciliada com a contabilidade. Ajustes relevantes devem ser investigados.

Anexo 2 – Fundo Fixo

				Controle Fundo Fixo				
Banco:		Mês:			Ano:			
Data	Cheque no	Valor (c)	Taxas	Tarifa s/cheques abaixo de	Favorecido	Finalidade		Saldo Banco
								0,00
								0,00
								0,00
								0,00
								0,00
								0,00
								0,00
								0,00
								0,00
								0,00
								0,00
								0,00
								0,00
								0,00
		0,00	0,00	0,00		Saldo contábil		0,00

Cheques em trânsito	
Saldo extrato	0,00

		Em espécie (R$)				
Ressupri-mento	Data	Valor	Favorecido	Finalidade		Saldo caixa
						0,00
						0,00
						0,00
						0,00
						0,00
						0,00
						0,00
						0,00
						0,00
		0,00		Saldo em espécie		0,00

Saldo anterior	Ressupri-mento	Despesas de banco	Despesas em espécie	Saldo total (disponível)
0,00		0,00	0,00	0,00

A companhia deve ter uma política formal aprovada pela diretoria de pagamentos pelo fundo fixo, quanto ao valor e tipos de desembolso. Pagamentos relevantes e gastos não operacionais devem ser investigados, se houver.

4.17 FONTES DE CAPITAL

As fontes de capital são muitas e representam as origens dos recursos. Há duas modalidades distintas de capital: o **próprio** e o de **terceiros**. O próprio é obtido através da emissão das ações preferenciais e ordinárias, com a retenção de lucros, enquanto o capital de terceiros pode ser adquirido no mercado financeiro e de capitais.

Capital próprio

O capital próprio equivale ao patrimônio líquido. Duas das contas do capital próprio são o capital social, formado por ações preferenciais e ordinárias, e os lucros retidos, que são os lucros acumulados que deixam de ser distribuídos na forma de dividendos.

- **Ações preferenciais:** existem dois tipos. Um deles é com direito aos dividendos fixos anuais e sem direito a lucro remanescente (não é muito usado no Brasil); o outro tipo é com ações com direito a dividendos não fixos e a lucros remanescentes.
- **Ações ordinárias:** ações com direito a dividendos somente depois do recebimento pelos portadores de ações preferenciais.

Capital de terceiros

Podem ser empréstimos e financiamentos em moeda nacional e em moeda estrangeira.

Empréstimos e financiamentos em moeda nacional

Existem várias modalidades de empréstimos e financiamentos no mercado financeiro:

- **Empréstimo para capital de giro:** são fixadas, através de contrato, as condições gerais e específicas, tais como: valor, vencimento e taxa de juro. Além da exigência das notas promissórias avalizadas, podem ser também solicitadas garantias adicionais como duplicatas, hipotecas e penhor mercantil.
- **Compror:** financiamento para pagamento de insumos ou serviços à vista. O banco liquida as faturas do cliente. O fato gerador de operação são as notas fiscais e a quitação de duplicata é obrigatória para caracterizar uma venda à vista. Não existe direito de regresso contra o fornecedor. Os clientes que compram à vista conseguem descontos interessantes de seus fornecedores. O benefício fiscal é a economia de ICMS sobre a venda à vista. Aumento de liquidez para o fornecedor e prazo para o cliente (prazo: mínimo 30 dias).
- **Fiança:** prestação de garantia dada pela instituição financeira de uma obrigação específica contraída junto a terceiros. A fiança precisa refletir as condições acordadas entre o cliente e seu fornecedor. Empresas que tenham necessidade de prestar garantias a terceiros, como fornecedores, governo, leilões, instituições financeiras, poder judiciário etc.
- **CDC – crédito direto ao consumidor:** o CDC é uma operação de financiamento de bens e serviços, sendo muito utilizado para aquisição de veículos e eletrodomésticos que, normalmente, ficam vinculados à financeira através de alienação fiduciária.

- **CDCI – CDC com interveniência:** o CDC é uma operação de CDC em que existe um intermediário, isto é, o estabelecimento comercial que assume o risco junto à financeira. Um exemplo seria o financiamento de veículos por uma financeira, através de uma agência de automóveis.

- **Securitização de recebíveis:** recebíveis são títulos de crédito que representam um direito de crédito originário de uma venda a prazo de bens, serviços ou operações imobiliárias. A securitização de recebíveis tem como objeto contratos que ainda vão gerar vendas e faturamentos futuros, como, por exemplo, contrato de locação, faturas de cartão de crédito, mensalidades escolares etc. A determinação de crédito gerado pelos recebíveis depende da qualidade destes. A análise é feita tendo como base o grau de inadimplência, classificando a operação de acordo com o risco de crédito e determinando a taxa de juros a ser aplicada.

- *Forfaiting*: é uma alternativa de financiamento de capital de giro na qual ocorre a cessão de crédito de uma empresa exportadora brasileira a um banco. A empresa exportadora vende a prazo e recebe à vista, uma vez que vende alguns contratos e títulos de crédito com vencimento futuro a uma instituição financeira. A vantagem da operação é a isenção de responsabilidade da empresa. O banco assume o risco. O *forfaiting* não é regulamentado pelo Banco Central do Brasil (Bacen).

- **Desconto de títulos:** podem ser descontadas as duplicatas ou notas promissórias com valor nominal. O cedente do título transfere para a instituição bancária o direito de recebê-lo no vencimento, e o cedente recebe com antecipação o valor líquido do título. No vencimento, o devedor paga o título à instituição bancária, o que consequentemente baixa a responsabilidade do cedente.

  Nesse tipo de operação, quando o devedor não paga o título no vencimento, o banco tem o direito de receber do cedente o valor do título acrescido dos juros de mora e/ou das multas.

- **Conta garantida:** é semelhante ao cheque especial, que é para pessoas físicas. O banco abre uma conta para a empresa, dando-lhe um limite de crédito, saca livremente até o limite estipulado e cobre o saldo devedor a qualquer tempo até o vencimento do contrato. Os custos financeiros são pagos periodicamente.

- **Créditos rotativos:** são linhas de crédito abertas pelos bancos, que visam ao financiamento das necessidades de curto prazo (capital de giro) das empresas e são movimentadas normalmente por meio de cheques. (Por meio da entrega de duplicatas como garantia da operação caucionada.) Conforme as duplicatas vão sendo resgatadas pelos sacados, a empresa cliente do banco deverá substituir as duplicatas por outras, de forma a manter o limite e a rotatividade do crédito concedido.

- *Vendor*: a empresa efetua uma venda a prazo aos seus clientes e faz uma cessão de crédito a um banco, ou seja, vende a prazo, e recebe à vista, transferindo o crédito à instituição financeira mediante uma determinada taxa de desconto, sendo que a empresa assume o risco de crédito de seus clientes. O *vendor* é uma forma de empresas financiarem seus compradores através de instituição financeira. A grande vantagem para a empresa vendedora é que a base de cálculo para a cobrança de impostos, que incidem sobre o valor da nota fiscal, é menor, uma vez que não há inclusão de custos financeiros.

- *Hot money*: são operações de curtíssimo prazo, normalmente um dia a menos de um mês. É cobrada uma taxa diária acumulada do CDI + *spread*. O *hot money* pode custar caro, devido à cobrança de impostos (IOF etc.). Esse tipo de empréstimo é mais aconselhável para eventuais operações de ajustes de caixa.

- *Factoring*: é um tipo de transação de fomento comercial; então, não está sujeita aos regulamentos do Banco Central. A transação constitui a passagem dos direitos de crédito sobre duplicatas à empresa de *factoring*, recebendo em troca o valor nominal com deságio.

  A vantagem desse tipo de transação é a venda definitiva das duplicatas, e o valor das duplicatas é baixado contabilmente no ato da cessão.

- **Debêntures:** são títulos emitidos por empresas sociedade anônima de capital aberto de médio e longo prazo, aprovadas em assembleia geral extraordinária (AGE). As condições da debênture constam de um documento chamado "Escritura de Emissão", registrado em Cartório.

Veja a Lei nº 12.431/11, que altera o art. 59 da Lei nº 6.404/1976 quanto à emissão de debêntures.

- **Debêntures de sociedade de propósito específico (SPEs) ou *project bonds*, como são conhecidas em inglês**: capitalizam pouquíssimos empreendimentos. No Brasil, o governo reduziu a zero a alíquota do imposto de renda sobre esses rendimentos adquiridos por investidores pessoas físicas e estrangeiros. No caso das pessoas jurídicas, a alíquota caiu de 34% para 15%.

- *Commercial paper* **(ou nota promissória):** é um tipo de título parecido com a debênture, mas as empresas de capital fechado também podem emitir. O prazo é menor que o da debênture. A emissão deve ser aprovada em AGE, e o processo burocrático diante da Comissão de Valores Mobiliários é semelhante ao da debênture.

  O *commercial paper* ou nota promissória comercial é um título de curto prazo emitido por sociedades anônimas **não financeiras**, sem garantia real, podendo ser garantido por fiança bancária, negociável em mercado secundário e com data de vencimento certa.

  Os *commercial papers* negociados em Bolsas de Valores previstos na **Instrução CVM nº 217**, de 2-8-1994, não estão sujeitos à tabela de corretagem adotada pelos membros das Bolsas de Valores.

  Os *commercial papers* costumam ser negociados com **descontos**, sendo seu valor de face pago por ocasião do resgate. Os títulos podem ser adquiridos no mercado ou por meio de fundos de investimentos. Eles podem ser transferidos de titularidade mediante endosso em preto e o IE (índice de endividamento) da empresa emissora **não poderá exceder a 1,2**. A empresa emissora deverá possuir registro atualizado junto à **CVM**.

A principal característica do título é o prazo de emissão: trata-se de uma captação de curto prazo, com máximo de **180 dias para companhias de capital fechado** e **360 para as de capital aberto.** Isto aproxima o instrumento do conceito de **"empréstimo ponte"**, amplamente utilizado nos casos em que há um descasamento entre emissões da instituição de prazo maior. Para mitigar o risco de necessidade de caixa, as companhias emitem as notas promissórias, tendo como vantagem a maior rapidez de estruturação deste tipo de operação.

Há possibilidades de venda **antes do vencimento** para outro investidor, bastando transferir a titularidade por meio de endosso, e vice-versa, mas para isso é preciso que tenha decorrido o prazo mínimo de 30 dias.

Para o investidor, a **remuneração** da nota promissória pode ser um ponto atrativo. O instrumento financeiro pode ser indexado a taxas prefixadas ou pós-fixadas, como DI, SELIC, IPCA, TJLP, entre outros.

A **garantia** da aplicação está vinculada à situação financeira da empresa.

Há também a **emissão em dólares,** que são uma oportunidade para quem está buscando aplicar em dólar.

- **Recursos do BNDES:** o sistema BNDES é constituído pelo Banco Nacional de Desenvolvimento Econômico e Social e suas subsidiárias, pela Agência Especial de Financiamento Industrial (FINAME) e pelo BNDES Participações S.A. (BNDESpar).

Esse sistema pode trabalhar diretamente com o financiado, porém, grande parte das operações é intermediada pelas instituições financeiras credenciadas.

Os encargos financeiros são a taxa de juros de longo prazo (TJLP) + *spread* + comissão do agente repassador.

As linhas de financiamento são para:

- Financiamento de Máquinas e Equipamentos de Fabricação Nacional (FINAME).
- Garantia de subscrição de valores mobiliários.
- Financiamento para subscrição de aumento de capital social.
- Financiamento à exportação de máquinas e equipamentos e outras linhas de crédito disponíveis, conforme a política de crédito e investimentos de instituição governamental.

- **BNDES automático**: financiamento de até R$ 10 mm (sujeito a alteração) para investimentos que busquem melhoria de qualidade, aumento de produtividade e expansão de capacidade, com o objetivo de desenvolver uma economia mais competitiva:

- Vantagens: longo prazo, isento de tributação e custo subsidiado.
- Indexador: TJLP.

- Tributação: não há.
- Garantias: hipoteca, alienação fiduciária e fiança.
- Prazo: 60 meses.
- Contratação: apresentação do projeto de viabilidade econômica do investimento.

- **Cartão BNDES**: é uma operação de crédito rotativo pré-aprovado para aquisição de produtos credenciados no BNDES para micro, pequenas e médias empresas com limite de crédito definido pelo banco emissor do cartão por cliente. A anuidade é definida pelo banco emissor e a taxa de juros é calculada em função da taxa divulgada pela Andima e com base nas LTN.

Resolução CMN/BACEN nº 2.148/95

Repasse de recursos internos com aplicação em *agribusiness* – empresas agrícolas.

- Vantagens: custo externo mais baixo, e isenção de tributos.
- Indexador: variação cambial.
- Tributação: isento.
- Garantias: penhor mercantil, aval e hipoteca.
- Prazo: 180 e 360 dias.
- Contratação: contrato de repasse externo e cédula rural.

Consulte no *site* do BNDES www.bndes.gov.br sobre linhas de financiamento disponíveis.

Empréstimos e financiamentos em moeda estrangeira

Grande parte de empréstimos e financiamentos em moeda estrangeira está atrelada ao dólar.

- **ACC/ACE:** Adiantamento sobre o contrato de câmbio (ACC) é um tipo de contrato de fornecimento ou pedido de compra em que os exportadores vendem a termo os valores em moeda estrangeira que serão gerados pela futura exportação. Em contrapartida, recebem antecipadamente o valor equivalente em moeda local, usando a taxa de câmbio do dia da operação.

  Adiantamento sobre o contrato de exportação (ACE) é quando a transação acontece depois que a mercadoria é embarcada.

  Por se tratar de um incentivo financeiro à exportação, o custo dessas transações é, normalmente, mais baixo do que o de outros tipos de empréstimos em dólar.

- **Financiamento de importação:** esta operação consiste no pagamento à vista ao exportador por parte do banco, e o importador fica devendo a esse banco no exterior.

  É comum esse tipo de financiamento, que é mais atrativo do que as outras modalidades, porque o risco de o banqueiro financiador não receber é menor do que em empréstimos feitos em moeda. O prazo de financiamento pode variar de meses a um ano, podendo ultrapassar esse prazo.

- **Export note:** é uma nota promissória em dólar emitida pelo exportador, com lastro em futuros créditos de exportação, e passa a cessão de direitos sobre o crédito através de um contrato. O exportador recebe o valor à vista em moeda nacional, usando a taxa de dólar do dia.

  Quando o exportador recebe o dólar da exportação no futuro, ele é convertido em moeda nacional e ocorre o resgate da nota promissória em dólar, convertida em moeda nacional pela taxa de câmbio do dia do resgate.

- **Euronotes e eurobonds:** empresas emitem esses títulos em dólar, fora dos Estados Unidos. Títulos emitidos com prazo inferior a dez anos são chamados de *notes*, e títulos com prazo acima de dez anos são chamados de *bonds* (bônus).

  Fixed rate notes são títulos emitidos com taxas de juros fixas. *Floating rate notes* são títulos com taxas de juros flutuantes.

  Os *euronotes* são lançados com valores substanciais em relação ao seu alto custo com despesas fixas, tais como serviços jurídicos especializados, registro da emissão em uma bolsa internacional, remuneração de agentes financeiros etc., acrescidas da comissão de administração e venda dos títulos, que é proporcional ao valor da emissão.

- **Resolução nº 2.770/00:** nesse tipo de empréstimo, os bancos repassam aos tomadores locais, em moeda estrangeira, os recursos captados no exterior através de empréstimo, lançamentos de bônus e outros mecanismos financeiros. No passado esse tipo de empréstimo era conhecido como "Resolução 63".

  Essa modalidade de operação é regulamentada pelo Banco Central através da Resolução nº 2.770, de 30-8-2000, que substituiu a Resolução nº 63.

  Existe uma comissão de repasse cobrada pelo banco ao tomador, que pode ser paga antecipada ou juntamente com os juros. O prazo máximo desse tipo de empréstimo para o tomador local não pode ultrapassar o vencimento do empréstimo original, mas a instituição financeira pode repassar o recurso por um período menor.

Arrendamento mercantil

O arrendamento mercantil ou *leasing* é uma modalidade de financiamento de bens de ativo imobilizado. Na operação de *leasing*, uma empresa arrendadora compra um bem do fabricante ou comerciante escolhido pela arrendatária e o arrenda mediante o pagamento de parcelas periódicas, que podem ser mensais, trimestrais etc.

O bem adquirido é contabilizado como ativo permanente da arrendadora até sua efetiva venda para a arrendatária. O *leasing* pode ser feito para bens móveis ou imóveis, novos ou usados, de fabricação nacional ou estrangeira, contratado em moeda nacional ou estrangeira.

Existem dois tipos de *leasing*: **financeiro** e **operacional**.

- *Leasing* **financeiro:** corresponde a uma operação de financiamento de médio e longo prazo em que a arrendatária paga as parcelas. No final do contrato, não é permitido rescindir antecipadamente, e a arrendatária terá o direito de adquirir o bem por um valor previamente combinado, conhecido por Valor Residual Garantido (VRG).

  O prazo mínimo dessa modalidade é de dois anos para bens de vida útil de até cinco anos, por exemplo, veículos, equipamentos de informática etc.; e de três anos para bens de vida útil superior a cinco anos, por exemplo, móveis, máquinas, equipamentos etc.

  Com relação à conservação e manutenção do bem, são de responsabilidade da arrendatária.

  O *leasing* financeiro é regulamentado pelo Banco Central, e no Brasil apenas as empresas de *leasing* podem praticar tal operação.

- *Leasing* **operacional:** corresponde a uma operação de locação em que a arrendatária (locatária) paga uma taxa de arrendamento periódica, que pode ser mensal, trimestral etc., à arrendadora (locadora).

  O bem é devolvido à locadora no final do contrato, ou a qualquer tempo. No caso de a locatária querer comprar o bem, o preço de venda será de acordo com o valor de mercado. Exemplo: empresas de locação de veículos, que adquirem os veículos através de *leasing* financeiro e os arrendam para os clientes através de *leasing* operacional.

  A manutenção do bem arrendado é de responsabilidade da locadora.

  Para esse tipo de *leasing*, não existe prazo mínimo para o contrato de locação, então ele pode ser de alguns meses ou dias.

  Não é necessário que a empresa locadora, para exercer esse tipo de negócio, seja uma empresa de arrendamento mercantil, pois não é regulada pelo Banco Central.

- *Lease back*: essa operação se caracteriza pela venda de um bem do imobilizado da empresa a uma empresa de *leasing*. Existe a troca de propriedade, mas o bem continuará sendo usado pela empresa normalmente até o final do contrato de arrendamento; ela terá a opção de aquisição pelo VRG.

  É uma modalidade de financiamento de capital de giro muito usada por empresas que são bastante imobilizadas.

Exemplo: Análise de compra com financiamento *versus leasing*

Neste tópico, abordaremos as vantagens e desvantagens dessas operações (adaptado de BRANCO, 2002, p. 207).

Compra com financiamento

Com relação à compra financiada, podemos dizer que estarão envolvidos pelo menos três agentes: a empresa comprada, o fornecedor e o financiador da operação, que normalmente são bancos ou financeiras.

A empresa compradora tem a propriedade legal e o direito de uso, mediante contrato de financiamento firmado junto ao agente financeiro, e, nesse caso, o bem geralmente fica alienado.

A empresa compradora tem a vantagem, nesse tipo de operação, de poder se apropriar contabilmente de despesas com juros compensatórios, correção monetária (se houver) para fins de redução da base de cálculo do IRPJ. As depreciações do ativo permanente pelo tempo de vida útil do bem (critérios contábeis) também são apropriadas como despesas na demonstração do resultado do exercício (DRE).

Leasing como operação financeira

Nesse caso, a propriedade do ativo é da empresa de *leasing*, que mediante condições contratuais específicas (prazo, valor etc.) concede o direito de uso do bem, mediante pagamento de contraprestações. O *leasing*, quando comparado com a compra financiada, oferece os seguintes benefícios para a empresa contratante:

- As contraprestações poderão ser deduzidas da base de cálculo do imposto de renda.
- A possibilidade de compra pelo valor residual, desde que esteja definida pelo contrato.

Para ilustrar uma situação onde o investidor tenha de optar por uma operação de *leasing* ou por uma compra financiada, vamos apresentar o seguinte **exemplo**:

Uma empresa está estudando a compra financiada ou *leasing* de um equipamento. Este equipamento foi cotado no mercado por R$ 100.000,00, com vida útil de 5 anos, e prazo de financiamento de 6 anos a uma taxa de 10% ao ano, com base no Sistema Francês de Amortização (SFA). A outra opção é um *leasing* de 3 anos com valor residual "0" (zero) e taxa de juros de 9% ao ano. Considerando que o custo de oportunidade seja de 8% ao ano, qual deveria ser a opção escolhida, sabendo-se que a taxa de benefício fiscal da empresa é 30%?

Dados:

Valor do equipamento: R$ 100.000,00

Taxa de financiamento da compra: 10% ao ano (Sistema Francês)

Prazo do financiamento: 6 anos

Prazo do *leasing*: 3 anos

Taxa de valor residual: "0" (zero)

Taxa de financiamento do *leasing*: 9% ao ano (Sistema Francês)

Custo de oportunidade: 8% ao ano
Taxa de benefício fiscal: 30%
Vida útil do ativo: 5 anos

Solução única:
(compra financiada)
a) **Cálculo da prestação (PMT)**

```
f ([REG]
100.000 (CHS) [PV]
10 [i]
6 [n]
22.960,74 PMT
```

b) **Cálculo da depreciação (D)**
   D = Valor do Ativo / Tempo de Vida Útil = 100.000 / 5 = R$ 20.000,00
c) **Cálculo do Benefício Fiscal (BF) para o 1º período**
   BF = (Juros + Depreciação) × Taxa de Benefício
   BF = (10.000 + 20.000) × 0,3 = R$ 9.000,00
d) **Cálculo do Valor Presente para o 1º período**
   $VP = PMT / (1 + i)^n = 13.960,74/(1,08)^1 = R\$ 12.926,61$

Para os demais períodos, muda apenas o valor do "n" índice $(1 + i)^n$, ou seja, 2,3 e assim por diante. No caso do *leasing*, os cálculos seguem o mesmo critério e metodologia do financiamento.

PREMISSAS/PLANILHA DE CÁLCULO:

Valor do financiamento (PV)	100.000,00
Prazo da compra (*n*) (em anos)	6
Taxa do financiamento da compra (*i*) (ao ano)	10,00%
Prazo do *leasing* (*n*) (em anos)	3
Taxa do *leasing* (*i*) (ao ano)	9,00%
Custo de oportunidade (*i*) (ao ano)	8%
Taxa de benefício fiscal (*i*)	30%
Vida útil do ativo (em anos)	5

Saldo devedor	Amor-tização	Juros compen-satórios	Prestações	Depre-ciação	Benefício fiscal	Saída líquida de caixa	Valor presente (PV)
100.000,00							
87.039,26	12.960,74	10.000,00	22.960,74	20.000,00	9.000,00	13.960,74	12.926,61
72.782,45	14.256,81	8.703,93	22.960,74	20.000,00	8.611,18	14.349,56	12.302,43
57.099,96	15.682,49	7.278,25	22.960,74	20.000,00	8.183,47	14.777,26	11.730,67
39.849,21	17.250,75	5.710,00	22.960,74	20.000,00	7.713,00	15.247,74	11.207,54
20.873,40	18.975,81	3.984,92	22.960,74	20.000,00	7.195,48	15.765,26	10.729,57
0,00	20.873,40	2.087,34	22.960,74	20.000,00	6.626,20	16.334,54	10.293,53
	100.000,00	37.764,44	137.764,44	120.000,00	47.329,38	90.435,10	69.190,35

Prestações	Benefício fiscal	Saída líquida de caixa	Valor presente
39.505,48	11.851,64	27.653,83	25.605,40
39.505,48	11.851,64	27.653,83	23.708,70
39.505,48	11.851,64	27.653,83	21.952,50
118.516,44	35.554,92	82.961,49	71.266,60

Nota:
22.960,74 (−) 9.000,00 = 13.960,74
39.505,48 (11.851,64 + 27.653,83) * 0,30 = 11.851,64
39.505,48 (−) 11.851,64 = 27.653,83

FV = 27.653,83 CHS FV
N = 1
I = 8%
PV = 25.605,40

Conclusão: Como podemos perceber, neste caso, a compra financiada é mais interessante do que o *leasing*, pois há um menor desembolso de caixa.

4.18 GESTÃO DE RISCOS

O risco representa estimar as chances ou probabilidades de ocorrências que não sabemos como acontecerão, e é sobre essa estimativa que será fundamentado todo o processo decisório. Existem dois tipos de risco: o sistemático e o não sistemático.

Quadro 4.8 Classificação dos riscos empresariais

RISCO EMPRESARIAL TOTAL				
Riscos provenientes do ambiente externo		Riscos provenientes do ambiente interno		
Riscos do macroambiente	Riscos do ambiente setorial	Riscos financeiros	Riscos operacionais	
			Gerais	Funcionais
– político-legais	– fornecedores	– liquidez	– estrutura de custos	– área administrativa
– econômicos	– clientes	– crédito	– sucessão	– área de compras
– demográficos	– concorrentes	– mercado	– fraudes	– área de marketing
– naturais	– produtos alternativos	– legais	– corporativos	– área de vendas
– tecnológicos	–	–	– sistemas	– área de produção e logística
– sociais	–	–	– greves	– área de sistemas /internet
–	–	–	– erros	– área contábil/fiscal
–	–	–	– infraestrutura	– área de distribuição

Fonte: SANTOS, 2002.

O **risco sistemático** é o que afeta largamente a economia e as empresas. Um exemplo desse risco é quando se tem instabilidade na economia, o que, consequentemente, impacta as empresas.

O **risco não sistemático** é o que afeta certa empresa ou grupo de empresas, mas não os outros tipos de indústrias. Um exemplo é a barreira que a Argentina impôs ao Brasil em 2004 nas exportações de aparelhos eletrodomésticos.

Os riscos devem ser administrados atentamente pela empresa, para que não comprometam os resultados econômicos e financeiros, pois ela não pode ficar alheia aos riscos que envolvem o negócio. Os bancos utilizam modernas técnicas de gerenciamento de riscos, com a finalidade de salvaguardar os seus ativos e os de seus clientes.

A gestão de riscos é um processo em que são analisadas as decisões de aceitar ou não os riscos ou de reduzir os efeitos negativos, através de instrumentos financeiros.

Value at Risk (VaR)

Nos últimos anos, a *gestão de risco financeiro* tem passado por uma revolução, devido à introdução de um novo método para mensuração dos riscos de mercado: a metodologia de *Value at Risk* (VaR). O VaR é usado atualmente para controlar e gerenciar de maneira ativa tanto o risco de crédito como o risco operacional.

O risco de crédito surge quando as contrapartes não desejam ou não são capazes de cumprir suas obrigações contratuais. O risco operacional é oriundo de erros humanos, tecnológicos ou de acidentes, incluindo fraudes, falhas de gerenciamento e procedimento adequados.

O VaR pode ser definido como a maior perda esperada dentro de determinado período de tempo e intervalo de confiança. Em outras palavras, o VaR descreve o percentil da distribuição de retornos projetada sobre um horizonte estipulado.

Mecanismos e instrumentos financeiros

Os *derivativos financeiros* são utilizados por empresas que pretendam se proteger do risco das oscilações de câmbio, juros e índices, entre outros. Algumas empresas estão expostas a variações cambiais em suas operações e procuram se proteger com estratégias de *hedge* utilizando contratos futuros de taxa de câmbio.

O mesmo é válido para empresas expostas a variações nas taxas de juros, que podem se proteger com contratos futuros de DI; e as expostas à inflação, que podem se proteger com contratos futuros de índices de inflação. Para se proteger de riscos sistemáticos, a bolsa oferece os derivativos de índices de ações.

O *hedge* é um mecanismo que o mercado financeiro utiliza para se proteger contra a variação de preços de ativos e passivos. É um processo em que a empresa tem uma posição perante o mercado, de maneira que os resultados financeiros gerados por essa posição obtenham o mesmo valor absoluto, mas de sinal inverso, de modo que anulem os efeitos criados pelos ativos ou passivos de risco.

As *operações de hedge* podem manter os ativos e passivos primários (exemplos de ativos e passivos primários: ações, duplicatas a receber, duplicatas a pagar e empréstimos a pagar), através de contratos futuros, contratos a termo, contratos de *swap* e contratos de opção. Então, esses contratos são realizados baseados nos ativos e passivos primários e são conhecidos como **derivativos**.

> Os Investimentos Financeiros – Derivativos devem ser usados pelo administrador financeiro para efeito de "**proteção**" e não para **especulação**.

Os valores dos derivativos são dependentes do preço dos ativos primários; no caso do preço futuro de determinada ação, vai depender do preço dessa ação no mercado à vista.

- **Mercado futuro:** designação para as transações realizadas em bolsas de valores e bolsas de mercadorias. Elas são válidas, portanto, para ações, títulos e *commodities*, que implicam um compromisso de compra e venda, para uma data futura determinada pelas bolsas, de lotes com as respectivas quantidades e preços prefixados, referindo-se também a negociações das posições, isto é, a situação do vendedor e do comprador no futuro, em determinada transação. Tem como objetivo proteger compradores e vendedores contra imprevisibilidades, como, por exemplo, grandes oscilações de preços, especulação desenfreada ou causas fortuitas.

- **Mercado a termo:** em linguagem econômica, significa as negociações efetuadas fora das bolsas de valores e bolsas de mercadorias (*commodities*), com o objetivo de se proteger contra flutuações nos preços futuros, com vencimento, acertado entre vendedores e compradores, para, em geral, 30, 60, 90 e até 180 dias após a operação de compra e venda.
- **Swap:** nome de origem inglesa, que significa *permuta*. Essa transação se constitui em trocas de fluxo de fundos futuros entre as partes contratantes, em que um se compromete a pagar a outro certa taxa, recebendo outra taxa em contrapartida. As duas taxas são calculadas sobre um valor de referência comum. É estabelecido um resultado desejado, seja qual for a variação do preço do ativo ou do passivo de risco.
- **Opção:** são instrumentos simples. Existem dois tipos: opção de compra e opção de venda, e, em cada tipo de opção, existem um comprador e um vendedor.
  - Opção de compra: o comprador paga o prêmio e consegue o direito de comprar certo ativo, a certo preço, em uma data futura, enquanto o vendedor de opção de compra recebe o prêmio e tem a obrigação de vender certo ativo, com determinado preço, em uma data futura.
  - Opção de venda: o comprador paga o prêmio e consegue o direito de vender certo ativo, com determinado preço, em uma data futura, enquanto o vendedor de opção de venda recebe o prêmio e tem a obrigação de comprar certo ativo, a certo preço, em uma data futura.

4.19 ANÁLISE DE INVESTIMENTOS (MÉTODOS USUAIS DE INVESTIMENTOS DE CAPITAL)

As decisões de investimento de capital são um tema de estudo muito vasto e complexo, que envolve vários critérios e métodos de análise. O objetivo básico desta seção é avaliar, de forma simples e objetiva, os principais aspectos dos métodos quantitativos mais empregados pelas empresas para uma análise econômica e financeira de investimentos.

Os métodos e técnicas mais utilizados para análise de projetos de investimentos são: o valor presente líquido (VPL), a taxa interna de retorno (TIR), o índice de lucratividade, a taxa de retorno contábil, o *payback* e o *payback* descontado, entre outros.

4.19.1 Conceitos, objetivos, importância e classificação

Os investimentos se classificam em **temporários** (são valores aplicados com o intuito de resgate dentro de determinado tempo) e **permanentes** (são ativos que geram resultados e/ou retorno a longo prazo, observando sempre sua classificação quanto à **intenção de resgate**).

Os investimentos temporários são classificados em:

- **Aplicações de liquidez imediata**: são aplicações que podem ser vendidas ou resgatadas em curto prazo (dias).
- **Títulos e valores mobiliários de curto prazo**: são aplicações em títulos com prazo de resgate de até um ano.
- **Títulos e valores mobiliários de longo prazo**: são aplicações em títulos com prazo de resgate superior a um ano.

Podem ser: títulos públicos federais, estaduais e municipais; letras de câmbio; certificados de depósito bancário; recibos de depósito bancário; fundos de renda fixa; aplicações financeiras em ouro; ações; fundos de investimentos em ações etc.

Com relação aos **investimentos permanentes** (imobilização de capital), eles não podem ser realizados em qualquer momento, ou seja, abrigam aplicações de longo prazo que contribuirão para formação de resultados e/ou retornos em exercícios futuros.

Podem ser: terrenos e edificações; marcas e patentes; obras de arte; mobiliários; máquinas e equipamentos; pesquisa e desenvolvimento de novos produtos, processos e sistemas de informação; participações em empresas controladas ou coligadas, entre outros.

Quando se trata de um **projeto de investimento de capital**, normalmente se consideram recursos humanos, materiais e financeiros; então, existe a necessidade de analisar a viabilidade econômica do investimento, com muito mais rigor. Para isso, utiliza-se a engenharia econômica, que adota métodos de análise que facilitam a escolha da melhor alternativa de investimento (risco e retorno).

Para avaliação e análise de investimentos, é necessário conhecer certos métodos:

- **Método do valor presente líquido:** determina o valor no momento inicial de uma operação, considerando um fluxo de caixa composto de receitas e dispêndios, descontados com a taxa mínima de atratividade.
- **Método do valor futuro líquido:** determina o valor no momento futuro de uma operação, considerando um fluxo de caixa composto de receitas e dispêndios, aplicando-se a taxa mínima de atratividade a cada valor do fluxo de caixa.
- **Método do valor uniforme líquido:** determina transformar uma série de valores diferentes em valores uniformes, através de uma taxa mínima de atratividade.
- **Método de taxa de retorno:** a taxa de juros que anula o valor presente líquido corresponde à taxa interna de retorno (TIR). Entre duas alternativas econômicas com TIR diferentes, a que tiver a maior taxa significa que o investimento vai proporcionar maior retorno. O investimento será economicamente atraente apenas se a TIR for maior do que a taxa mínima de atratividade.
- **Método do prazo de retorno:** considera a apuração do tempo adequado para que o somatório dos benefícios econômicos de caixa se nivele ao somatório dos dispêndios de caixa.

- **Índice de lucratividade:** é a comparação de dois investimentos. Acha-se o valor presente líquido (NPV), que depois é dividido pelo valor do investimento inicial, e então se encontra o índice.
- **Payback:** considera em quanto tempo se dará o retorno do investimento inicial.
- **Payback descontado:** é o mesmo conceito do *payback*, mas o fluxo de caixa é analisado depois que se deduz a capitalização da taxa de desconto, isto é, o NPV.

Os métodos quantitativos de análise econômica de investimentos podem ser classificados em dois tipos: os que consideram o valor do dinheiro no tempo e os que consideram essa variação através do critério do fluxo de caixa descontado. Em virtude de maior rigor em termos conceituais e da relevância para as decisões de longo prazo, o mercado dá mais atenção para os métodos que formam o segundo tipo.

Custo de oportunidade de capital significa o piso que o investidor quer naquele momento, dentre as alternativas existentes, enquanto a **taxa mínima de atratividade** equivale ao custo de oportunidade de capital, expresso sob a forma de taxa de juros.

Os métodos apresentados podem ser usados isoladamente ou em conjunto, vai depender de cada caso. Em geral, as elaborações dos trabalhos de análise de viabilidade econômica são executadas pela área de finanças da empresa, pois é fundamental o conhecimento de métodos e critérios para que sejam demonstrados claramente os retornos sobre os investimentos, principalmente quando se trata de investimento de aspecto permanente.

Na seção seguinte, abordaremos a seleção de projetos para investimento de capital (de longo prazo) com mais detalhes.

Conclusões

A empresa identifica oportunidades de investimento, planeja o fluxo de caixa que será produzido por este e o avalia segundo os vários métodos existentes; nós nos concentraremos aos principais: VPL, TIR, índice de lucratividade, taxa de retorno contábil, *payback* e *payback* descontado, os quais serão vistos na seção seguinte com mais detalhes.

Foram vistos os tipos de investimentos temporários e permanentes. Existe uma relação entre a seleção de projetos de investimentos e os tipos de investimentos que são feitos para viabilizar a realização desses projetos, considerando os prazos desejados de retorno de investimento, o custo do capital de terceiros que será investido e o custo de oportunidade do capital próprio por não investi-lo em ativos de lucratividade garantida.

4.20 PROJETO DE INVESTIMENTO DE CAPITAL (MÉTODOS DE AVALIAÇÃO DE INVESTIMENTOS)

Nesta seção veremos os métodos ou ferramentas mais utilizados pelas empresas e o mercado, assim como o emprego da calculadora HP 12C é usado para ilustrar as soluções dos exemplos dados.

Ao avaliar as **propostas de investimentos de capital**, os administradores buscam **respostas** apropriadas para **perguntas** como:

1. O investimento contribuirá para a maximização da riqueza dos acionistas?
2. O investimento irá substituir ativos improdutivos e antieconômicos?
3. O investimento é uma estratégia de proteção do mercado?
4. Será utilizada tecnologia de última geração?
5. Haverá sinergia entre o investimento, outros investimentos e os investimentos existentes?
6. O investimento ampliará a área de atuação existente?
7. Será uma forma de utilizar recursos existentes e crédito disponível?
8. Contribuirá para a redução de custos e ineficiência?
9. O investimento se enquadra dentro das leis de responsabilidade social e ambiental?
10. Será uma forma de dificultar a concorrência?
11. O investimento trará riscos adicionais à empresa?
12. Como se comportará em relação aos investimentos existentes no que diz respeito a custos e resultados?
13. O investimento proporcionará rendimentos que se coadunam com a taxa de retorno exigida pela empresa?
14. Há mecanismos de defesa para superar possíveis ações da concorrência?
15. O investimento se enquadra no planejamento estratégico da empresa?

Fonte: LEMES JR.; CHEROBIM; RIGO, 2015.

É importante também entender os métodos e as etapas na análise de investimento:

1. Projeção dos Fluxos de Caixa.
2. Avaliação dos Fluxos de Caixa.
3. Cálculo da Taxa de Desconto.
4. Escolha da melhor alternativa de investimento através do uso de técnicas (VPL, *payback*, TIR etc.).

4.20.1 Valor presente líquido (VPL)

O valor presente líquido (VPL) é o mesmo que *net present value* (NPV). O fluxo de caixa descontado é um método de avaliação usado para estimar a atratividade de uma oportunidade de investimento. Essa análise usa projeções de fluxo de caixa livre futuro e as desconta (na maioria das vezes utilizando o custo médio ponderado de capital), para chegar a um valor atual, que é usado para avaliar o potencial de investimento.

Uma empresa quer comprar uma marca industrial no valor de $ 7.000. Essa marca poderá ser negociada no mercado após cinco anos por $ 12.000. A taxa mínima de atratividade da empresa é de 14% a.a. O fluxo de caixa do Quadro 4.9 apresenta as entradas e saídas provenientes do uso da marca industrial. Calcular o NPV para saber se a compra é economicamente viável.

Quadro 4.9 VPL

Ano	Entradas	Saídas
01	–	50
02	350	–
03	450	–
04	400	–

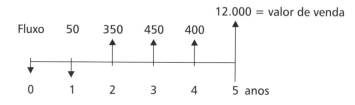

I_0 (investimento inicial) = 7.000
i (taxa) = 14% a.a.

Vejamos o cálculo usando a calculadora financeira:

Quadro 4.10 Cálculo do VPL com a calculadora financeira

Teclas	Visor	Observação
F CLEAR REG	0	Apaga todos os registros
7000 CHS g Cfo	– 7.000	Introdução do investimento inicial
50 CHS g CFj	– 50	Introdução do 1º fluxo
350 g CFj	350	Introdução do 2º fluxo
450 g CFj	450	Introdução do 3º fluxo
400 g CFj	400	Introdução do 4º fluxo
12000 g CFj	12.000	Introdução do valor de venda
14 i	14	Introdução da taxa mínima de atratividade
f NPV	– 1,55	Valor do NPV

O valor presente líquido (VPL) representa o somatório do valor atual de cada elemento do fluxo de caixa descontado pela taxa mínima de atratividade.

O cálculo do **valor presente líquido (VPL)** leva em conta o valor do dinheiro no tempo. Portanto, todas as entradas e saídas de caixa são tratadas no tempo presente. O VPL de um investimento é igual ao valor presente do fluxo de caixa líquido do projeto em análise, descontado pelo custo médio ponderado de capital.

No exemplo, já que o VPL é negativo, o investimento deve ser rejeitado, pois não é economicamente justificável.

Podemos considerar:

- Se o valor atual das entradas for igual ao valor atual das saídas, a aprovação não gerará nem ganho nem perda; então, o VPL é nulo.
- O VPL positivo representa o valor atual das entradas maior do que o valor atual das saídas; então, há o ganho financeiro.
- O VPL negativo representa o valor atual das entradas menor do que o valor atual das saídas; então, há perda financeira.

O ponto crítico desse método está na escolha da taxa de desconto a ser utilizada no cálculo do VPL e por fim as principais vantagens do VPL são:

- Leva em conta o valor do dinheiro no tempo.
- Leva em conta o custo de capital da empresa (TMA).
- Pode ser aplicado a qualquer fluxo de caixa (convencional e não convencional).
- Pressupõe a reinversão dos fluxos de caixa à TMA.

Limitações do método

- O método assume que a taxa de desconto é a mesma durante toda a duração do projeto. Sabemos que a taxa de desconto de um projeto se altera de ano para ano, em função de diversos fatores internos e externos relativos ao negócio.
- Outra dificuldade é que o método exige previsões dos fluxos de caixas futuros (longo prazo). Sendo que, quanto maior for o período estimado, mais difícil fica a estimativa financeira.
- Depende da determinação do custo de capital.
- Quando os investimentos têm valores iniciais diferentes, nem sempre o melhor investimento é o de maior valor presente líquido.
- O método não é conclusivo quando é aplicado a projetos alternativos com vidas econômicas substancialmente diferentes.
- É mais difícil de ser absorvido por certos executivos, porque o resultado do cálculo é apresentado em valor absoluto.
- Exige o conhecimento de diversos parâmetros, principalmente no que tange a uma precisa estimativa dos fluxos de caixa que serão utilizados para análise.

- O VPL é definido em termos absolutos (unidades monetárias) ao invés de relativos, não levando em conta a escala do projeto.

- O VPL também não considera a vida do projeto, isto é, o prazo de duração de cada projeto. Por isso, de forma análoga ao problema de escala, um projeto com maior duração possui um viés para apresentar um VPL superior, mesmo que não seja a melhor opção, caso fosse possível repetir o projeto de menor duração por algumas vezes.

- No VPL, projetos grandes, que envolvem um grande montante de investimento inicial, tendem a apresentar um VPL superior a projetos menores, mesmo que estes projetos grandes não sejam necessariamente melhores em termos relativos.

Vale ressaltar que o **VPL** e a **TIR** podem ficar artificialmente altos e, por isso, devemos tomar cuidado e ajustar o fluxo de caixa, bem como a taxa de desconto aplicada à taxa de inflação do governo.

O VPL ainda é o melhor método para avaliar projetos de investimento de capital.

4.20.2 Taxa interna de retorno (TIR)

É a taxa de desconto que iguala o valor presente dos fluxos de entrada e de saída futuros ao investimento inicial de um projeto, ou seja, é a taxa de desconto que torna o VPL igual a zero.

Um aspecto que deve ser considerado é que a utilização exclusiva da TIR como ferramenta de análise pode levar ao equívoco de se aceitarem projetos que não remuneram adequadamente o capital investido; por isso, deve ser uma ferramenta complementar à análise.

Limitações do método

- Pode apresentar respostas múltiplas se os fluxos de caixa forem não convencionais.
- Pode conduzir a decisões incorretas nos investimentos mutuamente excludentes.
- Depende da determinação do custo de capital.
- Não é muito realista, pois considera que os fluxos líquidos de caixa são reaplicados à taxa interna de retorno do projeto.
- Pode aceitar projetos com taxas altas, mas abaixo da TMA.
- Depende do cálculo do valor futuro, utilizando-se da mesma taxa de atratividade necessária para o cálculo do valor presente.

O exemplo a seguir demonstra o cálculo da taxa interna de retorno (TIR) ou, simplesmente, taxa de retorno:

Uma empresa deseja construir um edifício que será a sua futura sede a um custo de $ 8.000.000, sendo que ela poderá vender esse edifício daqui a dez anos, no valor de $ 11.000.000. O projeto de construção prevê o fluxo de caixa a seguir, e a taxa mínima de atratividade dessa empresa é de 14,5% a.a. Analisar se o projeto é economicamente viável.

Quadro 4.11 TIR (em milhões)

Ano	Entradas	Saídas
01	1.500	–
02	1.400	–
03	1.200	–
04	1.000	–
05	1.000	–
06	850	–
07	850	–
08	700	–
09	250	–

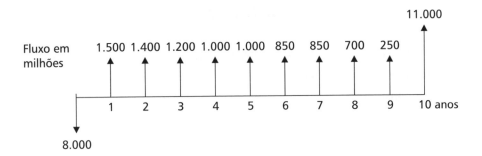

I_0 (investimento inicial) = 8.000
i (taxa) = 14,5% a.a.

Vejamos o cálculo usando uma calculadora financeira:

Quadro 4.12 Cálculo da TIR com calculadora financeira

Teclas	Visor	Observação
f CLEAR REG	0	Apaga todos os registros
8000000 CHS g Cfo	− 8.000.000	Introdução do valor do investimento inicial
1500000 g CF j	1.500.000	Introdução do 1º fluxo
1400000 g CF j	1.400.000	Introdução do 2º fluxo
1200000 g CF j	1.200.000	Introdução do 3º fluxo
1000000 g CF j	1.000.000	Introdução do 4º fluxo
2 g Nj	2	Nº de vezes em que o valor aparece consecutivamente
850000 g CF j	850.000	Introdução do 6º fluxo
2 g Nj	2	Nº de vezes em que o valor aparece consecutivamente
700000 g CF j	700.000	Introdução do 8º fluxo
250000 g CF j	250.000	Introdução do 9º fluxo
11000000 g CF j	11.000.000	Introdução do valor de venda do edifício
14,5 i	14,50	Introdução da taxa mínima de atratividade
f IRR	14,81	Valor da IRR (%)

No exemplo, a taxa interna de retorno (TIR) é maior que a taxa mínima de atratividade (TMA), então o projeto é aprovado.

Podemos considerar:

- TIR > TMA = > alternativa aprovada.
- TIR < TMA = > alternativa negada.
- TIR = TMA = > alternativa indiferente do ponto de vista financeiro.

> É sempre bom fazer os cálculos pelo VPL e TIR, para um melhor entendimento financeiro, porém, utilizar o resultado encontrado pelo VPL positivo.

Uma alternativa ao método da TIR: o método da taxa interna de retorno modificada (MTIR)

Como vimos, o método da TIR, embora amplamente utilizado, apresenta algumas restrições que o colocam em desvantagem quando comparado com o método do VPL. As duas principais restrições são:

- O método da TIR supõe que todas as entradas de caixa devem ser reinvestidas à taxa de retorno do projeto.
- Um projeto pode apresentar múltiplas TIRs.

Cap. 4 · Administração do fluxo de caixa

O método da taxa interna de retorno modificada (MTIR) evita essas duas restrições. Os fluxos negativos são trazidos a valor presente, enquanto os fluxos positivos são levados a valor futuro no último período do fluxo. Com os valores concentrados no instante zero e no período final, o cálculo da taxa interna de retorno fica fácil e direto. O método MTIR tem como vantagens:

- Relacionado ao VPL, geralmente levando às mesmas decisões.
- Fácil de entender e transmitir.
- Supera o problema das múltiplas TIRs.
- Resolve o problema do pressuposto da taxa de reinvestimento da TIR.

A título de exemplo, considere uma alternativa de investimento que gerou o fluxo de caixa projetado para dez anos, conforme os dados a seguir. A taxa de desconto utilizada, ou também chamada de taxa mínima de atratividade (TMA), foi igual 15% a.a.

Anos	Fluxo Caixa R$	Valor Presente das saídas	Valor Futuro das entradas
0	(50.000,00)	(50.000,00)	
1	30.750,00		108.174,70
2	33.125,00		101.330,13
3	(20.000,00)	(13.150,32)	
4	34.560,00		79.939,38
5	(20.000,00)	(9.943,53)	
6	33.750,00		59.028,96
7	34.870,00		53.032,91
8	(20.000,00)	(6.538,04)	
9	36.500,00		41.975,00
10	36.500,00		36.500,00
Total	130.055,00	(79.631,89)	479.981,08
TIR – a.a.	36,0%	MTIR – a.a.	19,7%

Como se pode observar, a TIR do projeto é 36% a.a. Essa taxa só será válida se as entradas de caixa nos anos 1, 2, 4, 6, 7, 9 e 10 forem reaplicadas à mesma taxa de 36% a.a. O que é difícil de acontecer, pois a TMA da empresa é igual a 15% a.a., bem inferior à TIR calculada.

Calculando a MTIR, obteve-se o resultado de 19,7% a.a., que é uma taxa de retorno bem mais real que a TIR, pois as entradas de caixa são reaplicadas à TMA da empresa.

Outra questão importante nesse exemplo é que pode haver múltiplas TIRs para esse projeto, pois existe mais de uma inversão de sinal no fluxo de caixa projetado. No caso da MTIR, isso é impossível de acontecer.

Há também uma limitação que pode levar a decisões erradas em comparações de projetos mutuamente exclusivos.

Fonte: www.ctavares.com.br.

4.20.3 Índice de lucratividade

O método do índice de lucratividade (IL) é um método que considera a razão entre o valor atual líquido do investimento e o valor inicial do investimento (I_0), para uma dada taxa de desconto. O método de IL pode ser expresso da seguinte forma:

$$IL_t = \frac{\sum_{t=1}^{n} \dfrac{FC_t}{(1+i)^t}}{I_0}$$

Como mostra a expressão acima, o projeto será recomendável sempre que o IL for superior a 1, dado que a expressão do numerador, fluxo de caixa somado ao valor residual do investimento, teria que ser maior que o valor do investimento inicial. Portanto, quanto maior o índice mais atrativo será o investimento. Por outro lado, caso o IL seja menor que 1 o investimento deverá ser rejeitado.

A comparação de dois investimentos é realizada pelo mesmo processo do valor presente líquido (VPL), ou seja, encontra-se o VPL para depois dividi-lo pelo valor do investimento inicial achando assim o índice de lucratividade (IL), verificando por meio deste índice qual é o melhor dos investimentos propostos.

Exemplo:

Dois investimentos produzem fluxos de caixa diferentes, como se verifica no Quadro 4.13.

Quadro 4.13 Cálculo do índice de lucratividade

Período	1º Investimento	2º Investimento
0	(–) 10.000	(–) 10.000
1	5.500	0
2	5.500	0
3	5.500	22.000

Quadro 4.14 Solução pela HP 12C do 1º investimento

Teclas	Visor	Observação
F CLEAR REG	0	Apaga todos os registros
10000 CHS g Cfo	– 10,000	Introdução do investimento inicial
5500 g CFj	5,500	Introdução do fluxo
3 g Nj	3	Introdução do nº de parcelas
12 i	12	Introdução da taxa
f NPV	3,210.07	Valor do NPV

Dividindo-se, em seguida, pelo investimento inicial 10.000 e + 1, obtém-se IL = 1,3210.

Quadro 4.15 Solução pela HP 12C do 2º investimento

Teclas	Visor	Observação
F CLEAR REG	0	Apaga todos os registros
10000 CHS g Cfo	– 10,000	Introdução do investimento inicial
0 g CFj	0	Introdução do 1º fluxo
0 g CFj	0	Introdução do 2º fluxo
22000 g CFj	22,000	Introdução do 3º fluxo
12 i	12	Introdução da taxa
f NPV	5,659.17	Valor do NPV

Dividindo-se, em seguida, pelo investimento inicial 10.000 e + 1, obtém-se IL = 1,5659.

Comparando ambos os investimentos, verifica-se que o 2º investimento tem o IL mais alto = 1,5659; assim, deve ser o escolhido.

4.20.4 Taxa de retorno contábil (rentabilidade)

Este método é também conhecido como taxa média de retorno contábil. Ele compara os investimentos considerados à razão entre o lucro líquido contábil após o IR, depreciação e do valor do investimento inicial.

> Fórmula: Taxa de retorno contábil = lucro líquido contábil/investimento

O lucro líquido contábil é obtido segundo os cálculos a seguir:

Exemplo:

Receitas	10.000
Despesas	(5.000)
Depreciação	(2.000)
Lucro antes IR/CS	3.000
IR/CS (34%) – Estimado	(1.020)
Lucro líquido	1.980

Para escolher entre os três investimentos com a mesma demanda de capital ($ 8.000), deve-se proceder da seguinte forma:

Quadro 4.16 Cálculo da taxa média de retorno

Período	X	Y	Z
0	(8.000)	(8.000)	(8.000)
1	1.000	1.500	2.000
2	2.000	1.500	2.000
3	3.000	3.000	2.000
ARR	25%	25%	25%

Exemplo:

Investimento X = $ 1.000 + $ 2.000 + $ 3.000 = $ 6.000/3 (n^{os} de períodos) = $ 2.000/$ 8.000 = 25%.

A terminologia inglesa *average return rate* (ARR) significa taxa média de retorno. Portanto, dividindo (1.980/8.000) = 25%, obtém-se a mesma taxa média de retorno para os três investimentos, o que impõe limitações ao processo decisório no tocante a investimentos.

Este método é criticado pelos motivos relacionados a seguir:

- É um método que conduz às mesmas decisões do VPL, com a diferença de que indica a solução em forma de um indicador de proporcionalidade.
- Consideram-se no cálculo algumas variáveis como: depreciação de investimento que fica a critério do administrador financeiro.
- Fornece resultados iguais para investimentos com diferentes momentos de desembolso.

Assim, este método não dá uma visão adequada sobre qual a melhor opção de investimento; é preciso recorrer a outros métodos para melhor apurar os resultados. Os métodos recomendados para essa apuração são: VPL, TIR e *payback* (com restrição).

4.20.5 *Payback* (período de recuperação do investimento)

Este método mostra em quanto tempo acontecerá o retorno do investimento inicial, ou seja, o ***payback*** é o período de tempo necessário para que as entradas de caixa do projeto se igualem ao valor a ser investido, ou seja, o tempo de recuperação do investimento realizado.

Considerar os seguintes dados:

Quadro 4.17 Cálculo de *payback*

Anos	Fluxo de caixa do 1º investimento	Fluxo de caixa do 2º investimento
0	(Desembolso) 10.000	(Desembolso) 15.000
1	3.000	2.500
2	3.000	2.000
3	(Retorno) 4.000	1.500
4	–	5.500
5	–	(Retorno) 4.000

Observa-se nitidamente que o 1º investimento retorna em 3 anos, enquanto o 2º investimento retorna em 5 anos; então, deve-se optar pelo 1º investimento.

Desvantagens

- O *payback* não pode determinar com exatidão o período exato de retorno do investimento, pois desconsidera o valor do dinheiro no tempo (inflação, liquidez e risco).
- Também não considera o fluxo de caixa após o período de *payback*.
- Não leva em conta todos os fluxos de caixa dos investimentos.
- Investimentos podem apresentar fluxo de caixa positivo até determinado momento e no acumulado serem negativos.
- Projetos de longo prazo tendem a ser mal avaliados.

- Não mede a lucratividade do investimento, preocupa-se somente com a liquidez da empresa.

- Pode levar à classificação e seleção incorreta dos investimentos, visto que não considera a rentabilidade do investimento.

- O período considerado padrão para o retorno do investimento pode variar de acordo com critérios subjetivos. Depende do projeto, da necessidade de liquidez da empresa ou do imediatismo do investidor.

4.20.6 *Payback* descontado

A diretriz do *payback* também se aplica nesse caso, mas o fluxo de caixa é analisado depois de deduzida a capitalização da taxa de desconto, encontrando, assim, o NPV. Ou seja, o **payback descontado** é o período de tempo necessário para recuperar o investimento, avaliando-se os fluxos de caixa descontados, o que significa considerar o valor do dinheiro no tempo.

Com base nos dados a seguir, vejamos como se calcula o *payback* descontado.

Quadro 4.18 Cálculo do *payback* utilizando o VPL dos fluxos futuros à taxa de 15% ao ano

Anos	Fluxo futuro	Valor atual do fluxo futuro	Investimento R$ 900.000
			Saldo a recuperar
Ano 1	350.000	304.348	595.652
Ano 2	350.000	264.650	331.002
Ano 3	350.000	230.131	100.871
Ano 4	350.000	200.114	–
–	1.400.000	999.243	–

Quadro 4.19 Solução com a HP 12C (cálculo do valor atual do fluxo futuro do Quadro 4.18)

Teclas	Visor	Observação
F CLEAR REG	0	Apaga todos os registros
350000 CHS FV	– 350,000	Introdução do fluxo futuro
1 n	1	Introdução do 1º ano
15 i	0	Introdução da taxa
PV	304,348	Valor do PV

O cálculo demonstrado no Quadro 4.19 deve ser feito para achar os valores dos demais anos, conforme lista do Quadro 4.18.

O saldo do investimento de R$ 900.000 somente será recuperado no último ano, isto é, no 4º ano, que representa 6,05 meses. O cálculo é o seguinte:

R$ 100.871/200.114 × 12 meses = 6,05 meses.

Somando esse período aos três primeiros anos, o retorno do investimento acontecerá em três anos e 6,05 meses, ou seja, no 4º ano.

A crítica ao método é que ele ignora o fluxo gerado após a data-limite estabelecida para a comparação do retorno do capital investido (desconsidera o período restante do projeto) e não leva em conta projetos de longo prazo que tendem a ser mal avaliados; bem como dificulta a definição do período de retorno do investimento.

O *payback* descontado exige, inicialmente, que façamos uma escolha um tanto artificial de um período máximo arbitrário, e depois ignoremos todos os fluxos de caixa que ocorrerem a partir deste momento (Ross *et al.* 1995, p. 125) O *payback* descontado é uma análise um pouco mais elaborada que o *payback* original, pois ele leva em consideração o fator tempo na análise, mas os outros problemas persistem.

4.20.7 Fluxo de caixa incremental

O fluxo de caixa incremental é o fluxo de caixa adicional (diferença entre os fluxos) que uma companhia tem acima do fluxo de caixa atual, depois que um novo projeto foi aceito e/ou realizado.

Para calcular o fluxo de caixa incremental, devem-se considerar os seguintes passos:

- Calcular o lucro líquido adicional (lucro líquido estimado com o novo projeto menos o lucro líquido estimado sem o novo projeto).
- Calcular o benefício tributário derivado da depreciação/amortização.
- Somar ao lucro líquido adicional o benefício tributário provocado pela vantagem da depreciação adicional.

Exemplo:

A empresa ECS projetou que seus lucros líquidos para os próximos três anos serão de: $ 100.000, $ 200.000 e $ 300.000. A depreciação anual será, respectivamente, de $ 30.000, $ 60.000 e $ 90.000. Os acionistas deliberaram implantar um novo projeto que descreve os valores estimados para os próximos três anos. Quanto aos lucros líquidos serão de $ 150.000, $ 260.000 e $ 360.000 e a depreciação anual será de $ 40.000, $ 70.000 e $ 92.000. A alíquota estimada do IR/CS é de 34% para o fluxo de caixa incremental do novo projeto. Então, calcular o fluxo de caixa incremental do novo projeto.

Quadro 4.20 Fluxo de caixa incremental

Ano	Lucros líquidos		Lucro líquido incremental	Depreciação		Depreciação incremental	Economia de IR	Fluxo de caixa incremental
	Atual	Projetado		Atual	Projetado			
1	100.000	150.000	50.000	30.000	40.000	10.000	3.400	53.400
2	200.000	260.000	60.000	60.000	70.000	10.000	3.400	63.400
3	300.000	360.000	60.000	90.000	92.000	2.000	680	60.680

Em resumo, todos os métodos de análise de investimento tomam como base o fluxo de caixa líquido incremental, medido ou projetado, que será gerado durante a vida útil do projeto. Tenha em mente que ao se dizer fluxo de caixa quer-se dizer: movimentos efetivos de recursos que têm reflexos financeiros sobre o caixa, desprezando-se receitas e despesas de natureza eminentemente contábil (depreciação, amortização e outros resultados que não são pagos ou recebidos em termos de caixa). O termo *incremental* se refere a uma diferença entre duas situações distintas:

- Uma situação-base sem projeto que determina um fluxo de caixa.
- Uma situação nova gerada pelo projeto que determina um segundo fluxo de caixa distinto do fluxo de caixa de base.

O fluxo de caixa incremental é a diferença entre os fluxos de caixa associados a essas duas situações e é o insumo básico para os estudos pretendidos.

Existem também problemas especiais na determinação dos **fluxos de caixa incrementais** que são abordados a seguir:

- **Custos irrecuperáveis ou custos afundados**: quer o projeto seja aceito, quer o projeto seja rejeitado. Assim, devem-se ignorar tais custos. Os custos irrecuperáveis não são fluxos de caixa incrementais.
- **Custo de oportunidade**: refere-se, por exemplo, a um ativo que a empresa possua e que esteja pensando em vender, alugar ou empregar em algum outro setor de atividade. Se o ativo for utilizado num projeto, as receitas que possa gerar em empregos alternativos serão perdidas. Essas receitas perdidas podem ser corretamente vistas como custos. São chamados de custos de oportunidade, pois ao realizar o projeto, a empresa renuncia a outras oportunidades de utilização do ativo.
- **Externalidades**: são os efeitos de um projeto sobre os fluxos de caixa em outras partes da empresa.

4.20.8 Limitações dos métodos de avaliação de investimentos

Todos os métodos de avaliação de investimentos têm suas limitações. Quando o administrador financeiro avalia um projeto de investimento, ele deve também considerar se existe algum elemento subjetivo ou objetivo que venha a inviabilizar o projeto, pois nenhum dos métodos cria relação entre o risco do investimento e o retorno desejado.

Em princípio, o método mais apropriado para maximizar a riqueza do acionista, uma vez que considera o valor do dinheiro no tempo e o custo de capital, é o VPL ou NPV positivo, observadas atentamente a escolha da **taxa de desconto** e a dificuldade de projeção de fluxos de caixa futuros (prazos muito longos). Atenção: se o fluxo de caixa for projetado em valores nominais, a taxa de desconto também deverá ser nominal e não a taxa real (descontada a inflação).

Conclusões

Existem muitos métodos de análise e avaliação de investimentos, sendo que os mais empregados pelas empresas foram estudados. Conclui-se que nenhum satisfaz por completo. O único método que é apontado como o mais adequado pelos especialistas de avaliação de investimentos é o VPL ou NPV positivo, pois representam o valor no presente dos valores a serem alcançados no futuro, descontada a taxa medida de atratividade da companhia (exemplo: custo médio ponderado de capital (CMPC), taxa do fluxo de caixa livre do acionista etc.).

Portanto, é deixado para o administrador financeiro decidir qual é o melhor método (ou métodos) a ser empregado, observando o contexto em que a empresa se enquadra, bem como a natureza do projeto e finalidade da captação.

4.21 DECISÕES DE DIVIDENDOS

A clássica equação do Modelo Gordon (GORDON, J.; GORDON, M. J. The finite horizon expected return model. *Financial Analysts Journal*, 53(3), 52-61, 1997), somente a título de informação conceitual, deriva de um fluxo de caixa, onde valores prospectados – dividendos e precificação futura do ativo – são descontados segundo a taxa de retorno mínima exigida pelo investidor pela percepção do risco incorrido. Para isso, três premissas básicas devem ser respeitadas: (a) série temporal de longo prazo; (b) taxa de crescimento de dividendo positiva e constante; e (c) taxa de retorno maior que taxa de crescimento.

As decisões de distribuição de dividendos/lucros estão atreladas a uma política de gestão empresarial, que se refere ao procedimento adotado pela companhia no tocante a reter ou distribuir lucros. Caso a empresa adote uma política de pagar mais dividendos em dinheiro, isso elevará o preço da ação; por outro lado, se a companhia aumentar os dividendos a serem pagos, haverá menos recursos para novos investimentos, o que poderia causar queda na taxa futura de crescimento e tenderia a diminuir o preço da ação.

É recomendado que haja uma política ótima de dividendos, ou seja, é a política de dividendos que alcança o equilíbrio entre dividendos correntes e crescimento futuro, maximizando o preço da ação da companhia. Os principais elementos que interferem na política de dividendos são: liquidez, perspectivas de crescimento, considerações dos acionistas, restrições legais em contratos de obrigações ou de empréstimos e avaliação do mercado. Com relação aos aspectos societários, devem ser observados os arts. 201 a 205 da Lei nº 6.404/76, modificada pela Lei nº 10.303/01.

- **Liquidez:** esse fator é importante nas decisões de dividendos, pois ele representa uma saída de caixa; quanto maior a posição de caixa e a liquidez geral da companhia, maior sua capacidade de pagar dividendos.

- **Perspectivas de crescimento:** é preciso analisar as necessidades de recursos para expandir os ativos e, para isso, são utilizados os orçamentos de capital e os demonstrativos projetados de origens e aplicações de recursos. As modificações no fluxo de caixa operacional, os crescimentos de contas a receber, contas a pagar e estoques necessitam ser vistos com cuidado; da mesma forma, possíveis reduções nos níveis de endividamento ou qualquer outra modificação que afete a posição de caixa da companhia devem ser consideradas. É relevante avaliar as projeções dos fluxos de caixa e da posição de caixa da empresa, do risco de negócios e financeiro, e isso tudo pode influenciar na política de distribuição de dividendos.

  Quando a companhia tem uma boa situação financeira, facilita o acesso às amplas linhas de crédito e à emissão de debêntures ou ações; quanto mais uma companhia for bem estabelecida, maior será seu acesso ao mercado de capitais, e assim ela tem capacidade de pagar dividendos em dinheiro.

- **Considerações dos proprietários:** a principal preocupação da empresa deveria ser maximizar a lucratividade para os acionistas; no entanto, muitas vezes os acionistas se preocupam mais com o controle acionário. Quando a empresa paga bons dividendos e de maneira regular, pode necessitar de capital mais tarde e conseguir este capital mediante a venda de ações. Então, o controle da empresa pode se diversificar se os acionistas controladores não puderem subscrever mais ações. Esses acionistas podem querer dividendos baixos e o financiamento das necessidades de investimento da empresa através de lucros retidos. Esse tipo de política de dividendos pode não maximizar os lucros dos acionistas; ela promove, porém, os interesses dos acionistas controladores.

- **Restrições legais em contratos de obrigações ou de empréstimos:** existem contratos de obrigações ou de empréstimos que estipulam restrição ao pagamento de dividendos; isso é colocado pelos financiadores de modo a garantir a capacidade da empresa de cumprir com as obrigações de suas dívidas; em geral, é estipulada uma percentagem máxima de lucros acumulados. Quando essa restrição está vigente, ela influencia na política de dividendos da companhia.

  Às vezes, a administração aprecia essa restrição com referência ao pagamento de dividendos exigidos pelos credores, pois, dessa forma, fica desobrigada a pagar os dividendos e justifica perante os acionistas.

- **Avaliação do mercado:** a administração deve conhecer todas as informações importantes sobre a política de dividendos de modo a aumentar a riqueza dos acionistas. Em geral, os acionistas gostam de políticas de pagamentos de dividendos fixos e constantes; esse tipo de política passa para os investidores uma segurança maior em relação à rentabilidade e à saúde econômico-financeira da empresa, reduz o custo de captação de recursos, aumenta o preço das ações e aumenta os lucros da companhia.

A política de dividendos tem como propósitos: maximizar a riqueza dos acionistas e captar financiamento apropriado à companhia. As três políticas de dividendos mais empregadas são abordadas a seguir.

4.21.1 Política de dividendos com índice de distribuição contínua

A empresa cria um índice de distribuição de dividendos fixos, ou pode também repartir os dividendos pagos em dinheiro por ação por seus lucros em ação. Essa política quer assegurar aos acionistas um repasse imediato dos resultados alcançados, mas a desvantagem dela é que os lucros sofrem oscilações, e os dividendos variam constantemente, e isso passa aos acionistas uma impressão de que a empresa é de risco ou má administrada.

Exemplo:

A empresa ABS trabalha com uma política de distribuição de dividendos em dinheiro de 20% dos lucros; os dados do Quadro 4.21 são os seguintes:

Quadro 4.21 Política de dividendos com índice de distribuição contínua da empresa ABS

Anos	Lucros por ação – $	Dividendo em dinheiro por ação – $	Preço médio da ação – $
2001	1,50	0,30	11,00
2002	– 1,10	0	10,00
2003	2,50	0,50	12,00
2004	3,10	0,62	14,00
2005	– 0,50	0	11,50

Exemplo: $1,50 \times 20\% = 0,30$

Observa-se que nos anos de 2003 e 2004, o preço da ação da empresa ABS subiu, e nos períodos em que houve quedas dos dividendos, 2002 e 2005, o preço da ação caiu. Esse tipo de política não tem sido muito utilizado, pois traz uma insegurança para os acionistas sobre seus investimentos na companhia, e diminui o valor das ações, o que reduz a riqueza do acionista.

4.21.2 Política de dividendos regulares

Essa política está centrada no pagamento de um dividendo em dinheiro fixo por período, e pode ser mensal ou anual. Ela passa para o acionista a impressão de que a empresa teve um bom desempenho. A empresa pode reajustar este dividendo fixo para cima, quando novos patamares de lucros forem verificados.

Exemplo:

A empresa TSQ Empreendimentos adota a política de dividendos regulares, a qual ajusta o valor dos dividendos quando muda os patamares de lucros no decorrer dos anos, e os dados são mostrados no Quadro 4.22.

Quadro 4.22 Política de dividendos regulares da empresa TSQ

Ano	Lucros por ação – $ (1)	Dividendo em dinheiro p/ ação – $ (2)	Preço médio da ação – $ (3)	Índice de distribuição de dividendos – % (4) = (2/1)
2001	0,70	0,21	4,80	30
2002	0,69	0,21	4,70	30
2003	0,72	0,21	4,90	29
2004	0,77	0,22	5,10	28
2005	0,75	0,23	5,10	31

A empresa TSQ pagou dividendos fixos no período de 2001 a 2003, no valor de R$ 0,21, depois passou a pagar R$ 0,23, porque os lucros aumentaram. Observa-se que a companhia garantiu um dividendo fixo, porém ajustou o valor aos novos patamares de lucro, procurando estabelecer um índice médio de distribuição de dividendos próximo de 30% a.a.

Esse tipo de política proporciona maior segurança e faz com que as ações sejam mais valorizadas no mercado. Por isso, ela tem sido a mais empregada pelas empresas, porque atende aos seus próprios objetivos como política de dividendos, que são de maximizar a riqueza dos acionistas e favorecer um financiamento apropriado à companhia. É comum ocorrer variações nos lucros, mas essa política procura não repassar todas as oscilações para os acionistas.

4.21.3 Política de dividendos regulares mais distribuição extra

Essa política é utilizada quando os resultados são bons, proporcionando aos acionistas uma renda estável que fornece segurança, além de uma renda extra. É um tipo de política mais conservadora do que a política de dividendos regulares. Ela é cautelosa ao distribuir um pouco menos de dividendos regulares e somente concede mais dividendos de acordo com a sua capacidade de gerar caixa.

Exemplo:

A empresa RCQ Alimentos opta pela política de dividendos em dinheiro de R$ 0,30 por ano, mais dividendos extras, quando houver lucros excedentes.

Quadro 4.23 Política de dividendos regulares mais distribuição extra da empresa RCQ Alimentos

Anos	Lucros por ação – $ (1)	Dividendo em dinheiro por ação – $ (2)	Preço médio da ação – $ (3)	Índice de distribuição de dividendos – % (4) = (2 / 1)
2001	0,70	0,30	6,00	43
2002	0,67	0,30	5,30	44
2003	0,70	0,30	5,80	43
2004	1,10	0,50 (0,30 + 0,20)	6,50	45
2005	1,05	0,45 (0,30 + 0,15)	6,80	43

Fontes: LEMES; RIGO; CHEROBIM, 2005; PADOVEZE, 2005.

Nos anos de 2004 e 2005, foram distribuídos dividendos extras, além dos dividendos regulares de $ 0,30, o que refletiu no preço médio da ação; e a média do índice de distribuição de dividendos é de 43%, mais os dividendos extras.

4.22 FALTA DE RECURSOS NA EMPRESA

A falta de recursos na empresa pode ser ocasionada por vários motivos e pode ser evitada se houver uma análise criteriosa da capacidade de caixa, que é fornecida pela soma dos recursos financeiros (reservas próprias e de terceiros) com o poder de captação não usado (possíveis linhas de crédito e aumentos de capital).

A capacidade de caixa suporta a expansão de qualquer outro ativo e as oscilações nas disponibilidades líquidas do caixa. Ultrapassar os limites da capacidade de caixa pode transformar um problema numa crise.

As principais causas da falta de recursos na empresa estão relacionadas a seguir:

- Dilatação dos prazos de vendas pela empresa, para conquistar clientes.
- Necessidade de compras de vulto, que podem ser cíclicas ou de reserva, requerendo maiores disponibilidades de caixa.
- Capital próprio insuficiente e uso excessivo de capital de terceiros, aumentando o nível de endividamento da empresa.

- Aumento descontrolado das vendas, gerando maior volume de compras e custos pela empresa.
- Lenta velocidade no giro de estoques e nos processos de produção.
- Diferenças significativas entre os ciclos de recebimento e pagamento, ocasionadas pelos prazos de venda e compra.
- Distribuição de lucros além da capacidade do caixa.
- Custos financeiros altos provenientes de falta de planejamento e controle de caixa.
- Subocupação temporária do capital fixo, seja pelas limitações de mercado, seja pela falta ou insuficiência de capital de giro.

Os fatores externos mais comuns que podem provocar alterações nos saldos de caixa:

- Concorrência.
- Alterações nas alíquotas de impostos.
- Aumento de preços.
- Inflação.
- Inadimplência.
- Declínio nas vendas.
- Expansão ou retração do mercado.

Quanto aos fatores internos mais comuns:

- Mudanças nas políticas de vendas, crédito, compras, distribuição etc.

A seguir, listamos as razões para a demanda de caixa.

O caixa mínimo exigido dependerá de uma série de fatores. A lista a seguir apresenta alguns deles, sem pretensão de esgotar o assunto (ASSAF NETO; SILVA, 2006, p. 86).

- Falta de sincronização entre pagamentos e recebimentos de caixa tende a elevar o caixa necessário. Esta falta de sincronia pode ser resultante de sazonalidades em pagamentos e recebimentos e das características operacionais de atuação da empresa, sendo que o fluxo de caixa projetado pode ser um importante instrumento para reduzir as diferenças temporais de entrada e saída de recursos na empresa.
- Grande possibilidade de ocorrência de eventos não previstos no planejamento da empresa que representem desembolsos de caixa.
- Acesso reconhecido às fontes de financiamento, seja capital próprio ou de terceiros. A existência de um mercado financeiro desenvolvido pode ainda reduzir a exigência de um caixa mínimo. Caso isso ocorra, quando necessitar de recursos, a empresa poderá obtê-los de forma relativamente fácil e a uma

taxa de juros compatível neste mercado financeiro. Se o custo do financiamento for excessivo, isso tende a inibir a busca de recurso no mercado e a elevar o caixa mínimo, justamente para reduzir a probabilidade de recorrer ao financiamento externo.

- Bom relacionamento com o sistema financeiro, particularmente no que se refere ao saldo da conta em bancos. A exigência de saldos mínimos para futuras operações requer mais volume nesta conta. Por outro lado, o sistema financeiro, ao agilizar o sistema de compensação de cheques, tende a reduzir a necessidade de caixa mínimo.

- Possibilidade de furtos e desfalques, sendo que estes fatos podem ser minimizados através de controle mais acurado sobre os recebimentos e pagamentos de caixa.

- Existência de prazo médio de recebimentos de vendas acima do necessário. Sempre que possível a empresa deve reduzi-lo, seja através de uma compensação mais rápida ou pela redefinição da política de vendas a prazo.

- Existência de prazo de pagamento reduzido. Com o intuito de otimizar a rentabilidade, a empresa deve aumentar, sempre que for economicamente vantajoso, o prazo de pagamento.

- Existência de grande investimento em estoques. É importante adequar a política de estoques, procurando diminuir o volume investido neste ativo, ajustando--o mais proximamente à demanda. Nos próximos capítulos, iremos tratar mais pormenorizadamente desse assunto.

- Existência de várias contas-correntes em bancos. É interessante que a empresa procure otimizar a manutenção de contas-correntes em bancos, de maneira a melhorar seu controle e a obter melhores condições nas negociações com estas instituições financeiras.

- Processo produtivo com desperdícios e atividades com pouca contribuição para o resultado.

- Nível de taxa de inflação. Por um lado, em ambientes inflacionários, a perda decorrente da manutenção de um caixa mínimo tende a aumentar. Por outro lado, ambientes inflacionários tendem a gerar mais oportunidades de investimento, aumentando a demanda de dinheiro pelo motivo especulativo.

- Política de crédito da empresa, em especial a morosidade dos pagamentos e a probabilidade de que clientes não efetuem pagamentos, o que implica maior necessidade de caixa.

- Existência de um modelo de administração de caixa claramente definido e ajustado às operações da empresa. A administração precisa ter regras claras para saber quanto deixar em caixa, de maneira a cobrir satisfatoriamente suas necessidades de desembolsos.

- Regularidade nos recebimentos da empresa, inclusive os decorrentes de operações à vista.

4.22.1 Custos financeiros, *overtrade* e efeito tesoura

Os **custos financeiros** podem impactar fortemente o lucro das empresas. Para se ter eficácia na administração das despesas financeiras é necessário que haja planejamento, controle e análise adequados, entendendo sua natureza e seu processo, para tentar reduzir os custos financeiros.

Dois aspectos fundamentais à análise da variação do custo financeiro são o **volume** e o **preço**. O orçamento de caixa e o orçamento de despesas financeiras, elaborados e verificados adequadamente, são fontes de subsídios para o processo de tomada de decisões financeiras.

O planejamento de despesas e receitas financeiras e, da mesma forma, as fontes e os critérios gerais dos financiamentos requerem do profissional sólidos conhecimentos do mercado financeiro e da economia brasileira e internacional, quando for o caso.

É preciso para o planejamento das despesas financeiras a definição das premissas e condições gerais, levando em conta os possíveis cenários econômicos do período que se quer orçar.

Problemas de caixa custam dinheiro e muitas empresas não percebem esses custos nem os problemas que os originaram. Deve-se ter consciência da importância do fluxo de caixa; assim, previne-se os impactos que esses custos podem causar no resultado da empresa.

Iremos ilustrar isso com dois exemplos: o primeiro com **custos explícitos** e o segundo com **custos implícitos**.

Exemplo: Certa empresa apresentou aumento no volume de vendas, entretanto, redução do lucro. Ao analisar o balanço, verificou-se um valor alto das despesas financeiras decorrentes do déficit de caixa, que era originário do aumento desproporcional do prazo médio de recebimento do contas a receber.

O crescimento das vendas ocorreu em razão de uma política de crédito a clientes que provocava déficits de caixa cobertos por empréstimos bancários. Então, verificou-se que o custo direto desses empréstimos não compensou o lucro escritural.

Exemplo: Considerando o caso anterior, se a empresa tivesse coberto os déficits de caixa com capital próprio, a empresa estaria "deixando de ganhar" com uma possível aplicação financeira ou aumento do estoque do recurso disponível.

O custo de um problema de caixa pode não ser tão claro quanto foi no primeiro exemplo. Os empréstimos bancários podem não ser utilizados em uma empresa capitalizada, e nem por isso ela deixa de ter custos implícitos, ocultos ou de oportunidade.

O **custo de oportunidade** corresponde ao custo indireto de um problema de caixa, que representa o ganho potencial que poderia haver se os recursos absorvidos pelo problema estivessem disponíveis.

O custo de oportunidade é avaliado, de maneira conservadora, pelos rendimentos que a empresa deixa de conseguir ou pelo custo de um empréstimo equivalente. Geralmente, o custo de oportunidade precisa ser maior do que o custo financeiro para que se justifique um empréstimo.

Overtrading significa uma grande expansão no volume de atividades de uma empresa, não havendo recursos disponíveis para bancar as necessidades adicionais de giro.

Toda empresa tem um limite de caixa, para lastrear certo volume de negócios. Quando ocorre de o volume de vendas extrapolar esse limite, ou quando o lastro para sustentar os negócios diminuir, então haverá uma redução representativa da diminuição da margem de segurança da empresa: é o que se chama de *overtrading*.

Somos capazes de citar algumas situações em que pode ocorrer *overtrading* e uma empresa caminhar para um crescimento sem sustentação, como, por exemplo: metas de expansão ambiciosas e superdimensionadas, redução do capital de giro líquido, políticas sem freios de imobilizações etc.

Outras situações que sinalizam a entrada da empresa em um nível de *overtrading* (ou *overtrade*) são as seguintes:

- Constantes quedas nos indicadores de liquidez;
- Crescimento na necessidade de capital de giro.
- Excesso de imobilizado em relação ao circulante, sem uma clara justificativa.
- Queda acentuada nas vendas.
- Crescimento acentuado dos estoques em relação ao crescimento das vendas.
- Crescente aumento do ciclo financeiro.
- Aumento das despesas financeiras.
- Dificuldades para efetuar o pagamento dos salários, impostos e despesas fixas.
- Permanência de itens obsoletos no ativo imobilizado.
- Alto nível de devolução de vendas.

Fonte: SILVA, 2014, p. 188.

Quadro-resumo da operação situação i – crescimento mais que proporcional da NIG

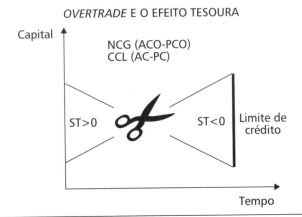

O termo *overtrade* significa fazer negócios acima da capacidade de financiamento da NCG. *Overtrade* ocorre quando o crescimento da NCG supera o crescimento do CCL. Na realidade, o *overtrade* se configura quando as instituições financeiras no mercado passam a não conceder novos financiamentos para a empresa. Neste caso, o efeito tesoura poderá provocar insolvência da empresa.

Fonte: GUIMARÃES; OZORIO, 2018, p. 37.

Dinâmica do *overtrading* – Quadro-resumo da operação

SITUAÇÃO I – CRESCIMENTO MAIS QUE PROPORCIONAL DA NIG

	ANO 1	ANO 2	ANO 3
Vendas	$ 500	$ 1.000	$ 2.000
Evolução Anual	–	100%	100%
NIG	$ 200	$ 500	$ 1.000
Evolução Anual	–	150%	100%
CCL	$ 250	$ 500	$ 1.000
Evolução Anual	–	100%	100%
SD	$ 50	–	–

A *situação* I reflete um aumento da NIG motivado não somente pela expansão de venda, mas também pela ampliação do ciclo financeiro. Concessões de maiores prazos de pagamentos aos clientes ou reduções no financiamento operacional, por exemplo, podem explicar este incremento mais que proporcional em relação às vendas da necessidade de investimento em capital de giro.

O incremento adicional da NIG foi financiado integralmente mediante a utilização do saldo do disponível positivo existente no ano 1, suficiente para lastrear financeiramente a necessidade incremental de recursos para giro. Com isso, a reserva financeira da empresa se mostra nula para os próximos anos, exigindo novas captações de recursos externos para financiar eventuais aumentos no ciclo financeiro.

Nas atuais condições de CCL igual a NIG, a situação financeira se revela satisfatória (ASSAF NETO; SILVA, 2012).

SITUAÇÃO II – REDUÇÃO DO CCL EM RELAÇÃO À NIG

	ANO 1	ANO 2	ANO 3
Vendas	$ 500	$ 1.000	$ 2.000
Evolução Anual	–	100%	100%
NIG	$ 200	$ 400	$ 800
Evolução Anual	–	100%	100%
CCL	$ 250	$ 400	$ 700
Evolução Anual	–	60%	75%
SD	$ 50	–	– $ 100

Na *situação* II ocorre uma piora gradual na situação financeira da empresa devido principalmente à redução relativa do volume de capital circulante líquido. Recursos de longo prazo podem estar sendo desviados do giro para financiar investimentos em bens permanentes (ASSAF NETO; SILVA, 2002).

O evento **efeito tesoura** acontece quando a empresa financia grande parte de sua necessidade de capital de giro (NCG) por meio de recursos caros e de curto prazo.

O efeito tesoura pode ser proveniente de: crescimento muito rápido nas vendas; uso de recursos a curto prazo para expandir o ativo permanente; deterioração do ciclo financeiro, por causa da má gestão dos estoques, contas a receber e contas a pagar; alta inadimplência do contas a receber e descasamento dos prazos médios de pagamento, recebimentos e giro do estoque no fluxo de caixa.

Esse efeito acontece com maior frequência durante a **fase de começo dos negócios**, quando ocorre o crescimento rápido da empresa; e em **período de recessão**, quando existe o acúmulo de estoque proveniente da queda nas vendas.

A dependência crescente por empréstimos bancários de curto prazo pode tornar crítica a situação de liquidez da empresa. Se houver diminuição no nível do crédito, a empresa poderá ser levada a um processo de insolvência.

O efeito tesoura também é originado por uma queda crescente na tesouraria e um aumento constante da NCG.

O efeito tesoura pode ser proveniente de:

- Crescimento muito rápido nas vendas ou tendência do ciclo operacional deficitário.
- Uso de recursos a curto prazo para expandir o ativo permanente, o que, por sua vez, reduz o capital de giro.
- Desvio de recursos do giro do negócio para imobilizações.
- Deterioração do ciclo financeiro, por causa da má gestão dos estoques, contas a receber e contas a pagar.
- Sucessivos prejuízos, levando a empresa a captar recursos de curto prazo para financiar suas atividades.
- Alta inadimplência do contas a receber e descasamento dos prazos médios de pagamento, recebimentos e giro do estoque no fluxo de caixa.
- Decisões de imobilizações sem que haja recursos próprios ou recursos de longo prazo disponíveis.
- Investimentos vultosos no ativo permanente com baixos retornos e ou com retornos muito demorados (longo prazo).
- Aumento constante do número de dias do ciclo financeiro (caixa).
- Baixa lucratividade nos negócios com impacto no caixa.
- Distribuição de lucros ou dividendos em excesso, comprometendo seu controle de autofinanciamento.
- Estoques de produtos em excesso ou sem giro por falta de controle interno.

Com o propósito de evitar o efeito tesoura, as companhias devem planejar a evolução do saldo de tesouraria, que depende de elementos que atingem o autofinanciamento, a necessidade de capital de giro e de decisões estratégicas, alterando o capital de giro.

O autofinanciamento e a necessidade de capital de giro são determinados pelo nível de atividades da companhia, enquanto as decisões estratégicas, que envolvem novos investimentos em bens do ativo permanente, empréstimos a longo prazo, entre outros, devem ser tomadas considerando a necessidade de fixar uma relação adequada entre o crescimento do capital de giro e a evolução da necessidade de capital de giro da companhia.

Para evitar o efeito tesoura, o autofinanciamento da companhia deve ser suficiente para financiar, no mínimo, os aumentos de sua necessidade de capital de giro (NCG).

Resumindo, o **efeito tesoura** ocorre quando acontece um descompasso **entre a evolução das fontes disponíveis de longo prazo (CGG) e as aplicações que necessitam ser financiadas (NCG)**. Nesse caso, o saldo de tesouraria (T) se torna crescentemente negativo, apresentando uma tendência cada vez mais acentuada dos recursos de curto prazo para o financiamento das atividades da companhia. Este processo persistente eleva o risco financeiro e se faz presente quando acontece um crescimento representativo e continuado do saldo negativo de tesouraria, representado pela deterioração do indicador (T/NCG) ao longo do tempo. É uma evidência de um aumento de desequilíbrio entre o comportamento da necessidade de capital de giro (NCG) e do capital de giro (CDG), causando um crescimento relativo significativo do saldo de tesouraria (T).

Em termos de visualização do efeito tesoura, a Figura 4.23 mostra o afastamento das curvas da NCG (aplicações operacionais) e do CDG (fontes de longo prazo), o que gera um efeito visual parecido com as duas partes de uma tesoura. Esse espaço aberto entre as duas lâminas da tesoura imaginária representa a participação dos recursos financeiros de curto prazo inseridos no saldo de tesouraria (T), empregados no financiamento da demanda operacional de recursos (NCG).

Enfim, a utilização crescente dos recursos financeiros de curto prazo do saldo de tesouraria, quanto maior for a distância entre a necessidade de capital de giro (NCG) e fontes disponíveis de longo prazo (CDG), maior será o valor relativo de T; portanto, maior será a abertura da tesoura. Verifica-se, assim, a deterioração da situação financeira da empresa.

Em uma situação de efeito tesoura, a empresa é incapaz de financiar adequadamente seus investimentos operacionais em giro, operando com recursos de maturidade incompatível com suas efetivas necessidades financeiras.

Este comportamento é um forte indicativo de que a empresa está caminhando para sua insolvência, o que exige dos administradores uma **rápida intervenção nos prazos operacionais, renegociação do perfil de vencimento da dívida, alteração das políticas de concessão de crédito, e nas políticas de vendas** (ASSAF NETO, 2006, p. 219-221; SILVA, p. 445-447).

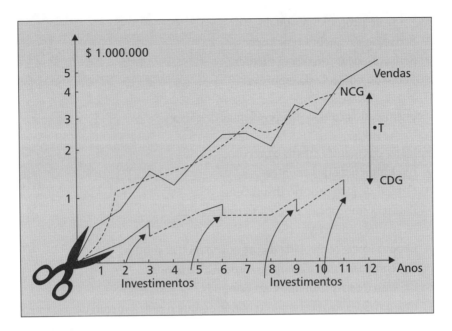

Figura 4.23 Efeito tesoura.

O conceito foi criado na década de 1970 pelo professor e pesquisador francês Michel Fleuriet, como parte de seu Modelo Dinâmico (Modelo Fleuriet), que serve tanto para avaliar o desempenho de uma empresa quanto para a administração a curto e longo prazo.

Esse espaço, o *gap* acima aberto entre as duas lâminas da tesoura imaginária, representa a participação dos recursos financeiros de curto prazo contidos no saldo de tesouraria, utilizados no financiamento da demanda operacional de recursos (NCG).

Tudo começa com o conceito de capital de giro (CDG). O CDG é a quantidade de dinheiro disponível para bancar as operações habituais da empresa, como renovação de estoque e pagamento de funcionários. Se o capital de giro é insuficiente para suprir a necessidade de capital de giro (NCG), ou seja, o quanto é necessário para manter essas operações, essa diferença de valor será suprida pelos fundos de curto prazo do saldo da tesouraria (T). O efeito tesoura é justamente esse crescimento negativo do T.

Para evitar o efeito tesoura, o lucro retido deve ser suficiente para financiar, pelo menos, os aumentos de sua necessidade de capital de giro.

4.22.2 Desequilíbrio financeiro

Os **sinais superficiais** ou **sintomas** mais comuns que apontam para a existência de problemas de caixa são:

- Insuficiência crônica de caixa, o que provoca tensões internas pela falta de dinheiro;
- Frequente captação de recursos financeiros de terceiros.

- Saída de profissionais qualificados.
- Sensação de quebra repentina.
- Sensação de esforço sem medida.
- Perda do controle da empresa.

São considerados **causas** dos problemas de caixa:

- Defasagem entre custos e preços.
- Inadimplência dos clientes.
- Capital de giro próprio insuficiente.
- Políticas impróprias de crédito e cobrança.
- Ação dos concorrentes.
- Expansão descontrolada da produção ou das vendas.
- Descompasso entre compras, produção e vendas.
- Excesso de investimentos em estoques.
- Prazo médio de recebimento maior do que o prazo médio de pagamentos.
- Descasamento entre os prazos médios de contas a receber, contas a pagar, giro de estoques e aumento de inadimplência.
- Excesso de imobilizações.
- Inflação de custos e recessão econômica.
- Estrutura e formação de preços de venda inadequadas.

As **consequências** têm efeitos profundos, com o agravamento dos sintomas, que ocasiona:

- Maior vulnerabilidade econômica e financeira diante das oscilações do mercado e desequilíbrio na gestão dos custos fixos.
- Atrasos frequentes nos pagamentos de obrigações assumidas, inclusive impostos.
- Aumento de tensões internas no quadro de pessoal.
- Protestos e penhora de bens.
- Processo de recuperação judicial (ex-concordata) e falência.

Manter o equilíbrio financeiro interno, segundo Zdanowicz (1995), exige um constante monitoramento por parte da administração financeira, colocando em foco os itens que podem causar a falta de recursos na empresa e, em consequência, desequilibrá-la.

Para uma melhor visualização, Zdanowicz (1995, p. 40) demonstra o seguinte diagrama: **desequilíbrio financeiro**.

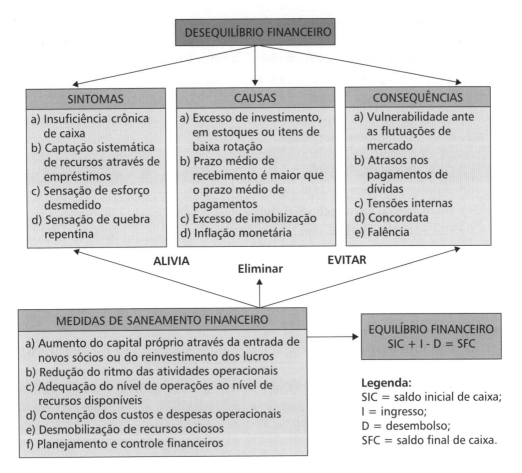

Figura 4.24 Diagrama do desequilíbrio financeiro.

Esse diagrama permite ao administrador financeiro visualizar os sintomas, as causas e as consequências de possíveis desequilíbrios financeiros. Através da identificação desses fatores, poderão ser adotadas medidas preventivas e saneadoras, visando ao equilíbrio da empresa.

4.22.3 Impactos da inflação e juros nas empresas

A inflação – desvalorização da moeda em determinado período – afeta toda a estrutura financeira da empresa e das pessoas.

Valores expressos em reais hoje já perdem, dentro de um mês, o seu poder aquisitivo, devido à inflação. Isso afeta o fluxo de caixa, tanto do lado dos recebimentos de vendas, como do lado dos pagamentos operacionais e não operacionais da empresa.

Assim como os salários representam a remuneração do fator econômico trabalho, os juros representam a remuneração do capital: até uma compra à vista permite uma análise de juros.

Vamos examinar estes impactos, através de simples exemplos utilizando taxas de inflação e juros, com matemática básica:

- Taxa mensal de inflação — 1%
- Taxa mensal de juros de *factoring* — 4%
- **Taxa mensal de inflação mais juros** $(1,01 \times 1,04)$ — 5,04%
- **Taxa anual de inflação mais juros** $(1,0504^{12})$ — 80,41%

Juros Compostos: Juros sobre Juros

Exemplos:

Um cliente pede um mês de prazo, sem correção, para pagar à sua empresa um título no valor de R$ 10.000,00.

Ao concordar, *a sua empresa perderá* – com as taxas acima –, R$ 504,00 (10.000,00 × 0,0504).

A sua empresa troca duplicatas numa *factoring*, no valor de R$ 200.000,00; para um prazo de dois meses, a sua empresa pagará de juros mais inflação R$ 20.668,02 (200.000 × $(0,0504 + 1\ y^2)$ = 1,1033 = 220.668,03 – 200.000 = 20.668,02).

4.22.4 Valor do dinheiro no tempo

Na prática financeira, quando uma empresa for efetuar **um pagamento, o menor** valor atual ou **o menor** valor futuro são os mais vantajosos.

Se a empresa **for receber um recurso, o maior** valor atual **ou o maior** valor futuro são os mais vantajosos.

Exemplos:

1. Minha empresa comprou R$ 100.000,00 de materiais. Qual a forma de pagamento mais vantajosa:

   - pagar R$ 100.000,00 em 30 dias sem correção; ou
   - pagar R$ 50.000,00 à vista em um mês, com taxas de 5,04% ao mês?

Solução: Comparar os valores atuais, o que **for menor será mais vantajoso**.
Observar que o valor atual 2 é composto de 2 VA.

$$\text{Valor Atual } 1 = \frac{100.000,00}{(1 + 0,0504)^1} = \text{R\$ } 95.201,83$$

$$\text{Valor Atual } 2 = 50.000,00 + \frac{50.000,00}{(1 + 0,0504)^1}$$

$$= 50.000,00 + 47.600,91 = \text{R\$ } 97.600,91$$

É mais vantajosa a primeira opção, com **menor valor atual** de R\$ 95.201,83.

Fonte: FRANCO, 2000.

4.23 FLUXO DE CAIXA LIVRE, MODELO

Fluxo de caixa livre representa o dinheiro que uma empresa é capaz de gerar, após separar o dinheiro necessário para manter ou expandir sua base de ativos. O fluxo de caixa livre é importante porque permite que uma empresa busque oportunidades que aumentam o valor do acionista.

O fluxo de caixa livre ou *free cash flow* é o dinheiro disponível para pagar tanto os detentores de dívida quanto os acionistas.

O fluxo de caixa livre utiliza o fluxo de caixa operacional, ou seja, o fluxo proveniente das operações da empresa após os impostos sem considerar a estrutura de financiamento da empresa (empréstimos).

É o total de dinheiro disponível na empresa após considerar os investimentos (ativos permanentes) e necessidades de capital de giro, assumindo que não existe pagamento de juros (despesas financeiras). Devem ser adicionadas também as despesas que não geram saídas de caixa, por exemplo, a depreciação, exaustão e a amortização.

Conforme Copeland (1990): "O fluxo de caixa livre de uma empresa deve ser igual ao seu fluxo de caixa de financiamento. Ou seja, o total de dinheiro gerado pelas operações da empresa (mais fluxo de caixa não operacional, se existir) precisa ser igual ao pagamento líquido para todos os credores e acionistas da empresa. Caso o fluxo de caixa livre seja negativo, ele precisa ser igual aos investimentos (descontados impostos) providos pelos credores e acionistas."

O fluxo de caixa livre pode ser calculado da seguinte forma:

(=) *Receitas líquidas de vendas*

    (–) *Custo de vendas*

    (–) *Despesas Operacionais*

(=) *Lucro antes de juros e impostos sobre o lucro (**EBIT**)*

    (+) *Ajuste de despesas operacionais que não promove saída de caixa*

(=) *Lucro antes de juros, impostos sobre o lucro, depreciação, amortização e exaustão* **(EBITDA).**

(–) *Impostos sobre o lucro*

(=) **Caixa Gerado pelas operações**

(–) *Investimentos:*

       Permanentes

       Circulantes (Capital de Giro)

(=) **Fluxo de Caixa Livre – FCL**

Avaliação baseada em fluxo de caixa livre

Damodaran (2002, p. 214) afirma que "o valor de uma empresa é o valor presente de seus fluxos de caixa previstos ao longo de sua vida". No mesmo sentido, Assaf Neto (2003, p. 586) ratifica que: "Uma empresa é avaliada por sua riqueza econômica expressa a valor presente, dimensionada pelos benefícios de caixa esperados no futuro e descontados por uma taxa de atratividade que reflete o custo de oportunidade dos vários provedores de capital."

Brealey e Myers (2000, p. 28) defendem o procedimento de desconto das entradas e saídas esperadas de recursos financeiros ao valor presente ao mencionarem que: "Os fluxos de caixa são atualizados por duas simples razões: a primeira, porque um dólar disponível hoje vale mais que um dólar disponível amanhã, e, a segunda, porque um dólar com risco vale menos que um dólar sem risco." As fórmulas do VP (valor presente) e do VPL (valor presente líquido) são expressões numéricas que quantificam essas ideias. Damos atenção às taxas de remuneração prevalecentes nos mercados de capitais para determinar a influência do tempo e do risco sobre a taxa de atualização. Com o cálculo do valor presente de um ativo estamos, de fato, a estimar quanto as pessoas pagarão por ele, se tiverem como alternativa um investimento no mercado de capitais.

Para Brigham *et al.* (2001, p. 62): "O fluxo livre de caixa representa o caixa que está efetivamente disponível para distribuição aos investidores. Portanto, a forma pela qual os gestores podem fazer com que suas empresas sejam mais valiosas é aumentar seus fluxos livres de caixa."

Análise do fluxo de caixa livre

O fluxo de caixa livre corresponde à movimentação do caixa com as atividades operacionais mais o fluxo decorrente dos investimentos de capital realizados.

Como podemos perceber, o fluxo de caixa livre proporciona a obtenção do montante movimentado livre dos custos e despesas operacionais. Em outras palavras, a análise do fluxo de caixa livre vai dizer se houve realmente entrada ou saída de dinheiro da empresa no período. Tal método é importante para definir o valor a ser repassado para acionistas ou subsidiar decisões quanto a possíveis investimentos.

É recomendável analisar os períodos passados, a fim de averiguar se eventuais resultados negativos são esporádicos ou se se repetem constantemente, sinalizando se a empresa

Cap. 4 • Administração do fluxo de caixa

será capaz ou não de honrar seus compromissos no futuro, aspecto muito importante para a saúde econômica da empresa.

4.24 MODELOS E ESTRUTURAS DO FLUXO DE CAIXA: QUADROS DE APOIO

Os modelos a seguir apresentam uma nova visão gerencial e econômica abrangente, que contribuirão para a conciliação do modelo do fluxo de caixa direto, bem como poderá ajudar na resposta a algumas perguntas, tomadas de decisões e justificativas de desvios orçamentários e possíveis desequilíbrios financeiros.

Receita Bruta
(−) Impostos Sobre Venda
Receita Líquida
(−) Custo Produtos e Serviços
Lucro Bruto
(−) Despesas com Pessoal
(−) Despesas com Vendas
(−) Despesas Gerais e Adm.
EBITDA
(−) Imposto de Renda e CSLL
(−) D NCG
Fluxo de Caixa Operacional
(−) CAPEX
Fluxo de Caixa Operacional Livre
(−) Captação de Recursos
(−) Amortização e Pagamento de Juros
Fluxo de Caixa do Acionista

Perguntas às quais somente o fluxo de caixa gerencial pode responder:

- De onde vêm e para onde vão os recursos gerados pela empresa?

- Por que a empresa gera lucro, mas está sempre enfrentando aperto de liquidez?

- Qual é o impacto da variação da NCG no caixa da empresa?

- Qual é a capacidade de expansão da empresa?

- O endividamento da empresa é compatível à sua capacidade de honrar tais compromissos?

- Qual a capacidade da empresa para distribuir lucro sem que isso comprometa o seu crescimento?

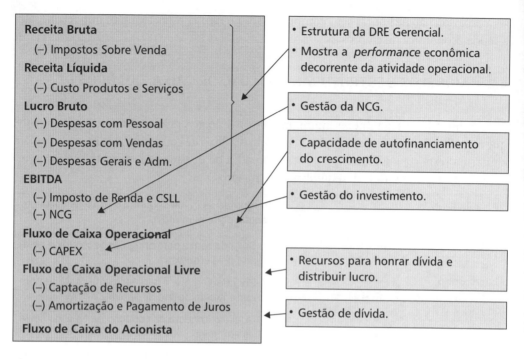

Figura 4.25 As diversas visões do fluxo de caixa.

É muito importante a análise e interpretação da DRE gerencial em relação às linhas do fluxo de caixa operacional, fluxo de caixa operacional livre e do fluxo de caixa livre dos acionistas.

Uma nova visão integrada de análise do resultado operacional (EBITDA) e do fluxo de caixa

O objetivo de maximização do valor da empresa é fortemente apoiado pela geração do seu lucro operacional após impostos denominado de NOPLAT (*Net Operating Profit Less Adjusted Taxes*) = Lucro Operacional – Imposto de Renda e CSSL.

Essa visão integrada entre a Demonstração do Resultado Gerencial, as operações, gestão financeira e o foco na variável final de decisão do lucro operacional, após os impostos (e não o lucro líquido), pode ser uma alternativa de remuneração dos investidores/acionistas e credores de dívidas, conforme o saldo de fluxo de caixa livre do acionista.

A ideia é facilitar o entendimento sobre a ótica gerencial da análise de resultado operacional (EBITDA) e os aspectos relacionados às operações da empresa, bem como seu impacto na previsão do fluxo de caixa livre do acionista e credores de dívida.

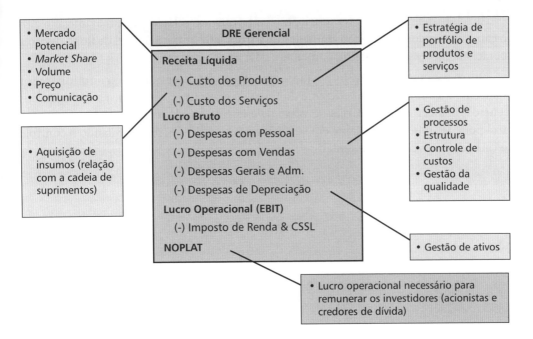

Figura 4.26 DRE gerencial.

CONCLUSÕES

Uma das principais atividades do administrador financeiro é elaborar e administrar o fluxo de caixa, com controles e análises financeiras. O fluxo de caixa tem como objetivo principal o planejamento de receitas, despesas, custos, investimentos e dos recursos financeiros da empresa em determinado período de tempo.

Uma administração eficaz do caixa está baseada em seis princípios básicos:

- Diminuir o ciclo de compra/produção/estoque, de maneira a aumentar o giro do estoque.
- Protelar ao máximo o pagamento das compras/despesas, sem prejudicar o conceito de crédito da empresa.
- Criar maneiras eficazes de melhorar o sistema de crédito, cadastro e cobrança a um custo razoável, bem como saber administrar a inadimplência.
- Ficar atento ao movimento de seus principais concorrentes.
- Administrar rigorosamente o nível, perfil e custo do endividamento.
- Administrar de forma efetiva os custos/despesas fixas e desperdícios dentro da empresa.

As seis maneiras podem ter restrições. É interessante esclarecer que maximizar o giro do caixa, mesmo dentro de determinadas restrições, minimizará o nível de fluxo de caixa operacional necessário e, assim, aumentará o lucro da empresa.

Outro aspecto também importante que deve ser observado pelo administrador financeiro é a administração eficiente do fluxo de caixa livre, que indica a evolução dos recursos financeiros disponíveis no caixa da empresa a cada momento. A evolução do caixa pode ser muito importante em situações de restrição de crédito, quando o controle do caixa disponível é fundamental.

Planejamento e elaboração do fluxo de caixa

Este capítulo comenta sugestões de como deve ser projetado o fluxo de caixa, levando em conta algumas considerações, para depois partir para a efetiva elaboração.

5.1 PLANEJAMENTO

O orçamento de caixa faz parte do orçamento geral de uma empresa, que planeja as operações por períodos curtos de seis meses a um ano, podendo ser de períodos menores. Nesse caso, ele é conhecido como **previsão de caixa** ou **projeção de fluxo de caixa**.

Normalmente, o fluxo de caixa não é uniforme durante o mês, pois apresenta períodos sazonais. Então, a projeção deve ser demonstrada diariamente para períodos próximos. Quanto mais distante estiver o período de projeção, maior será o período de incerteza a ele ligado, portanto, não tem sentido apresentar o fluxo de caixa dia a dia para períodos mais distantes.

A título de sugestão, o fluxo de caixa deve ser projetado dia a dia para os primeiros 30 dias; para o segundo e o terceiro mês, pode ser apresentado por semana ou quinzena; e do quarto ao sexto mês pode ser apresentado por mês.

As projeções do fluxo de caixa devem ser atualizadas com base em fluxo efetivo, fazendo os ajustes nas premissas e condições do mercado, para chegar o mais perto possível do resultado financeiro efetivo.

Na elaboração, uma análise é necessária sobre a qualidade da informação antes do lançamento no fluxo de caixa.

O método de elaboração do fluxo de caixa mais usado é o **método direto**, e suas características são:

- É construído a partir das informações de despesas, investimentos e receitas de caixa projetados e já conhecidos.

- São utilizados frequentemente mapas auxiliares para resumir e detalhar as informações recebidas das diversas áreas da empresa.

As informações preliminares para a elaboração do fluxo de caixa devem ser enviadas ao administrador financeiro, e normalmente originam dos seguintes departamentos: vendas; compras; recursos humanos; administração; estoque; cobrança, entre outros. É fundamental que os responsáveis pelos departamentos estejam conscientes da seriedade e da confiabilidade dos dados que estão sendo transmitidos.

Para a elaboração do fluxo de caixa, faz-se necessário considerar possíveis oscilações, que irão implicar ajustes dos valores projetados; assim, mantém-se a flexibilidade desse importante instrumento de trabalho.

A empresa não deve medir esforços na implantação e implementação desse importante instrumento de gestão financeira, que sem dúvida ajudará a alcançar os objetivos e as metas propostos.

Para a empresa obter resultados positivos por meio do fluxo de caixa, é preciso que o administrador financeiro atente para alguns aspectos, tais como:

- Assegurar ao caixa, dentro do possível, um nível razoável, para formação de reservas da empresa.

- Alcançar maior liquidez nas aplicações financeiras do disponível de caixa, entretanto, sem comprometer o mínimo que se deve ter em caixa, a título de segurança, necessário para atender às atividades operacionais.

- Procurar a maximização do lucro, considerando certos padrões de segurança já previamente estabelecidos.

5.1.1 Questionário de coleta de informações e apoio para elaboração da projeção do fluxo de caixa e/ou orçamento de caixa anual e seu acompanhamento

1. A empresa estabelece um planejamento financeiro, definindo as premissas básicas e os cenários para projeção das metas de receitas, custos, despesas e investimentos para os próximos meses?

   1.1 As metas acima são discutidas com os executivos da empresa?

2. O EBITDA, a margem de contribuição, o lucro líquido e a rentabilidade sobre o PL médio e seu efeito no caixa são discutidos com os executivos da empresa?

3. São realizadas reuniões com os executivos para comparar os valores planejados, realizados e justificar os desvios relevantes na projeção? Os executivos estão comprometidos com a projeção do fluxo de caixa?

4. Os executivos têm conhecimento, hoje, se terá recursos ou não para saldar os seus compromissos no curto prazo?

5. A empresa possui um cronograma de informações por áreas de responsabilidade e com impacto no fluxo de caixa para elaboração do planejamento financeiro de curto prazo?

6. A empresa possui controles financeiros formais que demonstrem o valor de cada gasto realizado no mês e acumulado em relação à projeção do caixa?

7. A empresa possui controles financeiros por área de negócios que demonstrem o valor do superávit ou déficit operacional de caixa obtido no mês e acumulado?

8. A empresa demonstra conhecer e apurar corretamente a margem de contribuição dos produtos ou segmentos de negócios e seu impacto no caixa?

9. A empresa possui um bom controle da estrutura operacional, *overhead* e financeira para formação de preço de venda à vista e a prazo dos produtos e serviços?

10. A empresa possui um controle adequado das contas a pagar por fornecedores, vencimento e família de produtos?

11. A empresa possui um controle adequado das contas a receber por clientes, vencimento e espécie de recebíveis?

12. A empresa identifica claramente a necessidade do capital de giro (NCG), o efeito tesoura e o gerenciamento das fontes de recursos?

13. A empresa possui uma política de estoques adequada ao volume de vendas? O prazo médio de rotação e giro dos estoques está sob controle e em sintonia com o fluxo de caixa?

14. Identificar se existe imposto pendente de pagamentos de valor relevante e/ou ação judicial em andamento. Destacar uma linha específica no fluxo de caixa para projeção de contingências fiscais.

15. A empresa possui demonstrativos financeiros de fácil interpretação das atividades operacionais, de investimentos e financiamentos de caixa e discute com os executivos seus efeitos na projeção mensal/anual do fluxo de caixa?

16. A empresa utiliza fontes adequadas de captação de recursos para investimentos fixos e de longo prazo (ex.: BNDES etc.)?

17. Como estão sendo gerenciados formalmente o ciclo operacional, econômico e financeiro na empresa, sua evidenciação e seu impacto na projeção do fluxo de caixa?

18. Existe descasamento entre os prazos médios de recebimentos e pagamentos no fluxo de caixa na empresa?

19. Existe déficit operacional de caixa crônico (estrutural) que obriga a empresa a captar recursos caros e de curto prazo no mercado financeiro para sua cobertura? Quais foram as providências tomadas para sanar o problema de caixa?

20. A empresa está atenta ao processo de *overtrading* – grande expansão no volume de atividades da empresa com uso de recursos caros e de curto prazo?

21. O controle do fluxo de caixa é feito pelo método direto ou indireto ou por ambos? São conciliados periodicamente? Existem diferenças relevantes nas análises efetuadas?

22. Os controles e/ou indicadores prudenciais sobre o limite de alavancagem financeira e operacional estão sendo acompanhados e ajustados?

23. O índice de inadimplência das contas a receber no fluxo de caixa está dentro dos parâmetros aceitáveis pela empresa, e em sintonia em relação à média setorial do mercado ou a praticada pelos concorrentes?

24. O *mark-up* para formação do preço de vendas considera em seu cálculo a provisão para devedores duvidosos com atualizações periódicas?

25. O controle das contas operacionais a receber e estoques que compõem o demonstrativo de necessidade de capital de giro (NCG), bem como o saldo de tesouraria, são acompanhados diariamente, e seus ajustes ficam bem evidenciados?

26. As premissas econômicas e financeiras utilizadas para projeção do fluxo de caixa e para elaboração do **orçamento** anual de caixa são revisadas e atualizadas em que periodicidade?

27. Qual a periodicidade em que são elaboradas a projeção e controle do fluxo de caixa na empresa (diário, semanal, mensal, trimestral etc.)?

28. Existe uma segregação de funções na empresa entre as atividades de tesouraria e de contabilidade?

29. As contas a receber e a pagar entre tesouraria e contabilidade são conciliadas periodicamente para feito de auditoria e ajustes de controles internos?

30. O plano de contas de tesouraria é adequado em nível de informação, conciliação bancária, consulta e controle interno?

31. Os controles de reciprocidades de tesouraria são acompanhados e refletidos formalmente no fluxo de caixa?

32. As contas a receber são controladas por **espécie de recebíveis** no fluxo de caixa, como, por exemplo: carnes, cheques pré-datados, duplicatas, notas promissórias, cartão de crédito, contratos de confissão de dívidas, mútuos etc.?

33. A empresa possui operações com instrumentos financeiros – **derivativos** (em regime de caixa)? Os contratos são tratados em linha separada com destaque no fluxo de caixa (ganhos e perdas financeiras realizadas)?

34. As operações com *swap, swap* **cambial reverso, trava de câmbio e/ou** *hedge* com ou sem caixa são sempre registradas em linha separada no fluxo de caixa, de forma transparente e com rigoroso controle financeiro das operações para efeito de apuração de perda ou ganho e seu impacto no curto prazo no caixa da empresa?

35. Os pagamentos e recebimentos **não operacionais** e/ou **extraordinários** relevantes são destacados em linha separada no fluxo de caixa e justificados?

36. Os dividendos e juros sobre capital próprio a pagar ou a receber são evidenciados no fluxo de caixa da empresa?

Cap. 5 • Planejamento e elaboração do fluxo de caixa

37. Os investimentos (desembolsos) em participações societárias relevantes em empresas **controladas** e **coligadas** são destacados no fluxo de caixa para efeito de controle financeiro dos projetos e futuros dividendos a receber?

38. As operações de **contratos de mútuos** relevantes com empresas ligadas são tratadas de forma destacada no fluxo de caixa para efeito de controle?

39. A projeção e o fluxo de caixa realizado são separados em operações nacionais, internacionais e, posteriormente, consolidados em um único demonstrativo financeiro global?

40. A projeção do fluxo de caixa é elaborada em duas moedas, real e dólar?

41. O controle do **endividamento** de curto e longo prazo da empresa está demonstrado na projeção do fluxo de caixa (principal, juros, encargos, taxas, vencimento etc.)?

42. A empresa elabora também um fluxo de caixa utilizando a técnica do valor presente, com escolha de uma taxa de desconto justa (ex.: WACC – custo médio ponderado de capital) para efeito de avaliação financeira do negócio?

43. São feitos inventários periódicos das contas a receber? Qual o nível de inadimplência atual? Qual é o nível de sua concorrência?

44. Os valores e prazos de financiamentos das compras para pagamento aos fornecedores estão sendo discutidos satisfatoriamente e o custo financeiro está limitado às taxas de **CDI**?

45. O **caixa mínimo** de operação da empresa foi calculado adequadamente em relação à necessidade de capital de giro do negócio?

46. Quanto representa a projeção absoluta e percentual do **fluxo de caixa livre** no exercício para os acionistas da empresa?

5.2 IMPLANTAÇÃO SETORIAL E CONSOLIDADO

Para que haja efetiva implantação, é preciso atender a alguns requisitos, como:

- Apoio da direção da empresa.
- Integração dos diversos departamentos da empresa ao sistema de fluxo de caixa.
- Definição do fluxo de informações: qualidade dos dados, planilhas e mapas a serem utilizados, calendário de entrega de dados, responsáveis pela elaboração de várias projeções.
- Escolha da planilha de fluxo de caixa e/ou sistema que atenda às necessidades da empresa.
- Treinamento da pessoa ou do pessoal que vai implantar o sistema de fluxo de caixa na empresa.
- Conscientização dos responsáveis pelos departamentos para alcançar os objetivos e as metas estabelecidos no fluxo de caixa.
- Criar controles financeiros adequados, principalmente de movimentação bancária.

Na implantação do fluxo de caixa, trabalham-se os valores enviados pelos diversos departamentos da empresa, segundo o regime de caixa, ou melhor, os períodos em que efetivamente devem ocorrer as entradas e saídas do caixa.

Após o envio das informações para o administrador financeiro, ele trabalhará para a consolidação do fluxo de caixa da empresa.

5.3 MAPAS E PLANILHAS AUXILIARES

Para a utilização dos modelos apresentados na seção 5.4, é necessário que o administrador financeiro faça mapas e planilhas auxiliares, que o ajudarão na hora de transportar os totais para a planilha de fluxo de caixa.

Os mapas e planilhas auxiliares têm como propósito planejar e organizar as informações que serão inseridas na planilha de fluxo de caixa. O número de mapas e planilhas a serem usados vai depender do tamanho e do tipo de atividade econômica de cada empresa.

Esses mapas auxiliares podem ser de: despesas administrativas, despesas com vendas, despesas financeiras, impostos, vendas a prazo, recebimentos com atraso etc.

A seguir, alguns exemplos de mapas e planilhas auxiliares. O Modelo 5.1 apresenta um mapa de recebimentos de vendas a prazo mensal, mas nada impede que o mapa seja elaborado dia a dia, semanal ou quinzenalmente: vai depender da necessidade do leitor. Esse mesmo modelo serve também para o mapa de recebimentos das vendas com atraso.

Modelo 5.1 Mapa auxiliar de recebimentos das vendas a prazo

Mês da venda/ano	Mês de recebimento/ano – R$							
	Jan.	Fev.	Mar.	Abr.	Maio	...	Dez.	Total
Jan.								
Fev.								
Mar.								
Abr.								
Maio								
Jun.								
Jul.								
Ago.								
Set.								
Out.								
Nov.								
Dez.								
Total								

Comentário sobre o Modelo 5.1:

1. O somatório mensal de cada linha deverá ser transportado para o fluxo de caixa.

Modelo 5.2 Planilha de recebimentos

Clientes	Mês:__/__	
	Recebimentos a realizar – R$	Realizado no mês – R$
Vencido até 15 dias		
Vencido até 30 dias		
Vencido até 45 dias		
Vencido até 60 dias		
...		
Total de vencidos		
A vencer até ...		
Total a receber		

Modelo 5.3 Planilha de despesas administrativas

Despesas	Mês: __/__ – R$	
	Planejado	Realizado
Salários		
Férias		
FGTS a recolher		
Terceirizados		
Aluguéis		
Luz		
Telefone		
Conservação e limpeza		
Seguros		
Manutenção de veículos		
Combustível		
Transporte		
Material de expediente		
Correios		
Xerox		
Outras despesas		
Total		

Comentário sobre o Modelo 5.3:

1. Pode discriminar outros tipos de despesas administrativas na planilha. Depende da atividade da empresa.

Modelo 5.4 Planilha de pagamentos

Fornecedores	Mês: __/__ – R$	
	Pagamentos a realizar	Realizado
SYS		
XYZ		
WHS		
...		
...		
...		
Total		

Modelo 5.5 Planilha de planejamento de compras

Código Material	Quantidade	Fornecedor	Data de entrada	Data de pagamento	Valor			Ordem de compra
					Imposto IPI	Material	Total	

Modelo 5.6 Mapa auxiliar de receitas e descontos/cauções do fluxo de caixa[1]

Natureza das receitas	Meses/Ano – R$		
	Jan.	Fev.	...
Cobrança simples			
A vencer no mês			
Recebimentos de raembolsos			
Recebimentos de vencidos			
Total			
Duplicatas para cobrança			
Saldo de duplicatas em carteira			
(+) Faturamento			
(−) Vendas à vista			
(−) Descontos e cauções			
(+) Créditos em processamento			
= Duplicatas negociáveis			
(−) Cobrança do mês seguinte			
Total			
Outras receitas			
Aluguéis			
Venda de ativo permanente			
...			
Total			
Descontos/Cauções			
Rotativo simples			
Caução			
Rotativo de impostos:			
FINSOCIAL			
INSS			
ICMS			
IPI			
PIS			
FGTS			
Imposto de Renda			
Cobertura de reembolsos			
Outros			
Subtotal			
Desconto fixo			
Total			

---

[1] Adaptado de ANDREOLLA apud ZDANOWICZ, 2000, p. 152.

Modelo 5.7 Mapa auxiliar de despesas do fluxo de caixa[2]

Natureza das despesas	Meses/ano – R$		
	Jan.	Fev.	...
Despesas com pessoal			
Adiantamentos			
Salário líquido			
Estagiários			
Empréstimos			
Assistência médica			
Refeitório ou *ticket*-refeição			
Transporte de pessoal			
INSS (mês anterior)			
FGTS (mês anterior)			
IR fonte (mês anterior)			
Abono de férias			
Incentivo à produção			
13º salário			
Indenizações			
Total			
Despesas financeiras			
Custos com descontos de duplicatas			
Custos com reembolso de duplicatas			
Juros de mora			
Juros do período			
(–) Receitas financeiras			
Total			
Despesas administrativas			
Material de expediente			
Manutenção de veículos			
Propaganda e assinaturas			

---

[2] Adaptado de ANDREOLLA apud ZDANOWICZ, 2000, p. 152.

Cap. 5 • Planejamento e elaboração do fluxo de caixa

Natureza das despesas	Meses/ano – R$		
	Jan.	Fev.	...
Donativos e contribuições			
Telefone			
Luz			
Aluguel			
Condomínio			
Impostos e taxas			
Seguros			
Honorários de terceiros			
Viagens e estadias			
Conservação de máquinas de escritório			
Processamento de dados			
Assistência técnica			
Correios			
Outras despesas			
Total			
Despesas tributárias			
IPI			
ICMS			
FINSOCIAL			
PIS			
Total			
Despesas indiretas de fabricação			
Energia elétrica			
Fretes sobre compras			
Conservação de prédios e instalações			
Conservação de máquinas e equipamentos			
Manutenção de veículos			
Serviços de terceiros			

Natureza das despesas	Meses/ano – R$		
	Jan.	Fev.	...
Água			
Telefone			
Seguros			
Compras à vista			
Compras de materiais			
Embalagens			
Outras despesas			
Total			
Despesas de vendas			
Comissões			
Fretes			
Viagens e estadia			
Transporte			
Propaganda			
Ajuda de custo			
Outras despesas			
Total			

Todos os exemplos apresentados têm o objetivo de ajudar o leitor a escolher o que melhor lhe convém, ou, se preferir, pode também fazer adaptações nesses modelos, de acordo com o perfil da empresa.

5.4 MODELOS

É salutar que a empresa escolha um modelo de fluxo de caixa que melhor atenda a suas necessidades, de modo que as informações sejam as mais transparentes possível e facilitem a análise das variações entre o planejado e o real.

As planilhas de fluxo de caixa podem ser elaboradas a partir de programas de informática, tais como: Lotus 1-2-3, Excel e outros, que dão flexibilidade e praticidade sobre a posição diária do caixa, além de poder fazer simulações de diversas situações financeiras para a empresa.

O leitor encontrará, no *site* da Editora, www.grupogen.com.br disponível para *download*, planilhas já prontas de fluxo de caixa diário e mensal, bastando apenas incluir os dados de sua empresa.

Modelo 5.8 Fluxo de caixa diário (método direto)

Atividades	Período de ___/___/___ a ___/___/___					
	Dia 1	Dia 2	Dia 3	Dia 4	....	Dia 30
Saldo Inicial						
Entradas: Vendas Aumento de capital Resgate de aplicações Juros de aplicações Outras receitas						
Total de entradas						
Saídas: Salários Aluguel Matéria-prima Impostos Despesas com vendas Despesas administrativas Empréstimos – amortização Empréstimos – juros Outras despesas						
Total de saídas						
Superávit/(Déficit)						
Captação/(Aplicação)						
Saldo final						

Apresentamos alguns modelos de fluxos de caixa diário, usando o "método direto". Esse método está baseado no regime de caixa: registra todos os recebimentos e todos os pagamentos e é o método mais comum.

Comentários sobre o Modelo 5.8:

1. As transações de entradas e saídas irão variar de acordo com as peculiaridades das atividades de cada empresa.
2. Podem-se utilizar planilhas auxiliares, caso queira mais detalhes.

3. O superávit ou déficit apresentado equivale ao somatório do saldo inicial mais o total das entradas menos o total das saídas.

4. O item captação/aplicação acontece sempre que o déficit ou superávit for diferente de zero.

5. Toda vez que houver déficit de caixa, a empresa deverá tomar empréstimo bancário. Então, esse item apresentará um valor positivo, pois terá uma entrada de recurso no caixa.

6. Quando ocorrer captação de recursos, o pagamento de juros e do principal do empréstimo será uma saída de caixa no respectivo vencimento da operação.

7. Quando ocorrer superávit ou sobra no caixa, a empresa deverá aplicar os recursos no mercado financeiro. Assim, esse item apresentará um valor negativo no fluxo, pois será uma saída de recurso do caixa.

8. Quando houver o resgate da aplicação, esse valor será representado como uma entrada no caixa.

Cap. 5 · Planejamento e elaboração do fluxo de caixa **213**

Modelo 5.9 Fluxo de caixa diário (método direto)[3, 4]

Atividades do dia: ___/___/___ Taxa de conversão: US$ 1 = R$ 2,96404	Movimento do dia		Saldo Acumulado		
	R$	US$	R$	US$	
ATIVIDADES DE OPERAÇÕES Vendas no mercado nacional Exportação			24.580,00 1.525,00	8.292,85 514,51	⎫ ⎪
A – Recebimentos			**26.105,00**	**8.807,36**	
Materiais e serviços variáveis Salários e encargos sociais variáveis Custos indiretos de fabricação Despesas gerais Impostos			27.855,00 2.760,00 366,00 4.990,00 570,00	9.397,77 931,17 123,48 1.683,54 192,31	⎬ Impacto das decisões operacionais
B – Pagamentos			**36.541,00**	**12.328,27**	
C – Geração operacional (A – B)			**(10.436,00)**	**(3.520,91)**	⎭
Juros pagos (–) Juros recebidos (+) Perda (ganho) com derivativos			0,00 (760,00) 0,00	0,00 (256,41) 0,00	
D – Despesas financeiras líquidas			**(760,00)**	**(256,41)**	
E – Geração líquida (C – D)			**(11.196,00)**	**(3.777,33)**	
ATIVIDADES DE INVESTIMENTO (–) Investimentos permanentes – aquisição (–) Imobilizado – aquisição (+) Investimentos permanentes – venda (+) Imobilizado – venda			0,00 0,00 0,00 0,00	0,00 0,00 0,00 0,00	⎫ ⎪
F – (=) Investimentos líquidos			**0,00**	**0,00**	⎪
ATIVIDADES DE FINANCIAMENTO (+) Empréstimos locais – captação (+) Empréstimos externos – captação (+) Investimentos temporários – resgate (+) Integralização de capital (–) Investimentos temporários – aplicação (–) Empréstimos locais – amortização (–) Empréstimos externos – amortização			0,00 0,00 11.866,00 0,00 0,00 0,00 0,00	0,00 0,00 4.003,37 0,00 0,00 0,00 0,00	⎬ Impacto das decisões estratégicas
G – (=) Financiamentos líquidos			**11.866,00**	**4.003,37**	⎪
CAIXA (+) Superávit (déficit) (E + F + G) (+) Saldo anterior			670,00 0,00	226,05 0,00	⎭
H – (=) Saldo final			**670,00**	**226,05**	

---

[3] HOJI, 2001, p. 121.

[4] Dólar comercial de compra maio de 2003.

Comentários sobre o Modelo 5.9:

1. As atividades estão agrupadas por: operações, investimentos e financiamentos.
2. O fluxo de caixa pode ser mais detalhado com planilhas auxiliares.
3. O demonstrativo tem o controle em moeda nacional e em dólar, caso o leitor queira ter o controle em duas moedas.
4. As transações de caixa estão classificadas como atividades de operação.
5. As transações com imobilizados e investimentos financeiros de caráter permanente estão classificadas como atividades de investimento.
6. As transações com captação e amortização de empréstimos, aplicação e resgate de investimentos de curto prazo e integralização de capital estão classificadas como atividades de financiamento.

Modelo 5.10 Fluxo de caixa mensal (método direto)

ATIVIDADES	PERÍODOS											
	Jan.			Fev.			...			Total		
1. ENTRADAS	P	R	D	P	R	D	P	R	D	P	R	D
Vendas à vista												
Cobranças em carteira												
Cobranças em bancos												
Descontos de duplicatas												
Aluguéis												
Aumento de capital social												
Vendas de ativo permanente												
Receitas financeiras												
Dividendos de coligadas e controladas												
Cartões de créditos a receber												
Cheques pré-datados a receber												
Outros tipos de receitas												
Total de entradas												
2. SAÍDAS												
Fornecedores												
Salários												
Luz												
Telefone												
Compras à vista												
Manutenção												
Despesas administrativas												
Despesas com vendas												
Despesas financeiras												
Impostos												
Compras de ativo permanente												
Outros tipos de despesas												
Total de saídas												
3. ENTRADAS – SAÍDAS (1 – 2)												
4. SALDO INICIAL DE CAIXA												
5. DISPONIBILIDADE (3 + 4)												
6. EMPRÉSTIMOS A CAPTAR												
7. APLICAÇÕES FINANCEIRAS												
8. AMORTIZAÇÕES DE EMPRÉSTIMOS												
9. SALDO FINAL												

Observação: P = projetado; R = realizado; D = diferença (pode ser em R$ ou em %).

Comentários sobre o Modelo 5.10:

1. Esse modelo traz três colunas com os valores do projetado, do real e da diferença, que pode ser positiva ou negativa.

2. O item 3 representa a diferença do período, isto é, entradas menos saídas da empresa, que pode ser positiva, negativa ou nula.

3. O item 4 é igual ao saldo final de caixa do período anterior.

4. A disponibilidade representa o resultado da diferença do item 3 mais o item 4, que é o saldo final de caixa do período anterior.

5. Dependendo da disponibilidade do caixa, se for negativa, serão captados empréstimos para atender às necessidades de caixa da empresa, ou, se for positiva, serão feitas aplicações financeiras.

6. As amortizações representam os pagamentos do principal do empréstimo tomado.

7. O saldo final representa o saldo do período corrente, que será usado como saldo inicial de caixa do próximo período.

Foram mostrados três modelos de fluxo de caixa (método direto = registro de todas as entradas e saídas), sendo dois modelos diários e um modelo mensal. Assim, o leitor pode escolher o que melhor se adapta a suas necessidades, e pode também ser feita planilha de fluxo de caixa semanal.

A seguir, é apresentado um modelo de fluxo de caixa de método indireto. Ao utilizar esse método é feita uma reconciliação do lucro líquido para o caixa líquido, e as mudanças, aumento ou redução, são medidas nas contas de capital de giro como contas a receber, estoques etc., que serão ajustados para acréscimos líquidos e mensuração de caixa.

Modelo 5.11 Fluxo de caixa mensal (método direto). Novo modelo

Descrição	Janeiro			Fevereiro			Março ...			Dezembro		
Acompanhamento	P	R	D	P	R	D	P	R	D	P	R	D
A – Saldo inicial												
B – Entradas operacionais												
Vendas à vista												
Contas a receber												
C – Entradas não operacionais												
Empréstimos												
Desconto de duplicatas												
Resgate de aplicações												
Outros recebimentos												
D – Ativos												
Venda de ativos												
E – Acionistas												
Aporte de capital												
F – Total de entradas												
G – Saídas operacionais												
Salários												
Impostos												
Fornecedores												
Despesas administrativas												
Despesas de vendas												
Outras												
H – Saídas não operacionais												
Pagamento de empréstimos												
Pagamento de juros												
Outras												
I – Ativos												
Compra de ativos												
J – Acionistas												
Pró-labore												
Lucros/dividendos												
K – Total de saídas												
L – Saldo líquido operacional												
M – Superávit/déficit de caixa												
N – Saldo final de caixa												

Fonte: FREZATTI, 1994 (adaptado).

Observação: P = projetado; R = realizado; D = diferença (pode ser em R$ ou em %).

Nota: Essa planilha poderá ser convertida numa planilha com acompanhamento diário por um período mensal.

Modelo 5.12 Fluxo de caixa (método indireto)[5]

Fluxo de caixa proveniente	R$
1. Das atividades operacionais	
1.1 Lucro líquido do exercício	
+/– Receitas ou despesas que não afetaram o caixa	2.590
■ Receita de equivalência patrimonial	(980)
■ Depreciação e amortização	1.118
■ Baixa de ativo permanente	72
■ Despesa com devedores duvidosos	640
= Lucro líquido ajustado	**3.440**
1.2 Acréscimo ou diminuição de ativos operacionais	
■ Duplicatas a receber de clientes	(2.150)
■ Contas a receber diversas	(1.012)
■ Adiantamentos diversos	1.206
■ Estoques	(2.612)
■ Despesas pagas antecipadamente	(801)
= Diminuição nos ativos operacionais	**(5.369)**
1.3 Acréscimos ou diminuições de passivos operacionais	
■ Fornecedores	1.460
■ Impostos e contribuições	2.370
■ Salários e encargos sociais	1.001
■ Credores diversos	(667)
■ Imposto de Renda	1.975
= Acréscimos nos passivos operacionais	**6.139**
= Acréscimos de caixa originados das atividades operacionais (3.440 – 5.369 + 6.139)	**4.210**
2. Das atividades de investimento	
2.1 Receita da venda de:	
■ Imobilizado	250
■ Investimentos permanentes	170
2.2 Aquisições de:	
■ Imobilizado	(1.378)
■ Investimentos permanentes	(670)
= Diminuição de caixa originada das atividades de investimentos	**(1.628)**
3. Das atividades de financiamento	
■ Integralização de capital	2.100
■ Novos empréstimos e financiamentos	3.000
■ Amortização de empréstimos e financiamentos	(990)
■ Dividendos pagos	(185)
= Acréscimo de caixa originado das atividades de financiamentos	**3.925**
Resumo	
■ Saldo inicial	605
+ Acréscimo de caixa no período (1 + 2 + 3)	6.507
= Saldo final	7.112

---

[5] SILVA in MARION, 2003, p. 67-68.

Cap. 5 • Planejamento e elaboração do fluxo de caixa

Modelo 5.13 Projeções de resultados e de fluxos de caixa líquidos

Descrição Ano XXXX	1º trimestre	2º trimestre	3º trimestre	4º trimestre	Total
Receitas de vendas					
(−) Custo dos produtos vendidos					
(=) **Lucro bruto**					
(−) Despesas operacionais					
(=) Lajir					
(−) Despesas financeiras líquidas					
(=) **Lair**					
(−) Impostos					
(=) **Lucro líquido**					
(+) Depreciação					
(−) Amortizações					
(=) **Fluxos de caixa líquido**					

Modelo 5.14 Exemplo de modelo de planilha para projeção de fluxo de caixa operacional com uma visão consolidada das informações gerenciais

EXEMPLO DE PROJEÇÃO – FLUXO DE CAIXA OPERACIONAL

DADOS DO ANO-BASE:	2004
LOP (Lucro Operacional)	530
Despesas de Capital	320
Depreciação	210
Receita do Ano-Base	7.250

PREMISSAS:	
Capital de Giro (% da receita)	25,0%
Imp. de Renda/Contr. Social	36,0%
T-Bonds (para 10 anos)	7,50%
Prêmio pelo Risco	5,00%

1 – PERÍODO DE CRESCIMENTO:	2006/2009
g =	8,0%
Beta =	1,23
Cust. Dív. (sem IR + CS) =	9,5%
Passivo/Investimento =	50,0%

2 – PERÍODO ESTÁVEL:	2010...
g =	5,0%
Beta =	1,00
Cust. Dív. (sem IR + CS) =	8,5%
Passivo/Investimento =	25,0%

PROJEÇÃO – *Free Operating Cash Flow*

PERÍODO EXPLÍCITO — PERPETUIDADE

	ANO-BASE	PERÍODO DE CRESCIMENTO					ESTÁVEL
	2004	2005	2006	2007	2008	2009	2010
LOP antes do IR	530,00	572,40	618,19	667,65	721,06	778,74	817,68
IR sobre LOP	(190,80)	(206,06)	(222,55)	(240,35)	(259,58)	(280,35)	(294,37)
Depreciação	210,00	226,80	244,94	264,54	285,70	308,56	–
Despesas de Capital	(320,00)	(345,60)	(373,25)	(403,11)	(435,36)	(470,18)	–
Var. Invest. em Giro	–	(145,00)	(156,60)	(169,13)	(182,66)	(197,27)	(133,16)
F.O.C.F.	229,20	102,54	110,74	119,60	129,17	139,50	390,16

Cálculo da Variação do Investimento em Capital de Giro

Receita Vendas	7.250,00	7.830,00	8.456,40	9.132,91	9.863,54	10.652,63	11.185,26
Cap. Giro (25%)	1.812,50	1.957,50	2.114,10	2.283,23	2.465,89	2.663,16	2.796,31
Variação no Cap. Giro	–	145,00	156,60	169,13	182,66	197,27	133,16

ANÁLISE FINAL – Quadro de Indicadores	Período Crescimento	Período Estabilidade	Valor da Empresa Total
Ke =	13,7%	12,5%	
Ki =	6,1%	5,4%	
WACC =	9,9%	10,7%	
Valor da Empresa (por período) =	451,07	4.250,21	4.701,28
	Valor Explícito	Valor Residual	Valor Total

COMENTÁRIOS:
Essa planilha é uma simplificação – A título de exemplo, todos os itens da projeção crescem à mesma taxa "g". Na prática, é necessário mensurar cada variável individualmente.
Despesas de capital são desembolsos com finalidade estratégica. Por ex. investimentos e transferências de capital. A depreciação é acrescida por não representar saída de caixa.
Nesse exemplo, a variação de capital de giro foi estipulada em função da receita. Essa variação reflete a estratégia de prazos e volumes de estoques e de contas a pagar e a receber.
É importante destacar que no período de perpetuidade foi adotada a premissa de que as despesas de capital serão compensadas pela depreciação (daí os valores estarem zerados).

Legenda:
Ke = custo do capital próprio – remuneração sobre o capital do acionista: PL
Ki = custo do capital de terceiros – custo das fontes externas de recursos/empréstimos: total do passivo – PL
WACC = *weighted average cost of capital* – custo médio ponderado do capital total da empresa: relação entre os %s de Ke e de Ki
Beta = medida indicadora de risco da empresa e do seu setor de atuação. Quanto mais próximo de 1, mais representativa do setor é a empresa
T-Bonds = títulos do governo norte-americano – são utilizados como referência à taxa livre de risco: *risk free*
Prêmio pelo risco = Pode ser entendido como o risco de mercado – por exemplo o risco país: determinado pelas avaliações das agências de *rating*
Passivo/Investimento = Relação % entre o passivo oneroso e os investimentos – denota também a relação entre o capital próprio: Ke e o capital de terceiros: Ki

Fonte: www.analisefinanceira.com.br.

CONCLUSÕES

O planejamento do fluxo de caixa é a primeira atividade para estimar as entradas e saídas da empresa. Esses tipos de informação são primordiais para a tomada de decisões. A qualidade da informação no planejamento e consequente elaboração do fluxo de caixa são eminentes tanto em empresas que apresentam dificuldades financeiras, como naquelas bem capitalizadas.

Os departamentos devem passar as informações para o administrador financeiro, que as analisará e consolidará no fluxo de caixa da empresa. Ele também as atualizará diariamente, se for o caso, e fará os ajustes necessários, de modo que a planilha do fluxo de caixa esteja sempre atualizada e que, de fato, seja um instrumento de planejamento financeiro.

São apresentados alguns exemplos de planilhas auxiliares que facilitam na preparação do fluxo de caixa, organizando as informações que muitas vezes estão soltas, dificultam o entendimento e até mesmo podem gerar duplicidade.

Os modelos de fluxos de caixa aqui apresentados servem como exemplos para as empresas nos desenvolvimentos de suas planilhas, adaptando as nomenclaturas utilizadas nos exemplos às necessidades de cada empresa.

Análise do fluxo de caixa

Para o fluxo de caixa atender a suas devidas finalidades, é preciso que sempre haja por parte das pessoas envolvidas nesse processo análise, interpretação, acompanhamento, avaliação, revisão e controle; e é isso que este capítulo apresenta, apontando os principais aspectos a fim de buscar a melhoria constante dos resultados. A Figura 6.1 demonstra de forma simples as etapas de análise do fluxo de caixa e seus mapas e planilhas de auxiliares de controle.

Essa análise do fluxo de caixa pode também ser vista de outra forma: planejamento, execução, controle, avaliação e ajustes.

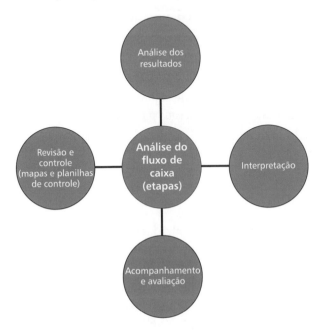

Figura 6.1 As quatro etapas de análise do fluxo de caixa.

6.1 ANÁLISE DOS RESULTADOS

Para a análise dos resultados ser eficaz, é necessário que o administrador financeiro fique atento para aspectos importantes, de modo que sua análise tenha consistência, sempre tendo em mente melhorar os resultados. Para isso, ele precisa:

- Conhecer bem e ter bom relacionamento com todas as áreas da empresa e seu mercado de atuação.
- Analisar sistematicamente a qualidade das informações recebidas.
- Conhecer as origens das fontes e aplicações de recursos, sempre objetivando adequar prazos de recebimentos e de pagamentos, e também verificar a rentabilidade das aplicações *versus* o custo de captação.
- Otimizar os saldos positivos de caixa, visando à manutenção da liquidez como parte da estratégia global.
- Maximizar o giro do caixa, isto é, quanto maior o giro de caixa, menor a necessidade de caixa para suportar as operações. Isso pode ser alcançado por meio de forte gerenciamento de contas a receber aliado a uma boa gestão dos estoques no dia a dia. Outro ponto importante é, sempre que possível, negociar com o dinheiro dos fornecedores o aumento de prazo para pagamento:
    a) redução do prazo médio do estoque através de:
        – aumento do giro das matérias-primas;
        – redução do ciclo de produção;
        – aumento do giro de produtos acabados;
    b) aceleração do processo de recebimento e redução do prazo concedido nas vendas a prazo sempre que o mercado permitir;
    c) aumento do giro dos produtos acabados:
        – utilizando um modelo de elaboração de fluxo de caixa que torne o processo transparente para seus participantes;
        – analisando de forma periódica, detalhada e precisa a *performance* real, verificando os motivos das variações entre real e projetado.

6.2 INTERPRETAÇÃO

O fluxo de caixa demonstra todas as entradas e saídas de determinado período e aponta excedente ou escassez de recursos financeiros para a formação do saldo final de caixa.

No processo de funcionamento do fluxo de caixa, todo final de mês buscam-se as novas projeções de entradas e saídas de recursos financeiros para o próximo fluxo de caixa. Quando se planeja o fluxo de caixa, existe a necessidade de controlar todas as transações da empresa, com o propósito de verificar se elas estão ou não apresentando diferenças significativas: isso é conhecido como *interpretação do controle do fluxo de caixa*.

6.3 ACOMPANHAMENTO E AVALIAÇÃO

O acompanhamento das entradas e saídas deve ser comprovado por documentos, como: notas fiscais de compra e venda; títulos a receber e a pagar; notas promissórias; e duplicatas, para que não haja enganos.

O controle do fluxo de caixa exige uma análise do desempenho do período, para levantar as diferenças e causas do que foi projetado *versus* o realizado. É importante colocar por escrito as justificativas das variações relevantes. Essa análise ajuda nas comparações futuras dos períodos projetados.

É aconselhável que, toda vez que a diferença for relevante percentualmente e/ou em valor absoluto entre o previsto e o realizado, isso deve ser justificado, tanto para as entradas quanto para as saídas. Dessa forma, podem ser verificadas as causas, como, por exemplo, atrasos de pagamentos a fornecedores; atrasos de recebimentos; dificuldades na captação de empréstimos. Assim, serão conhecidos os motivos que contribuíram para um bom ou mau desempenho do fluxo de caixa.

Devem ser distribuídas para os responsáveis de todos os setores cópias de relatórios e análises econômico-financeiras, para que eles não incorram nos mesmos erros nos períodos vindouros.

Comparações também devem ser observadas para saber se o fluxo de caixa melhorou ou piorou, dentre elas:

- Comparações com o mês anterior.
- Comparações com o ano anterior etc.

6.4 REVISÃO E CONTROLE

O controle do fluxo de caixa é tão importante quanto o seu planejamento e sua elaboração, pois são dependentes, de maneira que possam ser práticos e utilizados nos processos de tomada de decisão.

O fluxo de caixa planejado pode sofrer oscilações de mercado e imprevistos relacionados à atividade da empresa.

Fazer projeções não garante que os objetivos e as metas propostas serão alcançados. Isso depende do comprometimento dos responsáveis pelos departamentos da empresa de se empenharem para obter os objetivos estabelecidos.

O administrador financeiro deverá acompanhar o desempenho do planejado, informando aos responsáveis das áreas periodicamente o realizado e o que falta realizar. O período planejado deve ser revisto e atualizado de acordo com a necessidade da empresa.

A revisão do fluxo de caixa considera os seguintes elementos:

- Controle diário da movimentação bancária.

- Boletim diário de caixa e bancos.
- Controle de recebimentos e pagamentos diários.
- Controle de investimentos e financiamentos.

É recomendável que se faça o controle do realizado *versus* o planejado diariamente, não deixando tudo para o final do mês, pois se torna muito exaustivo e acaba por atrasar a elaboração do fluxo de caixa do mês seguinte.

O controle diário também ajuda na diminuição da margem de erros e dá a flexibilidade para acompanhar o desempenho e verificar que medidas podem ser aplicadas a fim de melhorar o resultado, caso haja necessidade.

Existem duas maneiras de efetuar o controle dos dados: por meio da contabilidade ou de um controle paralelo, isto é, um controle do realizado, que pode apurar imediatamente as informações, trazendo flexibilidade ao sistema. Essas fontes de informações são: o movimento das contas bancárias e os movimentos internos de caixa e extracaixa.

Quando a empresa opta por ter fluxo de caixa trimestral, é recomendável que se faça revisão mensal, ou seja, todo mês se faz um fluxo de caixa para três meses subsequentes, dos quais os dois últimos serão objeto de revisão, além da revisão diária do fluxo de caixa do mês corrente.

Vejamos algumas justificativas para controlar o fluxo de caixa:

- O controle da atividade financeira é fundamental, pois está ligado a todas as operações da empresa. O administrador financeiro deve conhecer o nível de caixa adequado para fazer frente às despesas da empresa, para que não precise captar recursos, principalmente se for de longo prazo, em que o custo financeiro é alto.

  Em caso de captação de recursos, deve ser feita com cuidado, de modo a otimizar os custos decorrentes dessa transação. Da mesma forma, quando se tem folga no caixa, os recursos devem ser aplicados, avaliando as melhores taxas.

- Identificação de possíveis problemas internos e externos à empresa que ocasionam redução das entradas, tais como: quedas de vendas, atraso nas entregas, retração do mercado, entre outros motivos.

  Após a identificação da redução das entradas, podem-se tomar ações para sanar as perdas.

Dizendo de outra maneira, um **controle de fluxo de caixa bem-feito** é uma grande ferramenta gerencial para lidar com situações de alto custo de crédito, inadimplências, taxas de juros elevadas, redução do faturamento e outras surpresas que rondam as empresas, e ainda permite:

- Avaliar se as vendas presentes serão suficientes para cobrir os desembolsos futuros já identificados.

- Calcular os momentos ideais para reposição de estoque ou materiais de consumo, considerando os prazos de pagamento e as disponibilidades.

- Verificar a necessidade de realizar promoções, queimas de estoques, mostruários e liquidações sazonais, reduzir ou aumentar preços. Fique de olho no giro de estoques.

- Saber se é ou não possível conceder prazos de pagamentos aos clientes.

- Saber se é ou não possível comprar à vista dos fornecedores, para aproveitar alguma promoção ou desconto financeiro atrativo.

- Ter certeza da necessidade ou não de obter um empréstimo de capital de giro.

- Antecipar as decisões sobre como lidar com sobras ou faltas de caixa.

- Identificar possíveis descasamentos entre os prazos médios de recebimentos e pagamentos.

- Verificar oportunidades de melhorias no ciclo operacional, econômico e financeiro (caixa) do negócio. Fique de olho nas ações pontuais da concorrência.

- Ficar atento para o controle da inadimplência, bem como as decisões que devem ser tomadas sobre a **cessão de créditos** para ingresso no fluxo de caixa, com taxa de desconto negociada junto aos bancos e/ou empresas de *factoring*.

- Revisão e controle: manter o relatório diário e de projeção mensal do fluxo de caixa atualizado.

6.4.1 Mapas e planilhas de controle

Apresentamos a seguir alguns modelos de mapas e planilhas que auxiliam nos controles do fluxo de caixa da empresa, podendo ser feitas algumas adaptações, de acordo com as necessidades da empresa.

O nível de detalhe das entradas e saídas pode ser feito resumida ou detalhadamente. É recomendado que o fluxo de caixa se limite às informações inerentes à posição de caixa da empresa, assim o fluxo de caixa não deve ter funções de controle financeiro.

Modelo 6.1 Controle do fluxo de caixa semanal

Itens	Períodos/Ano							
	1ª semana		...		4ª semana		Total	
	Planej.	Realiz.	Planej.	Realiz.	Planej.	Realiz.	Planej.	Realiz.
Entradas								
Vendas à vista								
Cobrança atrasada								
Aluguéis								
Vendas de ativo fixo								
Aumento de capital								
Receitas financeiras								
Outras entradas								
Total de entradas								
Saídas								
Fornecedores								
Salários								
Despesas com pessoal								
Despesas de vendas								
Despesas administrativas								
Despesas financeiras								
Impostos								
Dividendos a distribuir								
FGTS a recolher								
Outras saídas								
Total de saídas								
Saldo de caixa								
Saldo inicial de caixa								
Saldo final de caixa								
Saldo mínimo de caixa								
Captações de recursos								
Aplicações financeiras								
Amortizações								
Resgates								
Novo saldo de caixa								

Comentários sobre o Modelo 6.1:

1. Saldo de caixa equivale à diferença entre o total das entradas e o total das saídas.
2. Saldo inicial de caixa equivale ao novo saldo de caixa do período anterior.
3. Saldo final de caixa equivale ao somatório do saldo de caixa e saldo inicial de caixa.
4. Saldo mínimo equivale ao saldo mínimo que atenda às necessidades da empresa frente aos compromissos assumidos.
5. O controle do fluxo de caixa pode ser em qualquer período, pois depende da conveniência de cada empresa.

Modelo 6.2 Controle de cobrança de clientes

Vencimentos de títulos	Valores – Mês/Ano: ___/___					
	Carteira	Cobrança bancária	Desconto	Caução	Vinculada	Total
Títulos vencidos						
Até 15 dias						
De 16 a 30 dias						
De 31 a 45 dias						
De 46 a 60 dias						
De 61 a 90 dias						
De 91 a 120 dias						
Acima de 121 dias						
Total de vencidos						
Títulos a vencer						
Até 15 dias						
De 16 a 30 dias						
De 31 a 45 dias						
De 46 a 60 dias						
De 61 a 90 dias						
De 91 a 120 dias						
Acima de 121 dias						
Total a vencer						
Total de cobrança						

Modelo 6.3 Controle do contas a pagar (fornecedores)

Mês/ano: ___/___

Fornece-dores (código)	Nº da nota fiscal	Nº da ordem de compra	Espécie			Banco	Venci-mento	Data de pagamento
			Matéria--prima	Despesa indireta de fabricação	Ativo imo-bilizado			
SYS								
XYZ								
...								
Total								

Total de vencidos: R$

Total a vencer: R$

Modelo 6.4 Controle de estimativas de entradas

Carteira	Cobrança bancária	Títulos negociados	Valor	Vencimento
Total				

Modelo 6.5 Controle de estimativas de saídas

Especificação	Valor	Data
Total		

Modelo 6.6 Controle diário de caixa e bancos

Especificação		Saldo de caixa do dia anterior	Entradas	Saídas	Nível adequado de caixa (dia seguinte)
Caixa	dinheiro				
	vales				
	cheques/cartão de crédito				
Total do caixa					
Bancos	A				
	B				
	C				
	D				
Total de bancos					
Total caixa + bancos					

Modelo 6.7 Controle de empréstimos

Tipo	Banco	Valor R$	Vencimento		Valor pago			Data de pagamento
			Juros	Amort.	Juros	Amort.	Mora/ Multa	
Hot money								
Capital de giro								
Debêntures								
...								
Total								

Modelo 6.8 Controle das informações dos departamentos para o administrador financeiro

Descrição/ contas	Cronograma de informações			
	Responsável	Data	Valor	Comentários
Recebimentos				
...				
...				
Pagamentos				
...				
...				

Os modelos apresentados de mapas e planilhas para o controle do fluxo de caixa são dados a título de sugestão, existindo muitos outros tipos. Vale a pena ressaltar que a definição das planilhas dependerá do tipo de controle que a empresa deseja para o seu ramo de atividade.

6.5 DICAS PARA CONTROLE E ACOMPANHAMENTO DO FLUXO DE CAIXA

6.5.1 Principais reflexões

A seguir, listamos as principais reflexões para controle e acompanhamento do fluxo de caixa:

- As iniciativas de otimização do ciclo de caixa devem começar com a redução do prazo médio de estoque.
- Aumentar o prazo médio de pagamento com os fornecedores também é de extrema importância para viabilizar prazos mais dilatados nas vendas.
- Reduzir o prazo médio de recebimento através de antecipação de recebíveis.
- Um bom fluxo de caixa precisa de atualização constante.
- Acompanhar o dia a dia da movimentação financeira vai te ajudar a escolher os melhores caminhos para investir ou cortar custos.
- Uma boa planilha para controlar o seu fluxo de caixa já é um bom começo, mas um sistema pode facilitar as coisas ainda mais e evitar erros! Além disso, um software de gestão financeira integrado é capaz de otimizar diversas áreas da empresa (use a tecnologia ao seu favor. Faça uma análise de custo e benefícios).
- Categorize e registre suas informações financeiras. Se já existe uma ferramenta que auxilie no controle financeiro, é preciso pensar em quais informações são importantes para a sua empresa controlar (um bom plano de contas de tesouraria, cronograma de informações das áreas, formas de pagamento, centro de resultados etc.).
- Acompanhe suas entradas e saídas de caixa diariamente, se possível (tente entender seus dias melhores e piores de vendas).
- Tenha foco em análises dos principais relatórios financeiros de caixa (contas a pagar e receber) e Demonstração de Resultados (vendas, custo, compras, despesas, impostos e lucro).
- Use gráficos para analisar mais rápido o resultado por gráficos. Com certeza, perderá muito menos tempo nesse processo (use a linha do tempo e análises comparativas).
- Defina metas para seus principais indicadores (pode ser necessário trabalhar em equipe com outras áreas para atingir esses objetivos).

- Leve a sério o planejamento e controle orçamentário (um simples exercício de definição/simulação de metas de receitas e despesas pode ajudar bastante o acompanhamento do período orçamentário).

- Organize seu calendário de faturamento (quanto mais rápido suas contas a receber girarem, mais recursos você poderá aplicar no crescimento do negócio).

- Estenda suas contas a pagar de forma analítica (obtenha a quantidade máxima de tempo desejado, normalmente 60 a 90 dias, para pagar seus fornecedores).

- Aproveite as vantagens do pagamento antecipado (se seus fornecedores oferecerem desconto para pagamento antecipado. Avalie a oportunidade. Normalmente a taxa ofertada para pagamento é maior que qualquer aplicação financeira no mercado).

- Equilibre e avalie sua base e cadastro de clientes (incentive a fidelização do cliente!!)

- Verifique sua estrutura, controle e formação de preço de venda em relação à concorrência (não menospreze a concorrência e seu impacto no fluxo de caixa, quando houver).

- Oportunidade de negócios: não compre todos os produtos e ou materiais em um único fornecedor e localidade (você pode economizar dinheiro dividindo seus negócios entre vários fornecedores e locais).

- Tente se associar a uma cooperativa para compras relevantes, visando obtenção de bons descontos e impacto no fluxo de caixa (mantenha controle financeiro dessas operações e também faça uma analise prévia dos preços praticados e do mercado de atuação).

- Renegocie datas e valores das contas (despesas fixas) com os credores no fluxo de caixa (analise e negocie bastante e reduza seus custos. Corte o supérfluo. Evite desperdícios!!!).

- Otimize seu sistema de inventário periódico, melhorando o controle de giro, perdas e desuso dos estoques (aplique melhor seus recursos, evite excesso de estoques desnecessários).

- Faça sempre que possível estudo prévio entre o arrendamento e a compra de imobilizado em geral em relação aos impactos, controle e benefícios para o fluxo de caixa e o negócio (no caso de dúvidas, e considerando o valor envolvido, consulte um especialista financeiro).

- Mantenha toda sua documentação em local seguro e com sistema de *backup* (cópias) dos arquivos/planilhas em locais distintos (evite surpresas que na maioria das vezes são desagradáveis).

CONCLUSÕES

É recomendável que haja com frequência uma revisão das projeções do fluxo de caixa, de modo a mantê-las atualizadas. Devem-se também realizar revisões todas as vezes em que ocorrerem eventos internos ou externos que possam refletir significativamente no caixa.

Algumas considerações sobre o controle do fluxo de caixa devem ser ressaltadas:

- Os saldos finais do caixa devem refletir de fato o saldo real disponível em caixa.
- O fluxo de caixa deve estar pronto e ser distribuído para os responsáveis das diretorias, conforme determinação da empresa, no início do mês.
- Os responsáveis pelo envio dos dados para o administrador financeiro para a elaboração do fluxo de caixa devem estar comprometidos com a qualidade da informação, bem como em cumprir o calendário.
- A criação de controles adequados e práticos para atualização do fluxo de caixa.
- As diferenças entre o projetado e o realizado devem ser explicadas por escrito pelos responsáveis do departamento.
- Após o encerramento do mês, o administrador financeiro deve proceder imediatamente ao fechamento do fluxo de caixa consolidado e apontar as diferenças entre o projetado e o realizado. Providências devem ser tomadas de imediato para a regularização, quando necessário.

Para utilizar o fluxo de caixa como instrumento de gestão financeira, é necessário que ele esteja sempre revisado e atualizado. Assim, auxiliará nas futuras projeções, principalmente se a empresa precisar captar recursos, que poderão ser planejados com antecedência, fazendo um levantamento dos custos financeiros.

Indicadores econômicos e financeiros relevantes para análise da qualidade da informação na administração do fluxo de caixa

Ultimamente, vêm acontecendo muitas fusões, cisões, parcerias, compras, *joint ventures* etc., em todas as atividades de negócios, com grandes, médias e pequenas empresas. Existe grande tendência por parte do empresariado de querer saber o valor de seu negócio, mesmo que não tenha a intenção de vendê-lo.

Trataremos neste capítulo de alguns importantes indicadores econômicos e financeiros, que não são tidos como convencionais, mas de relevante valia para analisar a qualidade da informação na administração do fluxo de caixa e que está despertando o interesse, por parte de profissionais, executivos e empresários, em conhecer melhor o significado desses indicadores.

7.1 EBITDA

É a abreviação de uma expressão de origem inglesa (*Earnings Before Interest, Taxes, Depreciation and Amortization*), que significa lucro antes dos juros, impostos, depreciações e amortizações; em português, a sigla é LAJIDA. Em outras palavras, EBITDA é o caixa gerado pelos ativos tipicamente operacionais.

Na realidade, o lucro, antes dos juros, tanto de receitas como de despesas financeiras, do imposto de renda e da contribuição social sobre o lucro e antes das depreciações e amortizações, equivale ao potencial de caixa que o ativo operacional de uma empresa é capaz de gerar, antes de considerar até mesmo o custo de qualquer recurso captado.

O EBITDA não representa o fluxo de caixa físico já acontecido no período, pois é provável que parte das vendas não tenha sido recebida e que parte das despesas não tenha sido paga. Entretanto, corresponde ao potencial de geração tipicamente operacional de caixa, isto é, tão logo recebidas todas as receitas e pagas todas as despesas, esse é o caixa gerado pelos ativos, antes de computados as receitas e despesas financeiras e os itens não operacionais e extraordinários.

Vejamos um exemplo:

Quadro 7.1 Demonstração do resultado

Itens	2004
Vendas líquidas	1.100.000
CMV (Custo de mercadorias vendidas)	(610.000)
Lucro bruto	490.000
Despesas operacionais líquidas	(190.000)
EBITDA	300.000
Depreciação/amortização	(35.000)
Receitas financeiras	1.050
Despesas financeiras	(30.060)
Resultados não operacionais	–
Lucro antes dos tributos	235.990
Imposto de Renda	(30.650)
Contribuição social	(19.770)
Lucro líquido do exercício	185.570

O que se pretende com o EBITDA é o valor do caixa, ou seja, o potencial de produção de caixa, proveniente dos ativos meramente operacionais, que são os valores antes de considerar as depreciações/amortizações, as receitas e despesas financeiras, o imposto de renda e a contribuição social sobre o resultado.

- **Diferença entre o lucro operacional genuíno e o EBITDA**: é exatamente o valor das depreciações e amortizações, ou seja, o EBITDA é o lucro derivado de ativos operacionais antes de consideradas as depreciações e amortizações (tecnicamente falando, não é o legalmente utilizado no Brasil). No exemplo dado, especificamente, o lucro operacional é o lucro antes dos tributos no valor de R$ 235.990.

Existem alguns poucos casos que podem sofrer exceções, como, por exemplo, as instituições financeiras, em que, em princípio, não faz sentido calcular o EBITDA, já que as despesas financeiras líquidas não são evitáveis por decisão de reestruturação financeira da empresa; elas são, nesse caso, operacionais.

O valor do EBITDA no exemplo anterior é de R$ 300.000; isso quer dizer que os ativos da empresa geraram esse potencial de dinheiro durante o período.

Vejamos agora uma montagem do fluxo de caixa, considerando os valores do exemplo anterior:

Quadro 7.2 Fluxo de caixa

Itens	2004
Clientes	1.100.000
Fornecedores	(610.000)
Despesas operacionais	(190.000)
EBITDA	300.000
Receitas financeiras	1.050
Despesas financeiras	(30.060)
Imposto de Renda	(30.650)
Contribuição social	(19.770)
Caixa de operações*	220.570
Dividendos	(36.900)
Aplicação financeira	(173.670)
Caixa no período	10.000
Saldo inicial de caixa	28.000
Saldo final de caixa	38.000

* Caixa de operações é o caixa de todas as operações que formam o resultado do período, enquanto o EBITDA refere-se ao caixa operacional no sentido mais restrito, ou melhor, é o caixa gerado pelas atividades puramente operacionais, antes dos tributos, ou é a capacidade bruta de gerar caixa do ativo.

Conforme mencionado anteriormente, é comum as receitas não serem todas recebidas dentro do período nem todas as despesas serem pagas; então, acontece a desigualdade entre o resultado e o fluxo de caixa. Entretanto, o EBITDA é calculado a partir da demonstração do resultado, porque **não considera essas diferenças temporárias**.

Outra forma para se chegar ao EBITDA de uma empresa é utilizar a seguinte maneira: lucro bruto menos as despesas operacionais, excluindo-se destas a depreciação e as amortizações do período. Dessa forma, é possível avaliar o lucro referente apenas ao negócio, descontando qualquer ganho financeiro (**derivativos, alugueres** ou outras **rendas** não operacionais que a empresa possa ter gerado no período).

O cálculo do EBITDA se resume ao lucro operacional líquido antes dos impostos e se somam os juros, a depreciação e a amortização.

Como se determina o EBITDA no resultado do exercício de uma empresa:

Receita Líquida de Vendas e Serviços		120.000
(–) Custo dos Produtos Vendidos/Serviços		(40.000)
Lucro Bruto		80.000
(–) Despesas Operacionais		
Vendas	(20.000)	
Administrativas e Gerais	(8.000)	
Financeiras (Juros)	(4.000)	(32.000)
Lucro Operacional		48.000

Cálculo EBITDA

Lucro Operacional	48.000
(+) Deprec./Amort.	5.000
(+) Despesa Financeira – Juros	4.000
EBITDA	57.000

"**EBITDA** *é a sigla em inglês para* earnings before interest, taxes, depreciation and amortization, *que traduzido literalmente para o português significa:* **Lucros** antes de **juros, impostos, depreciação** e **amortização**" (Lajida). Termo muito utilizado por analistas financeiros na **análise de balanços contábeis** de **empresas** de **capital** aberto.

Quanto maior o EBITDA de uma empresa, maior é o seu valor de mercado, pois todos ambicionam uma empresa que **gere dinheiro. E quanto maior a relação entre o EBITDA e o valor investido no ativo, melhor**.

É bom lembrar que o EBITDA não substituirá o "*fluxo de caixa operacional*". Assim, este continuará sendo a melhor forma de saber o quanto o "caixa" de uma empresa está produzindo. O importante é verificar se o EBITDA projetado (potencial gerador de caixa) está se transformando realmente em caixa.

Uso do EBITDA para avaliar a empresa de forma simplificada e hipotética

É normal avaliar as empresas da seguinte maneira:

- Multiplica-se o EBITDA por determinado multiplicador setorial (estimativa para potencial geração de caixa para efeito de negócio, observado o segmento econômico de atuação).

Cap. 7 · Indicadores econômicos e financeiros para análise da qualidade da informação... **239**

- Soma-se a esse produto o valor das aplicações financeiras.
- Diminui-se dessa importância o valor das dívidas de financiamento.
- Chega-se ao valor do patrimônio líquido da empresa para propósito de transação de forma simplificada, porém alguns autores não concordam com essa abordagem, principalmente quanto à utilização de multiplicador setorial.

Exemplo: Cálculo do valor da empresa de forma simplificada (com ressalvas)

Suponha que, no final do ano de 20XX, o multiplicador setorial fosse 2,5, então:

EBITDA − 300.000 × 2,5 = 750.000

\+ aplicações financeiras = 183.670

− dívidas bancárias = (450.000)

= valor do patrimônio líquido gerencial = 483.670 (é o valor da empresa, para efeito de transação, sem considerar o efeito dos tributos)

Caso a empresa não tivesse aplicações financeiras nem dívidas, o valor da empresa seria de R$ 750.000, bastando apenas multiplicar o EBITDA pelo multiplicador 2,5, para efeito de exemplo.

Os multiplicadores são diferentes para cada ramo de negócio. Isso depende de vários aspectos, entre eles, e principalmente, o segmento econômico. Não se pode fazer relação fixa entre o multiplicador e a taxa de retorno, o tipo de imobilizado exigido e de sua vida útil econômica.

Somente a título de informação, posso citar ainda **cinco maneiras práticas** de calcular o **valor de uma empresa**:

- Uma das metodologias mais utilizadas para avaliar pequenos e médios negócios, é o *fluxo de caixa descontado*, que analisa a capacidade da empresa de gerar riqueza no futuro, num horizonte mínimo de cinco anos. Quanto maior o potencial de crescimento, maior o valor da empresa.
- O **segundo** *método é o de avaliação por múltiplos*. Nesse tipo de avaliação, o valor de uma empresa é definido por meio de comparações com negócios semelhantes, geralmente listados em bolsa. O ideal é que as empresas sejam do mesmo setor, tenham portfólio de produtos parecido e atendam ao mesmo tipo de cliente.
- O **terceiro método é o** *valor patrimonial*. O valor patrimonial contábil de uma empresa, também conhecido como valor de livro, é a soma de todos os seus ativos – como prédios, máquinas, equipamentos, dinheiro e produtos em estoque –, descontadas as dívidas e obrigações financeiras. O resultado dessa metodologia tende a ser **sempre menor** do que aquele calculado por meio do fluxo de caixa descontado ou da avaliação por múltiplos, porque não considera receitas futuras do negócio. Trata-se de uma fotografia da empresa. É mais utilizada para negociações **entre os sócios**, na eventual saída de um deles.

Quadro 7.3 Desdobramento do EBITDA (*geração de caixa ampla*)

EMPRESA:			
DATA:			
1. GERAÇÃO DE CAIXA AMPLA	**REAL**		**PROJETADO**
Em R$	**X1**	**X2**	**X5**
Receita Operacional Líquida	8.000	9.000	13.000
(−) CMV (sem depreciação)	3.000	3.000	3.000
(=) Lucro Bruto	5.000	6.000	10.000
(−) Despesas operacionais (sem considerar a depreciação/ amortização e juros)	2.000	2.000	2.000
EBITDA (Fluxo de Caixa Amplo)	3.000	4.000	8.000
(−) Depreciação e amortização	100	100	100
(−) Despesa financeira líquida	200	200	200
(+) Receitas não operacionais líquidas	50	50	50
Lucro antes dos impostos	2.750	3.750	7.750
(−) Impostos (IR/CS)	935	1.275	2.635
LUCRO LÍQUIDO DO EXERCÍCIO	1.815	2.475	5.115
2. GERAÇÃO DE CAIXA RESTRITA			
Lucro Líquido do Exercício	1.815	2.475	5.115
(+) Depreciação e Amortização	100	100	100
FLUXO DE CAIXA RESTRITO	1.915	2.575	5.215
3. GERAÇÃO DE CAIXA RETIDA			
Fluxo de Caixa Restrito	1.915	2.575	5.215
(−) Dividendos	200	200	200
(−) Amortização de financiamentos	300	300	300
FLUXO DE CAIXA EQUILIBRADO	1.415	2.075	4.715
(−) Projetos para Investimentos	679	679	679
4. GERAÇÃO DE "CAIXA LIVRE" PARA O ACIONISTA	736	1.396	4.036

Notas:

1. Deve ser acompanhado periodicamente com relação ao projetado *versus* realizado e respectivos ajustes.
2. Pode ser também elaborado em moeda constante.
3. O período do fluxo de caixa deve ser definido conforme a estratégia e necessidade operacional da empresa.
4. Esse quadro auxiliar poderá ser ajustado à realidade da empresa, e serve apenas como orientação.

Concluindo, em nosso esquema acima o **fluxo de caixa livre** poderá ser calculado também da seguinte forma, partindo do cálculo do EBITDA:

(+) **EBITDA**

(−) CAPEX

(−) Necessidade de capital de giro

(−) Tributos sobre o resultado (IRPJ e CSLL)

(−) Variação da dívida financeira (amortização menos novos empréstimos)

(−) Pagamento de juros da dívida

(=) **FLUXO DE CAIXA LIVRE**

O **Fluxo de Caixa Livre** representa, assim, o que realmente está disponível para os acionistas após o resultado operacional da empresa, as necessidades de capital de curto e longo prazo e a capacidade de financiamento com recursos de terceiros. O valor anual projetado do fluxo de caixa livre, que neste caso foi calculado na forma do fluxo de caixa para os acionistas, representa o que poderá ser base de cálculo para distribuição de dividendos sem comprometer o crescimento e a estrutura de capital da empresa.

- O **quarto método é o valor de mercado**: para uma empresa de capital aberto, valor de mercado é basicamente o valor da ação na bolsa multiplicado pelo número de ações existentes.
- O **quinto método é o de avaliação de opções reais**: aplica os métodos de avaliação de opções financeiras a decisões empresariais. Uma opção real é o direito – mas não a obrigação – de alterar o caminho de um projeto ou negócio ao longo do tempo. Exemplos de opções reais incluem a opção de adiar uma decisão (de investimento ou desinvestimento), abandonar um negócio e expandir e rever a capacidade óptima do negócio (reescalar).

Para que serve uma avaliação de empresas?

- Na formação de *joint venture* e ou expansão de negócios.
- No reconhecimento do *goodwill* para a amortização de ágio/deságio.
- Na formatação de planos de negócios para apresentações a instituições financeiras e ou investidores.
- Na valoração de um negócio em fase de projeto.
- No acompanhamento do planejamento tático-financeiro de médio e longo prazo.
- Para o proprietário saber se o negócio está gerando valor.
- Para compra e venda de empresas e negócios.
- Em dissolução ou incorporação de sociedades.
- Em interesse de compra ou venda de cotas sociais, entre outras.

Existem outros métodos, mas não é o enfoque da abordagem neste momento.

7.1.1 Virtudes e defeitos do EBITDA

Conforme comentários do Prof. Carlos Alberto Zaffani (2005), existem virtudes e defeitos com relação ao uso do EBTIDA pelas empresas, como poderemos ver a seguir:

Argumentos dos defensores do EBITDA

- Pode ser utilizado na análise da lucratividade entre as empresas.

- Por eliminar os efeitos dos financiamentos e decisões contábeis, sua utilização pode fornecer uma comparação relativamente boa para o analista, pois mede a produtividade e a eficiência do negócio.

- O EBITDA como percentual de vendas pode ser utilizado para identificar empresas que sejam as mais eficientes operadoras dentro de um determinado segmento de mercado.

- O EBITDA pode ser utilizado para comparar a tendência de lucratividade nas indústrias pesadas (ex.: siderurgia e automobilística) até as de alta tecnologia, porque remove da análise o impacto dos financiamentos de grandes inversões de capital.

- A variação percentual do EBITDA de um ano em relação a outro mostra aos investidores se uma empresa conseguiu ser mais eficiente ou aumentar sua produtividade.

- O EBITDA é uma excelente ferramenta de medição para organizações que apresentem uma utilização intensiva dos equipamentos (mínimo de dez a vinte anos).

Críticas à utilização exclusiva do EBITDA

Embora reconhecendo a validade relativa da utilização do EBITDA, os críticos apresentam os seguintes argumentos:

- É muito usual que empresas contratem financiamentos e empréstimos para alavancar suas operações. Assim, é mais comum as empresas apresentarem despesas financeiras superiores às receitas financeiras. Da mesma maneira, como também é comum as empresas apresentarem imposto de renda e contribuições sobre seus lucros operacionais, é fácil de se presumir que o EBITDA seja superior ao lucro líquido, sendo que, em muitos casos, o EBITDA é positivo, embora a linha final da demonstração de resultados apresente prejuízo líquido.

- O EBITDA não considera as mudanças no capital de giro e, portanto, sobrevaloriza o fluxo de caixa em períodos de crescimento do capital de giro.

- O EBITDA pode dar uma falsa ideia sobre a efetiva liquidez da empresa.

- O EBITDA não considera o montante de reinvestimento requerido, especialmente nas empresas que apresentam ativos operacionais de vida curta (três a cinco anos).

- O EBITDA nada apresenta sobre a qualidade dos lucros.
- Ele ignora as distinções existentes na qualidade dos fluxos de caixa originados de diferentes práticas contábeis (nem todas as receitas geram caixa!).
- O EBITDA ignora atributos específicos na análise de determinadas empresas/ negócios.
- Companhias da chamada "nova economia" têm tentado convencer os investidores de que devem ser avaliadas, exclusivamente, com base no EBITDA, desconsiderando-se até a hipótese de prejuízo, e, com isso, têm conseguido ludibriar investidores leigos ou mal informados.
- A aparente hipótese de estar livre de manipulações caiu por terra com o escândalo da WorldCom, quando esta reconheceu US$ 7 bilhões de despesas operacionais como investimentos de capital, o que provocou profunda distorção no lucro e consequente aumento do EBITDA.
- Por ser de fácil apuração, o EBITDA é frequentemente utilizado como a mais importante medida de *performance* do resultado de muitas empresas. Entretanto, seu resultado pode dar uma falsa ideia do verdadeiro potencial de investimento de uma empresa, justamente por não refletir adequadamente a verdadeira habilidade na geração de caixa para continuidade das operações.

Tendências para o futuro sobre a validade da utilização do EBITDA

Principalmente após os escândalos contábeis de grandes corporações norte-americanas, a preocupação com o EBITDA vem crescendo. Especialmente nos Estados Unidos, muitas companhias que davam excessiva ênfase ao EBITDA em suas comunicações sobre os resultados voltam a focar muito mais no "lucro por ação", dando mais atenção a outros indicadores.

Em síntese, parece que o EBITDA continuará sendo um indicador importante; porém, com uma melhor compreensão de suas limitações. Portanto, outros indicadores tradicionais também continuarão presentes nas análises e avaliações de investimentos e *performances* de muitas organizações.

Nota: Valor econômico agregado (EVA)

- Outro exemplo de indicador que vem crescendo no conceito de mercado é o **EVA – um indicador do valor econômico agregado** que possibilita a executivos, acionistas e investidores uma nítida visão acerca da rentabilidade do capital empregado na empresa. Ou seja, mostra se este foi bem ou mal investido em termos de geração de riquezas para o empreendimento e possibilita analisar o resultado, os recursos aplicados e a estrutura de capital.
- O EVA foi criado com a finalidade de avaliar se, a cada ano, a empresa está ganhando dinheiro suficiente para pagar o custo do capital que administra.

- De forma direta, é o lucro líquido operacional depois dos impostos (NOPAT – *Net Operating Profit After Taxes*) deduzido do custo de capital de terceiros e do custo de capital próprio.
- Mais adiante, esse tópico será mais bem detalhado.

7.1.2 Algumas discussões pelos analistas de mercado sobre o formato, conteúdo e apresentação do quadro EBITDA

FÓRMULA DA DISCÓRDIA (Modos de calcular o EBITDA)
Pelo lucro operacional:
(+) despesas financeiras
(+) depreciação ou exaustão
(+/−) amortização de ágio ou deságio
(+) outras amortizações
(+/−) resultado de equivalência patrimonial
(−) despesas não recorrentes
(=) EBITDA (ou LAJIDA)
Pelo lucro bruto:
(+) depreciação, exaustão e amortização
(−) despesas gerais e administrativas
(−) despesas com vendas (comerciais)
(=) EBITDA (ou LAJIDA)

Fonte: Apimec.

A conclusão final é que os analistas defendem uma padronização do EBITDA. Além disso, tanto os resultados financeiros quanto os não recorrentes merecem um tratamento especial. E, finalmente, que as empresas têm de ser o mais transparente que puderem sobre como calculam o indicador, sobre cada item fora do normal e também sobre o motivo de o usarem.

Nem sempre o EBITDA cumpre sua missão de dar uma ideia da real saúde de uma empresa. Ela pode, **por exemplo**, estar expandindo vendas a um ritmo crescente ao ano, mas necessita de empréstimos para financiar essas receitas de vendas ou fazer reposição de estoque.

Ou realizou todas as vendas a prazo e vai demorar para receber ou perderá com a inadimplência dos clientes. Há ainda o caso de duas empresas com o mesmo EBITDA, mas em fases de vida totalmente diferentes, uma com indústria com parque industrial desatualizado, outra com novas tecnologias. A demanda de investimento de capital será muito maior. **Tudo isso não aparece no EBITDA**; por isso, é importante analisar também outros indicadores de forma combinada para identificar exatamente como está a solvência da empresa como um todo.

Mais adiante temos **outro exemplo** que alguns analistas de mercado utilizam para efeito de análise gerencial é a demonstração de resultados ajustada, conforme o modelo a seguir, destacando o EBITDA:

DEMONSTRAÇÃO DE RESULTADO – Gerencial	X1	X2	Δ%
RECEITA BRUTA	124.054	270.350	118%
(–) Impostos e deduções	– 27.044	– 44.415	
RECEITA LÍQUIDA	97.010	225.935	133%
Custos de mercadorias vendidas	– 73.441	– 173.678	
LUCRO BRUTO	23.568	52.258	
Margem bruta	24,30%	23,10%	
DESPESAS OPERACIONAIS	– 20.917	– 45.145	116%
Gerais e administrativas	– 23.556	– 41.962	
Outras despesas	2.639	– 3.183	
(=) EBITDA	2.652	7.113	168%
Margem EBITDA	2,70%	3,10%	0,41%
Depreciação e amortizações	– 108	– 732	
(=) EBIT	2.544	6.380	
Resultado financeiro líquido	– 657	– 972	
(=) EBT	1.888	5.408	
(–) Resultado não operacional	37	195	
(–) IR & CS	– 1.062	– 3.335	
Participações nos lucros	0	0	
(=) Lucro líquido	863	2.268	163%

7.1.3 Nota: Divulgação do LAJIDA/EBITDA – "Companhias abertas" – regulação pela CVM

As **companhias abertas** vêm divulgando a medição do lucro antes dos juros, imposto de renda, depreciação e amortização – LAJIDA (EBITDA – *earnings before interest, taxes, depreciation and amortization*) – como uma medição paralela às convencionais apresentadas nas demonstrações contábeis.

Essa medição também é largamente utilizada como um tipo de fluxo de caixa da companhia para fins diversos, por exemplo, como uma medida da capacidade de servir a dívida, quando comparada aos recursos aplicados na empresa (valor de mercado mais dívida líquida a valor presente), ou utilizada como um múltiplo para avaliação de empresas, dentre outras aplicações.

Lucro operacional

(+) **despesas financeiras**

(–) **receitas financeiras**

(+) **depreciação**

(+/–) **amortização de ágio ou deságio**

(+) **outras amortizações**

(–) **despesas (receitas) não recorrentes**

(=) **lucro antes dos impostos, juros, depreciações e amortizações – LAJIDA (EBITDA)**

Uma **reconciliação** desta natureza dá ao leitor das demonstrações contábeis uma clara ideia do cálculo efetuado pela administração e tem um poder maior de explicação sobre a formação da medição econômica e de comparação com outras companhias.

Em qualquer hipótese, presume-se que o administrador pretende apresentar a medição que melhor represente a eficiência da sua gestão, mas, em contrapartida, assume a responsabilidade de divulgar os objetivos a serem atingidos e a relação com as outras medições contábeis apresentadas. Em outra situação, as medições não contábeis do LAJI/EBIT e LAJIDA/EBITDA poderiam ser reconciliadas com a demonstração consolidada de uma **companhia aberta** da seguinte forma:

- Lucro líquido (prejuízo) do exercício
- Imposto de renda e contribuição social
- Resultado de participações não consolidadas
- Despesas (receitas) financeiras, líquidas
- Despesas (receitas) não operacionais líquidas
- Participações de acionistas não controladores

- **LAJIR/EBIT**
- Depreciações e amortizações
- **LAJIDA/EBITDA**

Finalmente, a regulação pela CVM sobre esse tipo de divulgação em **nota explicativa** busca fazer o leitor perceber o significado das medições não apoiadas nas demonstrações contábeis divulgadas e, para isso, o administrador deve divulgar as bases que o levaram a preferir a forma escolhida.

Fonte: Ofício-Circular/CVM/SNC/SEP nº 01/2007 item 1.9.7, de 14 de fevereiro de 2007, e Instrução CVM nº 527, de 4 de outubro de 2012.

7.2 EVA (É A VERSÃO MODERNA DO LUCRO) – VALOR ECONÔMICO AGREGADO

É um novo indicador que verifica se o capital investido está sendo corretamente remunerado, e, por isso, grande número de empresas, não apenas no Brasil, mas no mundo, vem medindo o seu resultado através do **EVA**, sigla de uma expressão de origem inglesa (*economic value added*), que significa valor econômico agregado, ou valor econômico adicionado.

Existe uma nova concepção de análise de balanços e de empresas, pois os indicadores convencionais não medem se os acionistas estão recebendo os dividendos como deveriam, apesar de os receberem no final do ano; nesse caso, a empresa está perdendo dinheiro, mesmo que a última linha da demonstração do resultado do exercício seja positiva. **O EVA é a versão moderna do lucro**.

Consideremos os seguintes elementos: se um acionista pretende investir, ele tem duas opções, uma de investir na empresa e a outra opção de aplicar o dinheiro no mercado financeiro. Caso ele escolha a primeira opção, seu dinheiro deve render, no mínimo, o mesmo que a aplicação financeira daria. Então, a empresa deve se tornar cada vez mais valiosa. O EVA é o lucro operacional menos o custo do capital investido. No caso de a empresa ter agregado valor, o EVA será positivo, senão será negativo, e, consequentemente, o acionista não terá feito um bom negócio.

7.2.1 Quadros ilustrativos e comentários sobre o cálculo do valor econômico agregado (EVA)

- A criação de valor e o seu processo podem ser vistos por meio do *economic value added* (EVA) desenvolvido pelo Stern Stewart.
- O EVA é um instrumento de gestão voltado para a criação da riqueza do acionista, sendo chamado de modelo de criação de valor.
- NOPLAT = lucro operacional menos o imposto de renda e CSSL.
- Custo de capital – remuneração requerida pelos credores e acionistas que financiam o ativo econômico.
- **Ativo econômico** = NCG + ativo não circulante (investimento).

Exemplos de quadros ilustrativos para facilitar o entendimento

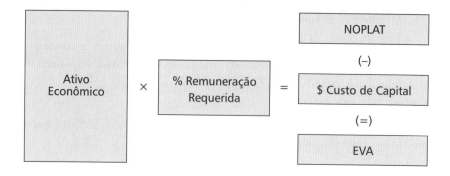

- Para que a empresa crie valor para o seu acionista, o EVA > 0, ou seja:

NOPLAT > Custo de Capital

- O modelo de criação de valor permite uma gestão de valor tomando como referência as variáveis fundamentais geradoras de EVA.

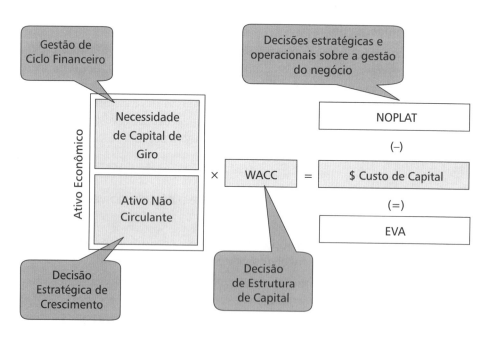

NOPLAT = *net operating profit less taxes.*

- Uma visão sistêmica do processo de criação de valor pode ser construída a partir da árvore de criação de valor.

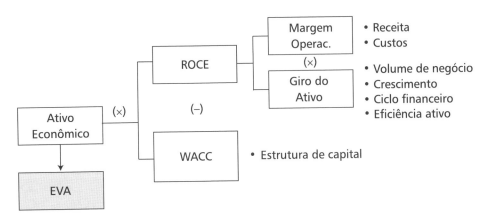

Ativo econômico = NCG + Ativo não circulante.

Vejamos um **exemplo**:

A empresa ABC teve em 2003 um lucro de R$ 10 milhões. O EVA foi negativo, de aproximadamente R$ 25 milhões em relação ao seu lucro. De fato, essa é uma quantia significante; porém, ela não justifica querer vender a empresa apressadamente e aplicar o dinheiro no mercado financeiro. O EVA não considera alguns aspectos; ele é um cálculo financeiro. Ele não leva em conta, por exemplo, o risco inerente ao mercado financeiro; em alguns casos, as empresas se tornam investimentos muito lucrativos para seus acionistas.

Um caso prático foi o da Sadia, bem antes da crise, cujo EVA, em determinado período, foi de US$ 20,7 milhões. Se os donos da empresa tivessem investido no mercado financeiro, teriam deixado de ganhar tal montante (BLATT, 2000, p. 8).

O EVA é um indicador que mede a saúde econômica da empresa, não é um método de gestão.

Existem casos de distribuição de bônus aos executivos baseada na criação de valor, no EVA. As empresas utilizam o lucro como indicador e o EVA pode vir a ser uma arma política na gestão de negócios.

Antes da crise, as ações da empresa Perdigão (BLATT, 2000, p. 9), em menos de dois anos, dobraram de valor, em decorrência de lucro, marca, investimentos de longo prazo e uma distribuição eficiente. A empresa decidiu por uma gestão voltada para criar seu valor. Parte de seus investimentos é destinada à modernização das fábricas e criação de novas unidades; outra parte é para a logística. Tudo isso tem a finalidade de provar ao acionista que o dinheiro dele está sendo valorizado. A meta do executivo deve ser a de aumentar o valor do negócio, e não somente o lucro.

Muitas vezes, as empresas não conhecem o capital investido, isto é, os valores aplicados e contabilizados corretamente em estoques, imobilizações, valores a receber e disponibilidades, sem dúvida, representam falta de controle; entretanto, sem isso, não se consegue obter todos os benefícios do EVA.

Em princípio, são apontados **alguns erros** que as empresas costumam cometer ao adotar o EVA:

- Querem implementar muito rápido, sem antes entendê-lo.
- Disponibilizam pouco tempo para treinamento.
- Participam aos funcionários de maneira inadequada.
- A qualidade de informação não está adequada às boas práticas contábeis e financeiras.
- Os números não foram previamente auditados e/ou ajustados para uma boa visão gerencial do negócio.

Para calcular o EVA, a fórmula matemática simplificada é a seguinte:

$$EVA = ROL - CCI$$

ROL – Lucro operacional líquido (menos impostos).
CCI – Custo de capital investido.
CI – Capital investido – R$ 1.500.000.

Tabela 7.1 Cálculo do custo médio ponderado de capital

Origem	Tipo de capital	Valor – R$	Participação %	Custo %	Custo ponderado %
Próprio	Ações ordinárias	100.000	50	15	7,50
Terceiros	Financiamento	50.000	25	13	3,25
Terceiros	Debêntures	50.000	25	18	4,50
Totais	–	200.000	100	–	15,25

1. **Cálculo do EVA negativo de forma simplificada – exemplo**:

Lucro líquido operacional (após impostos)   = 200.000

(–) Custo total do capital: 15,25% × 1.500.000

     (valor do capital investido)   = (228.750)

Valor econômico agregado (EVA) – negativo   = (28.750)

Notas: (a) O valor negativo ($ 28.750) deve ser comparado com o lucro societário do período, para efeito de saber se o resultado da empresa está contribuindo para aumentar ou não a riqueza dos acionistas.

(b) O conceito de EVA tem sido usado também como ferramenta de gestão baseada em valor, em que o foco não se restringe apenas à empresa como um todo, mas está direcionado a todas as suas

Cap. 7 · Indicadores econômicos e financeiros para análise da qualidade da informação... **251**

divisões. A análise do que agrega ou não agrega valor passa a dar suporte ao processo decisório de análise de investimento.

Dentro desse conceito, se o EVA de um projeto for positivo, isso significa que ele agrega valor econômico e, portanto, deve ser executado. Por outro lado, se o EVA de um projeto for negativo, a empresa vai destruir valor para o acionista se o executar; portanto, do ponto de vista financeiro, ele deve ser rejeitado (CHING, 2007, p. 278).

Exemplo:

O cálculo do EVA da Bombril em 1999 pode ser assim demonstrado:

■ Capital investido	1.101.898
Capital próprio (PL ajustado)	812.067
Capital de terceiros (empréstimos de curto e longo prazo)	289.831
■ Lucro operacional líquido (exceto resultado financeiro)	239.261
■ Taxa nominal – IR/CSLL	34%
■ Lucro operacional – após impostos	157.912
■ CMPC (estimado)	17%
■ Encargos de capital = 17% de 1.101.898	187.322
■ EVA negativo (157.912 – 187.322) – negativo	29.410

Ou seja, apesar de apresentar lucro contábil, o resultado econômico é "negativo".

O cálculo do MVA da Bombril em fins de 1999 é o seguinte:

	R$
Valor de mercado das ações	570.580
(–) Patrimônio líquido	771.350
(=) MVA	(200.770)

Fonte: www.infoinvert.com.br.

Isso significa que o valor de mercado da Bombril estava R$ 200.770 abaixo de seu valor contábil, tendo em vista que EVAs negativos acarretam MVAs negativos e vice-versa.

Então:

O EVA é igual ao lucro operacional líquido da empresa menos o custo do capital investido, o qual é igual à soma do capital de giro, ativo permanente e outros ativos operacionais, que é multiplicada por uma taxa de juros (equivale ao custo do capital de terceiros) e por uma taxa de risco (custo do capital próprio).

O EVA representa o retorno de uma empresa depois da tributação, menos o custo de todo o capital usado para criar esse retorno, não apenas o custo do endividamento, mas também o custo do capital social.

O EVA começou a ser implementado no Brasil pelos bancos. Excelentes resultados foram conseguidos, juntamente com outros métodos de avaliação, como o fluxo de caixa descontado, conhecido também como fluxo de caixa indireto. Esses mecanismos ajudam a identificar as maiores empresas geradoras de valor, não apenas hoje, mas também no futuro.

O EVA é relevante, embora não seja suficiente para avaliar uma empresa ou um projeto, porque sua finalidade é ser um indicador atual ou do passado. Para se olhar para o futuro, o mais aconselhado é fazer o planejamento do *fluxo de caixa descontado*, pois, através dele, planejam-se as receitas de vendas e se descontam as despesas operacionais, impostos a pagar e custos de capital próprio e de terceiros. Então, o administrador financeiro pode trazer o resultado estimado a valor presente, e se chega ao preço justo, o que equivale dizer que representa o indicador EBITDA ajustado.

Esse tipo de informação é muito utilizado nos processos de privatização, de fusão e aquisição e de compra de participação acionária. O **preço justo** também é um indicador do potencial de valorização das ações das empresas.

Empresas internacionais como Coca-Cola e Siemens utilizam o EVA para crescer rápido e com maiores lucros do que os seus concorrentes, além de remunerar seus executivos e funcionários pelos seus crescimentos.

7.2.2 Um outro formato de apresentação do valor econômico agregado (VEA) (ou EVA)

Valores em R$ milhões	2008	2009
Total do Ativo	21.499	15.946
Passivo com Financiamento Espontâneo	11.229	7.341
Passivo Remunerado	**10.270**	**8.605**
Capital de Terceiros	4.300	3.584
Capital Próprio	5.970	5.021
Investimentos a Remunerar	**10.270**	**8.605**
Receita Operacional Líquida	11.747	10.813
Custos e Despesas Operacionais	(10.823)	(10.207)
Resultado Operacional	**924**	**606**
IR/CS	(435)	299
Custo de Capital de Terceiros	(230)	(286)
Lucro Líquido Ajustado	**259**	**619**
Custo do Capital Próprio	(740)	(666)
Valor Econômico Adicionado	**(481)**	**(47)**
EVA (VEA)/Investimento a Remunerar	**−4,7%**	**−0,5%**

Fonte: Lucro da Embraer dobra e chega a R$ 895 mi. em 2009, *Valor Econômico*, A20, de 19-3-2010.

O cálculo do VEA (EVA) exclui entidades de propósito específico (EPE). A empresa apresentou melhoria na sua rentabilidade, medida pelo valor econômico adicionado (VEA).

Como melhorar o EVA

A árvore de valor permite visualizar os pontos passíveis de atuação visando melhorar o EVA da empresa:

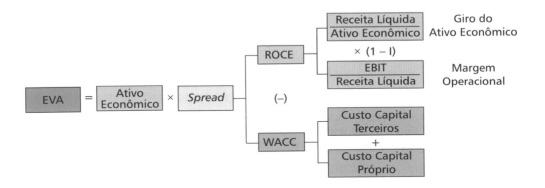

De maneira geral, esses pontos são:

- Elevar a margem operacional (EBIT/V) através da melhoria de processos e redução de custos.
- Maximizar o giro do ativo (V/ativo econômico) através da otimização dos ativos empregados e da gestão eficiente da necessidade de capital de giro/ciclo financeiro.
- Minimizar o WACC da empresa através da busca de uma estrutura ótima de capital que se beneficia das vantagens fiscais da dívida sem elevar o risco financeiro além do padrão aceitável pelo mercado.

V = Receita Líquida

Fonte: Palestra no RJ em 15-4-2014 do Prof. Rodrigo Zeidan pela Fundação Dom Cabral-FDC.

No Brasil, desde 1995, algumas empresas importantes de diversos setores passaram a adotar o sistema EVA da Stern Stewart & Co. Algumas empresas, tais como Brahma, Andrade Gutierrez, Alcan Alumínios e Aços Villares, usam este conceito para distribuir bônus a gerentes e diretores.

Concluindo, o EVA é muito mais do que uma simples medida de desempenho. É a estrutura para um sistema completo de gerência financeira e remuneração variável que pode orientar cada decisão tomada por uma empresa, da sala do conselho até o chão da fábrica. Ele ainda pode transformar uma cultura corporativa, melhorar as vidas profissionais de todos na organização, fazendo com que sejam mais bem-sucedidos, e ajudá-los a produzir maior valor para os acionistas, clientes e para eles próprios (www.classecontabil.com.br).

7.3 GESTÃO VBM/MVA/GVA

São mostradas, a seguir, outras metodologias e/ou indicadores econômicos e financeiros que trarão futuramente impactos na gestão da projeção do fluxo de caixa nas empresas.

7.3.1 VBM – gestão voltada para criação de valor

O que pode mudar o desempenho da empresa é o *value based management* (VBM), que significa gestão voltada para criar valor e é uma metodologia que auxilia a definir os investimentos e a racionalizar o leque de produtos. Essa análise enfoca diretamente para a demonstração do fluxo de caixa.

Nos Estados Unidos, existem empresas que avaliam o desempenho de cada um de seus produtos. O cálculo envolve a previsão de vendas líquidas, margens, custos e investimentos por determinado período, por exemplo, de cinco anos.

O VBM é um modelo de gestão que está se alastrando pelas empresas americanas, europeias, enfim, em toda parte do mundo. Às vezes, subsidiárias fazem um contrato de desempenho (*performance*) com a matriz, então o presidente da filial se compromete a criar valor para a empresa, e é feita uma revisão anual do contrato. Muitas empresas diminuem o número de linhas de produtos disponíveis no mercado, por causa do VBM. Normalmente, as que saem de linha são as de baixo volume e baixa margem.

O *value based management* (**VBM**) ou gestão baseada em valor constitui-se em uma **abordagem em que as aspirações, as técnicas de análise e os processos gerenciais são orientados para a maximização do valor da empresa**, focalizando as decisões sobre os **direcionadores de valor** (*value drivers*), especialmente o **custo de capital**. Portanto, ela considera:

- **Criação de valor** (formas para gerar ou aumentar o valor futuro máximo, em sintonia com sua estratégia).
- **Administração pelo valor** (governança, gestão de mudanças, cultura organizacional, comunicação, liderança etc.).
- **Medição do valor** (*valuation*).

Entre os **indicadores de mensuração de valor**, destacam-se o *economic value added* (**EVA®**), ou valor econômico agregado, e o *market value added* (**MVA®**), ou valor de mercado agregado, devido à popularização da marca comercial nos Estados Unidos e à sua relativa simplicidade de aplicação.

Estratégias financeiras

- Têm o objetivo de **criar valor aos acionistas**. Possuem três dimensões: **operacionais, financiamento** e **investimento**.
- O sucesso na criação de valor envolve a implementação de uma **combinação** de estratégias financeiras.
- Se **não** produzirem retorno suficiente para remunerar o custo de oportunidade dos acionistas, **destruirão valor**.

Conflito valor × lucro

- **Algumas estratégias financeiras voltadas a criar valor aos acionistas podem reduzir os lucros da empresa.**
- Ex.: substituição de capital próprio por recursos de terceiros mais baratos aumenta as despesas financeiras (juros), mas alavanca o valor de mercado das ações.

Quanto maior a lucratividade da empresa, menor o nível de endividamento, maior o seu valor de mercado.

Modelo de Gestão Baseada no Valor

Estrutura de Capital K Próprio > K Terceiros		Estrutura de Capital K Terceiros > K Próprio	
E / V (Próprio)	60%	E / V (Próprio)	40%
D / V (Terceiros)	40%	D / V (Terceiros)	60%
Ke	15%	Ke	15%
Ki × (1 − IR)	10%	Ki × (1 − IR)	10%
WACC	9% + 4% = 13%	WACC	6% + 6% = 12%
FLCX	R$ 1.000,00	FLCX	R$ 1.000,00
N	1	N	1
VP	884,95	VP	892,85

$$WAAC = \sum_{J=1}^{N} W_J \times K_J$$

Fonte: HARRIS; RAVIV, 1991, p. 297-355.

De forma simplificada, podemos dizer: *A estrutura de capital será direcionada pelo desejo de a empresa financiar novos investimentos, primeiro internamente, depois com dívidas de baixo risco, e finalmente com ações, como última fonte.*

7.3.2 MVA – valor de mercado agregado

Assim como o EVA, existe outro mecanismo para a medição de eficiência da produtividade dos ativos da empresa, que é o *market value added* (MVA), ou melhor, valor de mercado agregado.

Dos conceitos:

O valor de mercado agregado (MVA) é a diferença entre o valor de mercado da empresa (incluindo patrimônio líquido e passivos) e o capital total investido na empresa.

MVA = VALOR DE MERCADO – CAPITAL INVESTIDO

O valor de mercado (VM) representa o valor de mercado do capital do acionista em uma determinada data. Já o capital investido, como o próprio nome diz, representa o capital investido pelo acionista na mesma data do cálculo do VM.

Para Ehrbar (1999, p. 36), o MVA pode ser conceituado como: "diferença entre entrada de caixa e saída de caixa – entre aquilo que investidores colocam na empresa como capital e o que poderiam receber vendendo pelo preço de mercado corrente". Como tal, o MVA é o montante acumulado pelo qual a empresa valorizou ou desvalorizou a riqueza dos acionistas.

Para Malvessi (2000, p. 43), o MVA representa uma medida cumulativa de *performance* em valores monetários da empresa, isto é, indica quanto o valor de mercado das ações da empresa tem adicionado valor aos acionistas, quando comparado com o valor originalmente investido.

Frezatti (1999, p. 32) diz que "aumentar o valor é o grande objetivo das organizações e que o MVA indica se esse objetivo está ou não sendo alcançado".

Para Milbourn (2001, p. 134), o MVA "é definido como a diferença entre o valor de mercado da organização e o valor contábil (ajustado) de seus ativos".

Didaticamente, o MVA é um valor calculado em determinado tempo t, que aponta o quanto o acionista está mais rico ou mais pobre em relação a t – 1, mantidas em condições de lucratividade projetadas.

Resumindo, para calcular o MVA de uma empresa, soma-se todo o capital social que essa empresa conseguiu através de aportes de capital acionário, emissões de novas ações/cotas, empréstimos bancários convertidos em participação acionária e lucros retidos durante toda a sua existência. Fazem-se outros ajustes, como capitalizar o gasto em pesquisa e desenvolvimento como um investimento em ganhos futuros, a serem amortizados durante certo período. Então, esse capital será confrontado com o valor atual das ações de mercado, podendo ser avaliado como uma quantidade que os investidores poderiam retirar, e o capital investido, que é o dinheiro que os acionistas colocaram na empresa, isto é, o MVA.

Vide exemplo:

Valor de mercado agregado (MVA) – resumido:

Valor de mercado das ações	10.000
(–) Patrimônio líquido contábil	(4.000)
(=) MVA	<u>6.000</u>

Um MVA positivo significa a geração de riqueza produzida, e, se for negativo, entende-se que o capital foi mal utilizado. Um EVA positivo significa uma ação sólida.

O MVA representa a diferença entre o que os acionistas investiram em uma empresa e o que podem conseguir de retorno. E o EVA é um indicador de riqueza, representa os lucros operacionais líquidos depois dos impostos menos o custo do capital.

Tanto o EVA, a GVA quanto o MVA apresentam uma visão sobre geração de riqueza com conceitos básicos que, com o tempo, as empresas esqueceram.

7.3.3 GVA – geração de valor para o acionista

Considerando uma estimativa mais precisa do valor da empresa, um terceiro componente deve também ser incluído: **o valor corrente de títulos negociáveis e outros investimentos que podem ser convertidos em caixa e que não sejam essenciais à operação do negócio**. Nem esses investimentos nem sua receita estão incluídos nos fluxos de caixa das operações. Entretanto, esses investimentos claramente têm valor, portanto, precisam ser incluídos na estimativa de valor da empresa.

Valor da empresa = Representação do valor presente dos fluxos de caixa das operações durante o período de previsão + valor residual + títulos negociáveis.

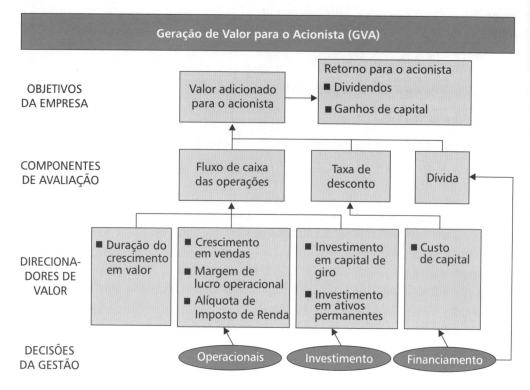

Fontes: RAPPAPORT, 2001; YOUNG; O'Byrne, 2003.

Enfim, o EVA, a GVA e o MVA não são apenas métodos de avaliação do desempenho da empresa ou instrumentos utilizados pelos analistas para recomendar a compra ou a venda de suas ações. Eles também podem ser utilizados como ferramenta de gestão empresarial, e, inclusive, estão sendo cada vez mais utilizados.

7.4 ENDIVIDAMENTO

Geralmente, as empresas fazem captação de recursos através das instituições financeiras para bancar as suas atividades. É aconselhável realizar periodicamente uma análise da composição do endividamento, que pode atingir seriamente a saúde financeira da empresa.

Para análise e tomada de decisões sobre estruturas de capital, devem ser considerados apenas os fundos permanentes e de longo prazo, porque as estruturas de capital possuem a natureza estratégica, cujas alterações não são frequentes.

Quadro 7.4 Estrutura de capital

	PASSIVO CIRCULANTE	Capital de terceiros	Capital de curto prazo
Passivo	EXIGÍVEL A LONGO PRAZO	Capital de terceiros	Capital permanente e de longo prazo
	PATRIMÔNIO LÍQUIDO	Capital próprio	Capital permanente e de longo prazo

O endividamento de curto prazo indica qual o percentual de compromissos de curto prazo em relação ao total das fontes de recursos. Então, a fórmula é a seguinte:

$$PASSIVO\ CIRCULANTE/PASSIVO\ TOTAL$$

O endividamento de longo prazo indica qual o percentual de compromissos de longo prazo em relação ao total das fontes de recursos. Então, a fórmula é a seguinte:

$$EXIGÍVEL\ A\ LONGO\ PRAZO/PASSIVO\ TOTAL$$

Se a composição do endividamento mostrar uma razoável concentração no passivo circulante, então é possível que a empresa venha a ter problemas por ocasião de desaquecimento do mercado. Isso porque ela terá que ter recursos para cumprir os compromissos que vencerão em curto prazo. Se houver melhor equilíbrio entre curto e longo prazo, mesmo num momento de poucas vendas, a empresa terá mais tempo de gerar os recursos de que necessita.

O endividamento total indica qual a parcela de capital de terceiros em relação ao total das fontes de recursos da empresa. Então, a fórmula é a seguinte:

$$PASSIVO\ CIRCULANTE + EXIGÍVEL\ A\ LONGO\ PRAZO/PASSIVO\ TOTAL$$

O nível de imobilização do patrimônio líquido determina quanto a empresa aplicou no ativo permanente com relação ao patrimônio líquido. Quando as empresas têm uma necessidade de capital de giro (NCG) positiva e existe grau de imobilização do capital próprio maior que 1 por longo período, isso pode representar futuros problemas de liquidez, pois a empresa terá que captar recursos de terceiros para financiar esse complemento. Então, a fórmula é a seguinte:

> **ATIVO PERMANENTE/PATRIMÔNIO LÍQUIDO**

Assim, a empresa deve dispor de recursos de patrimônio líquido suficientes para financiar o ativo permanente, sem causar, no entanto, problemas para suprir uma eventual necessidade de capital de giro.

Alavancar financeiramente consiste em usar recursos de terceiros ou fazer dívida para aumentar o retorno sobre os recursos próprios. Tem-se em mente que o nível de retorno operacional sobre o ativo (%) será maior que a taxa de juros paga pela utilização do capital de terceiros.

A **alavancagem de capital** é o uso de ativos ou recursos com custo fixo a fim de aumentar os retornos dos proprietários da empresa.

O exemplo a seguir apresenta níveis crescentes de alavancagem, considerando diferentes estruturas de capital:

Cap. 7 • Indicadores econômicos e financeiros para análise da qualidade da informação... 261

Quadro 7.5 Demonstrativo de estrutura de capital

Estrutura de Capital	W	X	Y	Z
Ativo total	100.000	100.000	100.000	100.000
Passivo exigível (PE)	0	20.000	40.000	60.000
Patrimônio líquido médio	100.000	80.000	60.000	40.000
Nível de operações				
Receita de vendas líquidas	100.000	100.000	100.000	100.000
(−) CMV	40.000	40.000	40.000	40.000
(=) Lucro bruto	60.000	60.000	60.000	60.000
(−) Despesas operacionais	15.000	15.000	15.000	15.000
(=) Lucro antes do IR e juros	45.000	45.000	45.000	45.000
(−) Imposto de Renda (25%) estimado*	11.250	11.250	11.250	11.250
(=) Lucro após o IR e antes dos juros	33.750	33.750	33.750	33.750
(−) Despesa financeira líquida (25%) s/ PE	0	5.000	10.000	15.000
(+) Economia do IR s/ juros (25%)	0	1.250	2.500	3.750
(=) Lucro líquido do exercício	33.750	27.500	21.250	15.000

* Sujeito a alteração pela legislação fiscal.

Indicadores de desempenho:				
Retorno s/ patrimônio líquido médio (1) (Lucro líquido/patrimônio líquido médio)	33,75	34,38	35,42	37,50
Retorno s/ ativo (2) (Lucro após IR s/ ativo)	33,75	33,75	33,75	33,75
Grau de Alavancagem Financeira (3) GAF (1/2)	1,00	1,02	1 ,05	1,11

Fonte: SILVA, 2005.

Quadro 7.6 Elementos determinantes na escolha da estrutura de capital

1 Condições gerais da economia

1.1 Demanda e oferta na economia – crescimento do PIB, política fiscal, política cambial, queda do desemprego, balança comercial.

1.2 Inflação – comportamento, tendências e metas do governo.

2 Condições de mercado

2.1 Agentes – uma série de restrições contratuais ou de políticas empresariais podem dificultar que a companhia emita novas ações, assuma novas dívidas, retenha lucros, ou até dilua seu controle.

3 Condições operacionais e financeiras da empresa

3.1 Risco de negócio – o mercado avalia o comportamento das receitas e dos custos e despesas da empresa, visando avaliar as tendências de lucros. Avalia também a capacidade da empresa de gerar caixa suficiente para cumprir suas obrigações.

3.2 Risco financeiro – a obtenção de lucros operacionais para pagar juros e amortizar empréstimos é fundamental para que a empresa não corra o risco de insolvência. Um baixo risco financeiro propicia condições para tomada de novos financiamentos ou lançamentos de ações.

3.3 Posição tributária da empresa – uma das grandes vantagens da utilização do capital de terceiros é o benefício da dedução do imposto de renda, se por qualquer motivo a empresa não puder se beneficiar dessa vantagem, o endividamento deixa de ser interessante.

3.4 Informações – a empresa deve preocupar-se em prestar informações que possam permitir ao mercado avaliar adequadamente a sua posição de risco. Por outro lado, deve estar bem informada sobre as condições dos mercados de capital e financeiro, em termos de fontes de financiamento disponíveis e a melhor oportunidade para utilizá-las.

3.5 Sincronia – deve haver equilíbrio entre o vencimento dos juros e do principal e a entrada de recursos. Todo administrador financeiro deve cuidar para que os compromissos sejam honrados nos prazos e condições contratados.

3.6 Vontade do acionista controlador – a preferência do acionista deve ser levada em consideração na determinação da estrutura de capital. Em algumas ocasiões, o controlador prefere uma alavancagem menor, que, ao mesmo tempo, o despreocupe da necessidade periódica da empresa de produzir resultados suficientes para cobrir um pagamento fixo mensal de juros.

4 Volume de recursos a serem financiados

4.1 Demanda da empresa – constantes tomadas de recursos pela empresa podem sinalizar ao mercado dificuldades financeiras explícitas ou implícitas, em vez de capacidade de gerar e aproveitar oportunidades de negócios.

Fonte: LEMES; CHEROBIM; RIGO, 2005.

O princípio básico para achar o GAF supõe um custo financeiro constante para qualquer estrutura de financiamento; porém, na realidade, quanto maior a participação de capitais de terceiros, maior será o grau de risco, produzindo uma elevação na taxa de juros.

Teoricamente, os investimentos que requerem prazo de retorno longo ou de alto grau de risco devem ser financiados com capital próprio. O capital próprio é proveniente da venda de ações preferenciais e ordinárias e dos lucros retidos.

A empresa precisa encontrar o equilíbrio entre o capital próprio e o capital de terceiros. A partir de certo grau de alavancagem financeira, o custo do empréstimo é extremamente alto, a tal ponto que inviabiliza a captação do recurso. Há segmentos de atividades econômicas que permitem uma flexibilidade maior ou menor com relação ao GAF.

O patrimônio líquido representa o capital próprio da empresa. No cálculo do custo do capital próprio, deve-se levar em conta os custos das ações e dos lucros retidos.

7.4.1 Conceito

É a capacidade da empresa para usar encargos financeiros fixos a fim de maximizar os efeitos das variações do LAJIR (lucro antes dos juros e imposto de renda) sobre o LPA (lucro por ação).

Quadro 7.7 Alavancagem financeira

Variáveis	Ano X	Ano Y
1. Patrimônio líquido médio	8.000	10.000
2. Endividamento	1.600	3.600
3. Lucro antes do imposto de renda	1.200	1.800
4. Despesas financeiras	150	300
5. LAJIR (Lucro antes dos juros e do imposto de renda (3 + 4)	1.350	2.100
6. Taxa de rentabilidade do patrimônio líquido médio (TRPL) 3/1	15%	18%
7. Taxa de rentabilidade ajustada (5/(1 + 2))	14,1%	15,4%
8. Coeficiente de alavancagem financeira (6/7)	1,06	1,17

Quadro 7.8 Alavancagem financeira – "outro exemplo"

	Situação atual	Crescimento projetado (20%)	
Empréstimo	1.000	1.000	
Custo do empréstimo	2%	2%	
N^{os} ações	10	10	
▫ Lucro antes das despesas financeiras (juros) e		20%	
▫ IR/CSLL		100	120
(−) Despesas c/ juros		20	**20**
(=) Lucro antes IR		80	**100**
(−) IR/CSLL		27	34
(=) Lucro líquido		53	66
Lucro por ação		5,3	6,6
		25%	

▫ Crescimento do lucro = 20%

▫ Crescimento do LPA = 25%

Se a variação no LPA for diferente da variação do lucro antes dos juros e do IR, existe alavancagem.

$$GAF = \frac{\Delta\% \text{ no LPA}}{\Delta\% \text{ no LAJIR}} = \frac{25\%}{20\%} = 1,25\%$$

O resultado representa que para cada 1% do aumento no LAJIR, o lucro por ações aumentará 25% a mais.

7.5 ALAVANCAGEM OPERACIONAL

7.5.1 Conceito

É definida como o uso potencial dos custos operacionais fixos para aumentar os efeitos das mudanças nas vendas sobre os lucros da empresa.

É a relação entre o crescimento do lucro antes de juros e impostos (IR/CSLL) e o crescimento das receitas operacionais.

Exemplo:

	Situação atual R$		Crescimento projetado (20%)
Receita líquida		100	120
(–) Custos variáveis	50		60
(–) Despesas variáveis		10	12
(=) **Margem de contribuição**		40	48
(–) Custos fixos	7		7
(–) Despesas fixas	13		13
(=) Lucro operacional (antes dos juros e impostos)		20	28

- Crescimento   + 40%

Crescimento das vendas = 20%

Crescimento do lucro = 40%

Se a variação no lucro for diferente da variação nas vendas, existe alavancagem.

$$GAO = \frac{\Delta\% \text{ no lucro}}{\Delta\% \text{ nas vendas}} = \frac{40\%}{20\%} = 2$$

O resultado representa que para cada 1% de aumento nas vendas, o lucro aumentará o dobro.

7.6 ALAVANCAGEM COMBINADA (TOTAL) – RESUMO

7.6.1 Conceito

A alavancagem total avalia o efeito combinado da alavancagem operacional e financeira com base no risco da organização. O enfoque utilizado é semelhante ao utilizado para apuração dos outros tipos de alavancagem.

Em resumo, é a capacidade da empresa de usar custos fixos operacionais e financeiros para aumentar o efeito de variações nas vendas e no lucro por ação.

Exemplo:

Descrição	Situação atual	Crescimento projetado em "50%"
Vendas em unidades – 50%	**7.000**	**10.500**
Preço de venda	$ 2	$ 2
Empréstimo	$ 20.000	$ 20.000
Custo de empréstimos	5%	5%
Número de ações	1.000	1.000
Vendas – 50%	**$ 14.000**	**$ 21.000**
(–) custos variáveis	$ 6.000	$ 9.000
(–) custos fixos	$ 2.000	$ 2.000
= LAJIR	$ 6.000	$ 10.000
(–) Despesas financeiras	$ 1.000	$ 1.000
Lucro antes do IR	$ 5.000	$ 9.000
(–) IR (25%)	$ 1.520	$ 2.250
(=) Lucro líquido	$ 3.750	$ 6.750
Lucro por ação	$ 3,75	$ 6,75
Crescimento das vendas = 50%	6,75/3,75 = 80%	
Crescimento do LPA = 80%	Se a variação no LPA for diferente da variação nas vendas, existe alavancagem.	

Forma de cálculo: GAC – grau de alavancagem combinada = Δ% no LPA/Δ% nas vendas GAC = 80%/50% = 1,60

O resultado representa que para cada 1% de aumento nas vendas, o lucro por ação aumentará 60% a mais (PEREIRA, 2001, p. 162).

7.7 ANÁLISE DO PONTO DE EQUILÍBRIO

7.7.1 Ponto de equilíbrio contábil

O ponto de equilíbrio também é conhecido como *break even point*. A empresa precisa produzir e vender as quantidades de produtos suficientes para cobrir os custos e as despesas, tanto os fixos quanto os variáveis.

Utilizando a análise do ponto de equilíbrio, é possível verificar o volume de vendas para obter o lucro zero, em que a receita da empresa iguala o total do seu custo.

Quando as vendas da empresa ficarem acima do ponto de equilíbrio (PE), é porque começará a ter lucro.

A fórmula para achar o ponto de equilíbrio, considerando que a empresa tem apenas um produto ou serviço, é (adaptado de SANTOS, 2001, p. 233):

$$Q = F/(P - V)$$

Em que:

Q – quantidade vendida.

F – custo fixo total.

P – preço de venda (líquido de impostos).

V – custo variável unitário.

Exemplo: Uma indústria fabrica um produto cujo preço de venda é R$ 20, considerando livre de impostos, isto é, representa o valor líquido, sendo o custo fixo mensal da empresa de R$ 52.000 e o custo variável unitário do produto de $ 12. Qual será o ponto de equilíbrio?

Q = 52.000/(20 – 12)

Q = 6.500

Vejamos outro **exemplo**:

Uma empresa apresenta um custo fixo mensal de $ 110.000, custo variável unitário de $ 8 e preço de venda de $ 18. O Quadro 7.9 mostra o cálculo do ponto de equilíbrio (adaptado de SANTOS, 2001, p. 234).

Quadro 7.9 Ponto de equilíbrio (PE)

Q	Custo Fixo	Custo Variável Unitário	Custo Variável Total	Custo Total	Receita Total	Lucro (Prejuízo)
0	110.000	8	0.000	110.000	0.000	– 110.000
1.000	110.000	8	8.000	118.000	18.000	– 100.000
2.000	110.000	8	16.000	126.000	36.000	– 90.000
3.000	110.000	8	24.000	134.000	54.000	– 80.000
4.000	110.000	8	32.000	142.000	72.000	– 70.000
5.000	110.000	8	40.000	150.000	90.000	– 60.000
6.000	110.000	8	48.000	158.000	108.000	– 50.000
7.000	110.000	8	56.000	166.000	126.000	– 40.000
8.000	110.000	8	64.000	174.000	144.000	– 30.000
9.000	110.000	8	72.000	182.000	162.000	– 20.000
10.000	110.000	8	80.000	190.000	180.000	– 10.000
11.000	**110.000**	8	**88.000**	198.000	**198.000**	**0**
12.000	110.000	8	96.000	206.000	216.000	10.000
13.000	110.000	8	104.000	214.000	234.000	20.000

Quando a empresa tem mais de um produto ou serviço, que é o caso da grande maioria, o ponto de equilíbrio precisa ser calculado considerando o volume de vendas.

A fórmula é a seguinte:

$$V = F/MC$$

Em que:

V – volume de vendas.

F – custo fixo.

MC – % da margem de contribuição média da empresa (é igual à receita total menos o custo variável total dividido pela receita total).

Exemplo (adaptado de SANTOS, 2001, p. 235): Uma empresa apresenta um custo fixo de $ 22.000 por mês e sua margem de contribuição média é de 25%. Qual é o ponto de equilíbrio em termos de vendas?

22.000/0,25 = 88.000

Então:

Custo fixo = 22.000

Margem de contribuição = 25% de 88.000 = 22.000

Custo variável total = receita total – margem de contribuição

Custo variável total = 88.000 – 22.000 = 66.000

Custo total = custo fixo + custo variável

Custo total = 22.000 + 66.000 = 88.000

Lucro total = receita total – custo total

Lucro total = 88.000 – 88.000 = 0

Veja que no ponto de equilíbrio a margem de contribuição é igual ao custo fixo, pois o lucro é zero.

7.7.2 Ponto de equilíbrio econômico

Para o cálculo do ponto de equilíbrio econômico incluída a variável "lucro desejado", conforme mostra a fórmula:

$$PE = (CF + Lucro\ desejado)\ /\ MCu$$

Pvu – Preço de venda unitário

PE – Ponto de equilíbrio

CF – Custos e despesas fixas

Cv – Custo e despesas variáveis

MCu – Margem de contribuição unitária (Pvu – Cv)

Exemplo:

Custos e despesas fixas	$ 680.000,00
Lucro desejado	$ 150.000,00
Margem de contribuição unitária	$ 884,00

Quantas unidades devem ser vendidas para alcançar o lucro desejado?

Q = ($ 680.000 + 150.000) / 884 = $ 939 unidades.

O **ponto de equilíbrio econômico** é aquele em que o lucro contábil apurado na atividade empresarial é igual ao retorno que seria obtido se o capital investido fosse destinado a uma aplicação no mercado financeiro, como, por exemplo, o lucro líquido que foi de

$ 100.000 para um patrimônio líquido de $ 2.000.000, que, aplicado no mercado financeiro, renderia, no mínimo, 12% no mesmo período, ou seja, $ 2.000.000 × 12% = 240.000. A empresa obteve lucro contábil de $ 100.000, mas apurou prejuízo econômico, diante de outra alternativa de investimento (aplicação financeira com ganho de $ 240.000), ou seja, caracteriza-se pela igualdade da receita total com a soma dos custos totais, acrescida da remuneração mínima sobre o capital investido pela empresa.

7.7.3 Ponto de equilíbrio financeiro

No cálculo do **ponto de equilíbrio financeiro** se exclui a depreciação/amortização, pois nesse momento ela é uma despesa que não desembolsa dinheiro. Ela inclui, porém, as dívidas do período (empréstimos). É relevante em ocasiões de eventuais reduções da capacidade de pagamento da companhia.

Fórmula:

$$PE = (CF - Depreciações + Despesas financeiras do período) / MCu$$

Exemplo:

Suponhamos que o gasto com depreciação seja de $ 190.000 e a despesa financeira de $ 100.000, então, o total de custos e despesas fixas é $ 680.000 – $ 190.000 + $ 100.000 = $ 590.000.

$Q = \$ 590.000/884 = 667$ unidades

7.7.4 Margem de segurança

Equivale ao volume de vendas que ultrapassa as vendas calculadas no ponto de equilíbrio. O volume de vendas excedente pode ser tanto o valor das vendas previstas, como o valor real das vendas, para avaliar a margem de segurança.

Fórmula:

$$\text{Margem de segurança (MS)} = \text{vendas reais/orçadas } (-) \text{ vendas no PE (ponto de equilíbrio)}$$

Exemplo:

$MS = \$ 2.000.000 - 1.539.000$

$MS = \$ 461.000$

Fórmula:

$$\% MS = MS \text{ em valor/vendas totais}$$

Exemplo:

% MS = \$ 461.000/2.000.000

Percentual de MS = 23%

A margem de segurança é um indicador estático do risco econômico de exploração. É este indicador que nos dá a percentagem do volume de atividade efetivamente praticada para além do ponto de equilíbrio. Para calcular a margem de segurança, é necessário prévio conhecimento do ponto de equilíbrio das vendas (em valor, ou em quantidade).

Só tem sentido calcular este indicador quando a empresa já apresenta lucro, ou seja, já passou os valores apresentados pelo ponto crítico das vendas (LEONE, 2000).

7.8 CUSTO DE CAPITAL

7.8.1 Abordagem introdutória

Custo do capital próprio (*kp*)

Os recursos dos sócios ou acionistas representam o capital próprio.

O custo do capital próprio (*kp*) é entendido como o retorno mínimo que os sócios ou acionistas exigem como remuneração:

$$kp = d/Cp$$

Onde:

d é o valor de dividendos ou parcela de distribuição de lucros para acionistas ou sócios;

Cp é o capital próprio, ou patrimônio líquido da empresa.

Custo do capital de terceiros (*kt*)

Os financiamentos e empréstimos de longo prazo representam o capital de terceiros da empresa.

O custo do capital de terceiros (*kt*) é entendido como a remuneração de tais recursos, ou seja, os juros pagos pela organização em empréstimos e financiamentos.

$$kt = j/Ct$$

Onde:

j é o valor de juros pagos das fontes de financiamento, como forma de remunerar os recursos de terceiros;

Ct é o capital de terceiros, que compreende todo o passivo exigível, com exceção do passivo circulante (LEMES JUNIOR.; RIGO; CHEROBIM, 2005).

O custo de capital para um investimento é um **custo de oportunidade**: é a taxa de retorno esperada que os investidores num projeto conseguem ganhar no mercado de capitais sobre outros investimentos de risco similares.

Como pode uma companhia acumular dinheiro para construir, por exemplo, uma nova fábrica? **Quais são os componentes do capital?**

- **Ações ordinárias**.
- **Ações preferenciais**.
- **Bônus** (dívida).
- **Lucros retidos** (lucro que a companhia obtém, mas não dá aos acionistas na forma de dividendos).

Cada um desses componentes tem um custo. Podemos determinar o custo de cada componente de capital.

Custo dos lucros retidos

Isso é uma espécie de mistério para se pensar sobre ele. Leva algum tempo para se entender e deve ser pensado lentamente. Depois de uma companhia obter dinheiro (lucros), a quem pertence aquele dinheiro? Aos acionistas, certo? Mas quando você retém os lucros, não está dando o dinheiro aos acionistas. Você o está guardando. De certa maneira, você está investindo esse dinheiro na sua companhia para gerar retorno aos acionistas. Bem, esses acionistas querem algum retorno sobre aquele dinheiro que você está guardando. Quanto de retorno eles esperam? Eles querem a mesma quantia, na forma de dividendos, como se eles tivessem investido o lucro retido e comprado mais ações na sua companhia com eles. ESTE é o custo do lucro retido. Como um gênio financeiro, você tem de assegurar que, se está retendo lucro, aqueles acionistas irão obter no mínimo um retorno tão bom sobre o dinheiro como se eles o tivessem reinvestido na companhia.

Se você não entendeu isso, releia a passagem e pense novamente até que tenha entendido. Não existe realmente "custo" no custo dos lucros retidos. Quero dizer, nenhum dinheiro está trocando de mãos. Você não está pagando nada a ninguém. Mas está segurando o dinheiro dos acionistas. Você não pode dizer que ele é dinheiro "livre". Francamente, se você o fizesse, estragaria seu orçamento de capital. Assim, quando você está elaborando seu orçamento de capital, assegure-se de que os acionistas obtenham uma taxa de retorno decente. Você "adivinha" um custo de lucros retidos. Como? Uma forma é a CAPM. Outro modo é a renda dos bônus mais a aproximação do risco de prêmio, em que você toma a taxa de juros da dívida de longo prazo da companhia e daí soma entre 5% e 7%. Novamente, você é uma espécie de adivinhador aqui. Um terceiro modo é o método do fluxo de caixa descontado, em que você reparte o dividendo pelo preço da ação e adiciona a taxa de crescimento. Mais uma vez, um pouco de adivinhação.

Custo da emissão da ação ordinária

Custo de Flutuação das Ações Ordinárias	=	Custos de lançamento das ações ordinárias (despesas administrativas, tinta, impressão, papel, computadores etc.)	+ O custo dos ganhos retidos

Custo das ações preferenciais

Custo das Ações Preferenciais	=	O que você dá	dividido por	O que você obtém
Custo das Ações Preferenciais	=	Dividendo	dividido por	Preço – custo de subscrição

Custo dos bônus (dívida)

Custo da dívida	=	Taxa de Cupom sobre os bônus	Menos	A Economia de Impostos

Juros sobre os bônus são os impostos dedutíveis. Assim, podemos reduzir nosso rendimento tributável pela quantia de dinheiro que pagamos aos acionistas.

Custo médio ponderado de capital – CMPC ou WACC

É uma maneira simples e muito utilizada de calcular o custo de capital de uma empresa. Trata-se de uma média ponderada, considerado as taxas estimadas para custo do capital próprio e de terceiros com as respectivas participações de cada capital na composição do passivo (LEMES JUNIOR; RIGO; CHEROBIM, 2005).

Do inglês, *weighted average cost of capital* (WACC), o custo médio ponderado de capital é expresso pela seguinte equação:

$$WACC = PE/AT \times kt + PL/AT \times kp$$

Onde:

kt é o custo do capital de terceiros dentro da companhia (podendo ser a média das taxas de empréstimos e financiamentos);

kp é o custo do capital próprio, ou seja, a remuneração exigida pelos acionistas.

Toda companhia tem uma estrutura de capital – entendimento geral de que porcentagem da dívida vem dos lucros retidos, das ações ordinárias, das ações preferenciais e dos bônus. Fazendo uma média ponderada, podemos ver quanto de juro a companhia tem de pagar para cada dólar ou real que ela toma emprestado. Este é o *weighted average cost of capital* (WACC) (= custo médio ponderado de capital).

Componente do Capital	Custo	Vezes	% da estrutura de capital	Total
Lucros Retidos	10%	×	25%	2.50%
Ações Ordinárias	11%	×	10%	1.10%
Ações Preferenciais	9%	×	15%	1.35%
Bônus	6%	×	50%	3.00%
TOTAL				7.95%

Fonte: Copyright © 2003 – 2004 by Luiz A. Bertolo, *Princípios básicos de finanças*.

Assim, o WACC dessa companhia é 7,95%.

7.8.2 Custo de capital – exemplo

O custo de capital de uma companhia é definido como o custo dos recursos financeiros de terceiros e próprios utilizados por ela. Muitas decisões na empresa são consideradas com base no seu custo de capital, o qual é analisado como alternativa de investimento de longo prazo, como, por exemplo, tomar decisões de preço, avaliar entre comprar e alugar.

O custo de capital é também considerado como o retorno que os acionistas ou financiadores querem por investir capital na companhia. As empresas precisam financiar seus investimentos, seja mediante capital próprio, ou capital obtido de novas subscrições, ou, ainda, através de financiamentos, fundos de pensão ou de outros agentes econômicos. Da constituição percentual de cada fonte de financiamento e de seus custos, aparece o custo médio ponderado de capital, que é denominado custo de capital da empresa.

O custo de capital é um dos elementos controversos das decisões de investimentos que utilizam o método do fluxo de caixa descontado. Na realidade, a companhia se pauta nos custos de projetos passados, em alternativas de investimentos no mercado financeiro e em rentabilidade de empresas líderes no ramo.

Especialistas ressaltam que as taxas de retorno de 5% a.a. a 10% a.a. em países desenvolvidos são atrativas, enquanto projetos em países de maior risco, como o Brasil, apontam o uso de taxas superiores de 15% a.a. a 20% a.a. Essas taxas orientam a fixação do custo capital em várias empresas.

Exemplo:

A empresa RCQ possui a seguinte carteira de empréstimos:

Empréstimo A – $ 15.000 – 12% a.a.

Empréstimo B – $ 22.000 – 11% a.a.

Debêntures – $ 25.000 – 10% a.a.

É esperado um lucro operacional (antes dos juros) de R$ 18.400, e o valor da empresa de R$ 130.000.

Pede-se para calcular:

a) O custo médio de capital de terceiros.
b) O custo médio de capital dos acionistas.
c) O custo médio de capital da empresa.

Tabela 7.2 Custo médio ponderado de capital de terceiros

Tipo de empréstimo	Capital	Taxa de juros	Custo anual
Empréstimo A	15.000	12%	1.800
Empréstimo B	22.000	11%	2.420
Debêntures	25.000	10%	2.500
Total	62.000	–	6.720

Custo médio de capital de **terceiros** = 6.720/62.000 = 10,84% a.a.

Tabela 7.3 Custo médio de capital dos acionistas

Valor da empresa	130.000
(–) valor do capital de terceiros	(62.000)
= valor do capital dos acionistas	68.000
Lucro operacional	18.400
(–) custo dos juros	(6.720)
= lucro para os acionistas	11.680

Custo médio de capital dos **acionistas** = 11.680/68.000 = 17,18% a.a.

O cálculo do custo médio de capital da **empresa** é:

Custo médio de capital da empresa = \$ 18.400/\$ 130.000 = 14,15% a.a.

Ou de forma mais rigorosa:

\$ 18.400/\$ 68.000 = 27,06% a.a.

CONCLUSÕES

- O EBITDA representa o potencial de caixa gerado pelos ativos autenticamente operacionais. A qualidade do lucro é muito importante. Esse indicador ignora o efeito de dívidas, que muitas vezes são circunstanciais; porém, deve ser analisado com cuidado. O segredo não é apenas ter lucros, mas, sim, saber transformá-los em caixa.

- O EVA representa o valor econômico agregado, e está sendo chamado como a versão moderna do lucro. É uma medida de avaliação do ganho econômico da empresa, após a consideração do custo do capital empregado. Hoje é considerado uma nova versão do lucro.

- O MVA representa também uma medida de avaliação do uso dos empréstimos ou do capital dos investidores. É uma forma consistente de avaliar a produtividade dos ativos da empresa.

- O VBM é uma metodologia que auxilia na definição dos investimentos e racionalização da carteira de produtos, bem como a metodologia da GVA (geração de valor para os acionistas), que complementa de forma eficaz a análise das decisões da gestão sobre a operação, investimento e financiamento do negócio.

- Quanto ao ponto de equilíbrio, ele tem como objetivo principal mostrar à empresa o que ela precisa produzir e vender para cobrir todos os seus custos e despesas (fixos e variáveis) e dar lucro. Cada empresa tem o seu próprio ponto de equilíbrio.

- A análise do ponto de equilíbrio deve ser feita com cautela, com relação a peculiaridades da empresa, ramo de atividade, estrutura de custos e qualidade da informação na base de cálculo, bem como ao que se refere à margem de contribuição, que terá relação e reflexo diretamente no fluxo de caixa.

- Outro exemplo importante que foi abordado no capítulo é a questão do entendimento sobre o cálculo e análise da alavancagem financeira, operacional e combinada.

- Alguns indicadores não convencionais vêm ganhando destaque junto às empresas brasileiras, assim como sua utilização vem crescendo em função do uso pelos analistas de mercado.

Gestão de preços e otimização de custos

Este capítulo aborda, dentre outros assuntos, a formação do preço de venda para a empresa, que é uma questão importantíssima. Se porventura ela praticar um preço muito alto, com certeza as vendas cairão, e se praticar um preço muito baixo, correrá o risco de não cobrir as despesas e comprometer a saúde financeira da empresa. Estamos apontando os métodos mais utilizados, fornecendo exemplos que atingem a maioria das empresas e fazendo menção aos menos utilizados.

Outro assunto é a análise dos custos fixos e variáveis que a empresa deve revisar com frequência, para saber onde ela pode fazer redução de custos e despesas, pois cada vez mais a vantagem competitiva, em um mercado abarrotado, virá do atendimento adicionado, através de preços e da qualidade dos produtos e serviços, e isso é possível através do combate ao desperdício, que é o terceiro assunto abordado.

A consciência de qualidade não se restringe apenas a produtos e serviços, inclui também o aspecto humano – a qualidade e o desempenho das pessoas que criam os produtos e serviços. A qualidade pessoal é a base de todos os outros tipos de qualidade.

8.1 FORMAÇÃO DO PREÇO DE VENDA

Está comprovado que os bons resultados econômico-financeiros dependem de um preço de venda justo. Quando se fala de globalização e de competitividade, observa-se que as empresas têm que se ajustar aos preços praticados pelo mercado internacional.

Quando a empresa fixa preços, ela tem que considerar estratégias e políticas prefixadas, analisando determinados aspectos, tais como mercado, *market share*, elasticidade de preço, concorrência, nível de produtividade etc.

Muitas vezes, as empresas, antes de lançar produtos, fazem análises econômico-financeiras e de mercado, só que, depois que estão no mercado, observam que tais produtos já não atendem mais às necessidades do consumidor que na ocasião do lançamento atendiam. Isso pode ser causado por vários motivos, entre eles podemos citar: a entrada de outros concorrentes no mercado, mudanças nas condições financeiras do consumidor etc.

Não é aconselhável que a empresa pratique preços que não cubram os custos por longo tempo, só se tiver objetivos estratégicos que justifiquem tal procedimento.

Estabelecendo preços do ponto de vista mercadológico

Kotler e Keller (2012) consideram algumas **perguntas** fundamentais ao estabelecer preços do ponto de vista mercadológico:

- Como os consumidores avaliam os preços?
- Como o preço deve ser adequado para atender a oportunidades e circunstâncias variáveis?
- Quando a empresa deve mudar o preço?
- Como a empresa deve responder à mudança de preço de um concorrente?

Segundo os autores, os **erros** comuns ao estabelecer preços são:

- Determinar os custos e aplicar as margens tradicionais do setor.
- Não rever os preços com suficiente frequência para capitalizar mudanças de mercado.
- Determinar os preços sem levar em conta o restante do *mix* de marketing.
- Não mudar os preços de acordo com diferentes itens do produto, segmentos de mercado e ocasiões de compra.

Quadro 8.1 Evolução do processo de formação de preços

Tempo	Processo	Enfoque	Evolução
Passado	Preço = custo + lucro	Produção	Indexação Épocas inflacionárias
Presente	Lucro= preço-custo	Mercado	Custo máximo na produção
Futuro	Custo= preço-lucro	Sócios/Acionistas	Meta – gastos gerenciáveis e previsíveis

Segundo Gustavo Periard (2011) e Jerry Kato Miyoshi (2012), os objetivos da formação e fixação do preço de venda nas empresas são os seguintes:

- Alinhar a demanda com determinado nível de preços com a plena utilização da capacidade produtiva, evitando ociosidade operacional.
- Gerar maior lucro sustentável possível, compatibilizando os custos da empresa com os preços competitivos e aceitáveis pelos clientes na indústria.
- Buscar maximizar o retorno sobre o capital empregado, obtendo o melhor retorno possível nas vendas dos produtos.
- Selecionar as linhas de produtos com melhores margens de contribuição para decisões estratégicas voltadas aos atuais e aos novos mercados.
- Penetrar no mercado: a empresa estabelece o preço com o intuito de conseguir grande participação no mercado.
- Selecionar o mercado: a empresa estabelece o preço visando atingir segmentos específicos de mercado.
- Pronta recuperação de caixa: geralmente, empresas em dificuldades financeiras estabelecem um preço que permite o rápido retorno de caixa.
- Promover linha de produtos: neste caso, o preço é usado com o intuito de promover a venda de todos os produtos da linha.
- Maximizar o lucro: o preço é estabelecido tendo em vista a maximização do retorno para a empresa.
- Eliminar a concorrência: o preço estabelecido tem o propósito da eliminação da concorrência, havendo, em alguns casos, o uso ou prática do dumping (exportação por preço inferior ao vigente no mercado interno para conquistar mercados ou dar vazão a excesso de oferta; ou venda por preço abaixo do custo para afastar concorrentes).

Não vale a pena entrar no jogo dos concorrentes predatórios, que não conseguem se diferenciar e derrubam os preços. **É melhor investir em diferenciais.**

8.1.1 Formação de preço com base no custo

As empresas, com frequência, formam seus preços com base na seguinte equação:

Preço de venda = custos + despesas + impostos + lucros

Esse tipo de formação é simples, basta verificar os custos de produção, somam-se a esses custos as despesas administrativas e de comercialização, os impostos, mais o lucro que se quer.

Formação de preço com base na margem de contribuição (MC)

Parte-se do princípio de que a empresa conhece a margem de contribuição unitária (MCU); então, vejamos o seguinte **exemplo**:

- Estimativa da empresa é de vender 1.000 unidades.
- Custos e despesas fixos apontados para essa quantidade de produção são de R$ 2.200, ou melhor, R$ 2,20 por unidade vendida.
- Custos e despesas variáveis apontados são de R$ 1.900, sendo: custo = 1,60 + despesa = 0,30 = 1,90 por unidade produzida e vendida.
- Lucro de 17% sobre o preço de venda líquida de impostos.
- Alíquotas de impostos: 20% de IPI, 18% de ICMS, 9,25% de PIS/COFINS (sujeito à alteração pela legislação).

O lucro é resultado da receita líquida após ser deduzida de custos e despesas, então:

$$RLU = CDVU + CDFU + LU$$

RLU = receita líquida unitária.

CDVU = custos e despesas variáveis unitários.

CDFU = custos e despesas fixos unitários.

LU = lucro unitário.

RLU = 1,90 + 2,20 + 0,17 RLU

RLU – 0,17 RLU = 1,90 + 2,20

1 – 0,17 (lucro) = 0,83

0,83 RLU = 4,10 ou 4,10/0,83

RLU = R$ 4,94

Nesse momento, calcula-se o preço de venda unitário (PVU), que é a inclusão de impostos:

PVU = [RLU / (1 – % ICMS + % PIS/COFINS)] × [1 + % IPI]

PVU = preço de venda unitário

ICMS = alíquota do Imposto de Circulações de Mercadorias e Serviços

IPI = alíquota do Imposto de Produtos Industrializados

PIS/COFINS = Alíquota dos Impostos de PIS/COFINS

PVU = [R$ 4,94 / (1 – 18% + 9,25%)] × [1 + 20%]

ou:

PVU = [4,94 / 72,75] × [1 + 20%]

PVU = 6,79 × 1,20 = R$ 8,15

Quadro 8.2 Demonstrativo da estrutura de preço

Estrutura de vendas	Valor unitário	Estimativa – 1.000 unidades	%
Receita bruta	8,15	8.150	164,98
(–) IPI	1,36	1.360	27,53
(=) Base de cálculo dos impostos	6,79	6.790	137,45
(–) ICMS + PIS + COFINS	1,85	1.850	37,45
(=) Receita líquida	4,94	4.940	100%
(–) Custos variáveis	1,60	1.600	32,38
(–) Despesas variáveis	0,30	300	6,07
(=) Margem de contribuição total	3,04	3.040	61,54
(–) Custos e despesas fixas totais	2,20	2.200	44,53
(=) Lucro (0,84 / 4,94)	0,84	840	17,00

Para conseguir um lucro de 17,00% sobre a receita líquida = R$ 4,94, o preço bruto de venda deve ser aumentado em 64,98% = R$ 8,15, pois tem que estar em consonância com as alíquotas de impostos e da estrutura de custos e despesas.

Formação de preço usando o *mark-up*

O método *mark-up* é representado por uma taxa prefixada que se soma sobre a base, com o propósito de estabelecer o preço de venda.

No caso de a taxa do *mark-up* adicionada ser utilizada sobre a base do custo total, têm de ser considerados todos os custos, tais como os impostos, as despesas e também o lucro desejado. Se usar como base os custos de despesas variáveis (CDVs), a taxa de *mark-up* adicionada deve ser suficiente para cobrir os impostos, os custos de despesas fixas (CDFs) e o lucro.

Então, podemos dizer que o *mark-up* é a margem da receita de vendas (faturamento) sobre os custos diretos de produção. Essa margem deve ser tal que permita à empresa cobrir os custos diretos (ou variáveis), os custos fixos e a parcela desejada de lucro da empresa.

Quando a atividade da empresa é industrial, então a base de cálculo do *mark-up* é sobre o custo de produção. Quando a atividade é comercial, os cálculos são sobre o custo da mercadoria. É um método fácil e largamente usado pelo comércio, de pequeno e médio porte.

Vejamos o **exemplo** a seguir:

Uma loja vende biscoitos a quilo, e o dono aplica um *mark-up* de 1,8, que equivale a 180% sobre os custos do biscoito. Essa taxa adicionada tem que cobrir os impostos, custos e despesas e a parcela de lucro que se quer, considerando a estimativa do volume de vendas.

8.1.2 Formação de preço com base no mercado

Atualmente se vê grande competitividade, e o diferencial, sem dúvida, é o preço, pois se encontram no mercado produtos semelhantes e de qualidade. Nesse tipo de método, o preço é fornecido pelo próprio mercado, e a equação é a seguinte:

$$Lucro = preço\ de\ venda - custos - despesas - impostos$$

ou

$$Preço\ de\ venda - lucro = custos\ e\ despesas - impostos$$

Preço de venda – estabelecido pelo mercado.

Lucro – remuneração do acionista (como reduzir?).

Custos – dependem de um bom gerenciamento pela empresa.

A segunda equação é um grande desafio para a empresa na utilização de novas técnicas para controlar custos e eliminar os desperdícios.

Portanto, dentro desse contexto, as empresas necessitam cortar custos e despesas, melhorando cada vez mais a qualidade dos produtos, para aumentar a sua participação no mercado.

Existem alguns métodos de formação de preços com base no mercado que são os seguintes: **método do preço corrente; método do preço baseado nas características do mercado; método de preços agressivos; método de preços promocionais; e método de imitação de preços.**

8.1.3 Formação de preço com base no lucro embutido

Vejamos o demonstrativo a seguir, que apresenta a estrutura de preço em valor presente, considerando os valores do Quadro 8.2, pois nesse exemplo não se considerou o conceito de valor presente, isto é, o valor do dinheiro no tempo. Os recebimentos e pagamentos são diferentes nos prazos, consequentemente, os valores são diferentes, o que causa diferença no lucro esperado. O Quadro 8.3 mostra a verdadeira apuração do lucro, considerando prazos diferentes e uma taxa hipotética de 4% a.m. referente ao custo do dinheiro.

As fórmulas para os cálculos são as seguintes (sendo que a fórmula 1 é para os prazos com valores negativos, e a fórmula 2 é para os prazos com valores positivos):

Fórmula 1:

$$Valor\ presente = valor\ atual/(1 + i)^{(prazo/30)}$$

Fórmula 2:

$$\text{Valor presente} = \text{valor atual} \times (1 + i)^{(\text{prazo}/30)}$$

Quadro 8.3 Estrutura de preços em valor presente

Estrutura de preços	Prazos em dias	Valores atuais	Valor presente
Receita bruta	– 35	8.150	7.785
(–) IPI	– 15	1.360	1.333
(=) Base de cálculo	–	6.790	6.452
(–) ICMS (18%) + PIS/COFINS (9,25%)	– 10	1.850	1.826
(=) Receita líquida	–	4.940	4.626
(–) Custos variáveis	60	1.600	1.731
(–) Despesas variáveis	– 5	300	298
(=) Margem de contribuição total	–	3.040	2.597
(–) Custos e despesas fixas	31	2.200	2.113
(=) Lucro ou (prejuízo)	–	840	484
(–) Prazos em dias negativos – Após a venda			
Prazos positivos (custos variáveis e custos e despesas fixas – antes da venda)			

A seguir, o Quadro 8.4 mostra como se calcula o valor presente usando a calculadora HP 12C, referente aos valores do Quadro 8.3:

Quadro 8.4 Cálculo do valor presente usando HP 12C. Receita bruta

Dados	Tecla/função	Visor	Comentários
–	f CLEAR	REG 0	–
35	ENTER	35.000	–
30	÷	1.166	–
1,04	x><y yx	1.046	–
8.150	x><y ÷	7.785	Valor presente

Deve ser feito dessa forma para todos os valores do Quadro 8.3.

Quando o número de dias aparecer como positivo, deve entrá-lo como número negativo. Veja o exemplo a seguir no Quadro 8.5.

Quadro 8.5 Cálculo do valor presente usando HP 12C. Custos variáveis

Dados	Tecla/função	Visor	Comentários
60	**CHS ENTER**	− 60.000	–
30	÷	− 2.000	–
1,04	*x*>< y *yx*	0.924	–
1.600	*x*>< *y* ÷	1.731	Valor presente

No exemplo anterior foi considerada como data focal a data da venda; a receita bruta foi estimada em que será recebida 35 dias após as vendas; os impostos IPI, PIS/COFINS serão pagos 15 dias após as vendas; o imposto ICMS será pago dez dias após as vendas; as despesas variáveis acontecerão cinco dias após as vendas. Todos esses valores foram descontados considerando a data focal, então os prazos são negativos, porque os valores estão sendo descontados para a data focal.

Os pagamentos dos custos variáveis, custos e despesas fixas são feitos antes das vendas, pois muitas vezes as mercadorias são estocadas; portanto, os prazos são positivos e os valores são calculados para a data focal.

O lucro contábil, que inicialmente se tinha previsto de R$ 840, na realidade é um lucro de R$ 484; assim, para achar o preço de venda, deve ser feito o cálculo de valor presente.

8.1.4 Formação de preço para mercadoria importada (com uso do *mark-up* multiplicador)

Os cálculos para estabelecer o preço de venda de mercadorias importadas em moeda estrangeira podem ser feitos usando os métodos comuns. É bom observar que, quando se trabalha com mercadoria importada, a empresa vendedora corre o risco de oscilação cambial, pois a mercadoria será vendida em real. Se o preço de venda praticado for mais elevado que o do concorrente, poderá gerar perda de vendas, como também prejuízo financeiro.

A seguir, um **exemplo** de apuração de custos de importação.

Quadro 8.6 Apuração de custos de importação

Descrição	R$
Valor FOB da mercadoria	850
Frete	148
Seguro	2
Preço CIF (FOB + Frete + Seguro)	1.000
Imposto de importação 85% s/ valor CIF	850
IPI de 20% s/ valor CIF + imposto de importação	370
ICMS de 18% s/ valor CIF + IPI + imposto de importação	399
AFRMM (capatazias/outras despesas) 50% s/ valor do frete	74
Custo de importação (internado no país)	**2.693**

Nota: Os percentuais são hipotéticos.

Quadro 8.7 Formação de preço de venda em R$

a) **Formação do custo do produto importado**	2.693
b) **Cálculo do *mark-up* (à vista)**	
ICMS	18%
PIS	1,65%
COFINS	7,60%
Taxas/armazenagem	0,38%
Comissão	3%
PDD – Provisão para devedores duvidosos – Estimado	2%
Provisão para perdas/quebras etc.	1%
Margem de lucro	20%
Total	53,63%
100% – 53,63% = 46,37%/100 + 1	
Mark-up multiplicador = 1,4637	
c) **Preço de venda hipotético**	
R$ 2.693 × 1,4637 = 3.942 (sem IPI)	
R$ 3.942 + 20% IPI = 4.730 (com IPI)	

Observações: (a) percentuais sujeitos a alteração, conforme política de preços da empresa e legislação tributária; (b) dentro da marcação já está embutido o *overhead*. Neste capítulo, é discutido o rebate financeiro nas operações. **Não esqueça de analisar o preço praticado pela concorrência.**

8.1.5 Como calcular o preço de venda, utilizando o *mark-up* divisor

O cálculo do preço de venda ideal é feito da seguinte forma: custo direto variável/ *mark-up* divisor (fator de formação do preço de venda).

O *mark-up* divisor é calculado da seguinte forma: 100% – % despesas variáveis – % despesas fixas – % lucro líquido.

Exemplo 1:

- Custo Direto Variável: R$ 30,00;
- Despesas Variáveis: 10%;
- Despesas Fixas: 25%;
- Lucro Líquido: 15%;
- Preço de Venda = R$ 30,00/(100% – 10% – 25% – 15%) = R$ 30,00/50% = R$ 60,00.

Demonstrativo do resultado:

- Preço de Venda: R$ 60,00 (100%);
- Custo Direto Variável: R$ 30,00 (50%);
- Despesas Variáveis: R$ 6,00 (10%);
- Despesas Fixas: R$ 15,00 (25%);
- Lucro Líquido: R$ 9,00 (15,%).

Análise dos custos:

Deve-se comparar o preço calculado e o preço praticado pela concorrência. Caso o preço da concorrência seja menor do que o preço calculado, a empresa deverá desenvolver alguma medida para reduzir os seus custos, despesas operacionais ou, então, estabelecer uma margem de lucro líquido menor. Faça uma análise comparativa dos componentes de sua margem líquida histórica e atual e descubra os desvios relevantes que possam afetar a lucratividade de sua empresa.

Exemplo 2:

Siglas:

PV – Preço de Venda

PC – Preço de Custo

CTV – Custo Total da Venda

MKD – *Markup Divisor*

Estrutura:

(+) ICMS da venda = 18%

(+) PIS e COFINS = 9,25%

(+) Comissão do Vendedor = 2,0%

(+) Despesas Administrativas = 10%

(+) Lucro desejado = 30%

(=) CTV = 69,25%

Nesse momento, são somadas todas as despesas e impostos ao seu percentual de lucro, que no nosso somatório deu 69,25%, gerando o Custo Total da Venda. Com o resultado obtido do CTV, podemos então fazer o cálculo do *markup divisor* a partir da fórmula:

Cálculo:

MKD = (PV – CTV) /100

O Preço de Venda deve ser considerado 100%.

Exemplificando:

MKD = (100 – 69,25) /100

MKD = 30,75 /100

MKD =0,3075

Usando o índice do **markup divisor**, podemos calcular o valor de venda do produto:

PV = PC/MKD

PV = R$ 100,00 /0,3075

PV = R$ 325,20

O valor para garantir o preço de todos os custos, impostos, comissão e ainda gerar lucro de 30% em cima do produto vendido será de R$ 325,20. Com essa fórmula, será gerado o preço de venda, porém deve ser feito para **cada tipo de produto** (Faça uma planilha de cálculo por linha de produtos).

8.2 ANÁLISE DE CUSTOS FIXOS E VARIÁVEIS

Quando se trata de analisar a relação **custo/volume/lucro** é porque se quer conhecer o **ponto de equilíbrio**, conhecido também como *break even point*, que representa o ponto no qual as receitas provenientes de vendas se equiparam com a soma dos custos e despesas, portanto, o lucro é nulo.

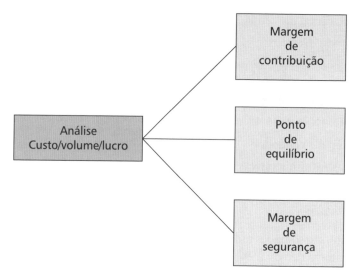

Figura 8.1 Elementos da análise de custo/volume/lucro.

Alguns passos devem ser obedecidos para se calcular o ponto de equilíbrio:

- Toda a produção é vendida, a empresa não possui estoques acabados ou em fase de elaboração.
- Os custos e despesas são separados em fixos e variáveis.

A relação custo/volume/lucro é muito útil quando se quer tomar decisões sobre planejamento do nível de produção e venda. Quando a empresa fabrica somente um produto, e não é comum isso acontecer, pode-se usar essa relação; mas se a empresa produz mais de um produto, é aí que aparecem problemas no tocante à identificação dos custos e despesas fixos (CDFs) com os produtos.

Além de existirem os CDFs e CDVs, também existem os custos conhecidos como *semivariáveis*, tais como energia elétrica, combustíveis e lubrificantes.

Quando se fala de CDFs, nota-se que o valor destes não varia proporcionalmente à quantidade de produção, eles ficam fixos. Então, dentro dessa linha de raciocínio, com referência à quantidade total produzida, o valor dos CDFs é fixo, *mas o valor unitário é variável*.

a) **Exemplo**: Se uma empresa paga o aluguel de R$ 10.000, não importa se ela produz 1.000 ou 3.000 unidades, ela vai continuar pagando o aluguel de R$ 10.000. *O que varia é o valor unitário*, isto é, com base em 1.000 unidades, para cada unidade produzida, o valor do aluguel representa R$ 10; se produzir 3.000 unidades, para cada unidade produzida, o valor do aluguel equivale a R$ 3,33.

Os *CDFs* não são fixos para sempre, eles irão variar de acordo com as necessidades da empresa. Se uma empresa se expande, é possível que ela precise de mais espaço, então ela irá alugar outro local para atender à demanda de produção.

Demos como exemplo o aluguel, mas existem outros CDFs, como é o caso dos salários.

Com relação aos custos e despesas variáveis (CDVs), eles variam proporcionalmente à quantidade produzida, entretanto, a unidade dos CDVs é fixa.

Os *custos variáveis* correspondem aos materiais usados no processo de produção, como matérias-primas, materiais que ajudam nos processos etc., e à mão de obra direta. No tocante às *despesas variáveis*, elas equivalem às comissões de vendas e a alguns tipos de impostos sobre as vendas.

b) **Exemplo**: Se uma empresa gasta R$ 3 de matéria-prima para cada unidade produzida, e se ela produz 1.000 unidades, então ela terá um custo total de matéria-prima de R$ 3.000 para produzir e vender as 1.000 unidades.

Em algumas ocasiões, os CDVs não apresentam exatidão na proporcionalidade, mas, em geral, eles variam linearmente, porque diversos fatores impactam o nível de produção.

É recomendável que a empresa periodicamente faça uma *revisão* de seus CDFs, CDVs e custos e despesas semivariáveis, com a intenção de verificar se pode reduzir e otimizar custos e despesas, e dessa forma também se combate o desperdício.

Também é importante destacar na estrutura de custos da empresa os seguintes conceitos:

- **Custos diretos**: podem ser diretamente apropriados a um objeto de custo, bastando haver uma medida objetiva de consumo.
- **Custos indiretos**: não podem ser diretamente apropriados a um objeto de custo, senão por meio de rateios estimados e arbitrários, que geram grande questionamento quando cobrados dos responsáveis pela sua gestão.

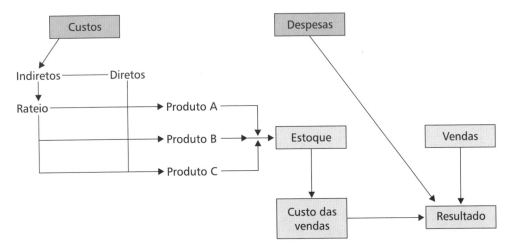

Figura 8.2 Relação entre custo direto e indireto.

Fonte: MARTINS (1998).

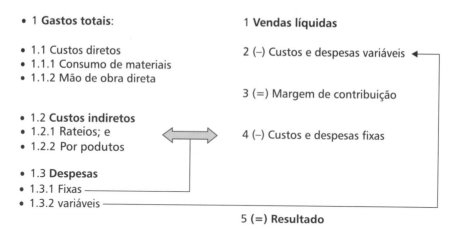

Figura 8.3 Demonstrativo do sistema de custeio gerencial.

O modelo significa a representação simplificada de apuração da margem de contribuição que poderá ser utilizada por segmentos de negócios e/ou produtos. O modelo apresentado na Figura 8.3 objetiva apurar resultados para fins gerenciais. Não está atrelado a princípios contábeis nem à legislação fiscal.

8.3 REDUÇÃO DE CUSTOS E ELIMINAÇÃO DE DESPERDÍCIOS

Os desperdícios acontecem em todo tipo e porte de empresa, em todos os processos de trabalho e em todos os níveis. Eles são resultantes do trabalho dos diretores, gerentes, funcionários, fornecedores, clientes e governos. As pessoas envolvidas com os processos acostumam-se aos desperdícios, não conseguem enxergá-los.

Os desperdícios manifestam-se sob diferentes formas: de capital, de material, de tempo, de vendas perdidas e de oportunidades. O primeiro passo para a gestão eficaz da qualidade consiste na eliminação dos desperdícios.

Apesar do desconforto que o conhecimento dos desperdícios provoca, entendemos ser sua identificação fundamental, uma vez que eles são um obstáculo que impede o sucesso das empresas, por meio do atingimento de seus objetivos de crescimento. Após identificar esses obstáculos, ficam claros para a empresa os processos e as áreas que necessitam de mais atenção e suas prioridades tendem a ficar mais bem definidas.

> As empresas deveriam ter em seu planejamento estratégico um **órgão permanente** pensando e atuando na **prevenção de perdas** na linha de produção, depósitos e nas lojas, se houver, bem como na **eliminação de desperdícios** em todas as áreas da organização, inclusive combatendo o constante aumento do **overhead**. Isto absorve grande parte da margem de lucro da empresa e muitas vezes de **forma invisível** e sem nenhum controle. O preço deste descuido pode ser caro!!!

8.3.1 Evitar desperdícios é reduzir custos

As estruturas organizacionais devem ser enxutas e flexíveis, reduzindo o desperdício mediante o monitoramento e a avaliação constante das operações que agregam valor ao produto.

Os grandes vilões do desperdício são o manuseio, o transporte e a embalagem. Acondicionar produtos em embalagens adequadas, fazer o transporte e o manuseio de acordo com algumas normas básicas são fundamentais para evitar perdas, garantir boa qualidade e, consequentemente, maior lucro.

Como é evidente, há sempre uma série de razões e justificativas para esse relativo descaso que é chamado de **barreiras**, e à medida que elas forem detectadas, reconhecidas e diagnosticadas, tanto mais eficientes e benéficos serão os esforços de redução/otimização de custos. São elas (JACOBSEN, 1993):

Diferença entre otimizar e reduzir custos

O conceito de **otimização** é mais abrangente e mais correto do que o de redução de custos. Mesmo porque o simplório e sumário corte nos custos pode levar, por exemplo, a dispensar a melhor mão de obra que ainda poderá ir trabalhar na concorrência, desmotivando, inclusive, aqueles que não foram despedidos. Acontece com frequência perda de qualidade do produto e dos serviços de manutenção, garantia e atendimento ao cliente, quando se despede o próprio pessoal, contratando-se, para substituí-lo, terceirizados, sem experiência necessária na função.

O que se reduz/otimiza são os recursos e não os custos

Com efeito, o custo é uma ficção contábil. O que se utiliza e se consome são recursos materiais, mão de obra, serviços, equipamentos, utilidades etc., para obter produtos, bens e/ou serviços a serem vendidos pelas empresas. Em seguida, vem a contabilidade e traduz nem sempre corretamente os recursos consumidos em uma única unidade, a moeda.

A primeira consequência desse fato é que os responsáveis últimos ou os "causadores" dos custos são aqueles que consomem tais recursos e não aqueles das áreas de custos, de finanças, da chefia e da gerência. Quem consome é todo mundo que trabalha, do *office--boy* ao Diretor-presidente, e, assim, todos são solidariamente responsáveis pelo evento.

Dessa forma, os esforços, os programas de redução/otimização devem envolver **toda a empresa** e não somente esse ou aquele setor julgado ineficiente. Inclusive porque a ineficiência, medida em determinado setor, com frequência tem origem num outro que passa despercebido. Por exemplo, se há muito desperdício e quebras, rejeitos na produção, o responsável bem pode ser o departamento de compras, que resolveu "economizar" comprando matéria-prima mais barata.

Não se institucionaliza a redução/otimização; espera-se que ela ocorra espontaneamente (motivação)

Com efeito, os esforços dirigidos para esse objetivo não são "institucionalizados", isto é, não se encontram nos organogramas de um departamento ou setor encarregado dessa missão. Ao contrário, parece esperar-se que todos dentro da empresa apliquem seus conhecimentos, seu tempo, sua motivação nessa atividade, dando prioridade a ela até com prejuízo de suas tarefas e responsabilidades normais.

Assim, a principal vantagem dos programas de redução/otimização é a focalização nos problemas de produtividade, de eficiência e de controle e gestão inteligente dos custos.

A gestão e controle de custos, nas empresas, passam por várias fases. Somente na "fase sistêmica" irá se preocupar com a sua redução/otimização

Se a empresa vem, confortavelmente, tendo altos lucros, ninguém irá se preocupar com os custos, e sim em produzir e vender cada vez mais, pelos mais altos preços possível. Nessa hipótese, os custos são repassados, sem problema, aos preços de venda e, se for assim, para que se preocupar com os custos? Ao contrário, o problema central será comprar mais equipamentos, para produzir cada vez mais, aumentar a capacidade de armazenagem e distribuição, organizar e expandir a força de venda etc. Enfim, o centro de interesse, o aspecto crítico, será vender cada vez mais.

Agora, com a globalização, entre outros motivos, a economia cada vez mais se estrutura justamente ao contrário. As empresas partem de um preço de venda limite, imposto pelo mercado e pela concorrência, procurando chegar a um custo "possível", crítico e enxuto, absolutamente necessário para pelo menos tentar vender alguma coisa.

Nesse sentido, uma empresa poderá estar, no momento, em uma das seguintes fases: **empírica, contábil** ou **sistêmica.**

A fase empírica

Na fase empírica, o administrador decide por experiência/erro. A empresa se organiza e procede quase por inércia, levada pelas circunstâncias, transformando recursos em bens ou serviços. Estes, após serem produzidos, são oferecidos ao consumo pelos preços vigentes no mercado, arbitrados, em geral, muito mais por quem produz do que por quem consome.

A fase contábil

Na fase contábil, as empresas já empregam uma tecnologia administrativa mais sofisticada. Em primeiro lugar, a contabilidade financeira já está implantada, cumprindo com os seus objetivos fiscais e gerenciais, avaliando patrimônios, controlando inventários e melhorando os controles internos. Já existe, também, um sistema de informações que se avalia os estoques comprados e/ou produzidos, pode também informar os custos da unidade fabricada ou do serviço produzido.

A fase sistêmica

Nesta terceira fase, já não se pode, impunemente, aguardar tranquilamente o resultado anual das operações sociais ou apelar para um simples reajuste nos preços de venda. Uma série de características identifica essa etapa, levando a empresa a um comportamento mais programado, mais racional e eficiente, exigindo do administrador uma gestão mais elaborada dos recursos sob a sua direção.

Dentre as características, destacam-se:

- Limitação dos reajustes de preço de venda.
- Interdependência sistêmica.
- Importância dos recursos humanos.

Essas características se traduzem em custos e ocorrem a partir de certos comportamentos repetitivos, observados no pessoal das empresas, que, com maior ou menor intensidade, são formas de **desperdício**, já que não agregam valor; pelo contrário, reduzem os benefícios e as margens dessas empresas. Tais comportamentos são verdadeiros **empecilhos**, cumpridos, lamentavelmente, pela maioria, e que dificultam, quando não impedem, a implantação de mudanças que objetivam o aumento da produtividade.

Entre esses aspectos, destacam-se:

- Onde há produção, há sempre desperdício.
- Os custos crescem até consumirem todos os recursos disponíveis.
- Custo é fenômeno sociotécnico e depende de hábitos, valores e cultura da organização.
- Quem consome mais é mais importante que quem consome menos.
- As iniciativas de otimização de custos esbarram nas pessoas que são contra as mudanças nas organizações.
- Os "cinco Rs da produtividade": para que as mudanças realmente ocorram, há que se atentar para "os cinco Rs da produtividade".

Quem muda são as pessoas. Para isso, é necessário que elas queiram. O problema da motivação é, com efeito, central na redução/otimização de custos. Observam-se a importância dos comportamentos e sua atuação no desperdício.

Assim, os esforços nessa área devem ter o cuidado de respeitar e de atender às circunstâncias e aos pré-requisitos de uma adesão motivada ao programa de redução/otimização. É o que se resume através dos **cinco Rs**, como a seguir:

- A **responsabilidade**, isto é, conscientizar o pessoal de que, se todos consomem recursos, todos são solidariamente responsáveis pela sua otimização.

- O **reconhecimento**, que consiste em se dar o *feedback* positivo aos envolvidos, reconhecendo, publicamente, os esforços de otimização e os resultados obtidos.

- A **repartição**, em que se persegue uma atuação compartilhada por todos, não só nas operações, mas, também, no planejamento e controle das ações de redução/otimização.

- Já o **reforço** consiste no exemplo das chefias, enfatizando a importância do assunto, dando exemplos significativos e endossando as atuações nessa área.

- A **recompensa**, além do reconhecimento, há que disponibilizar incentivos, com valor material, na forma de prêmios, incentivos e participação nos resultados obtidos.

Já se viram as várias barreiras aos esforços de redução e/ou otimização de custos. Ultrapassá-las será sempre possível a partir de um esforço organizado e paciente das pessoas envolvidas, além de recursos de tempo e informações a par da motivação para experimentar a mudança e o endosso da direção da empresa para fazê-lo. Diversas técnicas podem ajudar a perseguir e atingir tal objetivo, entre elas:

- **Análise do valor**: é uma técnica de otimização de recursos que utiliza a análise das funções de um produto (bem ou serviço), objetivando custos menores (produtividade) e adequação às necessidades do cliente (qualidade).

- **Matriz de otimização**: essa técnica aborda o nosso problema de forma analítica, desdobrando-o numa série de subproblemas menores que, ao serem resolvidos, vão contribuir para a solução do problema inicial. Assim, entende-se, para efeito dessa análise, que há na empresa seis recursos básicos a serem eficientemente utilizados ou consumidos, a saber:

  - o homem;

  - o tempo;

  - os materiais;

  - o espaço;

  - a energia;

  - o equipamento.

  Esses seis tipos de recursos são aplicados nas diversas áreas de atividade da empresa, indiferentemente. O organograma indica como setores ou atividades principais, por exemplo, a administração, a produção, as vendas, as finanças e os setores de apoio.

- **Orçamento base-zero**: modifica o sistema usual de programar e orçar custos, abrindo alternativas para a execução das atividades, tanto aumentando quanto diminuindo as verbas respectivas e excitando a criatividade do pessoal envolvido. O OBZ é uma é uma ferramenta estratégica utilizada pelas empresas na elaboração do Planejamento Orçamentário para determinado período a partir de uma base zerada, ou seja, sem levar em consideração Receitas, Custos, Despesas e Investimentos de exercícios anteriores (a famosa Base Histórica).

– As vantagens e benefícios gerados pela metodologia para sua empresa são:

– Permite alocação dos recursos de maneira muito mais eficiente.

– Auxilia na detecção de orçamentos inflados.

– Elimina processos que não agregam valor.

– Aumenta a motivação dos gestores ao dar maior autonomia e responsabilidade pela tomada de decisões.

– Melhora a comunicação e coordenação dentro da organização.

– Facilita a identificação de Despesas e Custos supérfluos em empresas que se baseiam no histórico.

– Gera enorme ampliação da Visão Estratégica de todos os gestores na organização.

A técnica do *zero-base budget* data dos anos 1960. A empresa norte-americana Texas Instruments já a aplicava por essa época, com a finalidade de avaliar seus projetos de pesquisa e desenvolvimento. Outras empresas passaram a aplicá-la, nos Estados Unidos, e em 1969 o conselheiro econômico do presidente Nixon, A. F. Burns, recomendava sua utilização na área da administração pública. Busque aconselhamento profissional. Uma opinião externa de um consultor especializado pode ajudar a tornar a empresa mais profissional e enxuta sem perder o foco estratégico.

8.3.2 Técnica de administração para eliminar desperdícios

Just in Time (JIT) surgiu no Japão, nos meados da década de 1970. No Ocidente, ficou conhecido como sistema *kanban*, nome dado aos cartões utilizados para autorizar a produção e a movimentação de itens, ao longo do processo produtivo. É muito mais do que uma técnica ou um conjunto de técnicas de administração da produção, sendo considerado uma completa filosofia, a qual inclui aspectos de administração de materiais, gestão da qualidade, arranjo físico, projeto do produto, organização do trabalho e gestão de recursos humanos.

O sistema JIT pode ser definido como um sistema de manufatura cujo objetivo é otimizar os processos e procedimentos (reengenharia), por meio da redução contínua de desperdícios. Os desperdícios atacados podem ser de várias formas:

- De transporte.
- De superprodução.
- De material esperando no processo.
- De processamento.
- De movimento nas operações.

- De produzir produtos defeituosos.
- De estoques.

As metas colocadas pelo JIT em relação aos vários problemas de produção são:

- Zero defeito.
- Tempo zero de preparação (*setup*).
- Estoque zero.
- Movimentação zero.
- Quebra zero.
- *Lead time* zero.
- Lote unitário (uma peça).

O acompanhamento do mercado, a rentabilidade por linha de produto e segmento de mercado, a análise da concorrência, das sistemáticas e procedimentos internos são abordagens que concorrem muito positivamente para a eliminação dos desperdícios, pois nortearão a implementação dos projetos de melhorias que contribuirão para uma mudança de atitude no âmbito da empresa, em que a intolerância ao desperdício passa a ser um objetivo de todos.

Fonte: JACOBSEN, 1993.

8.3.3 *Checklist* de apoio para redução de custos

Cortar custos não é tarefa fácil; é necessária muita determinação para fazê-lo, é preciso identificar com precisão o que vai cortar, sem deixar cair a motivação dos funcionários. É um engano achar que pequenas despesas vão ter reduções significativas no negócio, como cortar o cafezinho, proibir o pessoal de fazer ligações telefônicas locais, entre outras. O importante é reduzir custos e despesas com impacto relevante sobre os negócios.

O grande desafio é diferenciar os custos que geram vantagem competitiva para a empresa dos custos ruins, que podem ser eliminados sem reduzir os lucros, principalmente os custos fixos que não agregam valor ao produto ou serviço prestado. Se o administrador quiser manter ou aumentar a sua lucratividade e conservar sua vantagem competitiva perante a concorrência, deve seguir algumas sugestões que são descritas a seguir.

- **Compras:** a procura por melhores condições junto aos fornecedores é fundamental para aumentar a lucratividade. Isso envolve negociações; criação de procedimentos para o processo de compras, como: realização periódica de ao menos três cotações para os principais insumos; participação na formação de pequenos grupos de empresas (ou através de cooperativas) para a realização de compras conjuntas, capazes de render preços melhores, pois vários pequenos negócios perdem competitividade por causa da falta de escala na aquisição da matéria-prima. Negociar descontos, bônus sobre compras ou vendas, publicidade cooperada e rebates financeiros sobre compras.

- **Disponibilidade (dinheiro):** escolher o banco mais conveniente às necessidades do empresário ou administrador e utilizar os seus aspectos positivos para colher vantagens. Pode-se conseguir, por exemplo, redução de taxas de juros e tarifas bancárias; pode-se barganhar com a folha de pagamento quando a entrega a uma instituição bancária, em troca de redução ou isenção de tarifas sobre serviços e taxas menores para a conta garantida ou outros tipos de crédito; deve-se também verificar as taxas mais vantajosas para investimentos e menores juros para financiamentos, bem como o *float* bancário, reciprocidades, redução de prêmios de seguros, consignações e limites de créditos.

- **Estoques:** não se deve ter o depósito cheio de mercadorias. A redução de estoques reflete nos custos financeiros. A automação pode ser de grande valia para o controle de estoques. O sistema informatizado, além de reduzir a margem de erro no registro de entradas e saídas de mercadorias, pode contribuir para reduzir o volume armazenado. Outra medida benéfica pode ser a centralização de compras, que unifica as aquisições e o estoque de boa parte dos produtos. Outra forma de combater o desperdício é a **reciclagem**, isto é, transformação de produtos que vão para o lixo. Para reduzir as compras de insumos, muitas pessoas negociam com o fornecedor um estoque reservado para atender a pedidos inesperados. Sempre que possível, obter estoque em consignação (custo zero). O giro, o prazo e o desuso dos estoques têm um efeito muito relevante na administração do fluxo de caixa, por isso devemos ter muita cautela nesse item que compromete o capital de giro da empresa.

- **Informática:** o emprego adequado dos equipamentos e dos programas é condição para que possa extrair o máximo da tecnologia, por exemplo. A **energia** é um grande vilão de consumo dos computadores, monitores e impressoras. O administrador pode economizar se usar os recursos do programa de gerenciamento de energia instalado em quase todas as máquinas, ou seja, colocar o micro em estado de espera e desligar os monitores, quando não estiverem em uso. Deve ser feito um **inventário periódico** dos equipamentos e programas para evitar furtos. Também deve ser feito um estudo econômico-financeiro entre a compra, locação e/ou *leasing* de equipamentos para a tomada de decisão, com relação ao custo-benefício. A aquisição de aplicativos através de direito de uso (observar tempo de vigência do contrato) também deve ser considerada nessa análise. As despesas com TI devem ser controladas por centro de custos e com *job accounting software*.

Verifique se existe uma boa gestão de ativos na área de tecnologia em sua empresa, de acordo com as perguntas, a seguir (COMPASS INFO CORPORATE, set. 2005, p. 46):

- Quantas estações de trabalho sua empresa possui?

- Quantos servidores, impressoras, *nobreaks, notebooks, tablets* abastecem a empresa?
- Quantas impressoras estão instaladas na sua companhia?
- Quantas licenças de sistema operacional estão em uso?
- Quanto você gasta anualmente com licenças de *softwares*?
- O *software* de antivírus está atualizado em todas as máquinas?
- Qual foi o destino dos equipamentos velhos que foram substituídos durante o último *upgrade*?
- Se um usuário solicita uma máquina no *help desk*, você tem certeza de que a máquina a ser disponibilizada é nova ou está dentro das especificações da área de TI?
- Quando foi a última vez que você fez uma auditoria na área de TI?
- Você se lembra qual foi o resultado dessa auditoria e quais medidas foram tomadas?

Periodicamente faça um **inventário** em sua empresa de todos os relatórios emitidos pela TI, números de vias e usuários, para verificar a real necessidade deles. Aí, poderemos encontrar uma boa economia de custos.

Em resumo, quanto representa os gastos de informática (TI) sobre a venda líquida e o total das despesas operacionais de sua empresa; vale refletir sobre os custos e benefícios.

- **Instalações:** a oferta de espaços compartilhados se multiplica e viabiliza um corte dramático nos custos fixos. A escolha de um escritório virtual é uma opção cada vez mais popular entre os empresários que trabalham no setor de serviços e pode ajudar a diminuir custos sem atrapalhar o desempenho da empresa.
- **Logística:** a negociação entre fornecedores e compradores é primordial. Deve-se trabalhar com entrega programada, como agendamento da entrega de mercadorias. Os padrões únicos, ou seja, padronização de altura e largura de produtos podem propiciar ganho de tempo com as operações de carregamento e descarregamento.
- **Recursos humanos:** quando se fala em redução de custos, alguns empresários pensam logo em cortar pessoal. Isso pode ser um erro. Deve ser feita uma análise criteriosa e inteligente nessa área, com relação ao investimento realizado em treinamento, benefícios gerados e riscos do negócio. Caso exista descontrole, ineficiência ou gordura, aí sim. O sistema de banco de horas é uma saída para não ter que pagar as horas extras dos funcionários, gera uma economia de 50% sobre o valor da hora normal como também tem efeito na economia do Fundo de Garantia do Tempo de Serviço (FGTS), das férias e do 13º salário.

O **banco de horas** permite fazer economias sem prejudicar o funcionário. Antes de adotar esse sistema, é necessário que os funcionários concordem e se estabeleça um acordo

Cap. 8 · Gestão de preços e otimização de custos

entre as partes, sendo que essas horas extras serão transformadas em dias de folga. Cada funcionário pode fazer por dia até duas horas extras, no entanto, esse número varia de acordo com a categoria; outro ponto a ser lembrado é de que essas horas acumuladas no banco de horas não podem durar mais de um ano; antes de vencer o prazo, as horas devem ser transformadas em folga. (Sempre que necessário, faça uma consulta aos advogados sobre a legislação trabalhista para os casos especiais.)

Fonte: FONSECA; CARIN, 2006.

Contratação de estagiários e profissionais mais maduros, inclusive aposentados com qualificação técnica. Os estagiários podem executar muitas funções que não precisam ser desempenhadas por profissionais já formados e com experiência na área.

Contratar empresas para fazer serviços que não sejam os de atividade-fim da empresa pode ser viável, mas deve-se comparar os custos e benefícios antes de contratar um empresa terceirizada.

Uma boa **política de treinamento dos empregados** é fundamental para o sucesso da empresa. A política de remuneração deve ser pesquisada periodicamente no mercado, estimulando a retenção de talentos.

- *Home office* (atenção para os custos e benefícios): é um conceito de modelo empresarial, muito adotado devido à globalização da economia e aumento da terceirização de serviços, o que acaba mudando o perfil do emprego e do local de trabalho. Algumas empresas já possuem este sistema de trabalho quando os funcionários não precisam ou não podem trabalhar no escritório. Discutir a viabilidade deste novo conceito empresarial com a diretoria da empresa quanto aos ambientes diferenciados e que **compartilham custos e infraestrutura** do ambiente doméstico – *home* (lar) e *office* (escritório).

- **Telefonia:** diversos equipamentos encontrados no mercado permitem a diminuição significativa das despesas, como, por exemplo, o conversor de ligações, tarifadores, chamadas pela internet, rádio digital e planos corporativos etc.

- **Tributos:** é possível pagar menos impostos, para isso é preciso conhecer a legislação e fazer um planejamento tributário eficiente de forma lícita, inclusive por meio de contratação de consultores especializados. Não se esqueça de pedir referência dos profissionais.

- **Viagens:** a aquisição de bilhetes antecipadamente e a opção por horários menos concorridos podem baixar os preços em até 20%.

- **Publicidade:** negociação – discutir com os fornecedores o ressarcimento da parte de despesa de publicidade cooperada dos produtos anunciados na mídia. Estabeleça um percentual de gasto sobre a venda líquida para efeito de controle. (Não deixe de fazer licitação quando necessária para a contratação de serviços de agências de publicidade com vistas à obtenção de preços mais acessíveis.)

- **Veículos:** analisar as vantagens e desvantagens:

- Frota própria (imobilização e gastos de manutenção), operação de *leasing* ou terceirização dos serviços.
- Sistema de manutenção e convênios com oficinas especializadas.
- Controle do consumo de combustível e aplicação de peças dos veículos próprios.
- **Terceirização** (custos *vs.* benefícios) – analisar as várias propostas financeiras e se proteger quanto aos aspectos legais do contrato sob responsabilidade solidária. Solicite sempre as certidões negativas das empresas, principalmente quanto ao INSS, FGTS, ISS, ICMS e IRPJ. Fique atento com a **taxa de administração** cobrada nos contratos, e se as **retenções** dos impostos estão sendo recolhidas no prazo ao governo (exigir a comprovação do pagamento). Cuidado com os constantes **aditivos contratuais** e renovações cruzadas com empresas do mesmo grupo econômico (mesmos sócios) em relação aos aspectos de gestão de custos e de conformidade.
- *Leasing*: ativo fixo – locação × compra (elaborar estudo de viabilidade econômica-financeira para fundamentar a decisão tomada pela diretoria. Deixar evidências dos cálculos financeiros elaborados e aprovados para efeito de futuras auditorias (atenção com o exercício ou não da opção de compra, valor residual e de mercado).
- **Impressoras e copiadoras** – manter controle pelo sistema em relação ao volume de impressão e cópias diárias, inclusive particulares.
- **Material de escritório e limpeza em geral** – manter controle do processo de compra, estoque e inventário e acompanhamento do consumo. Evitar desperdício ou desvios.
- **Seguros**: índices de sinistralidades – identificar motivo do aumento, tipos de coberturas e a relação com os prêmios de seguros pagos.

- **Segurança:** manter acompanhamento sobre o contrato de prestação de serviço. **Atenção para a taxa de administração que está sendo cobrada.** Veja se a firma é credenciada nos órgãos de segurança pública estadual ou federal. Evite contingências trabalhistas. Solicite as certidões negativas do INSS, FGTS, ISS e IRPJ.

- **Cadeia de valor (contratos comercial relevante e/ou estratégico):** identificar se estão concentrados em poucos fornecedores que possam trazer riscos no caso de insolvência ou quebra dessas empresas contratadas. Evite sempre que possível o risco de concentração, exclusividade e dependência excessiva. Evite também ser refém ou ficar na mão de um único fornecedor, inclusive quanto a dificuldade para negociação.

Dicas

- Todos os **gastos relevantes** devem ser licitados, sempre que possível; e acompanhados pela **comissão de gestão de custos**.
- Deve haver um rigoroso controle sobre os **custos indiretos**, os quais não possuem contratos e/ou gestores responsáveis pela prestação de contas. Não existe centro de custo

Cap. 8 · Gestão de preços e otimização de custos

sem gestor (dono). Sempre tente identificar os custos e despesas na entrada para efeito de registro/apropriação contábil adequada. Evite sempre os rateios!!!

- O responsável pelo **controle orçamentário** deve fazer uma reunião mensal com os executivos para prestação de contas e promover os ajustes necessários em relação ao cumprimento das metas estabelecidas pela alta administração.
- Todos os diretores e gerentes são também responsáveis pelo apoio na gestão do fluxo de caixa na empresa (a empresa precisa de liquidez).
- Ficar atento quando houver constante **aumento de custos fixos**. Significa que a empresa estará perdendo um pedaço de margem de lucro nos negócios. Ou seja, a empresa também está perdendo eficiência nos processos e controles internos, bem como afetando seu nível de produtividade, ou seja, fazer mais com menos recursos.
- Mantenha também um controle eficiente para evitar/combater desperdícios e ociosidade de mão de obra, materiais e equipamentos.

Dicas adicionais para cortar custos e eliminar desperdícios

- **Conheça os gastos**: conhecer todos os gastos da sua empresa é o primeiro passo antes de decidir o que cortar. Estruture uma planilha (ou sistema de custos) que contemple todas as despesas e foque no que traz retorno nos curtos e médios prazos.
- **Atenção aos cortes que geram despesas**: um problema comum nas empresas é cortar custos e gerar mais gastos. Parece contraditório, mas acontece com frequência. Por exemplo, um cancelamento de contrato pode incorrer em **multas**. Essas ações devem ser feitas de forma sustentável.
- **Foque no resultado**: cortar custos sem afetar a margem é uma tarefa difícil e exige dedicação dos empresários. É preciso olhar para dentro da empresa, aplicando iniciativas de redução de custos sustentáveis. Isto ajudará a reduzir o impacto em sua margem final, sendo crucial para o empresário enfrentar este momento de turbulência. (Prof. Diogo Feliciano, *O Globo* 2 (Oglobo.com.br), caderno Boa Chance, 17 jul. 2016).
- **Trabalhar para eliminar desperdícios como meta (crie um mantra para incentivar os funcionários e diretores):** o desperdício é todo e qualquer recurso que se gasta na execução de um produto ou serviço além do estritamente necessário (matéria-prima, materiais, tempo, energia, entre outros). É um dispêndio extra que aumenta os custos normais do produto ou serviço sem trazer qualquer tipo de melhoria para o cliente. (Atenção: muitas vezes, os desperdícios não são facilmente notados pelos usuários/gestores, pois se tornaram aceitos como consequência natural do processo de trabalho rotineiro. Isto é um erro).
- **Estimule a cultura organizacional da economia através de alguns programas:**
  - fortalecer e estimular as leituras digitais e a redução de impressões;
  - promover campanhas de comunicação digital (troque os comunicados impressos pelos eletrônicos);
  - incentivar o uso de rascunhos na empresa;
  - estimular todos a terem uma atitude de economia (antes de gastar) com as despesas gerais administrativas da empresa (estimule o empregado a pensar como sócio e gratifique as boas ideias que geram economias reais de consumo e contra o desperdício);
  - diminuir ou cortar as viagens corporativas e as reuniões externas (prefira as videoconferências);
  - priorizar compras relevantes: exigir sempre no mínimo três ou mais orçamentos de fornecedores e escolher o que apresentar melhor custo-benefício (não despreze a qualidade técnica do produto). Para compras de pequeno valor, agrupar e tentar comprar em sistema de cooperativas, sempre que for possível;

- promover ações para economia de energia (apagar as luzes ao sair, desligar os monitores para almoçar e desligar os computadores ao ir embora) e também de consumo de água e material de limpeza de uso desnecessário (evitar desperdício).
- **Defina a prioridade e qualidade dos seus gastos**: talvez seja preciso investir em inovação (dos seus produtos, serviços ou processos) e capacitação dos seus empregados para se diferenciar no mercado e lucrar na crise.
- **Procure redesenhar a empresa para sobrevivências no curto prazo (medidas emergenciais)**: outra atitude essencial é cortar os custos/despesas desnecessárias, porém com inteligência, reduzir o estoque, diminuir a estrutura — tanto no porte físico do empreendimento quanto no tamanho do quadro de funcionários —, rediscutir a estratégia, rever os processos internos, analisar a logística e infraestrutura (está muito cara?), discutir inovações para melhoraria do negócio (estimule a criatividade), bem como alongar (rolagem e ou troca) o prazo e custo das dívidas, através de negociação direta ou com uso de profissionais especializados, inclusive discutir também o investimento em treinamento a distância e ou presencial e seu efetivo retorno para a empresa.

8.3.4 Controle de custos: sistema de custeio ABC *versus* o custeio por absorção

Conforme ensinamento dos professores americanos Robert Kaplan e Robin Cooper em meados da década de 1980, na Universidade de Harvard, os sistemas de custos proporcionam informações para alimentarem os processos de projeção e de controle de custos.

Os sistemas de custeio podem ser o custeio por absorção, mais utilizado, ou o sistema ABC.

Activity Based Cost é a denominação do sistema ABC, onde o custo é rateado pelas atividades existentes ao longo do processo de produção.

O **sistema de absorção** direciona os custos diretos para os produtos e rateia os indiretos ao total da produção por meio de alguns critérios predefinidos, conforme Figura 8.4:

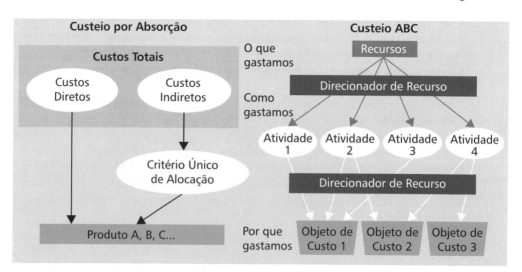

Figura 8.4 Custeio por absorção e custeio ABC.

O **custeio baseado em atividades ou custeio ABC** (*Activity Based Costing*) fornece um método para o tratamento dos custos indiretos, através da análise das atividades, dos seus geradores de custos, e dos utilizadores.

Consiste na **identificação, análise** e **alocação de custos aos processos** de determinada empresa, visando melhor gerenciar a lucratividade. O uso deste método permite uma melhor **mensuração dos custos**. Os **recursos** são atribuídos a cada **atividade**; em seguida, as atividades são atribuídas a **objetos** de custo com base no seu uso. O custo baseado em atividades reconhece os **relacionamentos** de causa dos responsáveis pelos custos das atividades. Também ameniza as distorções provocadas pelo uso do rateio usado na tradicional lógica de absorção dos custos.

Normalmente, o custeio por absorção é utilizado para efeito contábil e fiscal e o custeio baseado em atividade (ABC) é utilizado de **forma gerencial** para controle, identificação e melhor alocação dos custos aos produtos e ou projetos, visando evitar rateios de custos indiretos (**sem dono**) nas atividades e objeto de custos dos produtos, com vistas a uma melhor apuração de resultado.

8.3.5 Resumo: especificações das terminologias contábeis usadas

Conforme nos ensina Martins (2000):

- **Gastos**: são todos os esforços financeiros que as organizações fazem para obter bens ou serviços, geralmente esses esforços são feitos na forma de entrega ou promessa de entrega de dinheiro.

- **Investimentos**: são gastos realizados para a melhoria ou prolongamento de vida útil de "antigas" máquinas e equipamentos visando benefícios futuros.

- **Custos**: gastos relativos a bens e serviços utilizados na produção de outros bens e serviços.

- **Despesas**: bens ou serviços consumidos direta ou indiretamente para a obtenção de receitas.

- **Desembolso**: pagamento resultante da aquisição de bens ou serviços.

- **Perdas**: ocorrem quando bens ou serviços são consumidos de forma anormal ou involuntária.

Atenção para o registro contábil das operações de CAPEX e OPEX na empresa, baseado nos contratos, plano de contas, controle orçamentário mensal, desvios relevantes e/ou equívocos de contabilização, se houver.

O termo CAPEX é a sigla em inglês para a expressão capital expenditure (investimentos em bens de capital) e refere-se ao montante de recursos aplicados no investimento para modernização e/ou expansão da empresa. Já o Opex, ou operational expenditure (despesas operacionais), significa o montante de recursos necessários para o funcionamento/operação da empresa.

8.3.6 Matriz de apoio para o processo preliminar de decisão para aprovação de novas demandas e/ou projetos com alto desembolso

Essas perguntas devem ser feitas para os **gerentes/executivos/gestores** quando da apresentação de novas demandas ou projetos que terão investimentos relevantes e alto impacto no fluxo de caixa da empresa, considerando os valores, os prazos e o retorno do investimento (VPL positivo), quando aplicável.

Quadro 8.8 Matriz de apoio para aprovação de projetos com alto desembolso

Item	Apoio ao processo decisório	Impactos: nível de filtros de avaliação		
	Perguntas-chave	Baixo	Médio	Alto
1	Aumentará o valor da receita operacional, margem de lucro (%) e/ou *market share* (%) da empresa no mercado?			
2	Aumentará o volume de vendas ou de produção? 2.1 Poderá contribuir num melhor entendimento do cumprimento da curva de produção em relação ao planejado *vs.* realizado – GAPs (físico e financeiro)?			
3	Reduzirá os custos (produção) e despesas operacionais do negócio com vantagem competitiva?			
4	Reduzirá as despesas administrativas (*overhead*) de forma relevante?			
5	Aumentará a eficiência, produtividade e/ou reduzirá a burocracia nas operações de forma relevante?			
6	Os processos e os controles internos terão impactos significativos de oportunidade para melhoria?			
7	Vai melhorar o atendimento ao cliente de forma relevante?			
8	Foi feita alguma avaliação prévia de riscos e *compliance* quanto ao impacto estratégico, legal, operacional e/ou financeiro?			
9	Haverá economia de tributos de forma lícita com base num planejamento tributário?			
10	Existe alguma insegurança jurídica que mereça uma análise detalhada pela área jurídica?			
11	Haverá alguma vantagem competitiva em relação à concorrência e ou redução da taxa de inadimplência dos clientes, se for o caso?			
12	Os repórtes terão mais transparência, integridade e qualidade nas informações para o mercado?			

Item	Apoio ao processo decisório	Impactos: nível de filtros de avaliação		
	Perguntas-chave	Baixo	Médio	Alto
13	Haverá algum impacto de melhoria e mensuração de desempenho do negócio?			
14	Haverá algum impacto de melhoria na Tecnologia da Informação (TI) em relação à segurança, qualidade da informação, tempo de processamento, guarda ou atendimento aos prazos e registros legais?			
15	Haverá aumento marginal na geração de caixa operacional para a companhia? Em qual período de tempo? Essa demanda é excludente ou não excludente para a consideração nos estudos preliminares?			
16	Vai melhorar o atendimento, a captação e o relacionamento com os Investidores (RI) da empresa, pessoas físicas ou jurídicas?			
17	Esse projeto poderá também influenciar na redução de custos de operação, infraestrutura e logística da companhia? Foi feito algum estudo preliminar com parecer técnico favorável?			
18	Projeto estratégico relevante:			
	18.1 No caso de necessidade de captação de recursos para essa demanda específica e/ou projeto de alto impacto no caixa, verificar se o custo de capital do financiamento será menor que a taxa de retorno do projeto apresentado.			
	18.2 A área técnica e financeira ou o comitê responsável já discutiram e aprovaram os estudos/laudos preliminares com EVTE – positivo e demais implicações inerentes ao projeto (mitigação de riscos e *compliance*)?			
	18.3 Existe também necessidade de contratação de consultores externos para avaliação da viabilidade econômica-financeira do projeto, obras etc.?			
	18.4 Existe também a contratação do seguro de *performance bond* para garantia de execução da obra/projeto, tendo em vista sua relevância operacional e financeira.			

Fonte: O autor.

Justificativa e comentários ao quadro: apenas a título de sugestão e com base nesta lista preliminar de perguntas e respostas, o executivo principal poderá fazer uma discussão e avaliação prévia com a equipe antes da tomada de decisão e/ou encaminhamento à instância superior, em função do alto valor de investimento ou de custeio e seu impacto na projeção do fluxo de caixa da empresa. (Essa matriz serve apenas como sugestão e poderá ser ajustada ou adaptada à realidade de cada empresa, em função de sua necessidade, complexidade, porte e tipo de atividade voltada a projetos e parcerias complexas ou programas de desembolsos em unidades de negócios.)

Todos esses fatores citados deverão ser discutidos, tabulados e ponderados no fluxo do processo decisório para a tomada de decisões pelos executivos ou pelo comitê responsável, **antes do encaminhamento para a diretoria e/ou conselho de administração** da empresa, considerando sempre os limites de autoridade e alçadas.

CONCLUSÕES

O estabelecimento de preço é uma das decisões mais relevantes feitas pela empresa, pois dela depende em muito o sucesso em vendas. Entretanto, existem outros pontos tão importantes quanto esse, como, por exemplo, as revisões periódicas dos custos e despesas, tanto fixos quanto variáveis e semivariáveis, que sabemos que a luta pela sobrevivência é a grande preocupação das empresas num mundo altamente mutável e competitivo. A revisão de processos de trabalho é fundamental para a economia de custos e a melhoria da produtividade.

Isso vai ao encontro de outro objetivo que a empresa tem que ter em mente, que é a eliminação do desperdício por meio de programas de qualidade, trazendo as pessoas para o comprometimento e a conscientização de que elas podem fazer mais e os ganhos serem revertidos em favor delas próprias, pois produzirão mais, a um custo menor e com qualidade, garantindo dessa forma a empregabilidade, que é um assunto sério e de alta prioridade em nosso país.

Precisamos despertar nossa consciência e mudar nossas atitudes para que a eliminação de **desperdícios** seja uma busca incessante, que se torne parte do nosso modo de pensar e agir. Esse é o novo paradigma de gestão que se apresenta, independentemente do dilema do executivo financeiro quanto à maximização de lucro e geração constante de caixa.

Os pontos acima têm reflexos e impactos diretos na administração do fluxo de caixa das empresas. Outro ponto importante também destacado neste capítulo foi o uso do método de cálculo de aplicação do *mark-up* multiplicador e o divisor e a estrutura de formação de preços, bem como a **matriz de apoio ao processo decisório** para investimentos relevantes e impactos no fluxo de caixa.

Dicas e sugestões para um eficiente gerenciamento do caixa

Para que haja equilíbrio no caixa da empresa, é necessária ampla conscientização da responsabilidade partilhada entre todas as áreas, pois as decisões tomadas não analisadas devidamente atingem as entradas e saídas do caixa e podem gerar sérios problemas.

9.1 DICAS DE GERENCIAMENTO DE CAIXA (BOA GOVERNANÇA FINANCEIRA)

Quando houver excesso de disponibilidade de recursos, isso na verdade representa que existe uma má administração do caixa, com custos de oportunidade sobre o disponível; perdas de rentabilidade; acomodação; e grande risco de a empresa entrar em crise por ocasião da falta ou mesmo redução de recursos.

Uma empresa que possui equilíbrio financeiro apresenta as seguintes características:

- Constante equilíbrio entre os ingressos e desembolsos de caixa.
- Adequada rentabilidade do capital utilizado.
- Tendência de aumentar o índice de rotação de estoques.
- Aumento da participação de capital próprio, em relação ao capital de terceiros.
- Não existe falta de produtos acabados ou mercadorias no atendimento ao cliente.
- Observa-se menor necessidade de capital de giro.
- Os prazos médios do contas a receber e do contas a pagar tendem a equilibrar-se.
- Não existem grandes imobilizações de capital, nem elas são insuficientes para o volume adequado de produção e comercialização.

Obviamente, a empresa que não apresenta o perfil descrito anteriormente não possui equilíbrio financeiro. Nas que possuem problemas financeiros, o planejamento do caixa é a primeira atividade que se deve ter para buscar a solução para o problema.

Já nas empresas com sólida situação financeira, o planejamento do caixa dá oportunidade de melhorar a liquidez através da utilização de suas disponibilidades financeiras.

Sabe-se que o gerenciamento do caixa não é uma tarefa fácil, pois se trabalha com vários aspectos internos e externos à empresa com o intuito de cumprir os compromissos financeiros a curto e a longo prazos. Como dizia um velho mestre, o *prejuízo* aleija, porém, déficit de caixa estrutural mata a empresa no curto prazo.

9.2 SUGESTÕES DE SANEAMENTO FINANCEIRO

Quando o problema da empresa é precisamente um problema de caixa, podem-se apontar algumas medidas saneadoras, como, por exemplo:

- Aporte de capital próprio de novos recursos dos sócios atuais ou de novos sócios através do mercado de capitais (não oneroso) ou não.

- Lucros retidos. Fazer um eficiente gerenciamento dos lucros retidos em relação ao pagamento de dividendos e à política de investimentos de longo prazo. Atenção com o fluxo de caixa livre dos acionistas.

- Estudar excepcionalmente a conversão de dívida bancária e não bancária de caráter oneroso e relevante em participação acionária (em ação preferencial com direitos especiais e acordos de acionistas e/ou ações ordinárias), se a previsão do fluxo de caixa apresentar problemas graves de futura liquidez (não é fácil a negociação para obtenção de sócios, pois ela depende muito do tipo do negócio, considerando a **relação risco-retorno**).

- Equilibrar os níveis de produção e vendas à capacidade de caixa atual, ou seja, evitar o desequilíbrio financeiro oriundo do efeito tesoura e/ou do *overtrading*.

- Estudar operações e os custos financeiros de descontos de títulos e duplicatas com empresas de *factoring* e/ou **securitização** de ativos, quando necessário, para aliviar o caixa da empresa, em vez de empréstimos bancários de curto prazo com maior custo e taxas de financiamento.

- Melhorar a produtividade com utilização de indicadores de gestão (KPIs) que sejam realmente usados na tomada de decisão pelos executivos. Quem não mede, não gerencia.

- Fazer uma análise criteriosa sobre a quantidade de empresas e volume de investimentos realizados em controladas e coligadas em relação ao seu efetivo retorno e agregação de valor ao negócio, bem como sua contribuição para o lucro e estratégia da *holding* (custos *versus* benefícios).

- Atentar para a gestão de tesouraria sobre os *project finance* – projeto financeiro ou financiamento relacionado a projeto – é uma forma de engenharia financeira suportada contratualmente pelo fluxo de caixa de um projeto, servindo como garantia os ativos e recebíveis desse mesmo projeto. Houve necessidade de execução de alguma garantia contratual?

- Revisar periodicamente a tabela de preços (*mark-up*), cuidado com erros de cálculos dos impostos, PDD e encargos não incluídos corretamente na base de cálculo da formação do preço de venda.

- Vender ativos desnecessários/ociosos (estabelecer política para desinvestimentos).

- Fazer uma análise periódica sobre o volume de vendas canceladas, estornadas e/ou não recebidas, se relevantes, visando identificar os motivos e impactos no resultado e no caixa.

- Acompanhar os valores dos **descontos incondicionais** dados aos clientes em relação ao preço de vendas praticado e a margem de lucro do produto.

- Manter um controle da série histórica (%) das vendas à vista e a prazo e sua relação com a necessidade de capital de giro (NCG) atual. Identificar se a política de vendas a crédito precisa ser revista.

- Giro de estoque – verificar se o critério de classificação da curva ABC (80-20) dos estoques está sendo gerenciado de forma adequada (é pela classificação da curva ABC que conseguimos determinar o grau de relevância dos itens, permitindo assim diferentes níveis de controle com base na importância relativa do item. Baseia-se no raciocínio do diagrama de Pareto).

- Identificar e sanear financeiro de **prejuízos estruturais e/ou passivo a descoberto** (situação grave) nas empresas controladas e coligadas com impacto direto no fluxo de caixa da empresa *holding*, através de contínuos empréstimos (mútuos), aportes e/ou AFACs.

- Atentar para a linha de **resultados não operacionais** relevantes apresentado na demonstração de resultados da companhia e entender o que significa ser eventual e/ou contínuo. Por que razão supera o lucro operacional? Fique atento!.

- Fazer a leitura das notas explicativas das demonstrações financeiras, principalmente para os valores relevantes de **provisões para contingências**, inclusive ambientais, se houver (classificadas como prováveis, possíveis e ou remotas). A avaliação técnica foi feita de forma criteriosa pelo jurídico, contabilidade e auditoria independente? Cuidado com a manipulação de resultados em relação à distribuição ou não de lucros com efeito no caixa!

- Caso a empresa seja de **uso intensivo de mão de obra**, é prudente que a provisão de indenizações trabalhistas seja mantida atualizada, e mensurado seu **impacto no caixa**, bem como sua participação sobre o faturamento. Este indicador deve ser acompanhado (estabelecer um limite), pois é um absorvedor de margem de lucro do negócio. Essa despesa adicional está sendo considerada no cálculo do preço de venda? Ou já está embutida no *mark-up*? Fique atento também aos preços da concorrência!

- Estabelecer um controle de metas através do orçamento de capital e custeio.

- Designar um responsável para promoção de reunião mensal para apresentar a justificativa dos desvios e providências tomadas para ajustamento, controle de verba e seu efeito no caixa.

- Identificar e corrigir vícios estruturais de planejamento e realizar as receitas de vendas – **curva de produção** (física e financeira) **realizadas sempre abaixo da meta planejada (GAPs)**. Existe alguma premissa errada no planejamento da produção e vendas da empresa? (verificar os motivos e tomar uma providência com urgência).

- Identificar se a empresa precisa fazer um ajuste (%) em sua **estrutura organizacional** para diminuir os custos de pessoal e o número de cargos/funções gerenciais existentes no organograma em relação ao atendimento do plano de negócios e gestão da empresa (atenção para o alto *overhead*).

- Rediscutir os **custos/otimização de "logística"** em relação aos processos internos de nossas operações, utilizando um maior suporte da TI, através de novos aplicativos, visando reduzir tempo, custo, transporte, armazenagem, distribuição e entrega (fazer uma análise do processo em relação a custos, riscos e benefícios da decisão).

- Fidelização – analisar o pós-venda – quem está analisando e avaliando o serviço de atendimento/satisfação dos clientes? Esse serviço é feito por um órgão interno ou é terceirizado (atenção com a sinalização da perda futura de receita)?.

- Ciclo operacional – planejamento e controle financeiro mais eficaz das principais atividades, destacando: compras, produção e recebimento das vendas.

- Designar na empresa um responsável (ou grupo de trabalho) pelo controle de custos, desperdícios e despesas operacionais relevantes, principalmente dos **gastos *fixos*** (manter controle por órgão, processos e/ou projetos), com reuniões periódicas patrocinadas pela diretoria. Estabelecer metas realistas para redução e de forma inteligente (use sempre o bom senso).

- Analisar o quanto a crise afetou o seu negócio. Redirecione o seu foco para as soluções e não para os problemas, buscando opções como:
  - renegociar (descontos, prazos e cláusulas contratuais muito onerosas) os contratos com os fornecedores e demais credores com impacto imediato no fluxo de caixa;
  - adiar promoções de funcionários, novas contratações e demissões (ações que oneram bastante o caixa da empresa);
  - optar por empréstimos/financiamentos governamentais, sempre que possível (subsidiados) com juros mais baixos;
  - tentar renegociar também os contratos/financiamentos com seus clientes relevantes em relação a redução de prazos para pagamento antecipado, negociando a taxa de desconto que seja interessante para ambos;

A Comissão de Valores Mobiliários (CVM) publicou a **IN 588/17** estabelecendo regras para distribuição pública de ações de empresas de pequeno porte pela Internet, o chamado "*crowdfunding* **de investimento**", regulamentando a atuação de plataformas de financiamento coletivo que representam uma alternativa para *startups* captarem recursos. Atenção para esse novo tipo de captação de recursos!

- Custos/despesas indiretas. Fique de olho nos custos/despesas indiretas crescentes e não apropriados aos produtos e/ou projetos. Quem é gestor desses custos ou há existência de despesas sem contratos?

- Revisar todos os valores dos contratos de compras e serviços relevantes, principalmente quanto aos *índices de atualização*; evitar descasamento entre os indexadores das despesas contratuais e das receitas de vendas (interna e externa) – as despesas não devem crescer (%) mais que as vendas. Identificar o critério de análise: crescimento nominal e/ou real (descontada a inflação)?

- Ajustar o ritmo/volume das atividades operacionais à previsão do fluxo de caixa.

- *Evitar desperdícios* em todas as áreas da empresa, de forma a rever os processos de trabalho relevantes, volumes de materiais utilizados, formulários impressos, serviços, pessoal ocioso etc., Inclusive melhoria do controle de perdas, furtos, aparas e quebras na produção e estoques.

- Verificar se existem gastos relevantes de custeio, pessoal e investimentos pagos fora do orçamento anual da companhia? Em caso positivo, justificar os motivos. O orçamento é usado como instrumento de planejamento e controle para conciliação com o fluxo de caixa? Cuidado com o estouro de orçamento.

- Cobrar mais efetivamente (prazos) dos clientes em atraso pela área de cobrança, para evitar o aumento da inadimplência das contas a receber. Deve haver uma boa sintonia entre as áreas e as políticas de crédito e cobrança dentro da empresa; atentar também para a *performance* do serviço de cobrança terceirizada (custos *versus* benefícios da contratação).

- Verificar se o **sistema de custeamento** da empresa identifica **custos indiretos relevantes não apropriados aos produtos ou projetos**, ficando registrados como *overhead*, e sem um controle efetivo, prejudicando apuração da margem real de lucro.

- Identificar que tipo de sistema de custeamento é adotado na empresa (ex.: custo--padrão, absorção ou custeio por atividades – ABC, entre outros) para efeito de avaliação de desempenho da estrutura e do negócio.

- Checar se a área de controladoria produz relatórios periódicos sobre a gestão de custos e controle orçamentário para efeito de tomada de decisões pela diretoria alinhada ao plano de negócios da companhia. Os desvios são justificados e ajustados?

- Fazer, periodicamente, uma análise da **carteira de projetos** da companhia, principalmente quanto à efetividade da taxa de retorno e ao cumprimento dos prazos previstos. As metas são realistas ou estão superestimadas? Verificar seu impacto na projeção do fluxo de caixa. Atentar para a existência de aditivos contratuais constantes e relevantes, bem como de estudos do pós-EVTEs com TIR/VPL negativo, se houver.

- Verificar se a carteira de projetos é avaliada **periodicamente** pela alta administração da empresa usando o critério de classificação financeira de "**melhor taxa de retorno** com o **menor prazo** de execução". Como são tratados os projetos abandonados e os custos afundados/perdidos (*sunk cost*) na estrutura de preços e na margem de lucro dos produtos e serviços da empresa?

- Verificar com os auditores se os custos da empresa estão sendo apropriados adequadamente pela contabilidade e se não existe algum equívoco na contabilização de despesas (relevantes) lançadas como custos e ou investimentos. ou seja, esconder despesas e postergar sua apropriação no resultado operacional (muita atenção!).

- *Acompanhar diariamente o fluxo de caixa*, avaliando o projetado *versus* o realizado e fazendo os ajustes e considerações necessários em relação aos desvios ocorridos (muito importante).

- *Revisar periodicamente as **premissas** básicas e os cenários utilizados para a projeção do fluxo de caixa, fazendo os ajustes que se fizerem necessários.*

- *Acompanhar se o caixa operacional diário (recebimentos menos pagamentos) deve ser positivo. Caso seja negativo, suas datas e valores devem ser reprogramados e/ou alinhados dentro do fluxo de caixa.*

- Identificar, questionar e proibir as despesas com *multas e juros* com pagamento fora de prazo; rever o sistema de controle interno.

- Atentar para o *giro de estoques* às disponibilidades e necessidades do caixa.

- Ajustar os pagamentos às estimativas do contas a receber e fazer alterações, se necessário, no fluxo de caixa; existe uma linha no fluxo de caixa para registro e controle de recebimentos antecipados relevantes? Como esses recursos estão sendo utilizados e controlados?

- Erros comuns ou intencionais de projeções – não cometer o erro de fazer a projeção do fluxo de caixa em valores nominais e depois utilizar/trazer a valor presente pela taxa real (descontado pela taxa de inflação).

- Ter os canais de comunicação abertos com clientes e fornecedores.

- Rever os prazos e as taxas de financiamento das vendas a prazo. Como o seu *concorrente* está negociando com os clientes e bancos?

- Controlar os *custos financeiros* (taxas e serviços) cobrados pelos bancos pelas vendas financiadas com cartões de crédito e cheques pré-datados.

- Rever os contratos/custos de *serviços e pessoal terceirizado* relevantes. São realmente necessários? Qual foi o índice adotado de atualização e/ou renovação dos contratos? Existem aditivos contratuais relevantes? Onde há a maior concentração

Cap. 9 • Dicas e sugestões para um eficiente gerenciamento do caixa

dos serviços terceirizados na empresa? As garantias dadas nos contratos estão sendo executadas, sempre que necessário, se houver?.

- Manter um controle adequado das operações em tesouraria de *swap*, *swap reverso*, *trava de câmbio* e *hedge* em tesouraria dos instrumentos de *derivativos* (contratos de futuros, termo e opções). usar poucos bancos (três ou quatro). isso depende do tamanho da empresa.

- Verificar se os contratos de derivativos estão sendo utilizados para especulação ou apenas para **proteção** de ativos e passivos e operações de compra/importação e venda/exportação de produtos em moeda estrangeira – *hedge* tradicional.

- Checar se os títulos em **custódia** nas instituições financeiras são conciliados periodicamente com as informações recebidas pela empresa. Quem é o responsável por esse controle interno? Existem diferenças relevantes? Em caso positivo, quais foram as medidas adotadas para regularização?

- Avaliar os valores dos serviços e taxas cobrados pelos bancos; faça uma tabela de comparação dos serviços cobrados por pelo menos três bancos.

- Fazer a *conciliação bancária diariamente*. Atenção para os débitos automáticos em conta; manter evidência para auditoria; conferir de imediato os débitos e créditos de valor relevante nos extratos.

- Cuidado com as operações de **cartões de débitos corporativos** relevantes registrados nos extratos. Consultar sempre os limites de alçadas. Despesas duvidosas (vide política interna) consultar a alta administração.

- *Não concentrar* pagamentos em uma única data e também não diluir demais os pagamentos no decorrer do mês.

- Utilizar créditos bancários (ex.: conta garantida, *hot money* etc.) somente quando não houver outra maneira de captação de recursos mais baratos.

- Fazer uma revisão periódica sobre o controle de pagamentos de tributos (impostos, taxas e contribuições) na empresa. Como é planejada e controlada essa atividade na empresa e seu efeito na linha do fluxo de caixa?

- Controlar o *float* e a *reciprocidade bancária*; deixar evidências dos controles realizados para efeito de futuras auditorias.

- Aproveitar os descontos, bonificações sobre volume de compras/vendas, estoque em consignação (custo zero), reembolso de publicidade cooperada, venda de sucatas etc..

- Controlar os *gastos com informática* (%) em relação à venda líquida e as despesas operacionais totais.

- Estabelecer parâmetro (%) entre *despesas de publicidade* e vendas líquidas.

- Gastos com pessoal – acompanhe os custos atuais da folha de pagamento/encargos (%) em relação às vendas líquidas e lucro operacional e compare com a média setorial de mercado.

- Adotar adequado controle sobre vendas e recebimentos dos cheques pré-datados, cartão de crédito e cartas de crédito (taxa de administração, comissão e *float*) de consórcios.

- Rever mensalmente o *controle de inadimplência* das contas a receber por clientes, praça, região e sucursal. Reveja periodicamente os limites de créditos dos clientes.

- Fazer periodicamente *inventário dos itens relevantes (contábil ou gerencial por amostragem)* dos bens e direitos constantes no balanço patrimonial da empresa e promover os ajustes necessários por motivo de baixa, erros e faltas, principalmente quanto aos *estoques próprios e de terceiros (inclusive de consignação)*.

- Negociar com seus principais fornecedores prazos maiores para financiamento de suas compras relevantes, de forma não onerosa (ideal) ou com taxas bastante atrativas limitadas ao custo do *CDI*.

- Renegociar suas dívidas com os bancos e credores, objetivando um realinhamento de taxas de juros e prazos dos empréstimos, com utilização de consultores financeiros ou não.

- Projetos de investimentos – fazer uma análise das linhas de crédito disponíveis no BNDES e outros organismos internacionais, quanto a limites, taxa, prazos, garantias e carência com ajuda de consultor financeiro ou não, para efeito de captação de recursos a custos razoáveis em relação ao mercado, para capital de giro e/ou inversões de longa maturação.

- Certificar-se de que todas as obras, projetos e empreendimentos de grande porte e de valor relevante com alto impacto no fluxo de caixa da empresa estão suportados por **seguro de *performance bond*** (seguro exigido para algumas contratações de obras), que dá a garantia de continuidade na execução e fiscalização da obra até o seu término em caso de imprevistos (**deve ser feita uma licitação entre as diversas seguradoras no mercado para buscar o melhor preço**).

- Rever a gestão do caixa das *empresas controladas e/ou coligadas*, objetivando a sua **centralização na *holding***, visando buscar maior eficiência na administração dos recursos financeiros, inclusive quanto ao uso de contratos de mútuos e fundos financeiros de uso comum pelas empresas do grupo.

- Manter um controle dos adiantamentos feitos aos fornecedores (indexados ou não) e seu respectivo abatimento na fatura quando da liquidação da dívida. Cuidado para não esquecer de efetuar o abatimento na fatura na data prevista. Verificar também no contrato se esses abatimentos/adiantamentos deveriam ser descontados de forma nominal ou corrigidos.

- Manter controle do *funding* de tesouraria local e internacional, se houver, para efeito de análise das operações (e tipos de moedas) e controle de liquidez (colchão financeiro) das empresas do sistema.

- Avaliar a política de contratação e coberturas de seguros, com relação aos prêmios pagos *versus* os índices de sinistralidade. ter um controle rigoroso sobre os pagamentos relevantes de prêmios de seguros de responsabilidade civil dos executivos (D&O) e dos contratos de indenidade (art. 425 do NCC), se houver.

- Revisar periodicamente a *margem de contribuição* de cada segmento de negócios/produtos (muito importante) e seu impacto no caixa.

- Providenciar uma análise financeira das operações de *factoring*, desconto de duplicatas, capital de giro, *hot money*, assunção de dívidas, no que se refere aos custos dessas operações no mercado *versus* o que está sendo ofertado pelo seu banqueiro.

- Rever o contrato de gestão sobre a folha de pagamento da *holding* e das empresas do grupo com o banco, no que se refere à negociação da cláusula de remuneração e reciprocidades, se houver.

- Rediscutir as operações (taxa de juros) do financiamento *vendor/compror* (linha de crédito) com os fornecedores e bancos.

- Verificar a necessidade de criação de uma sociedade de propósitos específicos (SPE) com base em planejamento tributário lícito, para securitização de recebíveis, inclusive com uso de *project finance* para cada tipo de operação a ser desenhada.

- Estudar a possibilidade de **emitir debêntures** no mercado (art. 59 da Lei $n^{\underline{o}}$ 6.404/76) e **notas promissórias – *commercial papers* (INCVM 217/94.** Esses títulos não estão sujeitos à tabela de corretagem adotada pelos membros das Bolsas de Valores, e costumam ser negociados com descontos, sendo seu valor de face pago por ocasião do resgate como nova forma de captação de recursos para a empresa. Buscar assessoramento com instituições financeiras.

- Identificar a necessidade de efetuar operação de **lease back** (*é uma operação de arrendamento mercantil que tem por objeto bens do ativo permanente do arrendatário, que os vendeu para a empresa de* **leasing** *e em seguida os arrendou. ou seja, o arrendatário é o próprio fornecedor dos bens*) como forma de captação de recurso adicional.

- Rever o valor dos contratos *de aluguéis* a receber dos imóveis próprios alugados a terceiros (quando aplicável) Na maioria das vezes, esses bens estão mal administrados, ou seja, perda de receita!

- Discutir a redução dos gastos/investimentos na aquisição de pontos comerciais pela empresa, como: o valor das luvas, aluguel (fixo e variável), benfeitorias/reformas (o desconto poderá ser proporcional ao investimento realizado no imóvel do proprietário), condomínio/taxa de administração (se houver) e carência de pagamento (passar a ser cobrado depois de uns números de meses).

- Rever o valor e atualização dos contratos de *receita de aluguéis* a receber dos bens imóveis alugados, quando aplicável.

- Discutir mensalmente o EBITDA de cada segmento de negócio e/ou dos produtos, e tomar as providências quando o resultado for abaixo da meta ou negativo, e identificar se houve o ingresso no caixa.

- Criação de valor ao negócio e impacto no fluxo de caixa: estudar o pagamento de bônus e participações relevantes aos executivos com base na metodologia de apuração do valor econômico agregado (EVA) nova versão de lucro.

- Endividamento: analisar periodicamente o nível de ***alavancagem financeira*** em relação à capacidade da empresa em maximizar o lucro por ação ou cotas através da utilização de financiamentos bancários; estabelecer um **limite prudencial** para endividamento, considerando a estrutura de capital da empresa, inclusive por tipo de moeda (cuidado com descasamento entre os valores de ativos e passivos).

- Limites de competência: a empresa deve ter uma política de limites de competências e alçadas aprovada pelo conselho de administração/diretoria para uso dos administradores e gestores (muito importante).

- **Assinaturas cruzadas – controle financeiro:** confirmar se todas as autorizações de pagamento na empresa estão sendo assinadas por duas pessoas, preferencialmente pelos executivos/gestores/representantes financeiros e da área específica (ou procuradores e/ou prepostos credenciados), dentro de suas competências e alçadas. Atentar para os conflitos de interesse. A empresa possui uma política formal? (Essa revisão deve estar incluída no programa de trabalho da auditoria interna).

- **Procurações, delegações** e **subestabecimentos** (controle interno de tesouraria): – verificar se todas as procurações vigentes são controladas pela área jurídica, tesouraria e pela secretaria vinculada à diretoria executiva. A auditoria interna deve fazer um inventário anual das procurações (delegações) vigentes. Evite surpresas.

- **Transações com partes relacionadas** (TPRs): tomar cuidado com os conflitos de interesse entre as partes com contratos relevantes. A tesouraria deve manter um banco de dados de todos os contratos realizados para efeito de registro, apropriação, datas, taxas e controle por tipo de operação, valor, alçada, autorização de pagamento e informações para contabilidade. A remuneração do contrato deve se dar em **condições normais de mercado**, para que não haja o risco de descaracterização da operação pela auditoria e/ou pelo órgão regulador (muita atenção).

- Estudar a criação de uma área ou comitê de **gerenciamento de crises e riscos** vinculados à diretoria, para atuação de forma rápida e preventiva nos processos de contingências que possam afetar a sua imagem e reputação no mercado (a relação entre custos e benefícios deve ser considerada na análise e decisão pela diretoria). Isso evitará surpresas no caixa!

- Acompanhar o nível de *alavancagem operacional* para uma melhor adequação da relação entre o crescimento do lucro antes de juros e imposto de renda, chamado de LAJIR, e o crescimento das receitas operacionais.

- Taxa interna de retorno (TIR): manter um rígido acompanhamento das taxas de retorno dos projetos relevantes (com grande desembolso inicial e prazo longo de maturação) em relação ao custo de captação dos recursos obtidos no mercado e **seu impacto no caixa**.

Cap. 9 • Dicas e sugestões para um eficiente gerenciamento do caixa

- ROI = lucro operacional/investimento: o indicador retrata a rentabilidade do capital operacional aplicado no negócio. Esse indicador é importante. Fazer uma análise e avaliação dos últimos três anos e sua correlação com os ingressos e liquidez do fluxo de caixa (rentabilidade *vs.* liquidez). Analisar também quando necessário o valor da **perpetuidade** calculado, que depende do comportamento previsto de direcionadores de valor, definidos principalmente pelo retorno do investimento (ROI), custo médio ponderado de capital (WACC) e crescimento das operações.

- Projetos: VPL × TIR: no caso de dúvida sobre a escolha do melhor projeto de investimento em relação à **TMA**, utilizar sempre o VPL positivo. Atenção para a **taxa de desconto** (custo médio ponderado de capital?) que está sendo adotada.

- Preço de venda: sempre que necessário, apurar e analisar, para efeito de suporte nas decisões gerenciais sobre formação do preço de venda, o cálculo do ponto de equilíbrio econômico e financeiro e a margem de contribuição dos produtos e serviços relevantes (usar o regime de competência). Atenção para o cálculo das despesas financeiras líquidas e as depreciações e amortizações, se estão sendo consideradas na formação do preço de venda.

- Intangíveis: verificar se todas as marcas, patentes, invenções, entre outros direitos da empresa, estão registrados e legalizados no órgão competente no caso de futura alienação do negócio.

- Depósitos judiciais: verificar periodicamente com a área jurídica e contábil da empresa se os depósitos judiciais relevantes efetuados já estão disponíveis para resgate, com as devidas atualizações, em função do andamento e desfecho favorável do processo judicial, quando aplicável (esse controle é importante, mas normalmente é esquecido).

- Plano estratégico e o plano de negócios: devem estar alinhados com a **projeção do fluxo de caixa** e/ou com o orçamento anual de caixa para efeito de informação, controle, cumprimento de metas e da **liquidez**. Todos os gerentes devem estar comprometidos com o fluxo de caixa da empresa. **Não adianta apenas vender e não receber. As metas devem ser realistas**.

- *Market-share* (%): verificar como está sendo feito o acompanhamento do percentual de participação no mercado, principalmente em relação ao seu principal concorrente. Houve aumento ou uma queda acentuada no período em análise? Em caso positivo, identificar os motivos e agir?

- **Erros usuais nos planos de negócios:** 1. excesso de otimismo no papel vale tudo; 2. uso de premissas equivocadas no volume de produção, de vendas ou de serviços; 3. erro na escolha do sócio ou financiador do projeto; 4. analisar de forma parcial a melhor localização para empresa; 5. mudanças radicais no ramo de atuação; 6. desconhecer o mercado fornecedor com detalhes; 7. indefinição de produtos e serviços; 8. não fazer a análise cuidadosa da viabilidade econômico-financeira da empresa; 9. desconhecer os principais problemas nos processos operacionais; 10. não pesquisar com profundidade o mercado consumidor; 11. desprezar o mercado concorrente; 12. não entender a importância do plano de negócio para *internet-e-commerce*; 13. desconsiderar a carga tributaria do negócio; 14. não dar atenção à demanda de pessoal experiente e capacitado. **Não cometa esses erros em seu negócio!**

- Fazer um **planejamento tributário lícito**, quando aplicável, com consultores especializados (atenção: verificar se os consultores têm boa referência no mercado) para efeito de aproveitamento dos créditos tributários relevantes. Quando relevante e necessário, discuta com os advogados a questão do planejamento sugerido e o risco potencial do abuso de forma e/ou direito, se houver (a empresa deve providenciar periodicamente **certidões negativas** dos impostos e das taxas e pesquisas nos cartórios de distribuição e penhora de bens (art. 831 do Código de Processo Civil, 2015). É bom evitar surpresas.

- **Micro e médias empresas – não misturar a conta pessoal com a conta empresarial**: uma falha recorrente entre proprietários é achar que, por serem donos do negócio, eles podem misturar a conta pessoal com a conta empresarial. Isso é um erro dos graves, pois as duas coisas são bem distintas. Vale destacar que leva tempo até que um negócio apresente lucro, por isso, se o empreendedor misturar as duas contas, possivelmente a lucratividade nunca vai acontecer.

- **Pagar o mínimo da fatura do cartão de crédito empresarial:** muitas empresas compram de seus fornecedores através do cartão de crédito. O uso desse crédito rotativo requer um grande controle financeiro para que a empresa não perca toda sua margem de lucro pagando juros para o banco. Cuidado com pagamento parcelado quanto à taxa de juros cobrada sobre o saldo acumulado da fatura, bem como os altos encargos por eventual atraso de pagamento. Fuja de financiamento de cartão de crédito parcelado (é uma bola de neve)!!! Negocie bons descontos (maior que a taxa de aplicação financeira) com pagamento a vista, ou negocie o pagamento parcelado para 60 ou 90 dias com encargos atrelados ao CDI ou busque a opção de compra consignada (com custo zero).

- **Reserva financeira no fluxo de caixa (colchão financeiro):** toda empresa deve ter uma reserva financeira de 10% a 30% sobre o caixa disponível (ou faturamento) em uma conta especial aplicado fora do seu movimento de capital de giro em uso, como uma estratégia financeira para momentos críticos, sazonais e ou contingenciais.

- **Contratos de mútuo** (art. 586 do Código Civil de 2002): uma operação comum no meio empresarial é o mútuo de recursos financeiros realizados entre pessoas físicas e jurídicas. É importante que o contrato preveja, expressamente, a **devolução** do recurso para que não fique caracterizada eventual **doação**. A remuneração do contrato deve se dar em **condições normais de mercado**, para que não haja o risco de descaracterização da operação pelo fisco (muita atenção).

- *Utilizar holdings offshore*: hoje ainda são muito usadas para adquirir e vender patrimônio pessoal, fazer aplicações financeiras e outros negócios particulares,

Cap. 9 • Dicas e sugestões para um eficiente gerenciamento do caixa

além de permitirem a transmissão de heranças sem os custos, as discussões e a demora inerentes a um inventário. Como exemplo, temos o Uruguai que é ainda um "paraíso fiscal", que oferece os benefícios fiscais e financeiros mais atrativos dependendo do tipo de operação *offshore*. (É importante também fazer a leitura da Lei dos Preços de Transferência nº 9.430/96, para maior conhecimento sobre o assunto, e as correspondentes normatizações da Receita Federal do Brasil). Procurar também consultores especializados para um melhor conhecimento sobre o assunto.

- **Atenção para o registro dos ganhos ou perdas decorrentes dos instrumentos financeiros derivativos:** as operações de **contabilidade de** *hedge* são classificadas como *hedge* **de valor justo** (*fair value hedge*), *hedge* **de fluxo de caixa** (*cash flow hedge*) ou *hedge* **de um investimento no exterior?** (Entenda a forma de contabilização dessas operações no Balanço e seus efeitos no resultado e o impacto no caixa da empresa? Discuta com os auditores externos, advogados e assessores financeiros. Essas operações normalmente geram muito questionamento, principalmente quanto ao regime de competência e consistência no cálculo de anos na projeção e empresas com alto endividamento em moeda estrangeira, dólar, euros etc.).

- **Reduzir a tolerância a erros por parte de fornecedores e clientes**: tem sido registrado um crescimento da litigância na sociedade brasileira como um todo. Nas operações financeiras das empresas, esse fenômeno também se verifica de forma crescente.

- **Um erro frequente na tesouraria**: um título quitado não é baixado pela empresa vendedora e é protestado – no passado não tinha maiores consequências; **agora, pode custar caro** esse tipo de ação indenizatória (muita atenção).

- **Utilizar o COE – certificado de operações estruturadas**: aplicação (conhecido no exterior como nota estruturada) que combina características de renda fixa e variável. Atentar para os benefícios fiscais, o capital garantido, o risco do emissor (lastro) e o controle de rendimentos fixos e variáveis do papel, bem como para a forma de tributação do IR. Como é uma operação recente no mercado financeiro, é necessário manter um controle separado para efeito de avaliação e acompanhamento, se o valor for relevante.

- Manter controle sobre a **cobertura da dívida bruta** sobre a geração de **EBITDA**, bem como dos **juros pagos** sobre ele.

- Identificar a relação entre o **valor do investimento** previsto no plano de negócio em relação à **geração de EBITDA anual** da empresa. Quanto representa essa relação? Como será a **financiabilidade** dos projetos (com capital próprio, de terceiros ou ambos, em que proporção)?.

- **EBITDA** *versus* o ingresso de caixa operacional – montar um sistema de controle interno para acompanhamento da entrada efetiva de recursos no caixa, ou seja, se o EBITDA está se transformando realmente em caixa.

- **Leasing financeiro**: características importantes quando da análise financeira para tomada de decisões:
  - liberação e adequação do fluxo de caixa;
  - não precisa comprar o bem à vista;
  - possibilidade de substituição tecnológica;
  - sem cobrança de IOF;
  - evita imobilização do bem e mantém o nível de endividamento inalterado;
  - contraprestações podem ser classificadas como despesa operacional reduzindo o cálculo para o Imposto de Renda;
  - ao final do contrato, você pode renovar, devolver ou comprar o bem;
  - possibilita aceleração da depreciação;
  - PIS e Cofins – essas despesas com *leasing* podem ser utilizadas como crédito para essas contribuições;
  - empresa pode transferir o *leasing* para outra pessoa jurídica;
  - há apenas a incidência do Imposto Sobre Serviços (ISS);
- **Leasing operacional**: características importantes quando da analise financeira para tomada decisões:
  - aspectos fiscais: tanto no *leasing* operacional como no financeiro, é permitida a dedução do imposto de renda das contraprestações pagas (são contabilizadas como despesas operacionais);
  - em ambas as modalidades de *leasing*, financeiro ou operacional, elimina-se a necessidade de imobilizar recursos nos ativos, permitindo que tais recursos sejam canalizados para financiar o processo produtivo;
  - no *leasing* operacional, a arrendadora é que arca com os custos de manutenção dos equipamentos. A arrendatária pode desfazer o contrato bastando apenas esperar o período mínimo de 90 dias do início do contrato, como determina o Banco Central, com aviso-prévio à empresa contratante;
  - é importante também analisar os custos, encargos financeiros e real objetivo dos contratos de *leasing* realizados (financeiro e operacional), principalmente quanto ao prazo, prestações, benefício fiscal e valor residual existente para exercício de opção de compra ou não;

> Tanto na contratação do *leasing* financeiro ou operacional deve-se sempre observar cuidadosamente os **aspectos legais** (Lei nº 6.099/74, alterada pela Lei nº 7.132/83 e pela Lei nº 11.882/08, e por normas exaradas pelo Conselho Monetário Nacional, de competência do Banco Central do Brasil, como as Resoluções nºs 351/75 e 2.309/96) constantes dos contratos, antes da assinatura.

- Atentar para o **efeito tesoura** no fluxo de caixa (o evento acontece quando a empresa financia grande parte de sua necessidade de capital de giro por meio de

Cap. 9 • Dicas e sugestões para um eficiente gerenciamento do caixa

recursos caros e de curto prazo) e o *overtrading* (grande expansão no volume de atividades de uma empresa, não havendo recursos disponíveis para bancar as necessidades adicionais de giro) **na gestão do fluxo de caixa** da empresa. *Não pode haver erros ou descuido no caixa (o caixa é o rei). O preço provavelmente será a insolvência do negócio.*

- **Fluxo de caixa livre (FCL):** segundo Damodaran (2004), o FCL é o fluxo de caixa existente após o pagamento de despesas operacionais, das obrigações tributárias, das necessidades de investimento, do principal, de juros e de quaisquer outros desembolsos de capital necessários à manutenção da taxa de crescimento dos fluxos de caixa projetados, descontado pelo custo do capital próprio (Ke). É importante para definir o valor a ser repassado para acionistas ou subsidiar decisões quanto a possíveis investimentos e necessidade de capital de giro. É recomendável analisar os períodos passados, a fim de averiguar se eventuais **resultados negativos** são esporádicos ou se repetem constantemente, sinalizando se a empresa será capaz ou não de **honrar seus compromissos** no futuro, aspecto muito importante para a saúde econômica da empresa. **O FCL tem sido positivo ou negativo?** Caso negativo, quais medidas foram tomadas para saneamento financeiro (solvência) da empresa? **Fique atento a esse questionamento!**

Atenção aos sinais de que a empresa está prestes a **entrar em crise**:

- O nível de endividamento de curto prazo vem crescendo nos últimos anos e a empresa não apresenta crescimento nas vendas e/ou serviços.

- O resultado operacional (e ou EBITDA) não consegue mais cobrir o custo financeiro da dívida.

- Não levar a sério a análise da **margem de contribuição** do negócio (vendas líquidas menos os custos e despesas variáveis por segmento de negócios e ou produtos).

- Atrasos recorrentes no pagamento de fornecedores e credores importantes na cadeia de valor do negócio.

- Falta de informação gerencial estruturada (financeiro e ou operacional) e acompanhamento deficitário do desempenho empresarial (ausência de indicadores (KPI's) reais de apoio para tomada decisões pela diretoria).

- Decisões estratégicas tomadas sem fundamento técnico pela diretoria (premissas e/ou cenários indevidos e/ou manipulados) sem análise dos reflexos econômicos e impactos no caixa.

- Ignorar os movimentos e ações relevantes de seus principais concorrentes no mercado nacional e internacional.

- Não levar a sério a matriz SWOT aprovada pela alta administração (identifique periodicamente os pontos fortes e fracos, as oportunidades e as ameaças do seu negócio, principalmente nos períodos de crises do mercado).

- Ausência e erros na gestão financeira do negócio sem foco no fluxo de caixa operacional.

- Desde erros primários, como misturar as finanças da empresa e pessoais, até erros na definição da formação do preço de venda, passando ainda por captação de empréstimos sem planejamento e caros, descontrole de contas a pagar, receber (inadimplência) e ausência de controle eficaz de estoques e falta de registro e análise de receitas e despesas por competência.

- **Passivos trabalhistas – controle interno:** é importante entender por que o fluxo de passivos trabalhistas está aumentando, não esquecer-se da gestão de riscos, revisar periodicamente a provisão dos passivos trabalhistas, investir em parcerias especializadas que façam *Business Process Outsourcing* (BPO), de forma a baixar custos com tarefas adjacentes, que não são relacionadas ao negócio central da empresa, e ter uma política para conscientizar os gestores, bem como uma auditoria periódica para evitar surpresas, que normalmente são desagradáveis.

- **Gerenciamento de passivos e dívidas:** a empresa deve avaliar sempre as novas oportunidades de negociação de passivos com linhas de crédito internas ou externas (captações, pré-pagamento e extensão de prazos), visando também melhorar o seu perfil de amortização e do custo da dívida, em linha com a sua estratégia global de gerenciamento de passivos, levando em consideração a meta de desalavancagem prevista em seu plano de negócios e gestão.

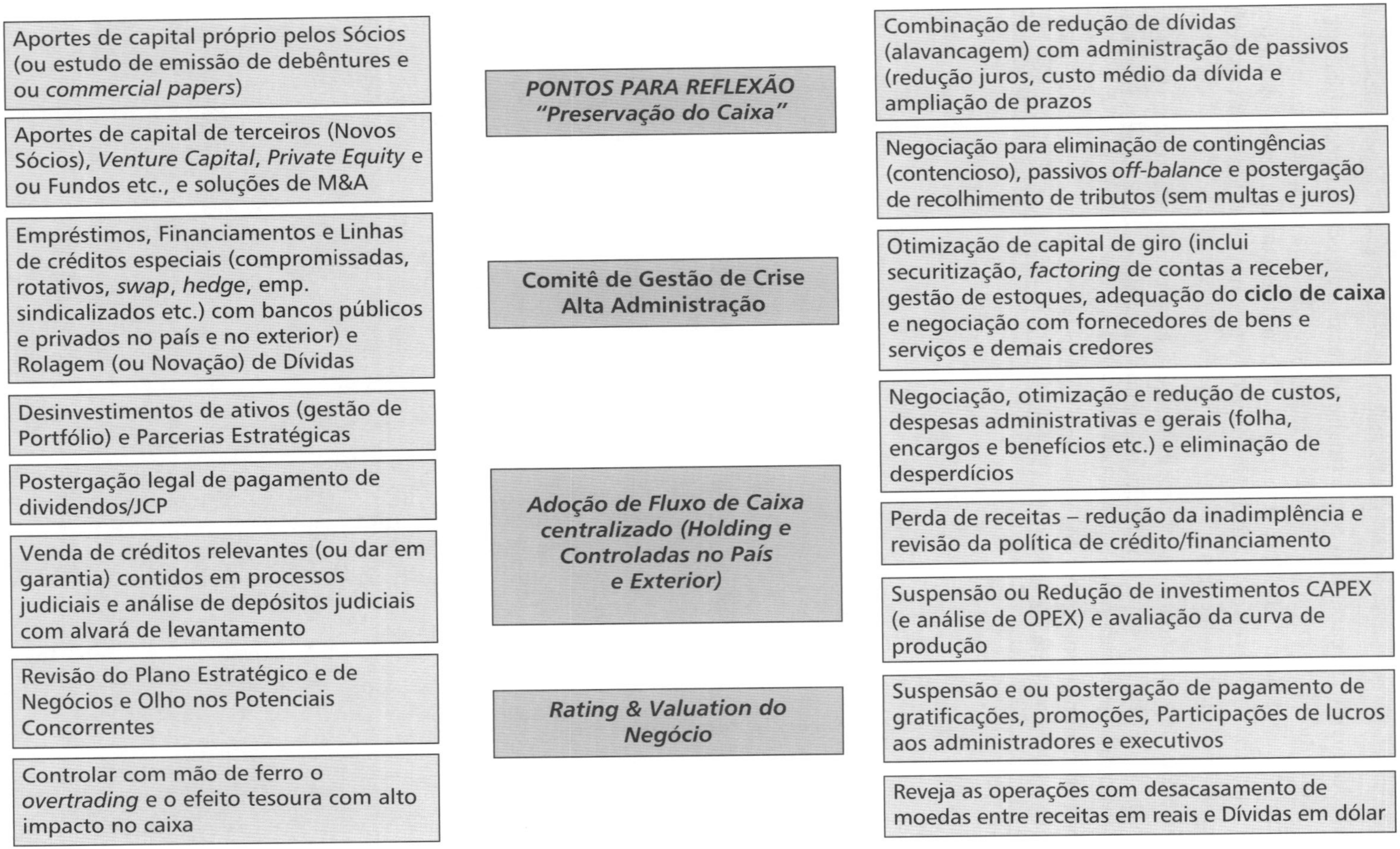

Aportes de capital próprio pelos Sócios (ou estudo de emissão de debêntures e ou *commercial papers*)

Aportes de capital de terceiros (Novos Sócios), *Venture Capital*, *Private Equity* e ou Fundos etc., e soluções de M&A

Empréstimos, Financiamentos e Linhas de créditos especiais (compromissadas, rotativos, *swap*, *hedge*, emp. sindicalizados etc.) com bancos públicos e privados no país e no exterior) e Rolagem (ou Novação) de Dívidas

Desinvestimentos de ativos (gestão de Portfólio) e Parcerias Estratégicas

Postergação legal de pagamento de dividendos/JCP

Venda de créditos relevantes (ou dar em garantia) contidos em processos judiciais e análise de depósitos judiciais com alvará de levantamento

Revisão do Plano Estratégico e de Negócios e Olho nos Potenciais Concorrentes

Controlar com mão de ferro o *overtrading* e o efeito tesoura com alto impacto no caixa

PONTOS PARA REFLEXÃO
"Preservação do Caixa"

Comitê de Gestão de Crise Alta Administração

Adoção de Fluxo de Caixa centralizado (Holding e Controladas no País e Exterior)

Rating & Valuation do Negócio

Combinação de redução de dívidas (alavancagem) com administração de passivos (redução juros, custo médio da dívida e ampliação de prazos

Negociação para eliminação de contingências (contencioso), passivos *off-balance* e postergação de recolhimento de tributos (sem multas e juros)

Otimização de capital de giro (inclui securitização, *factoring* de contas a receber, gestão de estoques, adequação do **ciclo de caixa** e negociação com fornecedores de bens e serviços e demais credores

Negociação, otimização e redução de custos, despesas administrativas e gerais (folha, encargos e benefícios etc.) e eliminação de desperdícios

Perda de receitas – redução da inadimplência e revisão da política de crédito/financiamento

Suspensão ou Redução de investimentos CAPEX (e análise de OPEX) e avaliação da curva de produção

Suspensão e ou postergação de pagamento de gratificações, promoções, Participações de lucros aos administradores e executivos

Reveja as operações com desacasamento de moedas entre receitas em reais e Dívidas em dólar

Figura 9.1 Medidas para implementação na gestão de crise financeira.

CONCLUSÕES

O gerenciamento do caixa tem como finalidade básica atender às necessidades da empresa na quantidade e no tempo corretos, seja na captação, seja na aplicação de recursos. O administrador financeiro deve ter sempre o fluxo de caixa atualizado, assim fica mais fácil visualizar possíveis problemas financeiros e tomar as medidas cabíveis para solucionar ou evitar tais problemas.

As sugestões de saneamento financeiro, na verdade, foram todas retiradas do livro até aqui apresentado, e têm como propósito ajudar o leitor a resolver as dificuldades financeiras da empresa, atacando os pontos que podem reverter essa situação mediante a adoção de uma boa **governança financeira dos negócios**. Faça uma reflexão com seus executivos sobre as sugestões apresentadas para efeito de saneamento financeiro do seu negócio, no que for aplicável.

Estudos de casos

Chamamos este capítulo de estudos de casos, mas, na verdade, são exemplos práticos simulados de empresas fictícias. A ideia é mostrar ao leitor como se elabora um fluxo de caixa, partindo de premissas e com o auxílio de planilhas auxiliares. Estamos usando o regime de caixa, que é o mais comum, para ambos os estudos de casos.

10.1 ESTUDO DE CASO 1

O administrador financeiro da Empresa Cordeiro & Silva Ltda. recebeu as informações dos departamentos para a montagem do demonstrativo do fluxo de caixa diário.

A elaboração do fluxo de caixa diário foi feita com a ajuda de planilhas auxiliares montadas com base nas informações passadas pelos departamentos, além de algumas informações adicionais, conforme descrito a seguir.

a) Receitas

- **Recebimentos de venda**: política de vendas: 20% à vista; e o saldo devedor é: 40% em 30 dias (após a data da venda), 40% em 60 dias, e 20% em 90 dias.

Na Tabela 10.1, aparece a 1ª quinzena de outubro/200X, e não estão sendo considerados os sábados e domingos.

Tabela 10.1 Demonstrativo de vendas a prazo para recebimento em outubro/200X

Mês de vendas + meses anteriores/ano	Dia de recebimento – Mês outubro/200X – R$ mil										
	01	04	05	06	07	08	11	12	13	14	15	Total
Jul./0X	1.166	900	250	0	0	0	850	668	985	0	0	4.819
Ago./0X	160	270	150	96	0	0	652	0	789	0	0	2.117
Set./0X	110	120	145	125	0	0	91	54	0	0	0	645
Total	1.436	1.290	545	221	0	0	1.593	722	1.774	0	0	7.581

- **Estimativa de vendas a prazo**: R$ 15.500 para o mês de outubro/200X, sendo 20% pagos à vista = R$ 3.100. Esse valor é distribuído linearmente, considerando os 20 dias úteis do mês em referência para efeito de planejamento diário = R$ 155 + os valores já faturados dos meses anteriores, conforme mostra a Tabela 10.1.
- **Estimativa de vendas à vista**: não tem.
- **Inadimplência**: R$ 1.100; é baixo o índice de inadimplência. Para efeito de previsão, será considerada como recebida no dia 15 apenas metade do valor; quanto à outra metade, supõe-se que o seu recebimento será no final do mês.

b) Despesas

- **Despesas com vendas**: R$ 2.500; serão distribuídos linearmente pelos 20 dias úteis do mês.
- **Salários com encargos**: R$ 4.200; é feito adiantamento quinzenal no valor de R$ 1.680.
- **Benefícios**: R$ 1.060; são feitos dois pagamentos quinzenais.
- **Pagamentos aos fornecedores**: política de contas a pagar: 10% à vista, o saldo devedor é dividido em três parcelas iguais.

Na Tabela 10.2, aparece a 1ª quinzena de outubro/200X, e não estão sendo considerados os sábados e domingos.

Tabela 10.2 Pagamentos aos fornecedores

Mês de compras/ ano	Dia de pagamento – Mês de outubro/200X – R$ mil											
	01	04	05	06	07	08	11	12	13	14	15	Total
Jul./0X	160	0	0	1.600	55	66	0	0	0	63	0	1.944
Ago./0X	0	0	0	0	0	89	0	0	0	0	0	89
Set./0X	0	0	0	455	22	101	0	0	0	32	0	610
Total	160	0	0	2.055	77	256	0	0	0	95	0	2.643

- **Estimativa de novas compras**: R$ 3.350 para o mês de outubro/200X, sendo que 10% são pagos à vista = R$ 335; o saldo devedor é parcelado, conforme dito anteriormente. O valor de R$ 167 é para o dia 11 e o de R$ 168, para o dia 20.
- **Despesas administrativas**: estão distribuídas na Tabela 10.3.

Tabela 10.3 Despesas administrativas e financeiras

Itens	Dia de pagamento – Mês de outubro/200X – R$ mil											
	01	04	05	06	07	08	11	12	13	14	15	Total
Aluguel + condomínio	–	–	680	–	–	–	–	–	–	–	–	680
Material de escritório	–	–	–	–	120	–	–	62	–	–	50	232
Material de informática	–	–	–	–	–	450	–	–	–	–	–	450
Compra de equipamento	–	–	–	–	–	3.500	–	–	–	–	–	3.500
Luz + telefone	–	–	320	–	–	–	–	–	750	–	–	1.070
Impostos	–	–	–	–	–	–	350	–	–	–	1.650	2.000
Despesas financeiras	–	–	–	–	550	–	–	95	–	–	522	1.167
Arrendamento mercantil	560	–	–	–	–	–	–	–	–	–	–	560
Outras despesas	120	–	69	45	56	–	–	39	156	–	240	725
Total	680	–	1.069	45	726	3.950	350	196	906	–	2.462	10.384

c) Outras informações adicionais

- **Saldo**: o saldo inicial de caixa é de R$ 500, referente ao saldo final de caixa do último dia útil do mês de setembro de 200X.
- **Aplicações financeiras**: a empresa só fará aplicações quando o caixa tiver disponibilidade de valores significativos, de modo a não comprometer os compromissos assumidos.
- **Captação de recursos**: a empresa captará recursos junto às instituições financeiras, toda vez que precisar reforçar o capital de giro.

COMO ADMINISTRAR O FLUXO DE CAIXA DAS EMPRESAS · Silva

O tipo de empréstimo a ser tomado depende da análise prévia feita pelo administrador financeiro, quanto a limites, taxas e prazo de pagamento que a empresa consegue com os bancos, que poderá ser desconto de duplicata, conta garantida, *hot money* etc. Entretanto, estamos considerando, para efeito do fluxo de caixa, pagamentos dos empréstimos entre 30 e 90 dias.

Tabela 10.4 Demonstrativo do fluxo de caixa diário

Itens	Previsão do mês de outubro 200X – R$ mil											
1. Entradas	01	04	05	06	07	08	11	12	13	14	15	Total
Vendas à vista	–	–	–	–	–	–	–	–	–	–	–	–
Vendas a prazo	1.591	1.445	700	376	155	155	1.748	877	1.929	155	155	9.286
Cobrança	–	–	–	–	–	–	–	–	–	–	550	550
Receitas financeiras	–	–	–	–	–	–	–	–	–	–	–	–
Outras entradas	–	–	–	–	–	–	–	–	–	–	–	–
1. Total de entradas	1.591	1.445	700	376	155	155	1.748	877	1.929	155	705	9.836
2. Saídas												
Salários com encargos	–	–	–	–	–	–	–	–	–	–	1.680	1.680
Benefícios	–	–	–	–	–	–	–	–	–	–	530	530
Despesas com vendas	125	125	125	125	125	125	125	125	125	125	125	1.375
Fornecedor	160	–	–	2.055	77	256	167	–	–	95	–	2.810
Aluguel + condomínio	–	–	680	–	–	–	–	–	–	–	–	680
Material de escritório	–	–	–	–	120	–	–	62	–	–	50	232
Material de informática	–	–	–	–	–	450	–	–	–	–	–	450
Compra de equipamento	–	–	–	–	–	3.500	–	–	–	–	–	3.500
Luz + telefone	–	–	320	–	–	–	–	–	750	–	–	1.070
Impostos	–	–	–	–	–	–	350	–	–	–	1.650	2.000
Despesas financeiras	–	–	–	–	550	–	–	–	95	–	522	1.167
Arrendamento mercantil	560	–	–	–	–	–	–	–	–	–	–	560
Outras despesas	120	–	69	45	56	–	–	39	156	–	240	725
2. Total de saídas	965	125	1.194	2.225	928	4.331	642	321	1.031	220	4.797	16.779
3. Diferença (1 – 2)	626	1.320	(494)	(1.849)	(773)	(4.176)	1.106	556	898	(65)	(4.092)	(6.943)
4. Saldo inicial	500	1.126	2.446	1.952	103	30	54	1.160	1.716	2.614	2.549	500
5. Saldo acumulado (3 + 4)	1.126	2.446	1.952	103	(670)	(4.146)	1.160	1.716	2.614	2.549	(1.543)	(6.443)
6. Captação/empréstimo	–	–	–	–	700	4.200	–	–	–	–	1.600	6.500
7. Aplicação financeira	–	–	–	–	–	–	–	–	–	–	–	(3.075)
8. Resgate de aplic. financ.	–	–	–	–	–	–	–	–	–	–	–	3.075
9. Amort./juros empréstimos	–	–	–	–	–	–	–	–	–	–	–	–
10. Saldo final projetado	1.126	2.446	1.952	103	30	54	1.160	1.716	2.614	2.549	57	57

Comentários sobre o demonstrativo do fluxo de caixa diário:

No demonstrativo do fluxo de caixa diário foi utilizado apenas o previsto, mas nada impede que se coloque uma coluna a mais para o realizado.

- O administrador financeiro deve fazer o acompanhamento diário para saber se as estimativas estão certas ou se existem distorções significativas. Uma variação mínima é aceitável tanto para cima como para baixo. Acima de um percentual fixado, deve-se fazer uma avaliação mais criteriosa, bem como observar o valor absoluto dessa flutuação, verificando o motivo de o projetado não ter sido realizado. A ideia é de que se estime o melhor possível, para que este importante instrumento de gestão empresarial sirva de fato para o processo decisório.

- O administrador financeiro deve também realizar os ajustes que se façam necessários, de maneira que o fluxo de caixa esteja sempre atualizado, assim é possível diagnosticar e evitar futuros problemas de caixa.

- O saldo final do dia 1º não foi aplicado apenas para não começar o saldo zerado no dia seguinte, pois podem ocorrer emergências e o dinheiro estar bloqueado; entretanto, essa é uma decisão do administrador financeiro.

10.2 ESTUDO DE CASO 2

A Empresa Cordeiro & Silva Ltda. continuará sendo o nosso exemplo, e agora trabalharemos com o demonstrativo de fluxo de caixa mensal. O administrador financeiro recebeu informações dos departamentos para os próximos seis meses. As planilhas auxiliares e as informações adicionais são as seguintes:

a) Receitas

- **Recebimentos de venda a prazo**: política de vendas: 20% à vista; e o saldo devedor é: 40% em 30 dias, 40% em 60 dias, e 20% em 90 dias. São demonstradas as previsões de receitas para os próximos seis meses dos anos 200X e 20XX na Tabela 10.5.

Tabela 10.5 Demonstrativo de vendas a prazo realizadas

Mês de vendas/200X	Mês de recebimento – 200X/20XX						
	Out.	Nov.	Dez.	Jan.	Fev.	Mar.	Total
Jul.	3.019	–	–	–	–	–	3.019
Ago.	5.920	3.100	–	–	–	–	9.020
Set.	4.880	4.880	3.070	–	–	–	12.830
Total	13.819	7.980	3.070	–	–	–	24.869

A Tabela 10.6 apresenta uma estimativa de vendas para os próximos seis meses, de outubro/200X a março/20XX, considerando a política de vendas da empresa: 20% à vista; e o saldo devedor é: 40% em 30 dias (após a data da venda), 40% em 60 dias, e 20% em 90 dias.

Tabela 10.6 Estimativa de vendas

Estimativa de vendas 200X/20XX	20% à vista	Saldo devedor				Total das vendas/ Mês
		40%	40%	20%	Total	
Out./200X	3.100	–	–	–	3.100	15.500
Nov./200X	3.100	4.960	–	–	8.060	15.500
Dez./200X	3.100	4.960	4.960	–	13.020	15.500
Jan./20XX	3.100	4.960	4.960	2.480	15.500	15.500
Fev./20XX	3.100	4.960	4.960	2.480	15.500	15.500
Mar./20XX	3.100	4.960	4.960	2.480	15.500	15.500
Abr./20XX	–	4.960	4.960	2.480	12.400	–
Maio/20XX	–	–	4.960	2.480	7.440	–
Jun./20XX	–	–	–	2.480	2.480	–
Total	18.600	29.760	29.760	14.880	93.000	93.000

Na estimativa de vendas a prazo estão sendo consideradas as vendas realizadas mostradas na Tabela 10.5 mais as estimativas de vendas da Tabela 10.6.

- **Vendas à vista**: não tem previsão.
- **Inadimplência**: R$ 1.100. Para efeito de previsão, será considerada como recebida no dia 15 apenas metade do valor; quanto à outra metade, supõe-se que o seu recebimento será no final do mês.
- **Aluguéis**: R$ 500 para todos os meses. Refere-se a uma sala que foi alugada no mês de setembro/200X; o primeiro aluguel vence em outubro/200X.

b) Despesas

Despesas com vendas: R$ 2.500/mês.

- **Folha de pagamento**: R$ 2.520 = outubro/200X; R$ 3.600 = para os demais meses. Esse aumento é decorrente de aumento salarial da categoria e ajustes salariais.

Em dezembro/200X, há a 2ª parcela do 13º salário = R$ 1.260.

Com relação às férias de funcionários, nada foi previsto.

- **Benefícios**: R$ 1.060/mês.
- **Encargos sociais**: R$ 1.680 = outubro e novembro/200X; R$ 2.406 = para os demais meses. Esse aumento é devido aos ajustes salariais.

Os encargos em dezembro/200X têm um acréscimo de R$ 504, referente ao pagamento do 13º salário.

- **Pagamentos aos fornecedores**: política de contas a pagar: 10% à vista; o saldo devedor é dividido em três parcelas iguais.

Tabela 10.7 Pagamentos aos fornecedores

Mês de compras/200X	Mês de pagamento – 200X – R$ mil						
	Out.	Nov.	Dez.	Jan.	Fev.	Mar.	Total
Jul.	1.803	–	–	–	–	–	1.803
Ago.	344	344	–	–	–	–	688
Set.	690	1.400	452	–	–	–	2.542
Total	2.837	1.744	452	–	–	–	5.033

COMO ADMINISTRAR O FLUXO DE CAIXA DAS EMPRESAS • *Silva*

Tabela 10.8 Estimativas de compras

Estimativas de Compras 200X/20XX	10% à vista	Saldo devedor				Total das Compras/ Mês
		30%	30%	30%	Total	
Out./200X	335	–	–	–	335	3.350
Nov./200X	335	1.005	–	–	1.340	3.350
Dez./200X	335	1.005	1.005	–	2.345	3.350
Jan./20XX	335	1.005	1.005	1.005	3.350	3.350
Fev./20XX	335	1.005	1.005	1.005	3.350	3.350
Mar./20XX	335	1.005	1.005	1.005	3.350	3.350
Abr./20XX	–	1.005	1.005	1.005	3.015	–
Maio/20XX	–	–	1.005	1.005	2.010	–
Jun./20XX	–	–	–	1.005	1.065	–
Total	2.010	6.030	6.030	6.030	20.100	20.100

- **Despesas administrativas**: estão distribuídas na Tabela 10.9.

O aluguel é reajustado em janeiro/20XX.

Tabela 10.9 Despesas administrativas e financeiras

Itens	Mês de pagamento – 200X/20XX – R$ mil						
	Out.	Nov.	Dez.	Jan.	Fev.	Mar.	Total
Aluguel + condomínio	680	680	680	748	748	748	4.284
Prestadores de serviço	270	270	270	270	270	270	1.620
Material de escritório	240	100	100	100	100	100	740
Material de informática	450	300	300	300	300	300	1.950
Compra de equipamento	3.500	–	–	–	4.000	–	7.500
Luz + telefone + internet	1.200	1.200	1.200	1.200	1.200	1.200	7.200
Impostos	2.000	2.000	2.000	2.000	2.000	2.000	12.000
Empréstimo principal + juros	600	840	4.600	1.800	–	–	7.840
Despesas financeiras	1.200	1.200	800	800	800	800	5.600
Arrendamento mercantil	560	–	–	–	–	–	560
Outras despesas	725	800	800	800	800	800	4.725
Total	11.425	7.390	10.750	8.018	10.218	6.218	54.019

Cap. 10 • Estudos de casos 333

c) **Outras informações adicionais:** são as mesmas consideradas no estudo de Caso 1.

Tabela 10.10 Demonstrativo do fluxo de caixa mensal

Itens		Meses/200X – R$ mil						
		Out.	Nov.	Dez.	Jan.	Fev.	Mar.	Total
1. Entradas								
Vendas à vista	P R	–	–	–	–	–	–	–
Vendas a prazo	P R	16.919	16.040	16.090	15.500	15.500	15.500	95.549
Cobrança	P R	1.100	–	–	–	–	–	1.100
Aluguéis	P R	500	500	500	500	500	500	3.000
Receitas financeiras	P R	100	100	100	100	100	100	600
Outras receitas	P R	–	–	–	–	–	–	–
1. Total de Entradas	P R	18.619	16.640	16.690	16.100	16.100	16.100	100.249
2. Saídas								
Folha de pagamento	P R	2.520	3.600	4.860	3.600	3.600	3.600	21.780
Benefícios	P R	1.060	1.060	1.060	1.060	1.060	1.060	6.360
Despesas com vendas	P R	2.500	2.500	2.500	2.500	2.500	2.500	15.000
Encargos sociais	P R	1.680	1.680	2.910	2.406	2.406	2.406	13.488
Fornecedores	P R	3.172	2.079	787	335	335	335	7.043
Aluguel + condomínio	P R	680	680	680	740	740	740	4.260
Luz + telefone + internet	P R	1.200	1.200	1.200	1.200	1.200	1.200	7.200
Prestadores de serviços	P R	270	270	270	270	270	270	1.620
Material de escritório	P R	240	100	100	100	100	100	740
Material de informática	P R	450	300	300	300	300	300	1.950
Compra de equipamento	P R	3.500	–	–	–	4.000	–	7.500
Impostos	P R	2.000	2.000	2.000	2.000	2.000	2.000	12.000
Empréstimo principal + juros	P R	600	840	4.600	1.800	–	–	7.840
Arrendamento mercantil	P R	560	–	–	–	–	–	560
Despesas financeiras	P R	1.200	1.200	800	800	800	800	5.600
Outras despesas	P R	725	800	800	800	800	800	4.725
2. Total de Saídas	P R	22.357	18.309	22.867	17.911	20.111	16.111	117.666
3. Saldo de Caixa (1 – 2)	P R	(3.738)	(1.669)	(6.177)	(1.811)	(4.011)	(11)	(17.417)
4. Saldo Inicial de Caixa	P R	500	1.762	93	1.916	105	94	500
5. Novo Saldo (3 + 4)	P R	(3.238)	93	(6.084)	105	(3.906)	83	(16.917)
6. Captação de Empréstimos	P R	5.000	–	8.000	–	4.000	–	17.000
7. Aplicações ou resgates	P R	–	–	–	–	–	–	–
8. Saldo Final de Caixa (5 + 6 + 7)	P R	1.762	93	1.916	105	94	83	83

Comentários sobre o demonstrativo do fluxo de caixa mensal:

- Nesse demonstrativo, foi utilizada uma linha para o previsto e outra para o realizado, o que facilita a visualização de todo o fluxo de caixa, que, sem dúvida, para efeito de análise, auxilia na identificação de receitas e despesas, bem como na análise de variação, justificando as diferenças acima ou abaixo de um percentual e/ou valor absoluto relevante.

Foram preenchidas apenas as linhas do previsto.

- Ao visualizar o Demonstrativo do Fluxo de Caixa Mensal, observa-se que alguma coisa precisa ser feita, porque as despesas estão acima das receitas. No estágio atual, a empresa possui o perfil de tomadora de recursos constante, e isso não é recomendável.

Através desse instrumento, as receitas e as despesas podem ser avaliadas criteriosamente. A empresa deve tomar ações que alterem essa posição de tomadora para a posição de aplicadora. O administrador financeiro deve fazer o acompanhamento, se possível diário, atualizando as estimativas *versus* o realizado; dessa forma, evitam-se problemas futuros, ou se saberá com antecedência que os terá pela frente, não sendo pego desprevenido.

10.3 ESTUDO DE CASO 3

O administrador financeiro da empresa ECS Ltda. recebeu as informações descritas a seguir para elaborar o fluxo de caixa diário da 1ª semana do mês corrente.

Tabela 10.11 Projeção de pagamentos por fornecedor referente ao período de 1º a 5/7/20XX (em mil $)

Fornecedor	Documento	Dias de atraso	Venci-mento	Vencido (Valor atualizado)	A vencer	Acumulado
Banco XYZ	Amortização	–	1º-7-20XX	–	15.000	15.000
	Juros operação 123	–	1º-7-20XX	–	1.000	16.000
	Tarifas	–	1º-7-20XX	–	550	16.550
Total					**16.550**	
TCQ	NF 811 – 6/20XX	15	16-6-20XX	220	–	220
Informática	NF 845 – 7/20XX	–	5-7-20XX	–	150	370
	NF 846 – 7/20XX	–	5-7-20XX	–	170	540
Total				**220**	**320**	
Metal e Cia.	NF 44.560B – 6/20XX	6	25-6-20XX	810	–	810
Total				**810**		
Previdência Social	Guia ref. Jun./20XX	–	5-7-20XX	–	3.270	3.270
Total					**3.270**	
IPTU	Cota 6/10	–	5-7-20XX	–	300	300
Total					**300**	

As projeções do faturamento diário em cheque, dinheiro e/ou cartão são baseadas na evolução histórica da composição de vendas da empresa dos últimos seis meses.

Tabela 10.12 Projeção de faturamento diário referente ao período de 1º a 5/7/20XX (em mil $)

Dia útil	Cheque ou dinheiro	Cartão	Cheques pré-datados	Faturado	Total
01	600	500	1.200	5.000	7.300
02	600	500	1.200	5.000	7.300
03	600	500	1.200	5.000	7.300
04	600	500	1.200	5.000	7.300
05	1.500	1.000	2.500	8.500	13.500
Total	3.900	3.000	7.300	28.500	42.700

A Tabela 10.13 demonstra os períodos de recebimentos das vendas faturadas. A empresa tem uma política de vendas com as seguintes condições de faturamento: 10% de sinal e o saldo de 90% parcelado em até 120 dias, isto é, em 4 parcelas iguais, sendo que a 1ª parcela vence 30 dias após a compra e assim sucessivamente.

Tabela 10.13 Projeção das vendas faturadas e os respectivos recebimentos referentes ao período de 1º a 5/7/20XX (em mil $)

Dia útil	Valor faturado	Recebimentos				
		Sinal 10%	30 dias 22,50%	60 dias 22,50%	90 dias 22,50%	120 dias 22,50%
01	5.000	500,00	1.125,00	1.125,00	1.125,00	1.125,00
02	5.000	500,00	1.125,00	1.125,00	1.125,00	1.125,00
03	5.000	500,00	1.125,00	1.125,00	1.125,00	1.125,00
04	5.000	500,00	1.125,00	1.125,00	1.125,00	1.125,00
05	8.500	850,00	1.912,50	1.912,50	1.912,50	1.912,50
Total	28.500	2.850,00	6.412,50	6.412,50	6.412,50	6.412,50

Vamos tratar das vendas pulverizadas que tenham sido faturadas. Neste caso, sabemos o que vence no período projetado, ou seja, na semana de 1º a 5-7/20XX. Se todos os clientes pagassem em dia, na data do vencimento, as entradas seriam iguais aos vencimentos; entretanto, na prática, não é isso que ocorre. Temos que calcular o quanto esperamos receber. As entradas previstas referem-se à projeção de faturamento da Tabela 10.12; aos recebimentos das faturas que vencem no período, que foram faturadas em períodos anteriores e que serão pagas sem atraso, mais as faturas vencidas em períodos anteriores e que serão pagas apenas neste período, conforme mostra a Tabela 10.14.

Tabela 10.14 Previsão de recebimentos sem atraso e com atraso referentes ao período de 1º a 5/7/20XX (em mil $)

Dia útil	Vendas faturadas – sinal – 10%	Vendas (cheque, dinheiro, cartão, cheques pré)	Recebimento de faturamentos anteriores sem atraso*	Recebido em D + 30**	Recebido em D + 60**	Recebido em D + 90**	Recebido em D + 120**	Recebido em mais de 120 dias**	Total
01	500,00	2.300	1.500	600	300	200	–	100	5.500
02	500,00	2.300	1.150	800	–	700	–	600	6.050
03	500,00	2.300	900	300	–	600	1.500	500	6.600
04	500,00	2.300	400	200	500	1.000	1.200	–	6.100
05	850,00	5.000	600	500	550	–	–	250	7.750
Total	2.850,00	14.200	4.550	2.400	1.350	2.500	2.700	1.450	32.000

* Referem-se a faturamentos de meses anteriores, considerando que os clientes pagarão dentro dos vencimentos.

** Referem-se a faturamentos de meses anteriores, não pagos dentro dos vencimentos, isto é, correspondem à inadimplência.

A Tabela 10.15 mostra o fluxo de caixa diário projetado para o período de 1º a 5-7/20XX:

Tabela 10.15 Projeção do fluxo de caixa diário referente ao período de 1º a 5/7/20XX (em mil $)

Período	01	02	03	04	05	Total
Saldo inicial	11.200	(880)	170	770	370	–
Entradas						
Recebimentos de clientes	5.500	6.050	6.600	6.100	7.750	32.000
Aluguéis	–	–	–	–	–	–
Receitas financeiras	–	–	–	–	–	–
Outras entradas	–	–	–	–	–	–
Total de entradas	5.500	6.050	6.600	6.100	7.750	32.000
Saídas						
Fornecedores	1.030	–	–	–	320	1.350
Despesas administrativas	–	–	–	–	–	–
Despesas de pessoal	–	–	–	–	–	–
Amortização/juros empréstimos	16.000	–	–	–	–	16.000
Despesas financeiras	550	–	–	–	–	550
Encargos sociais	–	–	–	–	3.270	3.270
Impostos e taxas	–	–	–	–	300	300
Aplicação financeira	–	5.000	6.000	6.500	4.000	21.500
Outras saídas	–	–	–	–	–	–
Total de saídas	17.580	5.000	6.000	6.500	7.890	42.970
Saldo final	(880)	170	770	370	230	–

O administrador financeiro deve acompanhar diariamente o fluxo de caixa previsto *versus* o realizado, para confrontar as diferenças e fazer os devidos ajustes, se necessário. O administrador pode usar o mesmo modelo de planilha do fluxo de caixa projetado para o fluxo de caixa realizado, ou pode, na mesma planilha de previsão, abrir colunas para colocar o realizado, conforme Tabela 10.16.

De certa forma, o administrador financeiro pode ter todas as informações numa só planilha; mas, se preferir, pode usar duas planilhas (previsto e realizado), e uma terceira para expor as diferenças para futura análise.

Tabela 10.16 Demonstrativo do fluxo de caixa diário (previsto e realizado) (em mil $)

Período	01		02		03		04		05		Total	
	P	R	P	R	P	R	P	R	P	R	P	R
Saldo inicial	11.200		(880)		170		770		370		–	
Entradas												
Recebimentos de clientes	5.500		6.050		6.600		6.100		7.750		32.000	
Aluguéis	–		–		–		–		–		–	
Receitas financeiras	–		–		–		–		–		–	
Outras entradas	–		–		–		–		–		–	
Total de entradas	5.500		6.050		6.600		6.100		7.750		32.000	
Saídas												
Fornecedores	1.030		–		–		–		320		1.350	
Despesas administrativas	–		–		–		–		–		–	
Despesas de pessoal	–		–		–		–		–		–	
Amortização/juros empréstimos	16.000		–		–		–		–		16.000	
Despesas financeiras	550		–		–		–		–		550	
Encargos sociais	–		–		–		–		3.270		3.270	
Impostos e taxas	–		–		–		–		300		300	
Aplicação financeira	–		5.000		6.000		6.500		4.000		21.500	
Outras saídas	–		–		–		–		–		–	
Total de saídas	17.580		5.000		6.000		6.500		7.890		42.970	
Saldo final	(880)		170		770		370		230		–	

CONCLUSÕES

Através de exemplos práticos, o leitor pode ter um melhor entendimento sobre os conceitos e assuntos abordados no decorrer desta obra, que estão ligados direta ou indiretamente ao tema em questão, que é a elaboração do fluxo de caixa.

As adaptações aos modelos aqui apresentados devem ser feitas pelos leitores, pois cada um tem suas próprias necessidades, e também dependem do ramo de atividade da empresa em que atuam.

O *site* do GEN, www.grupogen.com.br, contém alguns modelos de fluxo de caixa para auxiliar o usuário/leitor na elaboração de suas planilhas, observando sempre a atividade operacional da empresa, seu nível de controle e sua demanda por informação no processo de tomada de decisão gerencial.

Situações e dificuldades financeiras das empresas

11.1 CONCEITO

Dificuldades financeiras são situações pelas quais passa uma empresa cujos fluxos de caixa operacionais são insuficientes para atender aos compromissos financeiros nas datas de vencimentos e/ou o valor de seus ativos é insuficiente para cobrir seus débitos junto a credores.

11.2 DIFICULDADES FINANCEIRAS COM BASE EM BALANÇOS E EM FLUXOS DE CAIXA

11.2.1 Insolvência econômico-financeira

Ocorre quando as receitas da empresa não cobrem seus custos, e a geração de caixa é insuficiente para honrar seus compromissos.

11.2.2 Insolvência técnica

Ocorre quando a empresa não é capaz de saldar suas dívidas nas datas combinadas, embora tenha ativos permanentes superiores às suas dívidas.

Fatores que podem levar a dificuldades financeiras:

- Ausência de planejamento estratégico.
- Brigas familiares.
- Cancelamento de um grande pedido.
- Controles financeiros deficientes.

- Custos altos (principalmente os fixos).
- Dependência de poucos clientes.
- Dependência de poucos fornecedores.
- Desvio de dinheiro para negócios particulares.
- Dirigentes autocratas.
- Diversificações mal conduzidas.
- Entrada de concorrentes poderosos.
- Estoques altos.
- Estrutura de capital inadequada.
- Excesso de endividamento.
- Excesso de otimismo sobre o negócio.
- Falta de capacidade gerencial.
- Falta de capital próprio.
- Falta de controle financeiro.
- Falta de experiência em conduzir projetos.
- Falta de investimentos tecnológicos.
- Falta de vantagem competitiva.
- Falta de visão estratégica.
- Lentidão na tomada de decisões e ações.
- Má distribuição de produtos.
- Má administração de crédito e cobrança.
- Má gestão de custos e preços.
- Má localização geográfica.
- Mau gerenciamento de riscos.
- Morte dos fundadores.
- Mudanças na conjuntura econômica.
- Paternalismo na avaliação de resultados.

Fonte: LEMES JUNIOR; RIGO; CHEROBIM, 2005, p. 474.

11.3 EVIDÊNCIAS DE DIFICULDADES FINANCEIRAS NAS EMPRESAS

Existem alguns fatores que podem evidenciar que uma empresa está com dificuldades financeiras:

- Ações judiciais em andamento (quantidades e valor relevante).
- Aumento do endividamento (principalmente no curto prazo).
- Avisos de protestos.

- Diminuição do patrimônio líquido.
- Elevadas despesas financeiras.
- Mudanças de bancos e auditores com frequência.
- Perda de fatia de mercado.
- Perda de reputação junto a clientes.
- Queda acentuada de lucratividade (margem bruta, operacional e líquida).
- Rotatividade de funcionários importantes.
- Quedas nas vendas.
- Perda de crédito.
- Troca constante de diretores.
- Falta de controle dos custos fixos e desperdícios.
- Ausência de controle sobre as margens de contribuição dos produtos e/ou serviços.

Fonte: Adaptado com base em WALKER, 1994.

11.4 DIFICULDADES FINANCEIRAS E O CICLO DE VIDA DAS EMPRESAS

O ciclo de vidas das empresas está evidenciado da seguinte forma:

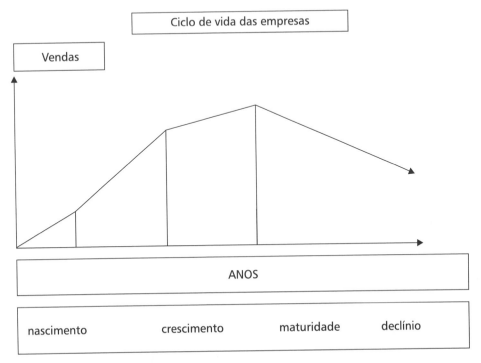

Figura 11.1   Ciclo de vida das empresas.

Fonte: Baseado em KOTLER, 1994, p. 311.

11.4.1 Causas da insolvência

São diversas as causas das dificuldades financeiras, indicadas pelos autores, e quanto às suas complexidades:

Fatores internos:

- Fraca capacidade gerencial dos executivos.
- Fraquezas no controle financeiro das operações.
- Concentração num único projeto e/ou grande dependência de um único cliente ou fornecedor.
- Má administração dos estoques.
- Descontrole dos custos fixos.
- Estrutura de capital inadequada.
- Sucateamento dos ativos imobilizados.
- Crédito e cobrança deficientes e ampla inadimplência.
- *Mix* de produtos, localização e distribuição de produtos inadequados.
- Fraco desempenho no gerenciamento de vendas.
- Erro na formação de preço de venda.
- Tecnologia e logística desatualizadas em relação ao mercado.
- Falta de inovação e criatividade nos processos internos.

Fatores externos:

- Conjuntura econômica.
  - Cambial.
  - Fiscal.
  - Monetária.
  - Creditícia.
- Conjuntura política.
  - Instabilidades sociais, segurança e políticas de emprego e renda.
  - Aumento na concorrência.
  - Mudanças no ambiente regulatório.

Nota: Para reflexão: As grandes empresas no mercado nacional e internacional estão investindo pesado em transformação digital e nas estratégias empresariais, pesquisas e tecnologias disruptivas, modelos de negócios inovadores, IA, *blockchain*, *Big Data*, robotização, *Cyber Security*, Indústria 4.0, Internet das Coisas (Iot), ciências de dados, 5G, LGPD, entre outras.

11.4.2 Como enfrentar as dificuldades financeiras

Ross Westerfield diz que as empresas enfrentam as dificuldades financeiras de várias maneiras, tais como:

- Fazendo fusões, aquisições e cisões.

Cap. 11 · Situações e dificuldades financeiras das empresas   **343**

- Buscando novas linhas de financiamentos.
- Desmobilizando.
- Negociando com banco e outros credores.
- Entrando em um dos regimes:
  – Reduzindo custos.
  – Reduzindo investimentos.
  – Reduzindo gastos com pesquisa e desenvolvimento.
- Substituindo diretores e gerentes.
- Substituindo dívidas por ações.

11.4.3 Como estruturar operações para financiar empresas que demandam forte especialização no mercado de dívida e enfrentam dificuldades

Uma estratégia de captação de recursos financeiros requer objetividade e um forte alinhamento com as necessidades da empresa, o que poderá incluir:

- *Project financing*/**Financiamento a projetos**: são estruturas de financiamento destinadas a grandes projetos, como a criação de novas fábricas, usinas, grandes obras, infraestrutura, consórcios, entre outros;
- **Financiamento de aquisições**: captação de dívida para viabilizar aquisição de empresas e movimentos estratégicos.
- **Operações estruturadas**: captação de recursos via mercado de capitais local (FIDC, FIP, *commercial papers*, debêntures de infraestrutura etc.) e internacional.
- **Obtenção de recursos incentivados:** junto a BNB, BASA, FCO, entre outros.
- **Acesso às principais linhas de crédito disponível do BNDES:** BNDES Automático, FINEM, FINAME, BNDES Exim, BNDES Exim Pré-embarque, BNDES Exim Pós-embarque, BNDES Progeren.
- **Elaboração de estudos do mercado acionário:** para obtenção de recursos através de ADR's (American Depositary Receipt – USA).
- **Obtenção de recursos através de *venture capital*:** é uma modalidade de investimento na qual investidores aplicam recursos em empresas com expectativas de rápido crescimento e elevada rentabilidade).
- **Obtenção de recursos através de *private equity*:** é um tipo de atividade financeira realizada por instituições que investem essencialmente em empresas que ainda não são listadas em bolsa de valores, ou seja, ainda estão fechadas ao mercado de capitais, com o objetivo de captar recursos para alcançar desenvolvimento da empresa.
- **Refinanciamento de passivos financeiros**: com ou sem garantias.

11.5 RECUPERAÇÃO EXTRAJUDICIAL, JUDICIAL E FALÊNCIA DAS EMPRESAS

A nova lei de falências (Lei nº 11.101, de 9 de fevereiro de 2005) trouxe significativas mudanças no tratamento das dificuldades financeiras das empresas. Seus principais objetivos são facilitar a recuperação da empresa em crise econômico-financeira, com a manutenção da fonte produtora e dos empregos, bem como aumentar a probabilidade aos credores da retomada de seus bens e direitos.

Essa lei não se aplica a empresa pública e sociedade de economia mista, instituição financeira, cooperativa de crédito, consórcio, entidade de previdência complementar, sociedade operadora de plano de assistência à saúde, sociedade seguradora, sociedade de capitalização e a outras entidades legalmente equiparadas às anteriores.

11.5.1 Recuperação extrajudicial

Tem por objetivo permitir ao devedor negociar fora dos tribunais com seus principais credores e aprovar um plano de pagamento para suas dívidas, dentro de suas reais possibilidades.

A reestruturação financeira de uma empresa consiste na adequação do ativo ao passivo, do fluxo de caixa ao ciclo econômico e das contas a pagar às contas a receber. É a opção de manter a empresa em funcionamento, podendo envolver ou não a renegociação de dívidas junto a bancos, fornecedores e governo.

Algumas soluções negociadas na recuperação extrajudicial mais utilizadas são:

- Alongamento do perfil da dívida.
- Transferência de controle acionário.

11.5.2 Recuperação judicial

Tem por objetivo viabilizar a superação de crise econômico-financeira do devedor, a fim de permitir a manutenção da fonte produtora, do emprego dos trabalhadores e interesse dos credores, promovendo, assim, a preservação da empresa, sua função social e o estímulo à atividade econômica.

A **recuperação judicial** é uma situação anormal de suspensão da exigibilidade dos créditos sobre uma empresa por um determinado período, para que esta se reestruture e ganhe condições de pagar suas dívidas e manter-se operante. É uma trégua solicitada pela empresa devedora como melhor forma de pagamento de seus credores.

A recuperação judicial apresenta a vantagem da moratória de dois anos para pagamento das dívidas, ou, se a empresa dispuser de recursos, pode saldá-las à vista com 50% de desconto. Deve-se atentar que a lei permite a devolução de qualquer mercadoria adquirida a prazo nos últimos 15 dias antes da formalização do pedido, se o fornecedor assim o requisitar.

Uma vez concedida a recuperação judicial, os credores não poderão solicitar a falência do devedor pelo prazo de duração dela. A empresa concordatária perde, porém, seu crédito com os fornecedores, que passarão a exigir pagamentos à vista nas próximas transações.

11.5.3 Falência

É um processo jurídico que, ao promover o afastamento do devedor de suas atividades, visa preservar e aperfeiçoar a utilização produtiva dos bens, ativos e recursos produtivos, inclusive os intangíveis da empresa.

O processo falimentar inicia-se com um pedido de falência:

- Solicitada pelo próprio devedor (autofalência): cumpre ao juiz decretá-la de imediato, sem maiores formalidades.

- Solicitada pelos credores: o juiz citará o devedor para que apresente sua defesa ou efetue o depósito judicial correspondente.

- Decretada pelo juiz que conduz um processo de recuperações preventivas quando a empresa concordatária descumpre alguma das cláusulas.

Fonte: LEMES JUNIOR; RIGO; CHEROBIM, 2005, p. 467.

11.6 OS TREZE ERROS QUE PODEM QUEBRAR SUA EMPRESA

De forma resumida, podemos dizer que existem outros erros, falhas e descuidos que podem quebrar sua empresa sem o dono (proprietário) perceber a gravidade do problema:

Dicas rápidas:

1. Não ter um plano de negócios (muito importante. Um passo fundamental antes de abrir a empresa).

2. Desconhecer o mercado em que irá atuar (faça pesquisa de mercado com quem entende do negócio).

3. Misturar as finanças da empresa com as pessoais (não confunda o pró-labore com o lucro da empresa).

4. Contratar pessoas sem competência necessária (este também é um dos erros mais graves e ocorre muito quando se contratam amigos e familiares para cargos de confiança e responsabilidade, sem que eles estejam preparados para isso).

5. Não estabelecer metas aos gestores/colaboradores (estabeleça metas com objetivos alcançáveis. Acompanhe-as, dê suporte técnico aos gestores/colaboradores e não se esqueça das compensações e recompensas pelo alvo alcançado – motivação é a palavra fundamental).

6. Tomar decisões sem planejamento e conhecimento dos riscos (consulte ou contrate um profissional com conhecimento e experiência).

7. Tomar empréstimo e fazer financiamento sem receita suficiente para pagar (inicie seu negócio com o mínimo de financiamento sempre que possível).

8. Perder o respeito pelos seus colaboradores (mantenha sempre um bom relacionamento **profissional** e respeito com seus colaboradores-clientes internos – elogios e recompensas agregam valor ao negócio).

9. Colocar todos os ovos em uma cesta só (nunca aposte somente em um tipo de cliente ou segmento).

10. Achar que sabe tudo e pode tudo (trabalhe com seriedade, profissionalismo, bom senso e seja humilde para discutir com todos da empresa).

11. Não cuidar diariamente com muito zelo do fluxo de caixa (o caixa é o rei. O preço deste erro é muito alto).

12. Não acompanhar com seriedade os movimentos de seus concorrentes (ação estratégica) no mercado (não despreze o conhecimento e a astúcia deles. Surpresas são sempre desagradáveis).

13. Não cuidar do seu cliente com muito carinho (cuide bem de seus clientes quanto a respeito, atendimento, preços competitivos, cumprimento dos prazos de entrega das mercadorias e bom atendimento também no pós-venda/assistência técnica).

Fonte: http://www.industriahoje.com.br, com adaptações pelo autor.

11.7 AFINAL, POR QUE AS EMPRESAS QUEBRAM?

Vamos verificar algumas das razões que levam à falência e entender como isso pode acontecer. O Serviço Brasileiro de Apoio às Micro e Pequenas Empresas (**SEBRAE**) apurou isso há alguns anos com empreendedores, na construção da pesquisa Fatores Condicionantes e Taxa de Mortalidade de Empresas no Brasil. Veja também o **top 10 das falências**, segundo opiniões espontâneas dos entrevistados (https://blog.contaazul.com/por-que-as-empresas-quebram)

1. Falta de capital de giro: 24,1%

2. Alta carga tributária: 16%

3. Falta de clientes: 8%

4. Concorrência: 7,1%

5. Baixo lucro: 6,1%

6. Dificuldade financeira: 6,1%

7. Desinteresse na continuação do negócio: 6,1%

8. Maus pagadores/inadimplência: 6,1%

9. Problemas familiares: 3,8%

10. Má localização da empresa: 3,8%

11.7.1 Lições aprendidas

É muito importante fazer constantes reflexões, questionamentos, avaliações e aprender com os erros dos concorrentes e ou parceiros comerciais ou de outras empresas!

CONCLUSÕES

Por meio dos exemplos acima, o leitor pode ter um entendimento ampliado sobre as reais situações e dificuldades financeiras das empresas em relação à ausência de um gerenciamento eficaz do fluxo de caixa e os problemas, causas e motivos da insolvência econômica, financeira, técnica. É possível também conhecer os aspectos da recuperação extrajudicial, judicial e falência das empresas, bem como os descuidos e erros que podem quebrá-las. Por essa razão, cuide muito bem do fluxo de caixa, pois o descontrole da gestão financeira poderá custar muito caro à sua empresa. Ou seja, leve a sério o lema de que o caixa é o rei!

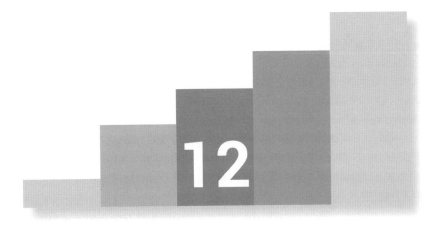

Valor justo das empresas – Avaliação – Escorregadas técnicas

Pesquisa da USP revela as falhas cometidas por analistas brasileiros no cálculo do preço justo das companhias.

De acordo com o Prof. Rodrigo Pasin, um dos autores da pesquisa, a maioria dos entrevistados utiliza dois métodos para chegar ao valor de uma empresa. O preferido é o fluxo de caixa descontado (FDC) e, em segundo lugar, os múltiplos de mercado. Os profissionais, segundo a pesquisa, dizem preferir utilizar os múltiplos quando existe uma boa amostra de empresas comparáveis, dados setoriais confiáveis e quando não há tempo disponível para uma análise mais profunda. Já o FCD, de acordo com o estudo, é preferido nas situações em que um maior grau de análise e detalhamento das informações da empresa é exigido.

O Prof. Pasin diagnosticou erros graves nas avaliações estudadas. O mais comum, segundo ele, foi a utilização do fluxo de caixa da empresa descontado pelo custo de capital próprio. Esse último deve ser utilizado apenas quando projetado o fluxo de caixa dos sócios.

Ao utilizar o fluxo de caixa da empresa, o desconto deve ocorrer pelo custo médio ponderado de capital – ou seja, com o capital próprio e de terceiros.

Outro erro identificado na avaliação das empresas por profissionais de bancos e consultorias é a falta de coerência quanto à inclusão ou não da inflação no cálculo. "Alguns analistas projetam o fluxo de caixa sem inflação e utilizam uma taxa de desconto nominal, ou seja, incluindo a inflação", diz Pasin.

A taxa de desconto deve ser nominal quando o fluxo de caixa livre for expresso também em termos nominais. Deve haver coerência entre o fluxo de caixa e o custo de capital.

"Ou isso acontece por profundo desconhecimento da teoria ou por conveniência."

A pesquisa deixou claro que a escolha entre uso de moeda constante ou em termos nominais ainda causa dúvidas entre os analistas.

Nos mercados desenvolvidos, onde foram criadas as primeiras teorias sobre avaliação de empresas, as análises são realizadas em moeda nominal, uma vez que a inflação é estável entre 1% e 2% ao ano. Já nos mercados em desenvolvimento, os níveis de inflação instáveis comprometem a qualidade da avaliação feita em moeda nominal.

Métodos variados: existe muita divergência, por exemplo, na estimativa do risco país que será aplicado à taxa de desconto. A maior parte dos entrevistados (48%) considera a média de uma série passada de prêmios de risco país como a melhor projeção.

Verificou-se também que 14% dos analistas utilizam o risco país projetado por economistas e bancos.

O ideal é utilizar o risco país do dia, afirma Pasin. Essa tese é compartilhada por 31% dos entrevistados.

Utilizamos o risco país do dia, mas quando o consideramos muito exagerado em função de cenários pré-eleitorais, por exemplo, podemos utilizar a série histórica, conforme comentários de Alexandre Povoa, sócio-diretor da Modal Asset Management, e Wagner Cimino, da área de fusões e aquisições do Banif Primus.

PESQUISA – UM É POUCO, DOIS É BOM...

A maioria dos analistas utiliza dois métodos de avaliação de valor e a média dos prêmios passados no cálculo do risco país.

1 método	13,8%	Média de prêmios passados	48%
2 métodos	58,6%	Prêmio atual	31%
3 métodos	27,6%	Estimativa de prêmios futuros	14%
Fonte: USP		Indiferente	7%

Fonte: CAMARGOS, 2005, p. 30.

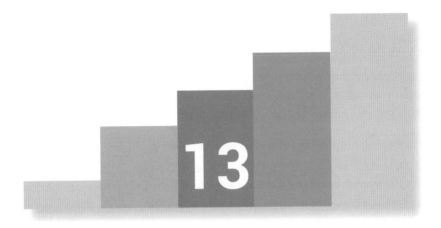

Orçamento empresarial – Dicas, alertas e propostas

13.1 INTRODUÇÃO

O orçamento é um instrumento fundamental para a empresa, independentemente de seu porte e ramo de atividade, pois é o plano estratégico que estabelece metas para determinado período, conduzindo-a aos seus objetivos. Quando uma empresa opta por elaborar um orçamento, além do levantamento e agrupamento dos dados, é necessário um acompanhamento mensal das variações dos orçamentos.

É também conjunto de planos operacionais que permite à empresa conhecer e avaliar de forma antecipada seus resultados operacionais dentro de um cenário traçado, orientando as decisões e facilitando a gestão dos recursos.

"Um orçamento é um plano financeiro que estabelece, da forma mais precisa possível, como se espera que transcorram os negócios de um departamento ou de uma empresa, geralmente num prazo mínimo de um ano" (PARSLOE; WRIGHT, 2001, p. 11).

Frezatti (2009, p. 46) explica que "o orçamento é o plano financeiro para implementar a estratégia para um determinado exercício". É mais do que uma estimativa, pois deve estar baseado no compromisso dos gestores com as metas a serem alcançadas.

O orçamento empresarial tem como objetivo identificar os componentes do planejamento financeiro com a utilização de um sistema orçamentário, entendido como um plano que abrange todo o conjunto das operações anuais de uma empresa por meio da formalização do desempenho dessas funções administrativas gerais.

13.2 ELABORAÇÃO DO ORÇAMENTO EMPRESARIAL

O processo é composto de planejamento, execução e controle. A fim de elaborar o orçamento empresarial e executar um planejamento orçamentário, Padoveze (2007, p. 513) afirma que os "**passos**" para essa execução são:

"1º Estabelecer a missão e os objetivos corporativos.

2º Determinar o fator limitante, normalmente vendas (é possível que em determinados empreendimentos o fator limitante seja a produção, o tipo jazidas minerais etc.).

3º Elaborar o orçamento a partir da função restritiva do fator limitante.

4º Elaborar os outros orçamentos (Vendas, Despesas Administrativas e de Vendas, Compra de Produtos e Caixa), coordenando-os com o fator limitante e os objetivos corporativos.

5º Sintetizar os orçamentos para produzir o orçamento mestre.

6º Rever o orçamento mestre à luz dos objetivos corporativos.

7º Aceitar o orçamento mestre, ou se este não estiver de acordo com os objetivos corporativos, voltar ao Passo 2 e repetir o processo até o orçamento ficar aceitável.

8º Monitorar os resultados reais contra os resultados orçados e reportar variações."

> Incentiva-se o uso de orçamento participativo com boa comunicação e treinamento dos gestores.

Existe a necessidade de uma série de suborçamentos que devem ser integrados a um orçamento geral, ou seja, ao orçamento empresarial, de forma a produzirem uma imagem macro, da realidade orçamentária da organização (WARREN; REEVE; FESS, 2001).

Warren, Reeve e Fess (2001) ainda complementam sua linha de pensamento fragmentando o orçamento empresarial, conforme descrito a seguir:

- Orçamento de vendas brutas e líquidas (de impostos).
- Orçamento de compras/custos de produtos.
- Orçamento de despesas administrativas e de vendas.
- Orçamento das receitas/despesas financeiras.
- Orçamento de caixa.
- Orçamento de investimento (imobilização de capital) etc.

Importante ressaltar que na literatura existem ainda várias outras formas de fragmentação do orçamento empresarial, porém dedicaremos este estudo exclusivamente aos itens acima mencionados, como forma de melhorar a produtividade do negócio.

Cap. 13 • Orçamento empresarial – dicas, alertas e propostas

Adicionalmente, também são feitas as seguintes projeções:

- Fluxo de caixa projetado.
- Demonstração de resultado do exercício projetado.
- Balanço patrimonial projetado.

Normalmente, nas grandes empresas é feito um **"pré-orçamento"**, no qual são estabelecidas algumas bases preliminares (premissas, metas e cenários) antes de haver envolvimento formal das outras unidades, gerências e ou áreas na elaboração do processo orçamentário. Normalmente, o processo orçamentário nas empresas inicia-se a partir de setembro de cada ano, observado os casos especiais (ano fiscal) e a legislação pertinente no caso das empresas estatais.

Existem também empresas que constituem um grupo de trabalho denominado de **comitê de orçamentos** com regimento interno, cronograma e manual de operação com as instruções de preparação e organização das peças orçamentárias. Em outras empresas, existe também uma unidade organizacional de orçamento dentro da área de controladoria. Normalmente, essa assessoria e coordenação são feitas pela figura do *controller*. Isso depende da estrutura organizacional de cada empresa.

Ferramentas de suporte para elaboração do orçamento

Algumas empresas de pequeno e médio porte utilizam **planilhas eletrônicas**, como, por exemplo, Excel. Outras utilizam **aplicativos específicos com sistema integrado** e vários recursos tecnológicos em função da complexidade e porte da empresa.

Controles internos

O orçamento deve ser aprovado previamente pela alta administração da companhia, com assessoramento de órgão específico e registrado através de um sistema para efeito de segurança da informação, acompanhamento contábil, gerencial, orçamentário, análise das informações e ajustes necessários, desde que autorizados formalmente pela alta administração.

O processo orçamentário da empresa (principalmente execução e acompanhamento) deve ser também auditado pelos auditores internos, que devem ser vinculados diretamente ao Conselho de Administração, se houver, ou ao CEO (Diretor-Presidente) da companhia.

Cuidados

No processo orçamentário, algumas **etapas de controle** dessas atividades devem ser analisadas com cuidado pelos analistas e auditores quanto às etapas orçamentárias de desbloqueio de verbas relevantes, pagamento periódico fora do orçamento, aditivos contratuais, descontingenciamentos frequentes, fracionamento de despesas, falta de lastro, suplementação com data retroativa, alçadas, documentação hábil, transferências entre rubricas, remanejamentos periódicos de verbas, estouro de verbas e a respectiva contabilização entre as contas de forma correta, bem como adequação ao plano de contas oficial da empresa.

Em casos específicos (empresas estatais), observar também a sistemática orçamentária de registro, execução, contabilização e controle quanto a reserva, empenho, liquidação e pagamentos (ou restos a pagar) das operações, conforme a legislação pertinente.

13.3 EVOLUÇÃO DO PROCESSO ORÇAMENTÁRIO

- Orçamento empresarial.
- Orçamento operacional e financeiro.
- Orçamento matricial.
- Gerenciamento matricial de despesas (GMD).
- Orçamento flexível, móvel ou contínuo.
- Orçamento de Base Zero-OBZ.
- Orçamento por atividades.
- Modelo beyond budgeting.
- Orçamento, estratégia e *balanced scorecard*, entre outros.

13.3.1 Quadros e formulários orçamentários

Os quadros e formulários orçamentários devem ser identificados, codificados e padronizados, para facilidade de preenchimento, leitura e consolidação das informações físicas e ou financeiras.

No final do processo, será elaborado um **caderno orçamentário** com todos os formulários sintético e/ou analítico de previsão e real preenchidos para efeito de gestão e controle das operações.

> O processo orçamentário é composto pelo **orçamento anual e plurianual** com revisões periódicas. A alta administração da empresa deve definir que **modelo de orçamento** será implantado em aderência ao **sistema de gestão** que suportará o plano estratégico da empresa.

13.4 VANTAGENS DO ORÇAMENTO

Welsch (1993, p. 63) lista algumas vantagens do processo de planejamento e controle de atividades (ou resultados), destacando-se:

- A atualização do sistema de acordo com o dinamismo do ambiente em que a empresa opera.
- O estabelecimento de objetivos e padrões realistas.
- A comunicação adequada de políticas e diretrizes pelos níveis administrativos superiores.

Anthony e Govindarajan (2002, p. 463) identificam quatro finalidades principais no uso de orçamentos:

- Obter reconhecimento de que o orçamento é o instrumento de avaliação do real desempenho dos executivos.
- Dar forma pormenorizada ao plano estratégico, permitindo uma análise prévia e detalhada a partir de informações mais atuais e com base no julgamento dos executivos de todos os níveis da organização.
- Auxiliar a coordenação das várias atividades da organização.
- Definir as responsabilidades dos executivos, autorizar os limites de gastos que eles podem fazer e informá-los sobre o desempenho que deles se espera.

13.5 ORÇAMENTO DE CAIXA (NOSSO FOCO!)

No orçamento empresarial, o orçamento de caixa demonstra de forma clara e objetiva todos os recebimentos (entradas de caixa), incluindo as receitas não operacionais e todos os pagamentos (saídas de caixa), como custos, tributos, despesas, investimentos entre outros, todas estes projetados para o período (WARREN; REEVE; FESS, 2001).

Warren, Reeve e Fess (2001, p. 197) ainda destacam que "o saldo mínimo de caixa é uma proteção contra variações de estimativa e em situações emergenciais imprevistas. Para uma gestão efetiva, deve-se aplicar em títulos de liquidez imediata, uma quantia acima do saldo mínimo de caixa".

Somente com a elaboração do orçamento de caixa é que a organização irá descobrir se necessita ou não de captação de recursos de terceiros e, assim, poderá rever seu orçamento empresarial e, caso necessário, seu planejamento anual, conforme afirma Sanvicente (1987, p. 229), quando diz que:

"É possível ainda que a empresa não tenha condições de levantar os recursos necessários. Nessas circunstâncias, o planejamento anual deverá ser revisto, com o reconhecimento de que os objetivos de desempenho fixados não podem ser alcançados com os recursos disponíveis ou que podem ser levantados pela empresa interna ou externamente."

13.6 OBJETIVOS E VANTAGENS DO ORÇAMENTO

O orçamento é uma característica principal da maioria dos sistemas de controle. Quando gerenciado corretamente, ele:

1. Auxilia o planejamento, ajudando na implementação dos planos.
2. Produz padrões de *performance*.
3. Promove a coordenação e comunicação dentro da empresa.
4. Apoia gerencial e administrativamente.

COMO ADMINISTRAR O FLUXO DE CAIXA DAS EMPRESAS · *Silva*

5. Exige a definição prévia de objetivos, diretrizes, políticas e medidas de desempenho para as unidades de responsabilidade.

6. Força a comunicação, a integração e a participação.

7. Obriga os colaboradores a focar o futuro, e não se ater a problemas diários da organização.

8. Proporciona uma visão sistêmica das operações, identificando e eliminando as restrições e os gargalos, gerando maior eficiência, eficácia e economia das operações.

9. Aumenta a coordenação das atividades organizacionais e auxilia a atingir as metas.

10. Define objetivos e metas específicas que podem se tornar *benchmarks* ou padrões de desempenho para avaliar futuro desempenho.

11. Motiva os colaboradores ao longo da organização, e as metas podem ser a base para a remuneração variável.

Fonte: HORNGREN *et al.*, 1997.

13.7 LIMITAÇÕES DO ORÇAMENTO

1. Inflexibilidade do processo orçamentário: uma vez aprovado, não permite alterações no decorrer do período.

2. Tempo de execução e elaboração muito longo, levando em algumas organizações uma média de 100 dias.

3. Condicionamento às forças de poder da organização, pois permite que os colaboradores digladiem-se por recursos.

4. Ações e reações indesejadas, levando inclusive os colaboradores a atitudes antiéticas.

5. Visão apenas financeira, confundindo-a com planejamento financeiro.

6. Desmotivação dos colaboradores.

7. Uso excessivo das tendências históricas para o estabelecimento dos objetivos.

8. Aplicação de percentuais de cortes gerais nos custos sem análise prévia do contexto de cada área ou setor (vamos cortar/otimizar custos com inteligência).

9. Análise dos resultados muito tempo depois, desperdiçando a correção imediata da anomalia.

10. Excessiva associação dos custos na preparação do orçamento.

11. Incapacidade de adaptar-se ao ambiente em constantes mudanças e à modificação das metas orçamentárias, consequentemente.

Fonte: BOISVERT, 1999.

13.8 O ALINHAMENTO ENTRE A PREVISÃO, O ORÇAMENTO E O CONTROLE É FUNDAMENTAL

O orçamento une as previsões (planejamento) e o controle (confronto do orçado e realizado), de modo que a empresa possa promover ações necessárias para o atingimento dos objetivos.

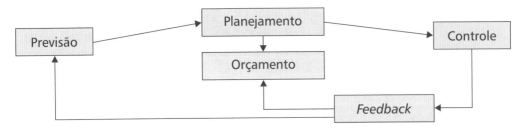

Figura 13.1 Fluxo de planejamento e controle.

Fonte: PADOVEZE, 2007, p. 513.

13.9 QUADRO DO PROCESSO ORÇAMENTÁRIO

Descrição	Objetivo	Responsabilidade
Estratégico Longo Prazo > 5 anos	Fixa a natureza da organização: sua missão, políticas globais, objetivos e metas.	Alta administração
Tático Médio Prazo Entre 3 e 5 anos	Serve para dimensionar e gerenciar recursos necessários à consecução dos planos estratégicos (projetos, ações etc.).	Diretoria (nível médio)
Operacional Curto Prazo anual	Objetiva otimizar as operações e a elaboração de procedimentos, visando à execução dos planos estratégicos e táticos.	Gerências/Departamentos

Fonte: Profa. SILVIA PEREIRA, 2014, COFISC, IBMEC.

13.10 CONDIÇÕES PARA IMPLEMENTAÇÃO

A implementação efetiva do processo de orçamento depende de uma estrutura organizacional adequada, com a definição clara de autoridade e responsabilidade para todas as fases de operações.

O orçamento é baseado em pesquisa e análise, que devem resultar em metas realistas que contribuirão ao crescimento e à rentabilidade da empresa. O sucesso do processo orçamentário depende diretamente da sua aceitação por todos os níveis da empresa.

Deve ser uma ferramenta importante para avaliar o desempenho. As variações entre o resultado atual e o estimado devem ser sistemática e periodicamente revisadas para determinar sua causa. Os colaboradores não devem ser responsabilizados por variações que estão além do controle; as metas devem ser realistas.

13.11 O PROCESSO ORÇAMENTÁRIO

O orçamento faz parte do processo de planejamento da empresa. De forma geral, sua elaboração irá orientar na definição das ações a serem executadas para o cumprimento dos objetivos e das metas estratégicas, e deve obedecer às **seguintes etapas** de forma organizada e dentro dos prazos estabelecidos no cronograma orçamentário:

1. **Comitê de orçamento/diretoria:** definição de objetivos, metas, cenários e premissas globais e básicas, conforme fluxograma orçamentário.

2. **Gestor orçamentário:** definição das diretrizes, planilhas de suporte, formulários e dados básicos para as projeções e/ou orçamentação das contas.

3. **Unidades de negócios e funcionais:** elaboração dos orçamentos da sede, setoriais e/ou matriciais, quando houver.

4. **Unidade de orçamento da matriz:** consolidação dos orçamentos operacionais (pessoal e custeio), investimentos e caixa, conforme a definição do plano estratégico.

5. **Comitê de orçamento/diretoria:** avaliação, aprovação e divulgação do orçamento global para a empresa.

6. **Unidades de negócios e funcionais:** execução orçamentária.

7. **Unidade de orçamento da matriz:** acompanhamento e revisão orçamentária mensal – análise de desempenho (orçado *versus* realizado), identificação de desvios e ajustes que se fizerem necessários por meio de **reuniões** periódicas com os gestores de orçamento.

13.12 FLUXOGRAMA DO PROCESSO ORÇAMENTÁRIO

13.12.1 Com foco no plano estratégico

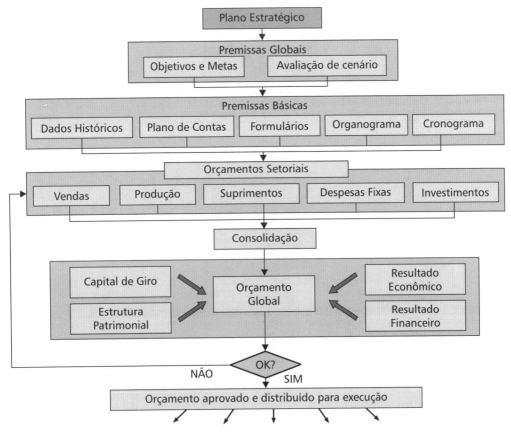

Figura 13.2 Plano estratégico e orçamentário.

Fonte: Profa. SILVIA PEREIRA, COFISC, IBMEC, 2014; PADOVEZE, 2007, p. 513.

13.12.2 Com foco nas metas organizacionais

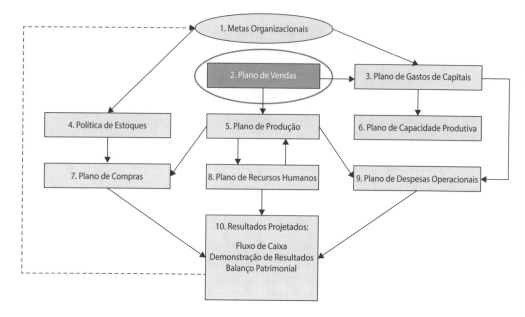

Figura 13.3 Processo orçamentário com foco nas metas organizacionais.
Fonte: Atkinson *et al.* (2000, p. 469).

13.13 CONSOLIDAÇÃO DO PROCESSO ORÇAMENTÁRIO DAS UNIDADES

Os orçamentos setoriais são consolidados para a formação do orçamento global, quando se obtém o resultado a ser apurado pela empresa, nos aspectos:

- Econômico → demonstrativo de resultado.
- Financeiro → **orçamento de caixa**.
- Patrimonial → balanço patrimonial.

As revisões e os ajustes podem ser feitos pelas seguintes razões:

- Grandes mudanças no cenário, premissas e *market share*.
- Necessidade de reposicionamento estratégico e/ou tático da empresa.
- Alinhamento entre o plano estratégico, o plano de negócios e o orçamento anual.
- Orçamento elaborado sem boa fundamentação técnica, apresentando grandes variações na execução nas contas/rubricas orçamentárias.

13.14 DO ORÇAMENTO EMPRESARIAL: *"CHECKLIST* DE APOIO"

O objetivo da análise é verificar se o orçamento empresarial é utilizado pelas empresas (de pequeno e médio porte) e se é considerado uma ferramenta útil de apoio à tomada de decisão e ao controle gerencial.

Mais especificamente, busca-se responder às seguintes questões:

- Essas empresas possuem um sistema de informação contábil-gerencial adequado à necessidade dos gestores, **principalmente** quanto ao fluxo de informações para elaboração e suporte do orçamento de caixa?
- Os princípios básicos de planejamento e controle são aplicados?
- Na percepção dos gestores, qual é o grau de adequação do processo orçamentário adotado na empresa?
- Existe um alinhamento conceitual quanto às bases de formulação e execução e controle do orçamento de pessoal, custeio, investimento, caixa e sua consolidação?

13.14.1 Oportunidades de melhorias – propostas

- Estruturação e dotação de recursos para funcionamento da área de controle orçamentário.
- Implantação do sistema orçamentário por unidades de negócios e funcionais.
- Treinamento constante, boa comunicação e preparação da cultura empresarial para utilizar ferramentas de orçamento e sistemas de *budget*.
- Criação e desenvolvimento de controles orçamentários.
- Incentivo a projeção de resultados a curto e médio prazo.
- Verificação dos critérios de projeção de captação/necessidades e aplicações financeiras por meio do orçamento de caixa.
- Análise de como foi projetado (memória de cálculo) o orçamento operacional de caixa, o EBITDA e o fluxo de caixa livre dos acionistas.
- Criação do comitê de orçamento e gestão de custos.
- Criação do comitê de **prevenção de perdas** nas áreas operacionais do negócio (identificar os custos e benefícios).
- Elaboração do plano de contas por centros de custos e/ou resultados.
- Análise dos desvios orçamentários relevantes e busca das causas e soluções tomadas.
- Acompanhamento mensal dos desvios nos orçamentos de pessoal, custeio, investimento e caixa (e diariamente).
- Manutenção de controle rigoroso sobre *overhead*. Estabelecer um limite (%) sobre as vendas líquidas projetadas.

- Manutenção de um controle rigoroso sobre os **custos indiretos** da empresa (não apropriados adequadamente aos produtos, serviços e/ou projetos – critério de rateio e/ou custeio baseado por atividade-ABC).

- Manutenção de um programa de controle de redução de **custos fixos** do negócio.

- Montagem de um programa de otimização de custos e eliminação de desperdícios.

- Criação de um programa de incentivo ao cumprimento de metas com recompensas e sistema de consequências que funcione.

- Verificação da existência de curvas e **GAPs estruturais** (físico e financeiro) de vendas-produção, custos e despesas em relação ao planejado/orçado e o realizado (analisar a série histórica e atual e verificar por que as metas acordadas não são cumpridas).

- Verificação de se o critério, as evidências e a base de cálculo de orçamentação das receitas, despesas e investimentos têm uma boa fundamentação, e se existe uma trilha de auditoria para facilidade de acesso, consulta e análise.

- Análise mensal da margem de contribuição orçada e realizada dos produtos (ou família, grupos) ou serviços e ou segmento de negócio. Atenção com as **margens negativas**.

- Análise e tomada de providências quanto ao relatório de auditoria sobre **fraquezas materiais** do processo orçamentário, quando houver.

- **Orçamento base zero (OBZ)**: segundo Lunkes (2003), com adaptação pelo autor, algumas premissas importantes devem ser observadas quando de sua implementação, como:

  - Definir a estratégia da organização, englobando objetivos de curto e longo prazo.

  - Mapear e desenhar cenários de atuação, assegurando a sobrevivência da empresa no pior cenário ou aproveitando as oportunidades advindas dos melhores cenários.

  - Ter um bom plano de contas (padronização, classificação e análise).

  - Identificar os **pacotes de decisão** dentro do processo orçamentário.

  - Definir a matriz de responsabilidade de atuação.

  - Acompanhar desvios, justificativas e ajustes e gerenciar de forma integrada e eficaz o OBZ.

  - Ter um bom programa de comunicação e capacitação dos gestores no âmbito estratégico, tático e operacional (Santanna, 2010).

	Janeiro		
Pacotes de decisão	Realizado	Previsto	Desvio
Aluguel de Veículos	3.250	3.500	(250)
Aluguel de Móveis	9.130	9.250	(120)
Aluguel Equip./Dados	3.980	4.000	(20)
Pacotes Aluguéis	**16.360**	**16.750**	**(390)**
Material Expediente	4.100	4.230	(130)
Telefone/Fax/Celular	4.020	3.680	340
Viagens e Estadas	7.900	8.240	(340)
Pacotes Utilidades	**16.020**	**16.150**	**(130)**
Salários	36.000	34.300	1.700
Encargos	32.340	31.200	1.140
Provisões	3.450	3.250	200
Treinamentos	1.400	1.300	100
Estagiários	2.300	2.600	(300)
Pacotes de Pessoal	**75.490**	**72.650**	**2.840**
Prédios	3.230	3.600	(370)
Móveis	2.100	2.300	(200)
Terceiros	4.200	40.000	2.000
Pacotes Manutenção	**47.330**	**45.900**	**1.430**
Total	**155.200**	**151.450**	**3.750**

O OBZ não é tão somente uma ferramenta aplicada aos gastos e às despesas. Ele pode ser vantajoso e gerar vultosos ganhos em qualquer etapa da gestão orçamentária, como em projeção de vendas, custos variáveis, despesas com pessoal, gastos, investimentos operacionais etc. Além disso, o OBZ possibilita igualmente mapear economias potenciais em novos produtos, inovação ou projetos de expansão.

CONCLUSÕES

A globalização e a competição global vêm exigindo das empresas a adoção de estratégias para manutenção de clientes e para vencer a concorrência. O sucesso de uma organização está atrelado não somente a boa gestão, mas também às ferramentas que os gestores utilizam para auxiliá-los nesta tarefa.

A maioria das empresas de grande porte e multinacionais tem entre suas responsabilidades desenvolver orçamentos para seus períodos de operação. Um orçamento empresarial deve detalhar quais serão as receitas, despesas, investimentos e caixa da companhia dentro de períodos futuros.

A elaboração de um orçamento deve sempre ser feita com base nas premissas e tendências previstas, nunca limitando a sua elaboração ao histórico, aos resultados e pressupostos passados. A adaptação de uma estratégia deste tipo, de elaboração de orçamentos exclusivamente com base nos pressupostos passados constitui um erro estratégico, cujo resultado é invariavelmente o desperdício.

O orçamento empresarial deve ser amplamente utilizado como ferramenta de apoio às decisões e ao controle gerencial. A constituição de uma estrutura formal de planejamento e acompanhamento dos resultados de curto e longo prazo, bem como a definição de estratégias de ação para o cumprimento dos objetivos gerais da organização devem servir de base para a elaboração de um orçamento empresarial.

Resumindo, podemos dizer que o sucesso de um planejamento orçamentário está baseado na flexibilidade e na capacidade para responder a mudanças, na tradução perfeita da estratégia e na capacidade de democratizar as informações gerenciais da empresa, convertendo-se em uma ferramenta de negócios ágil e dinâmica, que ajudará a comunicar, organizar, capacitar e controlar o ambiente interno e externo da empresa, aliando o seu pensamento estratégico.

Anexo 1 – Relatório da administração – Quadro auxiliar

DESEMPENHO ECONÔMICO E FINANCEIRO em Reais

1 – Quadro de vendas (ano corrente em relação ao ano anterior)	20X1	20X2	VAR. %
1.1 Volume físico de vendas			
1.1.1 Mercado interno			
1.1.2 Mercado externo			
1.2 *Market-share* %			
2 – DADOS ECONÔMICOS E FINANCEIROS – R$			
2.1 Receita operacional bruta			
2.2 Receita operacional líquida – ROL			
2.3 Lucro bruto			
2.4 Lucro (prejuízo) operacional			
2.3 EBITDA			
2.4 EBITDA ajustado			
2.5 Resultado financeiro			
2.6 Lucro (prejuízo) líquido			
2.7 Lucro (prejuízo) líquido por ação			
2.8 Capital circulante líquido			
2.9 Ativo total			
2.10 Investimentos			
2.10.1 Imobilizado			
2.10.2 Intangível			
2.10.3 Em controladas e coligadas			
2.10.4 Valor do *impairment* no ano-R$			

2.11 Estrutura de capital	20X1	20X2	VAR. %
2.11.1 Dívida bruta			
2.12.2 Dívida líquida			
2.13.3 Patrimônio líquido			
3 – INDICADORES ECONÔMICOS E FINANCEIROS			
3.1 Margem EBITDA %			
3.2 Margem EBIT %			
3.3 Margem bruta %			
3.4 Margem operacional %			
3.5 Margem líquida %			
3.6 Margem: despesas operacionais totais/ROL %			
3.7 Margem de contribuição (por segmento de negócio, produto ou consolidada) %			
3.8 Margem – EVA – valor econômico agregado (%)			
3.9 Valor apurado EVA – valor econômico agregado R$			
3.10 Cobertura de juros (EBITDA/resultado financeiro) – em vezes			
3.10.1 Índice de cobertura de juros (EBIT/Resultado financeiro)			
3.11 Dívida líquida/EBITDA – em vezes (em 12 meses)			
3.12 EBITDA Anual/Dívida liquida %			
4 – AÇÕES – R$			
4.1 Valor patrimonial da ação			
4.2 Lucro líquido por ação			
4.3 Distribuição de dividendos e JSCP			
4.4 P/L = Preço/lucro por ação			
5 – FLUXO DE CAIXA R$			
5.1 Caixa e equivalente de caixa no final do exercício			
5.2 Caixa oriundo das atividades operacionais			
5.3 Caixa aplicado nas atividades de investimentos			
5.4 Caixa gerado nas atividades de financiamento			
5.5 Efeito cambial no caixa do exercício (se houver)			
5.6 Aumento (diminuição) da disponibilidade de caixa			

6 – ENDIVIDAMENTO – Composição R$			
6.1 Endividamento de curto prazo			
6.2 Endividamento de longo prazo			
6.3 Total da dívida (*)			
6.4 Disponibilidades			
6.5 Títulos públicos federais (vencimento superior a 90 dias)			
6.6 Disponibilidades ajustadas (6.4 + 6.5)			
6.7 Endividamento Líquido (6.3 – 6.6)			
6.8 Endividamento líquido/(endividamento liquido + Patrimônio líquido) %			
6.9 Passivo total Líquido			
6.10 Saldo total da conta de Provisões R$			
6.10.1 Classificadas como **Prováveis** no balanço R$			
6.10.2 Classificadas como **Possíveis** em nota explicativa R$			
7. Estrutura de capital (capital de terceiros /Passivo total) %			
8. US$ Milhões total			
Endividamento curto prazo			
Endividamento longo prazo			
9. Ativos e Passivos Sujeitos à Variação Cambial (nota1)			
Ativo circulante			
Ativo Não circulante			
Total do ativo			
Passivo Circulante			
Passivo não circulante			
Total do Passivo			
Ativo (Passivo) Líquido em Reais			

* Inclui arrendamentos mercantis financeiros.

Nota (1) Praticamente todas as receitas e despesas das atividades brasileiras são denominadas e pagas em reais. Quando há a depreciação do real em relação ao dólar norte-americano, tal como ocorreu no exercício de 2011, com uma desvalorização de relevante porcentagem, o resultado é basicamente o aumento de receitas e despesas expressas em dólares norte-americanos. Todavia, a depreciação do real em relação ao dólar norte-americano afeta de diferentes maneiras as contas do balanço patrimonial da empresa.

Anexo 2 – Visão contábil

DEMONSTRAÇÃO DOS FLUXOS DE CAIXA (DFC)

A demonstração do fluxo de caixa (DFC) passou a ser um relatório obrigatório pela contabilidade para todas as sociedades de capital aberto ou com patrimônio líquido superior a R$ 2.000.000,00 (dois milhões de reais).

Esta obrigatoriedade vigora desde 1º-1-2008, por força da Lei nº 11.638/07, e dessa forma torna-se mais um importante relatório para a tomada de decisões gerenciais.

A Deliberação CVM nº 547/08 aprovou o Pronunciamento Técnico CPC 03, que trata da demonstração do fluxo de caixa.

De forma condensada, esta demonstração indica a origem de todo o dinheiro que entrou no caixa em determinado período e, ainda, o resultado do fluxo financeiro. Assim como a demonstração de resultados de exercícios, a DFC é uma demonstração dinâmica e também está contida no balanço patrimonial.

A demonstração do fluxo de caixa irá indicar quais foram as saídas e entradas de dinheiro no caixa durante o período e o resultado desse fluxo.

AS PRINCIPAIS TRANSAÇÕES QUE AFETAM O CAIXA

A seguir, relacionaremos em dois grupos as principais transações que afetam o caixa.

a) Transações que aumentam o caixa (disponível)

- Integralização do capital pelos proprietários em dinheiro.
- Empréstimos bancários e financiamentos oriundos das instituições financeiras.
- Vendas de ativos não circulantes.
- Outras entradas (juros recebidos, indenizações de seguros, recebimentos de clientes etc.).

b) Transações que diminuem o caixa (disponível)

- Pagamento de dividendos aos acionistas.
- Pagamento de juros, correção monetária de dívidas.

- Aquisição de itens do ativo não circulante.
- Compra à vista e pagamento de fornecedores.
- Pagamentos de despesas/custo, contas a pagar e outros.

c) Transações que não afetam o caixa

Dentre as transações realizadas pela empresa, algumas não afetam o caixa, isto é, não há encaixe nem desencaixe de dinheiro, como, por exemplo: – Depreciação, amortização e exaustão; – Provisão para devedores duvidosos; – Acréscimo ou diminuições de investimentos avaliados pelo método de equivalência patrimonial, sem significar que houve vendas ou novas aquisições.

APRESENTAÇÃO DO RELATÓRIO DE FLUXO DE CAIXA

Seguindo as tendências internacionais, o fluxo de caixa pode ser incorporado às demonstrações contábeis tradicionalmente publicadas pelas empresas. Basicamente, o relatório de fluxo de caixa deve ser segmentado em três grandes áreas:

I – Atividades Operacionais.

II – Atividades de Investimento.

III – Atividades de Financiamento.

As Atividades Operacionais são explicadas pelas receitas e gastos decorrentes da industrialização, comercialização ou prestação de serviços da empresa. Estas atividades têm ligação com o capital circulante líquido da empresa.

As Atividades de Investimento são os gastos efetuados no realizável a longo prazo, em investimentos, no imobilizado ou no intangível, bem como as entradas por venda dos ativos registrados nos referidos subgrupos de contas.

As atividades de financiamento são os recursos obtidos do passivo não circulante e do patrimônio líquido. Devem ser incluídos aqui os empréstimos e financiamentos de curto prazo. As saídas correspondem à amortização dessas dívidas e os valores pagos aos acionistas a título de dividendos, distribuição de lucros.

MONTAGEM DOS FLUXOS DE CAIXA

Método direto

De acordo com o método direto, as informações sobre as principais classes de entradas e saídas de caixa podem ser obtidas:

1) dos registros contábeis da entidade; ou
2) ajustando as vendas, os custos das vendas e outros itens da demonstração do resultado referentes a:

a) mudanças ocorridas no período nos estoques e nas contas operacionais a receber e a pagar;

b) outros itens que não envolvem caixa; e

c) outros itens cujos efeitos no caixa sejam fluxos de caixa decorrentes das atividades de financiamento e de investimento.

EXEMPLO DE APRESENTAÇÃO DE DFC PELO MÉTODO DIRETO

(Conforme Pronunciamento CPC 03)

1. **Fluxos de caixa das atividades operacionais**

   (+) Recebimentos de clientes

   (−) Pagamentos a fornecedores e empregados

   (+) Caixa gerado pelas operações

   (−) Juros pagos

   (−) Imposto de renda e contribuição social pagos

   (−) Imposto de renda na fonte sobre dividendos recebidos

   (=) Caixa líquido proveniente das atividades operacionais

2. **Fluxos de caixa das atividades de investimento**

   (−) Aquisição da controlada × líquido do caixa incluído na aquisição

   (−) Compra de ativo imobilizado

   (+) Recebido pela venda de equipamento

   (+) Juros recebidos

   (+) Dividendos recebidos

   (=) Caixa líquido usado nas atividades de investimento

3. **Fluxos de caixa das atividades de financiamento**

   (+) Recebido pela emissão de ações

   (+) Recebido por empréstimo a longo prazo

   (−) Pagamento de passivo por arrendamento

   (−) Dividendos pagos

   (=) Caixa líquido usado nas atividades de financiamento

4. **Aumento líquido de caixa e equivalentes de caixa**

   Caixa e equivalentes de caixa no início do período

Caixa e equivalentes de caixa ao fim do período

EXEMPLO DE APRESENTAÇÃO DE DFC PELO MÉTODO DIRETO

(Conforme FAS 95)

A seguir mostraremos um modelo simplificado de DFC pelo método direto, baseado no modelo FAS 95, ou seja, fazendo uma segregação dos tipos de atividades:

1. **Das Atividades Operacionais**
   (+) Recebimentos de clientes e outros

   (–) Pagamentos a fornecedores

   (–) Pagamentos a funcionários

   (–) Recolhimentos ao governo

   (–) Pagamentos a credores diversos

2. **Das Atividades de Investimentos**
   (+) Recebimento de venda de imobilizado

   (–) Aquisição de ativos não circulantes

   (+) Recebimento de dividendos

3. **Das Atividades de Financiamentos**
   (+) Novos empréstimos

   (–) Amortização de empréstimos

   (+) Emissão de debêntures

   (+) Integralização de capital

   (–) Pagamento de dividendos

4. **Aumento/Diminuição nas Disponibilidades**

Método indireto

O método indireto é aquele pelo qual os recursos provenientes das atividades operacionais são demonstrados a partir do lucro líquido, ajustado pelos itens considerados nas contas de resultado, porém sem afetar o caixa da empresa.

O método indireto é feito com base nos ajustes do lucro líquido do exercício que se encontra na demonstração de resultado.

Primeiro passo: Os itens operacionais que não usaram dinheiro, mas foram deduzidos como despesas devem ser acrescentados de volta ao lucro do exercício, como é o caso da depreciação.

Anexo 2 – Visão contábil 373

Segundo passo: As alterações ocorridas no capital circulante líquido (AC e PC) também devem ser ajustadas, porque estão relacionadas com as atividades operacionais.

EXEMPLO DE DEMONSTRAÇÃO DOS FLUXOS DE CAIXA PELO MÉTODO INDIRETO

(Conforme Pronunciamento CPC 03)

1. Fluxos de caixa das atividades operacionais

(+) Lucro líquido antes do imposto de renda e contribuição social

Ajustes por:

(+) Depreciação

(+) Perda cambial

(–) Renda de investimentos

(+) Despesas de juros

(–) Aumento nas contas a receber de clientes e outros

(+) Diminuição nos estoques

(–) Diminuição nas contas a pagar – fornecedores

(+) Caixa proveniente das operações

(–) Juros pagos

(–) Imposto de renda e contribuição social pagos

(–) Imposto de renda na fonte sobre dividendos recebidos

(=) Caixa líquido proveniente das atividades operacionais

2. Fluxos de caixa das atividades de investimento

(–) Aquisição da controlada × menos caixa líquido incluído na aquisição

(–) Compra de ativo imobilizado

(+) Recebimento pela venda de equipamento

(+) Juros recebidos

(+) Dividendos recebidos

(–) Caixa líquido usado nas atividades de investimento

3. Fluxos de caixa das atividades de financiamento

(+) Recebimento pela emissão de ações

(+) Recebimento por empréstimos a longo prazo

(–) Pagamento de obrigação por arrendamento

(–) Dividendos pagos[1]

(–) Caixa líquido usado nas atividades de financiamento

---

1 *Esse valor também pode ser apresentado no fluxo de caixa das atividades operacionais.*

4. Aumento líquido de caixa e equivalente de caixa
Caixa e equivalente de caixa no início do período
Caixa e equivalente de caixa no fim do período

OUTRO EXEMPLO:

1. Fluxo de caixa operacional líquido
Lucro líquido

(–) Aumento de estoques

(+) Depreciação

(–) Aumento de clientes

(+) Pagamento a funcionários

(+) Contas a pagar

(+) Pagamentos de impostos e tributos

(+) Aumentos de fornecedores

2. Das atividades de investimentos
(+) Recebimento de venda de imobilizado

(–) Aquisição de ativo não circulante

(+) Recebimento de dividendos

3. Das atividades de financiamentos
(+) Novos empréstimos

(–) Amortização de empréstimos

(+) Emissão de debêntures

(+) Integralização de capital

(–) Pagamento de dividendos

4. Aumento/diminuição nas disponibilidades

ACRÉSCIMOS NOS ATIVOS OU PASSIVOS

Quando há um aumento nos ativos circulantes (estoques, contas a receber), o raciocínio é que foi usado dinheiro do caixa, para comprar estoques ou conceder crédito a clientes. De maneira inversa, se os estoques ou clientes diminuírem é porque a empresa está tendo receita ou recebimento de clientes.

Nota: *os aumentos do ativo circulante usam caixa, as diminuições produzem caixa.*

Os aumentos do Passivo Circulante têm o efeito oposto sobre o caixa. Quando os fornecedores concedem créditos, o caixa é liberado para outras atividades. Quando a empresa diminui a conta de fornecedores, é que ela está usando caixa para solver compromissos.

Nota: *os aumentos do passivo circulante produzem caixa, as diminuições usam caixa.*

Todos estes ajustes fazem parte das atividades operacionais. As demais atividades de investimento e de financiamento serão elaboradas nos mesmos moldes do método direto, usando-se para tanto os dados do balanço patrimonial.

CONCLUSÕES

A demonstração é uma ferramenta que permite ao administrador financeiro melhorar o planejamento financeiro da empresa, conseguindo, com isso, que o caixa fique livre de excessos e que a empresa conheça antecipadamente as suas necessidades de dinheiro.

Dessa maneira, deverá sempre ser comparada com o efetivo desempenho de caixa da empresa para poder alcançar toda a sua utilidade nas previsões orçamentárias e de investimentos, assim como ser aperfeiçoada para tornar-se cada vez mais objetiva e próxima da realidade.

Fonte: www.portaldecontabilidade.com.br.

Anexo 3 – Extrato – Fontes de financiamento de empresa e uso de capital de terceiros

1 FONTES DE FINANCIAMENTO A CURTO PRAZO GARANTIDO

1.1 Empréstimos com garantia a curto prazo

Empréstimo a curto prazo com garantia é aquele pelo qual o credor exige ativos como colaterais (qualquer ativo sobre o qual o credor passa a ter direito legal caso o tomador não cumpra o contrato), geralmente em forma de duplicatas a receber ou estoques. O credor adquire o direito de uso do colateral mediante a execução de um contrato (contrato de garantia) firmado entre ele e a empresa tomadora.

As duas técnicas mais utilizadas pelas empresas para obter financiamento a curto prazo com garantias são: caução de duplicatas e *factoring* de duplicatas:

a) **Caução de duplicatas a receber**: caução de duplicatas é, por vezes, usada para garantir empréstimo a curto prazo, uma vez que as duplicatas apresentam significativa liquidez.

Tipos de caução

As duplicatas são caucionadas numa base seletiva. O credor potencial analisa os registros de pagamento passados das duplicatas com o objetivo de determinar quais duplicatas representam colateral aceitável para empréstimos.

Um segundo método é vincular todas as duplicatas da empresa. Esse tipo de contrato de alienação flutuante é normalmente usado quando a empresa possui muitas duplicatas que, em média, têm apenas um pequeno valor. Nesse caso não se justificaria o custo de avaliar cada duplicata separadamente a fim de determinar se ela é aceitável.

Processo para caução de duplicatas

Quando uma empresa solicita um empréstimo contra duplicatas a receber, em primeiro lugar o credor avaliará as duplicatas da empresa, a fim de determinar se são aceitáveis como colateral. Além disso, elaborará uma lista das duplicatas aceitáveis,

COMO ADMINISTRAR O FLUXO DE CAIXA DAS EMPRESAS • *Silva*

contendo as datas de vencimento e montantes. Se o tomador solicitar um empréstimo em valor fixo, o credor precisará selecionar apenas as duplicatas suficientes para garantir os fundos solicitados. Em alguns casos, o tomador poderá desejar o empréstimo máximo possível. Nessa situação, o credor avaliará todas as duplicatas, a fim de determinar o máximo de colateral aceitável.

b) **Factoring de duplicatas a receber**: o *factoring* de duplicatas a receber envolve a venda direta de duplicatas a um capitalista (*factor*) ou outra instituição financeira. O *factor* é uma instituição financeira que compra duplicatas a receber de empresas. O *factoring* de duplicatas não envolve realmente um empréstimo a curto prazo, porém é semelhante ao empréstimo garantido por duplicatas.

Contrato de *factoring*

O *factoring* é feito normalmente com notificação e os pagamentos são efetuados diretamente ao *factor*. Ademais, em sua maioria, as vendas de duplicatas a um *factor* são feitas sem opção de recurso. Isso significa que o *factor* concorda em aceitar todos os riscos de crédito; se as duplicatas forem incobráveis, terá que absorver as perdas.

Uso de estoque como colateral

Nos ativos circulantes da empresa, o estoque é o colateral mais desejável após as duplicatas, em face da sua negociação no mercado por valores similares ao seu valor contábil, que é usado para fixar seu valor como colateral.

1.2 Empréstimos com alienação

Um credor poderá estar disposto a garantir um empréstimo com alienação de estoque, se uma empresa tiver um nível estável de estoque que consista num conjunto diversificado de mercadorias, e desde que cada item não tenha um valor muito alto. Já que é difícil para um credor verificar a existência do estoque, geralmente ele adiantará valores inferiores a 50% do valor contábil do estoque médio.

Empréstimos com alienação fiduciária

Nesses casos o tomador recebe a mercadoria e o credor adianta algo em torno de 80% do valor de seu preço. O credor obtém uma alienação sobre os itens financiados, que contém uma listagem de cada item financiado, bem como sua descrição e número de série. O tomador fica liberado para vender a mercadoria, mas se responsabiliza por enviar ao credor o montante tomado em empréstimo para cada item, acrescido dos juros, imediatamente após a venda. O credor, então, libera a alienação respectiva.

1.3 Empréstimos com certificado de armazenagem

É um contrato pelo qual o credor, que poderá ser um banco ou uma financeira, assume o controle do colateral caucionado, que poderá ser estocado ou armazenado por um agente designado pelo credor. Após selecionar o colateral aceitável, o credor arrenda uma empresa armazenadora para tomar posse do estoque fisicamente.

São possíveis dois tipos de contratos de armazenagem: armazéns gerais e armazéns de "campo". Independentemente de se optar por um armazém geral ou de "campo", a empresa de armazenagem toma conta do estoque. Só mediante aprovação escrita do credor, pode-se liberar qualquer parcela do estoque garantido.

2 FONTES DE FINANCIAMENTO A LONGO PRAZO

2.1 Empréstimos

Empréstimo a longo prazo pode ser caracterizado como dívida que tem maturidade superior a um ano. É obtido junto a uma instituição financeira como um empréstimo a prazo ou através da venda de títulos negociáveis, que são vendidos a um número de credores institucionais e individuais. O processo de venda dos títulos, tal como de ações, é geralmente acompanhado por um banco de investimento (uma instituição financeira que auxilia em colocações privadas e assume um papel relevante em ofertas públicas). Empréstimos a longo prazo propiciam alavancagem financeira, sendo um componente desejável na estrutura de capital, desde que atenda a um menor custo de capital médio ponderado.

Custo do financiamento a longo prazo

O custo do financiamento a longo prazo é, geralmente, maior do que o custo do financiamento a curto prazo. O contrato de financiamento a longo prazo, além de conter cláusulas padronizadas e cláusulas restritivas, especifica a taxa de juros, o *timing* dos pagamentos e as importâncias a serem pagas. Os fatores que afetam o custo ou a taxa de juros de um financiamento a longo prazo são o vencimento do empréstimo, o montante tomado e, mais importante, o risco do tomador e o custo básico do dinheiro.

Vencimento do empréstimo

Geralmente, os empréstimos a longo prazo têm maiores taxas de juros do que aqueles a curto prazo, em razão de vários fatores:

a) a expectativa geral de maiores taxas futuras de inflação;

b) a preferência do credor por empréstimos de períodos mais curtos, mais líquidos; e

c) a maior demanda por empréstimos a longo prazo do que a curto prazo.

Montante do empréstimo

O montante do empréstimo afeta de maneira inversa o custo dos juros sobre o empréstimo. Os custos de administração de empréstimos provavelmente decresçam, quanto maior for o montante do empréstimo. Por outro lado, o risco do credor aumenta, pois empréstimos maiores resultam em menor grau de diversificação. O montante do empréstimo que cada tomador procura obter precisa, portanto, ser avaliado para que se determine a relação custo líquido administrativo × risco.

Risco financeiro do tomador

Quanto maior a alavancagem operacional do tomador, maior o grau de risco operacional. Também, quanto maior o seu grau de endividamento ou o seu índice exigível a longo prazo, maior o seu risco financeiro. A preocupação do credor é com a capacidade do tomador para reembolsar o empréstimo solicitado. Essa avaliação global do risco operacional e financeiro do tomador, bem como informações sobre os padrões históricos de pagamentos, são usadas pelo credor, ao determinar a taxa de juros sobre qualquer empréstimo.

Custo básico do dinheiro

O custo do dinheiro é a base para se determinar a taxa de juros real a ser cobrada. Geralmente, a taxa de juros de títulos do governo, com seus vencimentos equivalentes, é usada como o custo básico (menor risco) do dinheiro. Para determinar a taxa real de juros a ser cobrada, o credor adicionará prêmios pelo tamanho do empréstimo e risco do tomador ao custo básico do dinheiro para determinado prazo de vencimento.

2.2 Debêntures

Base legal: Lei nº 6.404/76

Emitentes: qualquer sociedade comercial constituída sob forma de sociedade por ações (com exceção das instituições financeiras – não é o caso da sociedade de arrendamento mercantil).

Finalidade: captação de recursos de terceiros a médio e longo prazos para capital de giro e capital fixo.

Debêntures são títulos de dívida, cuja venda permite à empresa a obtenção de financiamento geral para as suas atividades, ao contrário de muitas linhas de empréstimo e financiamento existentes no Brasil, principalmente os chamados fundos especiais, que exigem um projeto indicando detalhadamente onde e como os recursos solicitados serão aplicados.

Tipos de debêntures (Lei nº 6.404/76 alterada pela Lei nº 12.431/11).

Debêntures sem garantias: são emitidas sem caução de qualquer tipo específico de colateral, representando, portanto, uma reivindicação sobre o lucro da empresa, não sobre seus ativos, existindo três tipos básicos:

Anexo 3 – Extrato – Fontes de financiamento de empresa e uso de capital de terceiros

a) **Debêntures:** têm uma reivindicação sobre quaisquer ativos da empresa que restarem após terem sido satisfeitas as reivindicações de todos os credores com garantia.

b) **Debêntures subordinadas:** são aquelas que estão especificamente subordinadas a outros tipos de dívida. Embora os possuidores de dívida subordinada se alinhem abaixo de todos os outros credores de longo prazo quanto à liquidação e ao pagamento de juros, suas reivindicações precisam ser satisfeitas antes que as dos acionistas comuns e preferenciais.

c) **Debêntures de lucros:** exige o pagamento de juros somente quando existirem lucros disponíveis. Em vista de ser bastante frágil para o credor, a taxa de juros estipulada é bastante alta.

Debêntures com garantias – os tipos básicos são:

a) **Debêntures com hipoteca:** é uma debênture garantida com um vínculo sobre a propriedade real ou edificações. Normalmente o valor de mercado do colateral é maior do que o montante da emissão de debênture.

b) **Debêntures garantidas por colateral:** se o título possuído por um agente fiduciário consistir em ações e/ou debêntures de outras companhias, as debêntures garantidas, emitidas contra este colateral, são chamadas de debêntures garantidas por colateral. O valor do colateral precisa ser de 20 a 30% superior ao valor das debêntures.

c) **Certificados de garantias de equipamentos:** a fim de obter o equipamento, um pagamento inicial é feito pelo tomador ao agente beneficiário, e este vende certificados para levantar os fundos adicionais exigidos para comprar o equipamento do fabricante. A empresa paga contraprestações periódicas ao agente fiduciário, que então paga dividendos aos possuidores de debêntures.

2.3 Ações

Base legal: Lei nº 6.404/76 (Lei das Sociedades Anônimas).

Conceito: título negociável emitido por sociedade anônima e que representa a menor parcela do seu capital social (capital social dividido em ações).

Vantagens:

- **Dividendo:** parcela do lucro distribuída aos acionistas (limites legais do total).
- **Bonificação:** distribuição gratuita de novas ações aos acionistas em decorrência de aumento de capital ou transformação de reservas.
- **Subscrição:** quando da emissão de novas ações, o acionista tem a preferência na aquisição destas a preço favorecido (direito garantido por 30 dias).

Espécies:

- **Ordinárias:** dão direito a voto e, por conseguinte, possibilitam os acionistas participarem da gestão da empresa.
- **Preferenciais:** não têm direito a voto. Possuem preferência no recebimento dos lucros. No caso de a empresa falir, serão as primeiras ações a receberem.

Formas:

- **Nominativa:** tem certificado onde consta o nome do acionista. Sua transferência exige novo registro.
- **Escritural:** não tem certificado. O controle é feito numa conta de depósito em nome do acionista (numa corretora de valores).

2.3.1 Ações ordinárias

Os verdadeiros proprietários de uma empresa são os acionistas comuns, ou seja, aqueles que investem seu dinheiro na expectativa de retornos futuros. Um acionista comum é, às vezes, conhecido como proprietário residual, pois, em essência, recebe o que restar após terem sido satisfeitas todas as outras reivindicações sobre o lucro e ativos da empresa. Como resultado dessa posição geralmente incerta, ele espera ser compensado por dividendos e ganhos de capital adequados.

Geralmente, cada ação ordinária dá direito a seu possuidor a um voto na eleição de diretores ou em outras eleições especiais. Os votos são assinados e devem ser depositados na assembleia geral ordinária.

2.3.2 Ações preferenciais

A ação preferencial dá a seus possuidores certos privilégios que lhes conferem direitos preferenciais em relação aos acionistas comuns. Por esse motivo, geralmente não é emitida em grandes quantidades. Os acionistas preferenciais têm um retorno periódico fixo, que é estipulado como porcentagem ou em dinheiro. Em outras palavras, pode-se emitir ação preferencial de 5% ou ação preferencial de $ 5,00.

A ação preferencial é uma forma de capital próprio, de um ponto de vista legal e fiscal. O que é importante, porém, é que os titulares de ações preferenciais às vezes não possuem direito de voto.

Para maiores esclarecimentos acessar o *site*: http://www.coladaweb.com/administracao/fontes-de-financiamento-de-empresa-e-uso-de-capital-de-terceiros (Prof. José Alves de Oliveira Jr., com adaptações pelo autor).

Anexo 4 – Para reflexão: avaliação de empresas – Perguntas-chave

Somente a título de orientação, ao se **avaliar uma empresa de forma global**, algumas perguntas-chave devem ser entendidas e respondidas, conforme as questões a seguir:

1 – A empresa possui um **plano estratégico**? Qual é o seu prazo de previsão? Como ele é avaliado para efeito de ajustes de cenários, revisão de premissas básicas, tendências e alinhamento dos negócios?

2 – Existe um **plano de negócios**? Ele está alinhado ao plano estratégico da empresa? Qual é sua periodicidade? Como seu desempenho é mensurado? Quais são os indicadores-chave de *performance* da empresa utilizados realmente no processo de tomada de decisões gerenciais pela diretoria executiva?

3 – De maneira geral, o **valor do negócio** é o assunto preferido dos negociadores; quanto vale a empresa? Existe algum laudo ou estudo técnico de avaliação do negócio (*valuation*)? O preço fixado está dentro da realidade de mercado? Existe algum diferencial em relação à concorrência?

3.1 Em que **cenário** esse preço está sendo considerado? Qual é o valor da **receita líquida, lucro líquido e do ativo em dólares** da empresa?

4 – Qual é a **taxa interna de retorno** (%) utilizada para se chegar a esse preço? O retorno do investimento se dará em **quanto tempo**?

5 – Qual é o seu *market share* (%) no mercado?

6 – Qual é o índice (%) médio de **inadimplência** dos clientes?

6.1 Qual é o índice (%) médio setorial do segmento de atuação?

6.2 Qual é o índice (%) médio do principal concorrente?

7 – Qual é a **lucratividade** operacional (%) e líquida (%) nos últimos três anos da empresa?

7.1 A linha de lucro não operacional na Demonstração de Resultados do exercício foi relevante? Procure entender melhor esse resultado e o impacto no fluxo de caixa, se houver.

7.2 De forma similar, também existem no fluxo de caixa a linha de recebimentos extraordinários e/ou eventuais relevantes. Procure entender essas operações. Fique atento!

8 – Qual foi o **EBITDA** e **EBIT** da empresa nos últimos três anos? Está dentro da **média setorial** do segmento de negócio?

8.1 O lucro econômico gerado da atividade (EBITDA) está se transformando realmente em caixa? Como é feito esse acompanhamento financeiro?

8.2 Qual é o valor e percentual (%) do *overhead* sobre as vendas/receitas líquidas da empresa nos últimos três anos?

8.3 A empresa possui um sistema de controle (rateio é muito questionado!) efetivo na apuração de custo fixo e também de custos indiretos normalmente de difícil gerenciamento para efeito de identificação e apropriação nos custos dos produtos e serviços? Como está sendo calculado o **mark-up** (estrutura dos custos e coeficiente de formação de preços – multiplicador ou divisor) dos produtos, serviços ou projetos?

8.4 A carteira de projetos da empresa é avaliada periodicamente pelo método do VPL positivo? Existem projetos descontinuados com custos afundados relevantes? Qual o valor, o motivo e quais foram as providências tomadas?

9 – Qual é a sua **margem de contribuição** por produto ou segmento de negócio?

10 – Como está sua **imagem e reputação** no mercado? Existe alguma pesquisa de mercado atual?

10.1 Os bens intangíveis (marcas, patentes, *goodwill* etc.) estão registrados adequadamente e avaliados periodicamente por empresa especializada?

11 – Quais são os seus principais **concorrentes, clientes e fornecedores**?

11.1 Procure entender melhor o funcionamento da **Cadeia de Valor** do negócio (representa o conjunto de atividades desempenhadas por uma organização desde as relações com os fornecedores e ciclos de produção e de venda até à fase da distribuição final).

12 – A empresa atua também no **mercado externo** e com captação de recursos através do mercado financeiro e de capitais, inclusive com sócios estrangeiros, e participa de consórcios?

13 – Qual é a **tendência** de mercado nesse segmento de negócio? É uma empresa de uso intensivo de alta tecnologia?

13.1 É possível identificar o **ciclo de vida** da empresa (negócio) e sua competitividade no mercado (fase inicial, sobrevivência, expansão e maturidade)?

13.2 É uma empresa de uso intensivo de mão de obra? Caso positivo, entender a atividade operacional e seu mercado de atuação.

14 – Qual é a sua estrutura de capital e **endividamento** (alavancagem financeira) bruto e líquido e em quais prazos?

14.1 Qual é o índice (%) de **imobilização** de capital na empresa? É financiado com recursos de curto ou longo prazo? Próprios, de terceiros ou ambos? Quais são os prazos de financiamentos?

14.2 Quanto representa a dívida líquida e bruta/ EBITDA (12 meses)?

14.3 Quanto representa o Índice Cobertura de Juros (Resultado Operacional (EBIT)/ Despesa de juros) nos últimos três anos (o índice de cobertura de juros mensura a capacidade da empresa de fazer pagamentos de juros contratuais, isto é, atender às

Anexo 4 – Para reflexão: avaliação de empresas – Perguntas-chave

obrigações da dívida. Quanto maior for esse índice, mais capaz será a empresa de atender às obrigações da dívida)?

15 – Qual é a capacidade de geração de **lucros e de caixa**? A empresa é muito demandada por capital de giro? Como é seu ciclo operacional, econômico e financeiro?

15.1 A empresa tem um bom **giro de estoques**? Em caso negativo, entender os motivos e ações tomadas. Adota o critério de controle e avaliação gerencial pelo sistema ABC (Pareto 80/20)?

16 – Existe algum problema financeiro atualmente quanto ao **efeito tesoura e de *overtrading*** no planejamento financeiro da empresa?

16.1 A necessidade de capital de giro (NCG) é positiva ou negativa no fluxo de caixa?

17 – A empresa utiliza muito a atividade financeira de **cessão de créditos** em operações de *factoring* ou securitização de ativos? Em caso positivo, avaliar o custo financeiro dessas operações.

18 – Qual é o **ponto de equilíbrio** do fluxo de caixa da empresa?

18.1 Qual é o valor calculado do caixa mínimo operacional nos últimos 12 meses?

19 – Qual é o seu investimento para a área de **tecnologia da informação e comunicação para os próximos três anos**?

20 – Quais serão os novos **planos de investimentos e seus valores previstos para os próximos três anos**?

21 – Quanto será investido em **"pesquisa e desenvolvimento"** de novos produtos, serviços e ou projetos (se houver), nos próximos três anos?

22 – Quem são os **administradores** da empresa (principalmente quanto ao **Diretor-Presidente (CEO)** e ao Presidente do Conselho de administração (*chairman*), se houver)?

23 – A empresa esteve (existe algum termo de ajuste de conduta (TAC) em andamento?) ou está relacionada com algum problema e ou contingência de caráter relevante, junto aos órgãos reguladores e de fiscalização, em relação aos **aspectos contábeis, fiscais (planejamento tributário, abuso de forma) e ambientais**?

24 – Os **sistemas de controles internos** (governança, riscos, *compliance* e auditorias) estão num estágio de maturidade em que podem ser considerados realmente independentes quanto à avaliação da gestão da empresa?

25 – Houve alguma *due diligence* conduzida por terceiros nos últimos três anos? Em caso positivo, o relatório está disponível para acesso e consultas?

26 – Existe algum problema quanto ao registro contábil de **provisões para contingências** relevantes (inclui meio ambiente) não registradas no balanço patrimonial da empresa? Em caso positivo, entender os motivos e sua valoração.

27 – Qual é o **número de empregados** existentes na empresa por segmento: negócio, suporte, gestão e total? Quantos diretores e gerentes a empresa possui? Possui contabilidade por **centro de resultados, lucros, custos** etc.?

28 – Quantas **empresas controladas, coligadas e subsidiárias integrais e também filiais/sucursais/escritórios de representação** a empresa possui no Brasil e no exterior, se houver?

29 – Os **relatórios (pareceres)** emitidos pelos **auditores independentes, comitê de auditoria** e **conselho fiscal**, se houver, tiveram ressalvas nos últimos três anos? Em caso positivo, procure entender o motivo quanto ao escopo, ao alcance, às implicações e à materialidade.

29.1 A auditoria independente contratada é uma empresa de atuação nacional e internacional? Porventura, possui registro de TAC (termo de ajuste de conduta) ou processos em andamento na CVM/SEC/BACEN etc., quando aplicável, e de acesso permitido para consultas?

29.2 A auditoria independente destacou em seu relatório que encontrou algum tipo de equívoco na demonstração de resultado da companhia nas contas de despesas lançadas em contas de imobilizado e ou investimento (caraterística de diferimento) das demonstrações contábeis nos últimos três anos?

30 – A empresa possui uma política formal de pagamento de dividendos?

31 – Existe um saldo confortável de recursos no fluxo de caixa operacional da empresa? Quantos meses representa de faturamento?

32 – A empresa utiliza a metodologia **EVA (valor econômico agregado)** – nova versão do lucro – na avaliação dos resultados e desempenho no pagamento de bônus dos executivos? Qual foi o valor do EVA nos últimos três anos? Houve agregação ou destruição de valor ao negócio?

33 – O **fluxo de caixa livre dos acionistas** nos últimos três anos foi positivo? Está ajustado à realidade do negócio? Caso negativo, entender os motivos e as medidas tomadas para o saneamento financeiro.

33.1 Houve decisão da alta administração sobre a sua **distribuição total ou parcial**? Em que proporção e forma de pagamento?

34 – A empresa possui uma conta bancária especial remunerada, considerada de **reserva financeira e estratégica**, para situações de crises, riscos e/ou contingências, cujo valor (porcentagem das disponibilidades totais) não está incluído no fluxo de caixa normal da empresa?

35 – Nos últimos três anos, a empresa sofreu rebaixamento pelas agências em suas notas de classificação de riscos (*ratings*) no mercado nacional ou internacional? Em caso positivo, entender os reais motivos e seus impactos.

36 – A empresa possui uma política formal de contratação de seguros de valores relevantes? As coberturas atuais estão atualizadas a valor de mercado?

37 – As operações com uso de **derivativos financeiros "relevantes"** são divulgadas em notas explicativas nas demonstrações financeiras periódicas da empresa, custodiadas por terceiros e autorizadas somente pela diretoria e/ou pelo conselho de administração, se houver?

38 – Os testes de *impairment* dos ativos são feitos anualmente?

Anexo 4 – Para reflexão: avaliação de empresas – Perguntas-chave

38.1 Caso positivo, qual foi o valor dos *impairments* dos ativos (indicar os ativos) nos últimos três anos?

38.2 Existem no portfólio de investimentos da empresa aplicações realizadas de difícil recuperação? Pode ser considerado fundo perdido? Qual o valor efetivo das perdas da carteira nesses últimos três anos?

38.3 À carteira de investimentos da companhia é aplicada a boa prática de marcação a mercado diária?

39 – As operações com uso **Derivativos financeiros "relevantes"** são divulgadas em notas explicativas nas demonstrações financeiras periódicas da empresa, custodiadas por terceiros e autorizados somente pela diretoria e ou conselho de administração, se houver?

40 – Qual é o critério utilizado de contabilização da **provisão para devedores duvidosos** no balanço? Qual o valor das despesas (relevante) de PDD lançadas no resultado nos últimos três anos?

41 – A empresa adota o sistema de *hedge accounting* ou **contabilidade de** *hedge* (estratégia contábil opcional utilizada por empresas que desejam eliminar ou reduzir a volatilidade nos resultados ou no patrimônio líquido decorrente de operações de *hedge*)? Indicar as vantagens obtidas desta **contabilização** para a companhia.

41.1 Caso positivo, qual foi o **impacto financeiro** no resultado ou no patrimônio líquido e no caixa da empresa nos últimos três anos? Qual o valor atual do saldo diferido contabilizado no patrimônio líquido?

42 – A empresa possui um sistema organizado ou planilha de cálculo estruturada para a **formação do preço de venda** de seus produtos e ou serviços por segmento de negócios? Existem controles internos eficientes quanto à segurança da informação, sigilo comercial e processos para auditoria, quando necessário?

43 – Faça uma leitura detalhada dos **Formulários de Referência (FR)** entregues à CVM, nos últimos três anos, no caso de companhia de capital aberto, e no **Relatório 20F,** no caso de companhia com emissão de ADR's na NYSE e fiscalizada pela SEC (USA). Analise as principais informações, comunicados e fatos relevantes divulgados pela companhia ao mercado, e **se existem distorções e/ou omissões de informações** entre os relatórios emitidos para o mercado nacional e o internacional, se for o caso.

44 – A empresa é **patrocinadora** de algum plano de previdência fechada para os funcionários? Existe nota explicativa nas demonstrações financeiras anuais da empresa com detalhes e atendimento a legislação pertinente?

44.1 A empresa possui algum **contingenciamento relevante ou obrigação legal** sobre o equacionamento de **déficit atuarial**, se houver, junto ao **fundo de pensão** dos empregados? Caso positivo, qual o valor devido de aporte pela patrocinadora e como está sendo tratada essa operação contábil e financeira pela companhia? Existem ações relevantes em andamento contra a empresa?

45 – A companhia possui **depósitos judiciais relevantes** contabilizados no balanço? Estão **atualizados e conciliados** com a contabilidade e no fluxo de caixa? Quanto representa em valores atuais? Qual é o *status* dos processos?

45.1 Considerando sua relevância, estão **segregados** em conta específica no fluxo de caixa da companhia para efeito de acompanhamento e reversão, se houver ganho de causa?

46 – Existe alguma empresa controlada, coligada, inclusive as SPE's, com **passivo a descoberto** (se houver) de valor relevante e com impacto no balanço e no fluxo de caixa consolidado da companhia?

46.1 Caso positivo, indicar a empresa, o valor e as providências tomadas para regularização.

46.2 No caso das empresas **SPE's**, analisar o contrato/estatuto social e o plano de negócio relativo ao projeto de investimento quanto a valor, relevância, prazo, entendimento e identificação de real necessidade de sua criação. Verifique se essas Demonstrações Financeiras estão **auditadas** e **incluídas** no **balanço** e no **fluxo de caixa consolidado.**

47 – Em que instituições financeiras (Brasil ou exterior) estão sendo captados os **financiamentos de longo prazo** pela empresa, se houver? Identificar e analisar as condições contratuais das captações relevantes, como taxa, encargo, prazo, carência, garantias etc. Esses contratos estão suportados por algum tipo de *hedge*?

48 – *Export notes* (**proteção**): a empresa opera com muita frequência com *export notes* (título emitido por uma empresa exportadora de produtos e serviços; portanto, é uma alternativa de financiamento de capital de giro exclusiva a exportadores) e qual seu impacto no fluxo de caixa?

48.1 É feita alguma análise comparativa em relação ao prazo e encargos para captação por **Adiantamento de Contrato de Câmbio** (**ACC**) ao invés de *export notes* (verificar se o título foi transacionado por dentro ou fora do sistema financeiro)? Qual foi o objetivo da operação *hedge* ou rentabilidade bem como efeito no caixa?

49 – Avaliar a **qualidade e integridade** das informações contidas na "previsão do fluxo de caixa" da empresa, quanto à classificação das atividades operacionais, investimento e financiamento bem como do orçamento anual de caixa.

50 – **Compra de ações**: veja o que considerar no fluxo de caixa ao analisar uma empresa para comprar suas ações: **a)** analise se o fluxo de caixa, seja ele positivo ou negativo, vem das atividades de **financiamento** e prefira empresas em que o saldo do fluxo operacional e de investimento seja positivo; **b)** verifique se a empresa tem um histórico de recompra de ações no fluxo de caixa de financiamento.

Anexo 5 – Sugestões para enfrentar a crise

Considerando as experiências da crise na década de 1980, assim como das mais recentes, pós-Real, algumas práticas permitiram que as empresas atravessassem as crises e saíssem ainda mais fortes após o fim delas.

Segue um conjunto de **sugestões**, adequadas à situação da economia no momento atual, que podem ser a diferença para que os seus investimentos rendam o máximo – dentro dos limites da prudência – e a empresa saia mais forte da recessão.

1. **O caixa é o rei:** nenhum retorno – por mais alto que seja – paga o risco de ficar sem caixa ou de ter que ir ao mercado financeiro durante um período de recessão e inflação em alta.

2. **Nunca faça o *trade-off*:** nunca faça a troca de margens de lucros por *market share*. Reajuste os seus preços de acordo com a inflação projetada e o prazo do seu capital de giro. Na situação atual, se for preciso, reduza a escala de produção, mas mantenha os reajustes de preços e as margens de lucros. Quase todas as empresas que trocam "margem" por maior participação de mercado tendem a sair da crise "compradas", "quebradas" ou "menores".

3. **Investimentos pequenos e de retorno rápido:** só mantenha os investimentos cujos valores sejam baixos em relação ao seu fluxo de caixa e que deem retornos altos e de curtíssimo prazo. Desconsidere descontos de fornecedores – mesmo que a oferta seja atraente – se a compra for maior do que o seu giro de estoque.

4. **Seja mais seletivo na concessão de crédito:** em tempos difíceis, os clientes são valiosos. Porém, não tanto quanto o seu caixa. E, no momento atual, em que os bancos reduzem as linhas de crédito e os juros aumentam, haverá um aumento significativo da inadimplência no decorrer dos próximos 90 a 180 dias.

5. **Redução de custos:** redução de custos e melhoria de processos devem ser atividades permanentes da empresa. Porém, nos períodos de crise, a atenção sobre os custos deve ser ainda maior.

6. **Substituição de importações:** com o dólar no valor atual, substituir insumos importados por nacionais pode ser uma alternativa interessante tanto na linha de produção como no portfólio de produtos.

7. **Exportar:** exportar, ou se integrar, como fornecedor ou parte do arranjo produtivo de empresas que recebem uma parte expressiva das suas vendas em moeda estrangeira garante estabilidade no fluxo de caixa.

8. **Empréstimos em dólares, ienes ou euros:** empréstimos em moedas estrangeiras são a alternativa mais barata de capital neste momento. Como o dólar no intervalo de R$ 3,60 a R$ 3,80 garante a competitividade das exportações, o risco cambial se reduziu expressivamente. A desvalorização do real, no futuro próximo, tende a acompanhar a inflação no Brasil. Para amenizar o risco, mesmo acrescentando o custo do *hedge* ao custo final da operação, o custo financeiro ainda é muitíssimo mais barato do que as operações no mercado interno.

Nota: Valor do dólar em 15/12/2021 – R$ 5,71.

9. **Cuidado com os derivativos:** faça *hedge* de empréstimos externos, com a atenção devida ao que o contrato efetivamente está protegendo. Porém, tenha muito cuidado ou se abstenha dos demais derivativos. Lembre-se de que eles quebraram a Sadia e a Aracruz Celulose. Os derivativos mais sofisticados dão lucros a poucos.

10. **Aplicação ativa do caixa em renda fixa:** é impressionante como na maior parte das empresas, mesmo de grande porte, dá-se pouca atenção à aplicação e à negociação do caixa com os bancos. A maior parte das empresas tem uma posição passiva e "troca" juros por benefícios, que são muito pequenos em relação ao que se pode obter na negociação das taxas de aplicação.

11. **Oportunidade de alavancagem operacional ou financeira:** no decorrer desta crise, se a sua empresa está capitalizada e tem acesso a linhas de crédito baratas em moedas estrangeiras, a aquisição de empresa que tenha "produtos com espaço de prateleira" pode dar um retorno rápido ao seu caixa, se for possível um "enxugamento" ou o corte de áreas inteiras (administrativa e financeira, comercial ou de produção) da empresa comprada.

12. **As ações estão baratas?** Estão. Tanto em termos históricos como em *yield* de dividendos, como em dólares. Porém, em um período de crise, com taxas de juros dando altos retornos, é mais prudente aguardar, "engordando" o capital em renda fixa.

Fonte: Revista *Suma Econômica*, edição 448, set. 2015, p. 7, por Alexis Cavicchini, Editor.

ANEXO 6 – INDICADORES IMPORTANTES NA ANÁLISE FINANCEIRA E DO NEGÓCIO (DICAS)

- BALANÇO PATRIMONIAL
- DEMONSTRAÇÃO DE RESULTADO ECONÔMICO
- DEMONSTRATIVO DO FLUXO DE CAIXA

Estrutura financeira
- Pessoas
- Processos internos
- Tecnologias e ferramentas

Pessoas
- Processo seletivo mais criterioso
- Pesquisa, treinamento e desenvolvimento

Processos
- Rotinas financeiras e de investimentos

Ferramentas (com suporte tecnológico)
- Fluxo de caixa
- Demonstrativo de Resultados (DRE)
- Balanço Patrimonial (BP)
- Plano de contas contábil e gerencial
- Centros de custos/resultados
- Relatórios gerenciais e Indicadores

CONSIDERAÇÕES E INDICADORES IMPORTANTES
1. Fluxo de Caixa Operacional
2. Fluxo de Caixa Livre
3. Fluxo de Caixa Descontado
4. Demonstração de Resultado Econômico (DRE)
4.1 Lucro bruto
4.2 Lucro operacional
4.3 Lucro líquido (inclui Lucro por ação)
5. EBITDA/EBIT (ajustes e coberturas)
6. Apuração da margem de contribuição (produto/segmento)
7. Ponto de equilíbrio (cálculo econômico e financeiro)
8. Retorno sobre Investimento (ROI) positivo?
9. Valor Econômico Agregado (EVA) Positivo? Atenção: WACC
10. Valor da empresa (cálculo inclui intangíveis?)
11. Endividamento bruto e líquido
12. Necessidade de Capital de Giro (NCG) modelo Fleury
13. Plano estratégico e de negócios da empresa (transparência)
14. Passivo contingente não contabilizado (riscos/retorno?)
15. Indicadores de Topo – inclui ESG (processo decisório)

Nota:
- Faturamento é ego, lucro é referência, porém, o caixa é o rei!
- Lucro é a vitamina e o caixa é o oxigênio! Como calibrar?
- O preço é o que você paga, o valor é o que você leva! (Warren Buffett)

Checklist resumido de análise de ações (dicas)

1. Governança corporativa
1.1 Estrutura do sistema de governança corporativa
1.2 Segmentos de listagens (N1, N2, NM) e notas de agências de *rating*
1.3 *Tag along*
1.4 Histórico dos controladores
1.5 Contrato com os controladores (exclusividade)

2. Fundamentos
2.1 Estratégia empresarial/visão de longo prazo/sustentabilidade (ESG)
2.2 Análise: *buy and holder*
2.3 Resiliência em resultados e margens de lucro
2.4 Análise: alavancagem/EBITDA
2.5 Políticas de dividendos, crescimento e *market share*
2.6 Fluxo de caixa operacional, fluxo de caixa livre e descontado (*valuation*)

3. Vantagens competitivas
3.1 Inserção no setor e proteções ao longo do tempo
3.2 Análise da Matriz SWOT
3.3 Análise das 5 forças de Porter
3.4 Análise da Matriz de riscos e impactos cruzados em relação a oportunidades e ameaças de mercado e potenciais concorrentes

4. Investidor: regras de ouro
4.1 Diversificação
4.2 Economia de impostos
4.3 Atenção aos custos
4.4 Disciplina
4.5 Humildade intelectual
4.6 Perfil: adeque os produtos financeiros ao seu perfil de investidor (caraterísticas e risco envolvido)

Glossário

Alavancagem – gerada pela capacidade de utilização de ativos ou fundos a um custo fixo. Relação entre risco e retorno. Utilização de recursos de terceiros para aumentar as possibilidades de lucro de uma empresa, aumentando, consequentemente, o grau de risco da operação.

Alavancagem combinada – capacidade da empresa de usar custos fixos operacionais para aumentar o efeito de variações nas vendas e no lucro por ação.

Alavancagem financeira – capacidade da empresa em maximizar o lucro por ação através da utilização de financiamentos bancários.

Alavancagem operacional – relação entre o crescimento do lucro operacional (antes dos juros e IR) e o crescimento das vendas.

Administração ativa – tipo de estratégia para administrar um fundo de investimento, na qual o administrador compra e vende ações tentando obter uma rentabilidade que supere a do índice estabelecido como referência. A diferença com a administração passiva é que na ativa não há a réplica da carteira do índice, este sendo tomado apenas como um referencial cuja administração ativa tenta atingir e/ou superar.

Administração passiva – tipo de estratégia para administrar um fundo de investimento, na qual o administrador do fundo investe em ações buscando replicar a carteira de um índice previamente definido. Dessa maneira, o retorno do fundo corresponderá aproximadamente ao retorno do índice escolhido. A diferença com administração ativa é que na passiva há a réplica da carteira do índice.

Ágio – diferença positiva entre o valor pago e o valor nominal de um título.

Análise de balanço – avaliação dos elementos patrimoniais de uma empresa, visando ao conhecimento minucioso de sua composição qualitativa e de sua expressão quantitativa, com o objetivo de conhecer os fatores determinantes da situação atual e traçar as perspectivas da empresa.

Análise fundamentalista – estudo das causas que explicam o comportamento dos preços das ações. A metodologia de análise utiliza como principal fonte de informação o balanço da empresa, de onde extraem informações sobre lucros, receitas, despesas, dividendos, patrimônio líquido, atuação da diretoria etc. É utilizada para a determinação do preço justo da ação, fundamentando-se na expectativa de resultados futuros da empresa e do mercado, avaliando inclusive se o preço da ação está subavaliado ou superavaliado em relação ao seu preço atual de mercado.

Análise grafista – projeção do comportamento de preços de ações a partir de cotações passadas para se chegar a uma opinião de compra ou venda desses títulos. O termo *grafista* vem do fato de que essas análises são baseadas em gráficos construídos a partir da variação das cotações passadas, procurando-se identificar padrões gráficos que sinalizem o comportamento futuro do papel. Também conhecida por análise técnica.

Análise de indicadores – análise do desempenho de uma empresa com base no resultado de alguns indicadores, que podem ser agrupados como: indicadores de atividade, de estrutura de capital, de liquidez, e de rentabilidade. Em geral, estes indicadores são calculados com base nos dados disponíveis no balanço patrimonial e no demonstrativo de resultado da empresa, possibilitando a comparação relativa entre empresas e setores.

Análise de produtividade – sistema através do qual se pode avaliar a relação entre o nível de atividade dos funcionários de uma empresa e o retorno destes esforços em termos de produção de bens e/ou prestação de serviços. A produtividade de uma empresa aumenta à medida que ela consegue aumentar sua produção, sem com isto utilizar mais recursos.

Asset allocation – termo que vem do inglês e significa alocação de recursos. Muito usada com referência à escolha dos ativos financeiros (ex.: ações, dólar, títulos de renda fixa etc.), que são usados na composição de uma carteira de investimentos

Arbitragem – quando ocorrem diferenças de cotações temporárias em diferentes centros financeiros, é possível atuar em dois mercados, de maneira a tirar vantagens dessas diferenças.

Ativo operacional – é formado pelos recursos aplicados na exploração das atividades usuais da empresa. É constituído pelo ativo total menos investimentos circulantes e permanentes, créditos de transações não usuais e outros valores não relacionados às atividades normais da empresa.

Aval – consiste em garantia pessoal específica dos títulos cambiais, anteriormente regulada pelo Código Comercial e agora disciplinada pela Lei nº 10.406/02, no art. 897 e demais legislações especiais inerentes ao regramento de títulos de crédito. São sujeitos no aval o avalista, denominação dada ao garantidor, e avalizado, denominação dada ao devedor principal.

Average return rate – taxa média de retorno.

Beta – mede a sensibilidade do ativo em relação a determinado índice. Ex.: se uma ação se comporta exatamente como o Ibovespa, dizemos que ela tem beta igual a um. Se a ação variar mais que o Ibovespa, mas no mesmo sentido, ela terá beta maior do que um. Se variar menos, mantendo o mesmo sentido, o beta será entre zero e um. E se variar no sentido inverso, seu beta será negativo (menor do que um).

Black-Scholes (*Fischer Black* e *Myron Scholes*) – o **modelo de *Black-Scholes*** é um modelo matemático do mercado de um **ativo**, no qual o preço do ativo é um **processo estocástico**. É um modelo de precificação de opções. É importante saber que o preço de uma opção no mercado financeiro é absoluto e verdadeiro; o modelo serve apenas para precificar de forma **teórica** o valor da opção.

BDRs (*Brazilian Depositary Receipts*) – são recibos emitidos por um banco depositário brasileiro e que representam ações de um emissor estrangeiro que se encontram depositadas e sob custódia deste banco. Os BDRs abrem ao investidor brasileiro a oportunidade de investir em empresas estrangeiras sem ter que sair da Bovespa.

Câmbio – taxa Ptax – média ponderada de venda do dólar comercial apurado pelo Banco Central ao final do dia.

Taxa de câmbio cabo (dólar cabo) – estabelece o parâmetro de compra e venda que será usado para transferência direta e para o exterior.

Taxa de câmbio interbancário (dólar pronto) – estabelece o parâmetro de compra e venda entre os bancos no segmento comercial para entrega em 48 horas.

CAPEX – sigla da expressão inglesa *capital expenditure* (em português, despesas de capital ou investimento em bens de capital) que designa o montante de dinheiro despendido na aquisição (ou introdução de melhorias) de bens de capital de determinada empresa. O CAPEX é, portanto, o montante de investimentos realizados em equipamentos e instalações de forma a manter a produção de um produto ou serviço ou manter em funcionamento um negócio ou um sistema.

Capital circulante líquido – ativo circulante menos passivo circulante, também denominado capital de giro próprio.

Capital de giro – é constituído de ativos circulantes (disponível, estoques, contas a receber e investimentos temporários). Capital de giro significa capital de trabalho, ou seja, o capital necessário para financiar a continuidade das operações da empresa, como recursos para financiamento aos clientes (nas vendas a prazo), recursos para manter estoques e recursos para pagamento aos fornecedores (compras de matéria-prima ou mercadorias de revenda), pagamento de impostos, salários e demais custos e despesas operacionais (http://www.sebrae.com.br).

Capital fixo – é constituído pelo ativo permanente. O conceito de capital fixo refere-se a elementos com caráter de permanência por um período mais ou menos longo de tempo (normalmente é usada a fronteira de mais de um ano), não desaparecendo num único ciclo de exploração. Assim, o capital fixo distingue-se do capital circulante que, como o próprio nome indica, se caracteriza por maior rapidez de rotação. Ao contrário do capital circulante, o capital fixo de uma entidade vai desaparecendo contabilisticamente à medida que lhe vão sendo aplicadas amortizações como forma de traduzir o normal desgaste resultante do decorrer do tempo (www.infopedia.pt/$capital-fixo).

Capitalização – ampliação do patrimônio, por meio de reinvestimento de dividendos ou captação de recursos, pela emissão de ações. Em termos societários, corresponde à incorporação de reservas ou lucros do capital social. Em acepção especial, também se designa a incorporação ao valor do principal dos juros da operação.

Capitalização contínua – regime que se processa em intervalos infinitesimais de tempo. Portanto, a incorporação dos juros ao capital se realiza de forma contínua, e não somente ao final de cada período finito de capitalização.

CAPM (*capital asset pricing model*) – "o CAPM encontra grandes aplicações no campo das finanças" (ASSAF NETO, 2003, p. 271). Preliminarmente, o modelo permite determinar, de maneira consciente com o **retorno** esperado, o risco de um ativo. De acordo com Damodaran (1997), o **CAPM** mede o risco em termos de **variância** não diversificável e relaciona os retornos esperados a essa medida de risco. O risco não diversificável para qualquer ativo é medido pelo seu **beta**, que pode ser utilizado para gerar um retorno esperado. Assim: $E(Ra) = Rf + $ índice beta do patrimônio líquido $(E[Rm] - Rf)$.*Cashflow* – fluxo de caixa.

Cash management – gerenciamento abrangente e participativo das atividades de geração de caixa, buscando oportunidades de melhorias e comprometimento dos dirigentes com o plano de negócios da empresa.

Cadeia de valor – conjunto das diversas etapas de produção, que começa com a matéria--prima, inclui o fornecimento de equipamentos, o aparato tecnológico e institucional e se encerra com a distribuição e comercialização do produto final.

CDB swapado – nome dado ao certificado de depósito bancário (CDB) que troca sua rentabilidade prefixada para pós-fixada, através do mercado futuro, indexando-se à variação dos juros.

CDI (certificado de depósito interbancário) – são taxas que remuneram empréstimos feitos entre bancos, como a Selic, e que, geralmente, seguem a variação dos juros básicos da economia, fixados pelo Banco Central.

Ciclo de caixa – número de dias entre o pagamento da compra e o recebimento da venda da mercadoria.

Ciclo econômico – tempo em que a mercadoria permanece em estoque. Vai desde a aquisição dos produtos até o ato da venda, não levando em consideração o recebimento delas (encaixe).

Ciclo financeiro – também conhecido como ciclo de caixa, é o tempo entre o pagamento a fornecedores e o recebimento das vendas. Quanto maior o poder de negociação da empresa com fornecedores, menor o ciclo financeiro.

Ciclo operacional – compreende o período entre a data da compra até o recebimento do cliente. Caso a empresa trabalhe somente com vendas à vista, o ciclo operacional tem o mesmo valor do ciclo econômico.

CIF – sigla para *cost, insurance and freight*, que em português significa "custo, seguros e frete". Nesse tipo de frete, o fornecedor é responsável por todos os custos e riscos com a entrega da mercadoria, incluindo o seguro marítimo e frete. Essa responsabilidade finda quando a mercadoria chega ao porto de destino designado pelo comprador.

Clearings – companhias que gerenciam sistemas e garantias para a liquidação das operações feitas e para a custódia (guarda e administração dos valores mobiliários negociados).

Commodities – artigos primários (agropecuários e minerais) negociados em bolsa internacional de mercadorias.

Commercial papers – são títulos de curto prazo que as empresas por sociedades anônimas (S.A.) emitem, visando captar recursos no mercado interno para financiar suas necessidades de capital de giro. É uma alternativa às operações de empréstimos bancários convencionais, permitindo geralmente uma redução nas taxas de juros pela eliminação da intermediação financeira bancária (*spread*). Os *commercial papers* imprimem ainda maior agilidade às captações das empresas, determinada pela possibilidade de os tomadores negociarem diretamente com os investidores de mercado (bancos, fundos de pensão etc.). As instituições financeiras, as sociedades corretoras e distribuidoras de valores mobiliários e sociedades de arrendamento mercantil (empresas de *leasing*), não podem emitir esses títulos.

Custeio baseado em atividades ou custeio ABC (*activity based costing*) – método de custeio baseado nas atividades que a empresa efetua no processo de fabricação de seus produtos (KAPLAN; COOPER). Fornece um método para o tratamento dos custos indiretos, através da análise das atividades, dos seus geradores de custos e dos utilizadores.

Custo ponderado de capital – medida de custo de capital, através da qual são atribuídos pesos aos custos de cada tipo de capital (de terceiros ou próprio), sendo que o peso utilizado é função da proporção de cada tipo de capital na estrutura de capital da empresa.

Current yield – o termo pode ser traduzido como rendimento corrente de um título de renda fixa, ou seja, o rendimento não levando em consideração o prazo do título em questão. É calculado dividindo a taxa de juros do cupom pelo preço do título.

Despesa de capital – termo usado para definir os gastos incorridos por uma empresa na compra de um ativo (tangível ou não), sendo que os benefícios a serem obtidos com este ativo só são esperados para um período superior a um ano. Fazem parte desta categoria de despesas os gastos com ativos fixos, com pesquisa e desenvolvimento, e até mesmo, em alguns casos específicos, os gastos com propaganda.

Compror – é uma operação de financiamento de compras, sendo que a iniciativa parte do comprador e nele se concentra o risco de crédito. O compror consiste no financiamento a clientes do banco, para suas compras junto aos fornecedores. O risco da operação concentra-se no comprador, não existindo regresso contra o fornecedor (vendedor) http://www.foregon.com).

Custeio por absorção – se a empresa adotar o custeio por absorção, o sistema de acumulação de custo coletará todos os gastos relacionados à indústria, diretos ou indiretos, fixos ou variáveis, para determinação dos custos dos produtos, necessitando de critérios de rateio para alocação dos custos indiretos. "No custeio por absorção, chamado também de custeio convencional, todos os custos indiretos de produção, tanto os variáveis quanto os fixos, são considerados como custos do produto" (CASHIN; POLIMENI, 1983, p. 606).

Custo (1) – valor monetário dos bens e serviços despendidos para obter benefícios correntes ou futuros (ATKINSON *et al.*, 2008).

Custo (2) – é a soma dos gastos incorridos e necessários para a aquisição, conversão e outros procedimentos necessários para trazer os estoques à sua condição e localização atuais, e compreende todos os gastos incorridos na sua aquisição ou produção, de modo a colocá-los em condições de serem vendidos, transformados, utilizados na elaboração de produtos ou na prestação de serviços que façam parte do objeto social da entidade ou realizados de qualquer outra forma (de acordo com a NPC 2 do IBRACON).

Cobertura de juros bruta – indicador usado em análise financeira, que serve para medir a capacidade de uma empresa pagar suas despesas com juros sem comprometer o seu fluxo de caixa. Quanto maior for esse indicador, maior a capacidade da empresa de arcar com o pagamento de juros. O indicador é calculado como sendo a divisão do lucro antes dos juros e impostos pela despesa financeira bruta da empresa.

Cobertura de juros líquida – indicador usado em análise financeira que mede a capacidade de uma empresa pagar suas despesas com juros sem comprometer o seu fluxo de caixa. A diferença com relação à cobertura de juros bruta é que no cálculo das despesas financeiras são descontadas as receitas de juros que a empresa venha a ter. Quanto maior for esse indicador, melhor a capacidade da de empresa liquidar os seus juros. O indicador é calculado como sendo a divisão de lucro antes dos juros e impostos pelas despesas financeiras líquidas da empresa.

Commercial paper – termo em inglês que denomina uma categoria de títulos de dívida emitidos por empresas, no mercado local ou internacional, e cujos recursos são usados para financiar as atividades de curto prazo da empresa ou necessidades de capital de giro, como a compra de estoques, pagamento de fornecedores etc. O prazo mínimo destes títulos é de 30 dias e o máximo de 360 dias.

Custo de capital – taxa mínima de rentabilidade a ser obtida em qualquer aplicação realizada no ativo da empresa, ou deve ser entendido como a taxa de retorno que uma empresa precisa obter sobre os seus projetos de investimentos para manter o valor de mercado e atrair os recursos necessários para a empresa.

Custo de oportunidade – taxa de retorno sobre a melhor alternativa de investimento não selecionada. É a melhor remuneração que seria obtida em uso alternativo.

Custo de oportunidade de capital – representa o que o investidor deseja obter naquele momento, entre as alternativas existentes.

Custo-padrão – conforme Leone (1997), "o objetivo principal do custo-padrão é estabelecer uma medida planejada que será usada para compará-lo com os custos reais ou históricos (aqueles que aconteceram e foram registrados pela contabilidade) com a finalidade de revelar desvios que serão analisados e corrigidos, mantendo, assim, o desempenho operacional dentro dos rumos previamente estabelecidos".

Custos diretos – são aqueles que podem ser facilmente identificados com o produto em seu processo produtivo, pois são fáceis e diretamente apropriáveis ao menos em sua fase final. Esses custos não necessitam de rateio por serem de fácil reconhecimento, como é o caso da matéria-prima, da mão de obra direta, do material de embalagem, entre outros.

Custos fixos – gastos que a empresa possui independentemente do volume que for produzido ou vendido.

Custos indiretos – são aqueles incorridos dentro do processo produtivo, mas que necessitam ser rateados aos produtos por não serem facilmente identificados com os objetos de custeio. Rateio consiste na utilização de um critério de distribuição ou alocação dos custos indiretos aos produtos em fabricação.

Custos variáveis – são aqueles que variam proporcionalmente ao volume produzido e aumentam à medida que aumenta a produção, portanto, se não houver produção seu valor será zero. Um exemplo é a matéria-prima, que irá variar conforme a quantidade de produtos que forem produzidos.

Day-trade – conjugação de operações de compra e de venda realizadas em um mesmo dia, dos mesmos títulos, para um mesmo comitente, através de uma mesma sociedade corretora, cuja liquidação é exclusivamente financeira.

Default – falta, omissão, negligência. Qualquer dívida não paga de acordo com seus termos. Calote, no jargão do mercado financeiro.

Derivativos – contratos que fixam um preço para compra ou venda de determinado ativo numa data futura. Ou seja, é a operação em que o valor das transações deriva do comportamento futuro de outros mercados, como de ações, câmbio ou juros.

Deságio – diferença negativa entre o valor nominal e o preço de compra de um título de crédito, ou seja, é a diferença paga a menor ao preço original por um ativo financeiro.

Downsizing – termo que vem do inglês e determina um procedimento de reestruturação empresarial, feito através da redução da força de trabalho ou do encerramento de negócios não relacionados com as atividades essenciais da empresa.

Duration – termo em inglês que denomina uma medida de risco na qual se analisa o impacto da variação dos juros em um determinado ativo, ou carteira de investimentos. A título de ilustração, um ativo cuja *duration* é 2 tem seu valor aumentado em 2% no caso de uma queda de 1% nos juros.

Desconto bancário, comercial ou por fora – calculado com base no valor nominal ou de parte do título.

Desconto racional ou por dentro – calculado com base no valor atual do título.

Desembolsos ou pagamentos – saída de recursos financeiros do caixa da empresa.

Despesas – valor gasto com bens e serviços relativos à manutenção da atividade da empresa, bem como aos esforços para a obtenção de receitas através da venda dos produtos. Exemplos: materiais de escritório, salários da administração. Os custos têm a capacidade de serem atribuídos ao produto final, **despesas** são de caráter geral, de difícil vinculação aos produtos obtidos.

Dividendos – valor distribuído aos acionistas, em dinheiro, na proporção da quantidade de ações possuídas. Normalmente, é resultado dos lucros obtidos por uma empresa, no exercício corrente ou em exercícios passados.

Disclaimer – é uma ressalva ou um aviso legal que informa ao leitor de um documento as responsabilidades assumidas pelo autor do mesmo documento.

Discount bonds – são títulos de renda fixa cujo preço está abaixo do valor de resgate. *Deep discount bonds* são títulos que estão sendo cotados com um desconto de mais de 20% do seu valor de face. Em geral, o preço destes títulos sobe mais rápido quando as taxas de juros caem e cai mais rápido quando as taxas de juros sobem.

Dólar a cabo – estabelece o parâmetro de compra e venda de moeda que será utilizada para transferência direta do exterior e para o exterior via ordem de pagamento e, portanto, sem o manuseio do dólar papel. A cotação é expressa em R$ por US$.

Drawback – reembolso de direitos alfandegários. Imposto isento a determinadas mercadorias importadas para reexportação depois de sua transformação ou incorporação a outro produto.

EBIT – sigla em inglês para *earnings before interest and taxes*, que em português podemos traduzir como LAJIR, ou seja, Lucro antes dos Juros e Tributos, sendo que aqui os tributos significam Imposto de Renda Pessoa Jurídica e Contribuição Social sobre o Lucro Líquido. A principal diferença entre o EBIT e o EBITDA é que o primeiro considera em seu cálculo os efeitos das depreciações e amortizações, já o segundo, não.

EBITDA (*earnings before interest, taxes, depreciation and amortization* – lucros antes dos juros, impostos, depreciação e amortização) – representam a geração operacional de caixa da companhia, ou seja, o quanto a empresa gera de recursos apenas em suas atividades operacionais, sem levar em consideração os efeitos financeiros e de impostos.

Efeito tesoura – acontece quando a empresa financia grande parte de sua necessidade de capital de giro por meio de recursos caros e de curto prazo.

Estrutura de capital – resultado de uma combinação (*mix*) entre o capital de terceiros (dívidas) e o capital próprio de uma empresa, composto por ações ordinárias e preferenciais.

Eurobonds – empresas que emitem títulos em dólar com prazo acima de dez anos, fora dos Estados Unidos.

Euronotes – empresas que emitem títulos em dólar com prazo inferior a dez anos, fora dos Estados Unidos.

EVA – medida de desempenho que considera todos os custos de operação, inclusive os de oportunidade. De uma maneira simples, é o resultado operacional depois de impostos da empresa, menos o encargo pelo uso do capital fornecido por terceiros e por acionistas; mede o quanto foi gerado em excesso ao retorno mínimo requerido pelos fornecedores de capital da empresa (terceiros e acionistas).

EV/EBITDA – índice que relaciona o valor da empresa, incluindo sua dívida líquida (EV, em inglês) com seu lucro operacional (o EBITDA). Também serve para comparar os preços de papéis de diferentes companhias.

Export notes – é o processo de converter qualquer item de ativo em um título com liquidez é chamado securitização, de que são exemplos as *export notes*. No caso das *export notes*, vinculadas à cessão parcial ou total de direito de crédito em moeda estrangeira, sua negociação é subordinada às disposições do Código Civil, cujo art. 296 estatui: "Salvo estipulação em contrário, o cedente não responde pela solvência do devedor." Portanto, o endosso das *export notes* não transforma o endossador em corresponsável pelo pagamento dessa nota promissória (http://daleth.cjf.jus.br).

Factoring – desconto de duplicata. Sistema de financiamento, largamente usado em comércio exterior, que consiste na compra, pela empresa financiadora, das contas a receber de uma firma, sem direitos de regresso no caso de os devedores não cumprirem o pagamento. O crédito ao comprador deve ser aprovado pela firma *factoring*.

Farm-out – é o processo de aquisição ou venda parcial ou total dos direitos de concessão detidos por uma empresa. Em uma mesma negociação, a empresa que está adquirindo os direitos de concessão está em proceso de *Farm-in* e a empresa que está vendendo os direitos de concessão está em processo de *Farm-out*.

Fiança – é o instituto do Direito Civil de natureza contratual e conceitua-se como garantia pessoal prestada por determinada pessoa pelo qual esta garante o pagamento ao credor por obrigação não paga pelo devedor principal. São sujeitos na fiança o fiador denominação dada ao garantidor e afiançado denominação dada ao devedor principal.

Fixed rate notes – títulos emitidos com taxas de juros fixas.

Float bancário – diferença entre o saldo da conta de uma empresa no banco e o valor registrado pela empresa em seus controles bancários.

Floating rate notes – títulos com taxas de juros flutuantes.

Fluxo de caixa descontado – método de avaliação usado para estimar a atratividade de uma oportunidade de investimento. Essa análise usa projeções de fluxo de caixa livre futuras e as desconta (na maioria das vezes utilizando o custo médio ponderado de capital), para chegar a um valor atual, usado para avaliar o potencial de investimento.

Fluxo de caixa disponível – indicador de análise financeira que procura estimar a capacidade de geração de caixa de uma empresa. O indicador de fluxo de caixa disponível da empresa é definido como sendo o lucro líquido da empresa mais depreciação e amortização menos despesas de capital com ativos imobilizados e a variação do capital circulante da empresa.

Fluxo de caixa por ação – indicador de análise fundamentalista que mede a relação entre o valor do fluxo de caixa da empresa pelo número total de ações da empresa. A análise da variação deste indicador sugere como a empresa está ou não melhorando a sua geração de caixa em termos de sua base acionária. O fluxo de caixa da empresa é definido como o lucro líquido da empresa mais depreciação e amortização no mesmo período.

Fluxo de caixa incremental – diferença entre o fluxo de caixa esperado da empresa e seu fluxo de caixa, se um novo investimento for realizado, ou seja, é o investimento adicional necessário para que a empresa possa alavancar o projeto inicial.

Fluxo de caixa livre – representa o dinheiro que uma empresa é capaz de gerar, após separar o dinheiro necessário para manter ou expandir sua base de ativos. O fluxo de caixa livre é importante porque permite que uma empresa busque oportunidades que aumentem o valor do acionista.

Fluxo de caixa operacional – é o fluxo de caixa gerado pelas atividades operacionais normais da empresa, como por exemplo, receitas, custos, despesas administrativas, vendas e gerais etc. O fluxo de caixa operacional está diretamente ligado à demonstração de resultados (DRE) e a variação no capital de giro.

Fluxo líquido de caixa – diferença matemática entre recebimentos e pagamentos de uma empresa em dado momento. Poderá ser positivo, negativo ou nulo.

FOB (*free on board*) – a sigla significa em português que pode ser traduzida por "Livre a bordo". Nesse tipo de frete, o comprador assume todos os riscos e custos com o transporte da mercadoria, assim que ela é colocada a bordo do navio. Por conta e risco do fornecedor fica a obrigação de colocar a mercadoria a bordo, no porto de embarque designado pelo importador.

Forecasting – previsão, estimativa.

Funding – formas de obtenção de recursos financeiros para investimentos. Transformação de passivos de curto prazo em longo prazo (alongamento de dívidas) e/ou transformação de dívidas em participação acionária. Ou seja, conversão de um débito de curto prazo em um débito de longo prazo. Os recursos obtidos com a venda de títulos de longo prazo são empregados para saldar os débitos imediatos.

Fundos *private equity* – fundos de carteira livre que compram participações minoritárias em empresas privadas. Como eles seguem as regras da carteira livre, não podem investir em empresas de capital fechado. Por essa razão, as empresas interessadas devem abrir o capital ou fazer a chamada abertura Técnica (registro na CVM e emissão de ações que são compradas pelos fundos). Seus objetivos ao investir são: capitalizar a empresa, definir uma estratégia de crescimento, valorizar as ações e vender com lucro essa participação.

Fundo *offshore* – termo usado para denominar os fundos cujas carteiras de investimentos aplicam parte dos recursos disponíveis no exterior.

Garantia colateral – em finanças significa um ativo que foi dado como garantia de pagamento para uma obrigação de dívida.

Gasto – sacrifício financeiro com o qual a entidade arca para obter um produto ou um serviço qualquer (MARTINS, 1998), gasto na compra de um imobilizado etc.

Gestão empresarial – planejamento, organização, liderança e controle das pessoas que compõem uma empresa e das tarefas e atividades por elas realizadas.

Guidance – informação que uma empresa de capital aberto fornece ao mercado, como uma indicação ou estimativa de desempenho futuro desta empresa. Esta informação serve para orientar os investidores e demais participantes de mercado sobre os rumos que a empresa espera seguir nos próximos trimestres.

Hedge – mecanismo que o mercado financeiro utiliza para proteger-se contra a variação de preços de ativos e passivos.

Hedge fund – fundo agressivo de investimento que utiliza variados instrumentos de derivativos usados pelo mercado com o objetivo de reduzir o risco da aplicação.

Holding – empresa que mantém o controle sobre outras. *Holding* é uma empresa que possui como atividade principal a participação acionária majoritária em uma ou mais empresas. Trata-se de uma empresa que possui a maioria das ações de outras empresas e que detém o controle de sua administração e políticas empresariais. Existe as *holding* pura, mista e familiar.

Hot money – empréstimo efetuado a curtíssimo prazo, normalmente um dia, visando suprir necessidades imediatas de caixa. No contrato de *hot* são estabelecidas as regras e as taxas a serem cobradas pelo empréstimo. Tem-se como garantia uma nota promissória previamente assinada. Por se tratar de uma operação de curto prazo, há a possibilidade de mudança de posição no caso de queda brusca nas taxas de juros.

Incerteza – situação de dúvida ou insegurança de se obter um resultado, sem forma de quantificar as possibilidades de ocorrências das situações positivas ou negativas.

Índice preço/lucro (P/L) – quociente da divisão do preço de uma ação no mercado, em um instante, pelo lucro líquido anual dela. Assim, o P/L é o tempo que se levaria para reaver o capital aplicado na compra de uma ação, pelo recebimento do lucro gerado por uma empresa. Para tanto, torna-se necessário que se condicione essa interpretação à hipótese de que o lucro por ação se manterá constante e será distribuído todos os anos.

Índice Sharpe – índice desenvolvido por Bill Sharpe, que mede o excesso de retorno (retorno médio da carteira contra retorno médio do *benchmark*) em relação ao seu risco (desvio-padrão de sua cotação).

Ingressos – entrada de recursos financeiros no caixa da empresa.

IPO (*Initial Public Offering*) – termo em inglês que significa oferta inicial de ações, que define o mecanismo através do qual uma empresa abre o seu capital e passa a ser listada na Bolsa de Valores. A cotação da ação da empresa na sua oferta inicial é conhecida como IPO Price e é definida com base na avaliação do patrimônio da empresa por especialistas de mercado. Em geral, se aplica um desconto (IPO *discount*) sobre a avaliação do patrimônio da empresa para aumentar o interesse pela oferta inicial.

Insider trader – É uma pessoa que tem informação privilegiada sobre empresas com ações negociadas em bolsa e usa essa vantagem ilegalmente para ganhar dinheiro no mercado em detrimento de outros investidores.

Joint ventures – união de duas ou mais empresas. É uma expressão de origem inglesa, que significa a união de duas ou mais empresas já existentes com o objetivo de iniciar ou realizar uma atividade econômica comum, por um determinado período de tempo e visando, dentre outras motivações, o lucro.

Juros compostos – juros de determinado período somados ao capital para o cálculo de novos juros nos períodos seguintes. Os juros são aquilo que se agrega ao capital, isto é, os frutos que o capital gera. Eles são compostos, quando, em um período subsequente, passam a fazer parte do capital, fazendo com que os novos juros devidos se apliquem também sobre os anteriores.

Juros de mora – taxa percentual sobre o atraso do pagamento de um título de crédito em determinado período de tempo. Os juros de mora são a pena imposta ao devedor pelo atraso no cumprimento de sua obrigação.

Juros nominais – juros correspondentes a um empréstimo ou financiamento, incluindo a correção monetária do montante emprestado. Quando a inflação é zero, inexistindo correção monetária, o juro nominal é equivalente ao juro real.

Juro real – termo que se refere a uma das duas formas de se expressar uma taxa de juros, a outra sendo a taxa nominal. A taxa real de juros é determinada como sendo a taxa que incide sobre um empréstimo (ou financiamento) sem incluir a correção monetária do montante emprestado. Para obter a taxa de juros real, deve-se descontar a correção monetária da taxa de juros nominal. Em condições de inflação zero, os juros real e nominal são iguais.

Juros sobre capital próprio – forma de distribuir o lucro da empresa. Mas diferente do dividendo, que é classificado como parte do lucro líquido da empresa, os juros sobre capital próprio entram como despesa antes do lucro para a empresa, o que faz com que ela não tenha que arcar com o pagamento de imposto de renda sobre o valor. Por isso, os juros sobre capital próprio são informados ao investidor no valor bruto (antes do IR) e no valor líquido (depois do IR), já que o imposto acaba sendo pago pelo acionista beneficiado.

Lease back – tipo de operação em que uma empresa vende um bem de seu imobilizado a uma empresa de *leasing* com direito de recompra.

Leasing – palavra de origem inglesa que significa operação de arrendamento mercantil (aluguel). Operação financeira, mediante contrato, em que uma pessoa física ou jurídica usufrui dos bens de uma empresa (máquina, carro etc.) por tempo limitado, em troca de pagamento de prestações. Ao término do contrato, é dada a opção de compra do bem por um valor previamente estabelecido. A grande vantagem do *leasing* é a não imobilização de capital, sobretudo nos casos em que o valor do bem é muito alto e que terá utilização limitada.

Letra de câmbio – tipo de título negociável no mercado. Consiste numa ordem de pagamento em que uma pessoa ordena que uma segunda pessoa pague determinado valor para uma terceira. Deve trazer, de forma explícita, o valor do pagamento, a data e o local para efetuá-lo.

Letra hipotecária – são títulos emitidos pelas instituições financeiras autorizadas a conceder créditos hipotecários. A rentabilidade deste tipo de aplicação está vinculada ao valor nominal do financiamento imobiliário, ajustado pela inflação ou variação do CDI (Certificado de Depósito Interbancário), e pode ser pré-fixada, flutuante e pós-fixada.

Lucro retido – parcela do lucro após pagamento de impostos de uma empresa, que não é distribuída através do pagamento de dividendos. A conta de reserva de lucros presente no balanço patrimonial de uma empresa reflete a soma dos lucros retidos pela empresa até a data a que se refere o balanço.

Libor (*London interbank ordinary rate*) – identifica a taxa oferecida interbancária de Londres. Essa taxa é utilizada pelos mais prestigiosos bancos internacionais quando negociam empréstimos elevados nominados em eurodólares. Ela serve também como base para outros empréstimos em eurodólares de grande magnitude dirigidos a grandes companhias ou governos soberanos.

Liquidez – medida de facilidade com que um bem se transforma em dinheiro. Gitman define a liquidez como a capacidade da empresa de satisfazer as suas obrigações de curto prazo na data do vencimento – honrar suas dívidas.

Long short – fundos que compram alguns ativos em que o gestor aposta e vendem outros que ele acha que vão se desvalorizar, fazendo apostas de uma ação ou empresa contra a outra, ou mesmo de um setor contra outro, apostando na diferença de variação entre eles. Por exemplo: vende ações da Petrobras e compra contratos de petróleo.

Lucro por ação – resultado obtido através da divisão do lucro líquido de uma sociedade anônima, pela quantidade de ações. Indica quanto coube, do lucro apurado, para cada ação existente.

Margem de contribuição – vendas líquidas menos os custos e as despesas variáveis. É quanto sobra de receita para pagar os custos fixos e, consequentemente, ter lucro após as vendas, ou seja, indica quanto de receita sobra após o desconto dos custos diretos.

Market makers – formadores de mercado.

Market share – participação de uma empresa no mercado.

Mark-up – tipo de método para cálculo de formação de preço.

Maturity – vencimento de um título.

Mercado de derivativos – são contratos de compra e venda de ativos, com vencimentos em datas futuras e cujos valores derivam do preço e das características desses mesmos ativos no mercado a vista. Por exemplo, o valor de um contrato futuro de uma ação (derivativo) depende do valor dessa mesma ação negociada no mercado a vista (ativo--base). Nesse mercado, as liquidações física (entrega do ativo) e financeira (pagamento do preço estipulado no contrato) ocorrem em data futura, de acordo com o previsto no contrato. Através desse instrumento, buscam-se, primordialmente, posições de *hedge*, ou seja, proporcionar proteção a determinada carteira de investimento. Os derivativos também são utilizados por investidores que buscam ganhos acima dos praticados pelo mercado a vista. Os derivativos são negociados nos pregões da BM&F e, também, da Bolsa de Valores.

Necessidade de capital de giro (NCG) – função do ciclo de caixa da empresa. Quando o ciclo de caixa é longo, a necessidade de capital de giro é maior e vice-versa. Sendo assim, a redução do ciclo de caixa – significa receber mais cedo e pagar mais tarde – deve ser uma meta da administração financeira. NCG = ativo operacional menos passivo operacional.

Nível desejado de caixa – também denominado saldo mínimo de caixa. Trata-se do valor mínimo determinado pela administração a ser mantido em caixa.

NOPLAT (*net operating profit less adjusted taxes*) – lucro operacional menos imposto de renda e CSSL. O objetivo de maximização do valor da empresa é fortemente apoiado pela geração do seu lucro operacional após os impostos.

Notas explicativas – comentário incluído nas demonstrações financeiras de uma empresa, que visa explicar mais detalhadamente as atividades operacionais e a situação contábil da empresa.

Nota promissória – é um título cambiário em que seu criador assume a obrigação direta e principal de pagar a soma constante no título. A expressão *obrigação* caracteriza-se como o vínculo jurídico transitório entre credor e devedor cujo objeto consiste numa prestação de dar, fazer ou não fazer. A nota promissória nada mais é do que um documento formal de uma promessa de pagamento.

OPEX (*operational expenditure*) – refere-se ao custo associado à manutenção dos equipamentos e aos gastos de consumíveis e outras despesas operacionais, necessários à produção e à manutenção em funcionamento do negócio ou sistema. Por exemplo, a aquisição de uma máquina é CAPEX, enquanto o custo com a sua manutenção é **OPEX**.

Orçamento Base Zero (OBZ) – é uma ferramenta estratégica utilizada por empresas na elaboração ou na revisão do orçamento para determinado período considerando uma base zerada, sem levar em conta receitas, custos, despesas e investimentos de exercícios anteriores (a chamada base histórica).

Overtrading – grande expansão no volume de atividades de uma empresa, não havendo recursos disponíveis para bancar as necessidades adicionais de giro.

Overnight – indica as aplicações financeiras feitas no *open market* em um dia para serem resgatadas no dia seguinte.

Payback – método de investimento no qual se quer saber em quanto tempo se dará o retorno do investimento inicial (o método tem algumas restrições).

Payback descontado – período de tempo necessário para recuperar o investimento, avaliando-se os fluxos de caixa descontados, ou seja, considerando-se o valor do dinheiro no tempo.

Pay-out – lucro líquido distribuído/lucro líquido total. Indica o percentual do lucro líquido que foi distribuído aos acionistas. Deve-se tomar cuidado com esse indicador: altos *pay-out* podem indicar que a empresa não confia no próprio negócio.

Private equity – termo que vem do inglês e denomina uma forma de financiamento alternativa, utilizada por empresas, de médio ou grande porte, para garantir o desenvolvimento e a expansão de suas atividades. As empresas alvo deste investimento temporário, em geral, gozam de taxas significativas de crescimento e nível de risco médio ou baixo. O termo *private equity* pode também descrever os investidores que atuam na aquisição de participações em empresas existentes, de maior porte, e que não requeiram a colaboração direta do investidor na gestão do negócio.

Preço da ação/valor patrimonial (P/VPa) – outro múltiplo usado pelo mercado para medir se uma ação está cara ou não. É resultado do cálculo do preço da ação dividido pelo valor patrimonial correspondente.

Probabilidade – expressão percentual de o evento ocorrer.

Project finance – operação financeira estruturada que permite dividir o risco entre o empreendedor e o financiador, os quais serão remunerados pelo fluxo de caixa do empreendimento.

Ponto de equilíbrio – termo usado para determinar o nível de vendas necessário para que uma empresa consiga cobrir todos seus custos fixos e variáveis. Na análise de investimentos, reflete o momento exato em que os benefícios igualam os custos acumulados, gerando fluxo de caixa positivo em relação ao investimento efetuado.

Plano de negócios – documento que contém detalhes dos produtos ou serviços, mercados, estratégia futura e currículos dos principais executivos da empresa. O documento deve ajudar tanto os investidores potenciais, quanto os credores da empresa, a entender, entre outros: o que a empresa faz e quais são os objetivos a serem alcançados, o diferencial da empresa frente aos competidores, prazo em que pretende alcançar os objetivos/metas estabelecidos, quais são as projeções financeiras do negócio, quais são os recursos necessários para viabilizar o negócio e muitas outras perguntas relevantes.

Put option – cláusula comum em processos de fusão e aquisição. A cláusula é acionada em casos de discordância entre os sócios e serve para proteger o vendedor.

Quiet period – período em que uma empresa com ações em bolsa está impedida de divulgar informações ao mercado.

Rating (classificação de riscos) – avaliação feita por agências especializadas sobre os riscos de um país ou empresa não conseguir saldar seus compromissos financeiros.

RDB (Recibo de Depósito Bancário) – título de renda fixa que não permite a retirada antecipada dos fundos por parte do investidor e não é negociado no mercado secundário. A taxa de remuneração reflete uma taxa previamente acordada entre a instituição e o investidor.

Rentabilidade – termo usado para expressar a valorização (ou desvalorização) de determinado investimento em termos percentuais. Alguns analistas usam o termo *retorno* ao invés de rentabilidade.

Retorno – total de ganhos ou de perdas de um proprietário ou aplicador sobre investimentos anteriormente realizados.

Risco – possibilidade de prejuízo financeiro ou, mais formalmente, a variabilidade de retorno associada a determinado ativo. Elemento de incerteza associado ao retorno de um investimento, que pode afetar a atividade de um agente financeiro ou o desenrolar de uma operação financeira. O risco traduz a possibilidade de um investimento não apresentar os resultados (mínimos) previstos. Geralmente é representado pelo desvio-padrão, ou seja, pela oscilação das taxas de retorno em torno de sua média.

Risco financeiro – risco de não conseguir gerar recursos necessários à cobertura das despesas financeiras. No mundo financeiro, risco é o potencial que o investimento da sua escolha tem de não proporcionar o resultado antecipado. Tal poderá originar ganhos inferiores ao esperado, mas também poderá significar a perda de todo o investimento original ou, em certos casos, até mais do que isso.

Risco operacional – risco incorrido ao não gerar vendas em volumes necessários à cobertura das despesas operacionais fixas.

Road shows – termo que vem do inglês e denomina as apresentações formais dos planos de negócios de uma empresa para potenciais investidores nacionais ou internacionais com vistas a levantar os recursos necessários para o financiamento de suas atividades.

ROI (retorno de investimento) – indicador usado na análise de projetos, que é calculado dividindo-se o ganho obtido com o projeto sobre o montante aplicado nele.

Saldo de tesouraria (ST) – diferença entre as contas do ativo circulante e do passivo circulante que não guardam relação com a atividade operacional da empresa. Essas contas compõem o AC financeiro e o PC financeiro.

Sazonalidade – flutuação no volume de vendas ou receitas que ocorre em uma determinada época do ano.

Securitização de recebíveis – consiste na antecipação de fluxos de caixa futuros, provenientes de contas a receber de uma empresa, sem comprometer seu limite de crédito e sem prejudicar seu índice de endividamento.

Solvência – é medida de avaliação da capacidade financeira de longo prazo para satisfazer aos compromissos assumidos perante credores exigíveis em qualquer exercício, isto é, no curto e longo prazo pela empresa. Ou seja, a solvência deve garantir que em qualquer momento os elementos do Ativo real irão cobrir totalmente os itens do passivo.

Spin-off – termo que vem do inglês e indica a separação de uma área ou negócio de uma empresa já estabelecida no mercado. Muitas vezes, é utilizada como uma técnica financeira para ajudar empresas na captação de recursos para áreas específicas de negócio que demandam grande volume de recursos para expansão.

Spread – (1) diferença entre preço de compra e preço de venda no mercado de ações, mercadorias ou moedas, diferença entre juros ativos e passivos. (2) taxa de risco, depende da liquidez do tomador, do prazo e do valor contratado.

Startup – significa o ato de começar algo, normalmente relacionado com empresas (emergentes) que estão no início de suas atividades e que buscam explorar atividades e ou projetos inovadores no mercado. Essas empresas, normalmente de base tecnológica, possuem espírito empreendedor e uma constante busca por um modelo de negócio inovador.

Stop-loss – termo em inglês que designa um tipo de ordem de Bolsa no qual o investidor estabelece o preço de venda de uma ação, sendo este abaixo do preço de mercado, com o objetivo de proteger lucros já realizados.

Swap – tipo de contrato que consiste em troca de fluxo de fundos (ativos) futuros entre as partes contratantes. Concessão de empréstimos recíprocos entre bancos, em moedas diferentes e com taxas de câmbio idênticas. O *swap* costuma ser utilizado para antecipar recebimentos em divisas estrangeiras.

Taxa aparente – taxa que se obtém numa operação financeira sem se considerar os efeitos da inflação. Se a inflação for zero, a taxa aparente e a taxa real são iguais.

Taxa de desconto – taxa conhecida também como deságio. Transforma um valor futuro em um valor presente.

Taxa efetiva – taxa realmente verificada na operação financeira. É igual à taxa equivalente quando o período de capitalização é o mesmo.

Taxa equivalente – taxa que remunera igualmente um mesmo capital, aplicado por um mesmo período de tempo, independentemente do número de capitalizações a que cada uma se refere.

Taxa interna de retorno modificada – a TIR modificada (ou MTIR) é uma forma alterada da taxa interna de retorno e procura corrigir problemas relacionados à diferença de taxas reais de financiamento dos investimentos (despesas com valores negativos) e de aplicação de caixa excedente (receitas com valores positivos) existente no cálculo da TIR. A principal finalidade da MTIR é estabelecer o retorno de um investimento que contemple a aplicação dos fluxos excedentes por uma taxa de aplicação e os déficits de fluxos por uma taxa de captação (http://www.cavalcanteassociados.com.br).

Taxa mínima de atratividade (TMA) – custo de oportunidade de capital, expresso sob a forma de taxa de juros.

Taxa nominal – taxa expressa para um intervalo de tempo diferente do período de capitalização.

Taxa real – taxa efetiva ajustada pela inflação.

Taxa SELIC – taxa que reflete o custo do dinheiro para empréstimos bancários, com base na remuneração dos títulos públicos. Também é conhecida como taxa média do *over* que regula diariamente as operações interbancárias.

TIR – (1) taxa de desconto que iguala o valor atual das entradas ao valor atual das saídas ao investimento inicial de um projeto, ou seja, é a taxa de desconto que torna o VPL igual a zero; (2) a **TIR**, em inglês *IRR* (*internal rate of return*), é a taxa necessária para igualar o valor de um investimento (valor presente) aos seus respectivos retornos futuros ou saldos de caixa. Sendo usada em análise de investimentos, significa a taxa de retorno de um projeto.

TJLP (taxa de juros de longo prazo) – indexador oficial para operações financeiras, calculado sobre a lucratividade média dos títulos da dívida externa emitidos pelo Brasil.

Taxa de *performance* – além da taxa de administração, alguns gestores também cobram um taxa pelo seu desempenho, ou *performance*, que é calculada sobre a parcela da rentabilidade do fundo que excede a variação de um índice predeterminado (*benchmark*).

Trade – operação de compra ou venda no mercado.

Upside – é uma expressão em inglês que significa a diferença, em termos percentuais, entre o preço alvo e a cotação atual das ações.

Valor de empresa – é utilizado no cálculo de indicadores fundamentalistas e é calculado como a soma do valor do mercado da empresa mais a sua dívida líquida. Esse indicador expressa o valor da empresa pertencente não somente aos acionistas (valor de mercado), mas também o pertencente aos credores (dívida líquida).

Valor de mercado – de maneira genérica, no mercado financeiro indica o valor que um investidor receberia por um determinado ativo caso o mesmo fosse vendido no mercado naquele mesmo dia.

Valor de face – valor nominal de um título, nota ou instrumento.

Valor justo ou *fair value* – a definição da IFRS (International Financial Reporting Standards – "Normas Internacionais de Contabilidade") para valor justo é: "o preço que seria recebido na venda de um ativo ou pago para transferir um passivo em uma transação ordinária entre participantes de mercado na data da mensuração".

Venture capital – termo que vem do inglês e denomina uma forma de financiamento alternativa, utilizada por empresas, em geral de pequeno porte, para garantir o desenvolvimento e a expansão de suas atividades. As empresas alvo deste investimento temporário, em geral, gozam de altas taxas de crescimento e elevado nível de risco, em função do seu estágio inicial de desenvolvimento e incertezas em relação ao seu futuro.

VE/EBITDA – indicador fundamentalista para avaliar o preço da ação de uma empresa, para comparação posterior com outras empresas no mesmo setor. Expressa a relação do valor da empresa como um múltiplo de seu EBITDA (geração operacional de caixa ou lucro antes de juros, imposto, depreciação e amortização) no ano anterior. O VE é definido como valor de mercado mais dívida líquida.

Valor presente ou VP – somatório do valor atual de cada componente (entradas e saídas) do fluxo de caixa descontado pela taxa mínima de atratividade. O valor presente é o valor aplicado ou retirado, na data atual, por meio de alguma operação financeira, que ao render juros a uma determinada taxa, o valor do montante de uma data futura será de igual valor nominal na data atual.

Valor residual – valor de um ativo após ter sido totalmente depreciado.

Valuation – é o termo em inglês para "avaliação de empresas". É o processo de estimar quanto uma empresa vale, determinando seu preço justo e o retorno de um investimento em suas ações. Existem diversas formas de avaliação, sendo as mais comuns o valor dos ativos, o valor presente do fluxo de caixa futuro, ou o valor dos múltiplos da empresa. Com base na avaliação do valor da empresa, analistas fazem recomendações de compra ou venda comparando com o preço atual das ações da empresa listadas na bolsa. (www.bussoladoinvestidor.com.br).

Vendor – financiamento de vendas no qual a empresa utiliza seu crédito para incrementar o prazo do cliente sem utilizar caixa. O fornecedor é interveniente pela dívida da empresa.

Volatilidade – representa as flutuações dos eventos em torno de um denominador comum. Estatisticamente, a média é o denominador comum, e o desvio-padrão é a medida de flutuação.

VPL (**Valor Presente Líquido**) – também conhecido como **Valor Atual Líquido (VAL)** ou **método do valor atual**, é a fórmula matemático-financeira de se determinar o valor presente de pagamentos futuros descontados a uma taxa de *juros* apropriada, menos *o custo do investimento inicial*. Basicamente, é o cálculo de quanto os futuros pagamentos somados a um *custo* inicial estaria valendo atualmente. Temos que considerar o conceito de valor do *dinheiro* no tempo, pois, exemplificando, R$ 1 milhão, hoje, não valeria R$ 1 milhão daqui a um ano, devido ao custo de oportunidade de se colocar, por exemplo, tal montante de dinheiro na *poupança* para render juros.

WACC (*weighted average cost of capital*) – *conhecido como* custo médio ponderado de capital (CMPC), é obtido pelo custo de cada fonte de **capital**, ponderado por sua respectiva participação na estrutura de financiamento da empresa. Reflete quanto uma empresa paga para levantar dinheiro com empréstimos ou a venda de ações. Em análise fundamentalista, é usado para trazer a valor presente os fluxos de caixa futuros de uma empresa.

Working capital (em inglês) – **capital de giro** ou **ativo corrente** é um recurso de rápida renovação (dinheiro, créditos, estoques etc.) que representa a liquidez da operação disponível para a empresa.

Write-off – escrituração de uma perda decorrente de uma dívida não paga. Em finanças internacionais, o *write-off* implica a eliminação ou a desvalorização da dívida externa de um país.

Warrant – é um título que garante o direito, mas não a obrigação, de compra ou venda de ações de uma empresa a um preço fixo após determinado período. As *warrants* funcionam da mesma forma que as opções de compra ou venda de ações, ainda que, em alguns casos, existam pequenas diferenças de funcionamento entre esses dois papéis.

Referências

ALVIM, Marcelo Arantes. *Análise fundamentalista*. Equipe Valuation. FGV, 2011. Apostila.

ASSAF NETO, Alexandre. *Finanças corporativas e valor*. 3. ed. São Paulo: Atlas, 2006.

ASSAF NETO, Alexandre. *Finanças corporativas e valor*. São Paulo: Atlas, 2003.

ASSAF NETO, Alexandre; SILVA, César Augusto Tibúrcio. *Administração do capital de giro*. 4. ed. São Paulo: Atlas, 2012.

ASSAF NETO, Alexandre; SILVA, César Augusto Tibúrcio. *Administração do capital de giro*. 2. ed. São Paulo:Atlas, 1997.

ASSAF NETO, Alexandre; SILVA, César Augusto Tibúrcio. *Administração do capital de giro*. 3. ed. São Paulo: Atlas, 2002.

ASSAF NETO, Alexandre; SILVA, César Augusto Tibúrcio. *Capital de giro*. São Paulo: Atlas, 2006.

ASSAF NETO, Alexandre; SILVA, César Augusto Tibúrcio; LIMA, Fabiano Guasti. *Curso de administração financeira*. 2. ed. São Paulo: Atlas, 2011.

ATKINSON, Anthony A.; BANKER, Rajiv D.; KAPLAN, Robert S.; YOUNG, S. Mark. *Contabilidade gerencial*. São Paulo: Atlas, 2008.

BANGS, JR., David H. *Guia de controle de fluxo de caixa*: métodos para compreender e controlar o problema número um da pequena empresa. Tradução de Claudio Costa. Rio de Janeiro: Infobook, 1995.

BCG; EAESP-FGV. *O desafio de geração de valor para o acionista – volume 1*. São Paulo: BCG/FGV, 1995.

BCG; EAESP-FGV. *Métricas de valor para o acionista – volume 2*. São Paulo: BCG/FGV, 1999.

BERTI, Amélio. *Análise do capital de giro*: teoria e prática. São Paulo: Ícone, 1999.

BLATT, Adriano. *Análise de balanço*. São Paulo: Makron Books, 2001.

BLATT, Adriano. *Criação de valor para o acionista*: EVA-MVA. Rio de Janeiro: Suma Econômica, 2000.

BOISVERT, Hugues. *Contabilidade por atividades – contabilidade de gestão*: práticas avançadas. São Paulo: Atlas, 1999.

BRAGA, Roberto; MARQUES, José Augusto Vieira da Costa. Avaliação da liquidez das empresas através da demonstração de fluxos de caixa. *Revista Contabilidade & Finanças*. Fipecafi – FEA/USP, artigo, v. 14, nº 25, p. 6, jan./abr. 2001.

BRAGA, Roberto; MARQUES, José Augusto Vieira da Costa. *Fundamentos e técnicas de administração financeira*. São Paulo: Atlas, 1998.

BRAGA, Roberto; MARQUES, José Augusto Vieira da Costa. *Fundamentos e técnicas de administração financeira*. São Paulo: Atlas, 1994.

BRANCO, Anísio Costa C. *Matemática financeira aplicada*. São Paulo: Pioneira Thomson Learning, 2002.

BREALEY, Richard A.; MYERS, Stewart C. *Principles of corporate finance*. New York: McGraw-Hill, 2000.

BRIGHAM, Eugene F.; GAPENSKI, Louis C.; EHRHARDT, Michael C. *Administração financeira*: teoria e prática. São Paulo: Atlas, 2001.

BRIGHAM, Eugene F.; HOUSTON, Joel F. *Fundamentos da moderna administração financeira*. Tradução de Maria Imilda da Costa e Silva. 6. ed. Rio de Janeiro: Campus, 1999.

BROM, Luiz Guilherme; BALIAN, Jose Eduardo Amato. *Análise de investimentos e capital de giro*: conceitos e aplicações. São Paulo: Saraiva, 2007.

CALVO, Ivan Pricoli; ALMEIDA, Jose Mauro Bacellar de; BISPO, Pedro Leão; FERREIRA, Washington Luiz. *Orçamento empresarial*. São Paulo: FGV, 2014.

CAMARGOS, Daniela. Escorregadas técnicas: pesquisa da USP revela as falhas cometidas por analistas brasileiros no cálculo do preço justo das companhias. Revista *Capital Aberto*, n° 26, p. 30, out. 2005.

CAMPOS FILHO, Ademar. *Fluxo de caixa em moeda forte*. 2. ed. São Paulo: Atlas, 1993.

CAMPOS FILHO, Ademar. *Demonstração dos fluxos de caixa*. São Paulo: Atlas, 1999.

CASHIN, James A.; POLIMENI, Ralph S. *Curso de contabilidade de custos*. Tradução de Sara Gedanke. São Paulo: McGraw-Hill do Brasil, 1982. v. 1.

CAVICCHINI, Alexis. Como enfrentar a crise. *Revista Suma Econômica*, ed. 448, set. 2015, p. 7.

CHIAVENATO, Idalberto. *Administração financeira*: uma abordagem introdutória. Rio de Janeiro: Campus, 2006.

CHING, Hong Yuh; MARQUES, Fernando; PRADO, Lucilene. *Contabilidade & finanças*. São Paulo: Pearson, 2007.

COPELAND, Tom; KOLLER, Tim; MURRIN, Jack. *Valuation*: measuring and managing the value of companies. New York: John Wiley, 1990.

CORRÊA, Henrique L.; GIANESI, Irineu G. N.; CAON, Mauro. *Planejamento, programação e controle da produção*: MRP II/ERP: conceitos, uso e implantação. 4. ed. São Paulo: Atlas, 2001.

COSTA, Marques José Augusto Veiga da. *Análise financeira das empresas*. Rio de Janeiro: UFRJ, 2004.

CVM TOP. *Mercado de valores mobiliários brasileiro*. Acadêmico Publicações, 2013. Disponível em: www.portaldoinvestidor.gov.br. Acesso em: 22 dez. 2017.

DALBELLO, Liliane. *A relevância do uso do fluxo de caixa como ferramenta de gestão financeira para avaliação da liquidez e capacidade de financiamento de empresas.* 1999. Dissertação (Mestrado em Engenharia de Produção) – Universidade Federal de Santa Catarina, Santa Catarina, 1999.

DAMODARAN, Aswath. *Avaliação de investimentos*: ferramentas e técnicas para a determinação do valor de qualquer ativo. Tradução de Bazán Tecnologia e Linguística. Rio de Janeiro: Qualitymark, 1997.

DAMODARAN, Aswath. *Avaliação de investimentos*: ferramentas e técnicas para a determinação do valor de qualquer ativo. 2. ed. Rio de Janeiro: Qualitymark, 2010.

DAMODARAN, Aswath. *A face oculta da avaliação.* São Paulo: Makron Books, 2002.

DAMODARAN, Aswath. *Finanças corporativas*: teoria e prática. Porto Alegre: Bookman, 2004.

DI AGUSTINI, Carlos Alberto. *Capital de giro.* São Paulo: Atlas, 1996.

DRUCKER, Peter F. *A nova era da administração.* São Paulo: Pioneira, 1992.

EHRBAR, Al. EVA®: Valor Econômico Agregado: a verdadeira chave para a criação da riqueza. Tradução de Bazán Tecnologia e Linguística. Rio de Janeiro: Qualitymark 1999, 9.36.

FALCINI, Primo. *Avaliação econômica de empresas*: técnica e prática. 2. ed. São Paulo: Atlas, 1995.

FALCONI, Vicente. *Controle de qualidade total*: no estilo japonês. Belo Horizonte: Fundação Christiano Ottoni, 1992.

FERREIRA, Jose Antonio Stark. *Finanças corporativas.* São Paulo: Pearson Education do Brasil, 2005.

FGV – Fundação Getulio Vargas. *Manual de administração financeira.* Rio de Janeiro: Editora da FGV, 2001.

FGV – Fundação Getulio Vargas. *Manual MBA em finanças e mercado de capitais*: análise econômico-financeira das empresas. Rio de Janeiro: Editora da FGV, 1998.

FGV – Fundação Getulio Vargas. *Manual MBA em finanças e mercado de capitais*: finanças corporativas. Rio de Janeiro: Editora da FGV, 1998.

FIPECAFI – Fundação Instituto de Pesquisas Contábeis, Atuariais e Financeiras. *Manual das sociedades por ações*: aplicável às demais sociedades. 6. ed. São Paulo: Atlas, 2003.

FLEURIET, Michel; ZEIDAN, Rodrigo. *O modelo dinâmico de gestão Financeira.* São Paulo: Alta Books, 2015.

FLEURIET, Michel; KEHDY, Ricardo; BLANC, Georges. *O modelo Fleuriet*: a dinâmica financeira das empresas brasileiras. 6. ed. Rio de Janeiro: Campus, 2003.

FONSECA, Adriana Monteiro; PETTI, Carin Homonnay. Otimização de Custos. *Revista Pequenas Empresas & Grandes Negócios*, São Paulo, fev. 2006.

FRANCO, Jackson Pedrosa. *Administração do fluxo de caixa.* Copymarket.com, 2000.

FREZATTI, Fábio. *Gestão do fluxo de caixa diário: como dispor de um instrumento fundamental para o gerenciamento do negócio.* São Paulo: Atlas, 1997.

GITMAN, Lawrence J. *Princípios de administração financeira.* 10. ed. São Paulo: Harbra, 2004.

GITMAN, Lawrence J. *Princípios de administração financeira.* São Paulo: Harbra, 1997.

GROPELLI, Angelico A.; NIKBAKHT, Ehsan. *Administração financeira*. São Paulo: Saraiva, 2006.

GUIMARÃES, José de Oliveira; OZÓRIO, Diego. *Gestão do capital de giro*. Rio de Janeiro: FGV, 2018.

HARRIS, Milton; RAVIV, Artur. The theory of capital structure. *The Journal of Finance*, v. 46, n° 1, p. 297-355, Mar. 1991.

HIGGINS, Robert C. *Análise para administração financeira*. São Paulo: McGraw-Hill, 2007.

HOJI, Masakazu. *Administração financeira*: uma abordagem prática. 5. ed. São Paulo: Atlas, 2004.

HOJI, Masakazu. *Administração financeira*. 4. ed. São Paulo: Atlas, 2003.

HOJI, Masakazu. *Administração financeira*. São Paulo: Atlas, 2006.

HOJI, Masakazu. *Práticas de tesouraria*. 3. ed. São Paulo: Atlas, 2001.

HOPP, João Carlos; LEITE, Helio de Paula. O mito da liquidez. *RAE – Revista de Administração de Empresas*, vol. 29, n° 4, out./dez. 1989.

HORNGREN *et al*. *Contabilidade de custos*. Tradução de José Luiz Paravato. 9. ed. Rio de Janeiro: Livro Técnico, 1997.

HORNGREN, Charles T.; FOSTER, George. *Cost Accounting, a managerial emphasis*. 8. ed. Englewood Cliffs: Prentice Hall, 1996.

IBRACON – Instituto Brasileiro de Contadores. *Manual de gerenciamento de fluxo de caixa*. Rio de Janeiro: Ibracon, 1993.

IBRACON – Instituto Brasileiro de Contadores. *Normas internacionais de contabilidade*. São Paulo: Ibracon, 1998.

IOB – Informações Objetivas. *Temática contábil e balanços*. Boletim jun. 98. São Paulo: IOB, 1998.

IUDÍCIBUS, Sérgio de; MARTINS, Eliseu; GELBCKE, Ernesto Rubens. *Manual de contabilidade das sociedades por ações*. 6. ed. São Paulo: Atlas, 2003.

JACOBSEN, Paulo. *Como evitar desperdícios e reduzir os custos de sua empresa*. Rio de Janeiro: Suma Econômica, COP, 1993.

KATO, Jerry. *Curso de finanças empresariais*: fundamentos de gestão financeira em empresas. São Paulo: M.Books, 2012.

KAYO, Eduardo Kazuo *et al*. *Introdução às finanças empresariais*. São Paulo: Saraiva, 2012.

KELLER, Kevin Lane, KOTLER, Philip. *Administração de marketing*. 14. ed. São Paulo: Pearson, 2012.

KOTLER, Philip. *Administração de marketing*. São Paulo: Atlas, 1994.

KUME, Ricardo; SEIDEL, André. *Contabilização das variações da necessidade de capital de giro*. *Revista Contabilidade & Finanças*. Fipecafi – FEA/USP, artigo, v. 14, n° 25, p. 6. jan./abr. 2001.

Referências **417**

LAPPONI, Juan Carlos. *Matemática financeira usando o Excel 5 e 7*. São Paulo: Lapponi Treinamento e Editora, 1996.

LAURETTI, Lélio. *Relatório anual*: veículo por excelência da comunicação institucional. 2. ed. São Paulo: Saraiva, 2003.

LEITE, Helio de Paula. *Introdução à administração financeira*. 2. ed. São Paulo: Atlas, 1994.

LEONE, George Sebastião Guerra. *Curso de contabilidade de custos*. São Paulo: Atlas, 1997.

LEONE, George Sebastião Guerra. *Curso de contabilidade de custos*. 2. ed. São Paulo: Atlas, 2000.

LEMES, Antonio Barbosa; RIGO, Cláudio Miessa; CHEROBIM, Ana Paula Mussi Szabo. *Administração financeira*. 2. ed. São Paulo: Campus, 2005.

LEMES, Antonio Barbosa; RIGO, Cláudio Miessa; CHEROBIM, Ana Paula Mussi Szabo. *Administração financeira*: princípios, fundamentos e práticas brasileiras. Rio de Janeiro: Campus, 2002.

LEMES, Antonio Barbosa; RIGO, Cláudio Miessa; CHEROBIM, Ana Paula Mussi Szabo. *Fundamentos de finanças empresariais*: técnicas e práticas essenciais. São Paulo: LTC, 2015.

LEMES, Antonio Barbosa; RIGO, Cláudio Miessa; CHEROBIM, Ana Paula Mussi Szabo. *Administração financeira*: princípios, fundamentos e práticas trabalhistas. 2. ed. Rio de Janeiro: Elsevier, 2005.

LEMES JUNIOR, Antonio Barbosa. *Administração financeira*: princípios, fundamentos e práticas brasileiras. Rio de Janeiro: Campus, 2002.

MACHADO, José Roberto. *Administração de finanças empresariais*. São Paulo: Qualitymark, 2002.

MALVESSI, Oscar. Criação ou destruição de valor ao acionista. *Revista Conjuntura Econômica*, Rio de Janeiro, jan. 2000.

MARION, José Carlos. *Contabilidade empresarial*. São Paulo: Atlas, 2003.

MARION, José Carlos; REIS, Arnaldo. *Mudanças nas demonstrações contábeis*. São Paulo: Saraiva, 2003.

MARION, José Carlos. Contabilidade *vs* fluxo de caixa. *Caderno de Estudos*, Fipecafi, artigo, nº 2, abr. 2001.

MARTINS, Eliseu. *Contabilidade de custos*. 6. ed. São Paulo: Atlas, 1998.

MARTINS, Eliseu . *Contabilidade de custos*. 7. ed. São Paulo: Atlas, 2000.

MAXIMIANO, Antonio César Amaru. *Introdução à administração*. 5. ed. São Paulo: Atlas, 2000.

MEGLIORINI, Evandir; VALLIM, Marco Aurélio. *Administração financeira*: uma abordagem brasileira. São Paulo: Pearson Education do Brasil, 2009.

MENDES, Sergio. *Administração financeira e orçamentária*. 2. ed. São Paulo: Método, 2011. Série Teoria e Questões.

MENDONÇA, Luís Geraldo *et al*. *Matemática financeira*. 3. ed. Rio de Janeiro: FGV, 2004.

MILBORN, Todd. *O charme do EVA como uma medida do desempenho. Financial Times – Dominando Finanças*. Tradução de Kátia Roque. Revisão Técnica Rubens Fama. São Paulo: Makron Books, 2001.

MIYOSHI, Jerry Kato. *Curso de finanças empresariais*. São Paulo: Makron Books do Brasil, 2012.

MORANTE, Antonio Salvador. *Análise das demonstrações financeiras*. São Paulo: Atlas, 2007.

MÜLLER, Aderbal Nicolas; ANTONIK, Luis Roberto. *Análise financeira*: uma visão gerencial. Guia prático com sugestões e indicações da análise financeira das organizações. São Paulo: Atlas, 2008.

NEVES, Silvério das; VICECONTI, Paulo Eduardo V. *Contabilidade de custos*: um enfoque direto e objetivo. 5. ed. São Paulo: Frase, 1998.

OLINQUEVICH, José Leônidas; SANTI FILHO, Armando de. *Análise de balanços para controle gerencial*. 4. ed. São Paulo: Atlas, 2004.

OLIVEIRA, Ruber Camêlo de; ARAÚJO, Antônio Maria Henri Beyle de. Análise do comportamento do fluxo de caixa livre nas indústrias de roupa de malha, do "segmento vestuário", listadas na Bovespa. Brasília, 2006. Disponível em: http://www.contabeis.ucb.br/sites/000/96/00000068.pdf. Acesso em: 8 maio 2009.

OLIVEIRA JR., José Alves de. Fontes de financiamento de empresa e uso de capital de terceiros. *Cola da Web*. Disponível em: http://www.coladaweb.com/administracao/fontes-de-financiamento-de-empresa-e-uso-de-capital-de-terceiros.

PADOVEZE, Clóvis Luís. *Contabilidade gerencial*: um enfoque em sistema de informação contábil. 5. ed. São Paulo: Atlas, 2007.

PADOVEZE, Clóvis Luís. *Introdução à administração financeira*. São Paulo: Thomson, 2005.

PARSLOE, Eric; WRIGHT, Raymond. *O orçamento*. São Paulo: Nobel, 2001.

PEREIRA, Agnaldo. *Administração financeira*. São Paulo: FGV, 2001.

PEREIRA, Agnaldo. *O caixa é o rei*. Rio de Janeiro: Linkquality, 2000.

PESQUISA do Sebrae-SP. *Sobrevivência e mortalidade das empresas paulistas de 1 a 5 anos*. Disponível em: http//www.sebraesp.com.br. Acesso em: 15 abr. 2004.

PINHO, Adelino Dias. Demonstração dos fluxos de caixa. *Boletim do Ibracon*, São Paulo, nº 220, set. 1996.

PUCCINI, Abelardo de Lima; PUCCINI, Adriana. *Matemática financeira objetiva e aplicada*: edição compacta. São Paulo: Saraiva, 2006.

QUINTANA, Alexandre Costa; MUNHOZ, Cristiane Gonçalves; AZEVEDO, Sandro Teixeira de. A demonstração do fluxo de caixa: um comparativo histórico e conceitual. *Revista Brasileira de Contabilidade*, Brasília, nº 166, p. 69-81, jul. ago. 2007.

RAPPAPORT, Alfred. *Gerando valor para o acionista*. São Paulo: Atlas, 2001.

REBELATTO, Daysi (Org.). *Projeto de investimento*. São Paulo: Atlas, 2001.

REIS, Arnaldo. *Demonstrações contábeis*: estrutura e análise. São Paulo: Saraiva, 2002.

ROSS, Stephen A.; WESTERFIELD, Randolph W.; JAFFE, Jeffrey F. *Administração financeira*. 2. ed. São Paulo: Atlas, 2002.

ROSS, Stephen A. ; WESTERFIELD, Randolph W.; JAFFE, Jeffrey F. *Administração financeira*. 10. ed. Porto Alegre: McGraw-Hill, 2015.

ROSS, Stephen A.; WESTERFIELD, Randolph W.; JAFFE, Jeffrey F. *Administração financeira*: corporate finance. São Paulo: Atlas, 1995.

ROSSETTI, José Paschoal; ANDRADE, Adriana. *Governança corporativa*: fundamentos, desenvolvimento e tendências. 7. ed. São Paulo: Atlas, 2014. p. 116.

RUDGE, Luiz Fernando. *Enciclopédia de finanças*. São Paulo: Saraiva, 2006.

SÁ, Carlos Alexandre. *Fluxo de caixa*: a visão da tesouraria e da controladoria. 2. ed. São Paulo: Atlas, 2008.

SALIM, Cesar Simões *et al. Administração empreendedora*: teoria e prática usando estudos de caso. 2. ed. Rio de Janeiro: Elsevier, 2004.

SAMANEZ, Carlos Patrício. *Matemática financeira: aplicações à análise de investimentos*. 4. ed. São Paulo: Prentice Hall, 2007.

SANTOS, Ariovaldo; LUSTOSA, Paulo R. Demonstração de fluxos de caixa: informações objetivas. *Temática contábil e balanços*. São Paulo: IOB, nº 14, p. 1-8, 1999.

SANTOS, Edno Oliveira dos. *Administração financeira da pequena e média empresa*. São Paulo: Atlas, 2001.

SANTOS, José Luiz dos; SCHMIDT, Paulo; FERNANDES, Luciane Alves. *Demonstrações contábeis das companhias abertas*: de acordo com a Nova Deliberação CVM nº 488/05. São Paulo: Atlas, 2006.

SANTOS, José Odálio dos. *Valuation*: um guia prático. São Paulo: Saraiva, 2011.

SANTOS, Paulo Sergio M. *Gestão de riscos empresariais*. São Paulo: Novo Século, 2002.

SANVICENTE, Antonio Z. *Administração financeira*. São Paulo: Atlas, 1987.

SCHOELER, Telmo. O balanço de duas décadas no Brasil. Revista RI, Rio de Janeiro, 2018, n. 220, p. 30-31, abr. 2018.

SECURATO, José Roberto. *Mercado financeiro e análise de investimento*. Saint Paul Institute of Finance, 2005.

SEGUNDO FILHO, José. *Controles financeiros e fluxo de caixa*. São Paulo: Qualitymark, 2005.

SILVA, Alexandre Alcântara da. *Estrutura, análise e interpretação das demonstrações contábeis*. São Paulo: Atlas, 2007.

SILVA, Alexandre Alcântara da. *Estrutura, análise e interpretações das demonstrações contábeis*. 4. ed. São Paulo: Atlas, 2014.

SILVA, Amado Francisco da. Demonstração dos fluxos de caixa. *In*: MARION, José Carlos; REIS, Arnaldo. *Mudanças nas demonstrações contábeis*. São Paulo: Saraiva, 2003. p. 67-68.

SILVA, Edson Cordeiro da. *Contabilidade empresarial para gestão de negócios*. São Paulo: Atlas, 2008.

SILVA, Edson Cordeiro da. *Como administrar o fluxo de caixa das empresas*: guia de sobrevivência empresarial. 3. ed. São Paulo: Atlas, 2008.

SILVA, Edson Cordeiro da. *Governança corporativa nas empresas*. 4. ed. São Paulo: Atlas, 2012.

SILVA, Edson Cordeiro da. *Introdução à administração financeira*. São Paulo: LTC, 2009.

SILVA, Edson Cordeiro da. *Relação com investidores e governança corporativa nas empresas*. São Paulo: Atlas, 2012.

SILVA, José Pereira da. *Análise financeira das empresas*. São Paulo: Atlas, 2005.

SILVA, José Pereira da. *Análise financeira nas empresas*. 3. ed. São Paulo: Atlas,1996.

TANDEM CONSULTORIA EMPRESARIAL. *Gestão do caixa*. 2. ed. São Paulo: BTC/Suma Econômica, 2001.

TÓFOLI, Irso. *Administração financeira empresarial*: uma tratativa prática. Campinas: ArteBrasil/Unisalesiano, 2008.

VALENTE, Paulo Gurgel. *Guia para compra e venda de empresas*. Organizadores Érico Luiz Canarim, João Luiz Coelho da Rocha e José Carlos Pereira. São Paulo: LTC, 2014.

VIEIRA, Marcos Villela. *Administração estratégica do capital de giro*. São Paulo: Atlas, 2005.

VIEIRA SOBRINHO, José Dutra. *Matemática financeira*. 7. ed. São Paulo: Atlas, 2000.

VIRGILLITO, Salvatore B. *Princípios de matemática financeira e análise de investimentos*. São Paulo: Edicon, 2004.

WALKER, Ian. *Comprando uma empresa com dificuldades financeiras*. São Paulo: Makron, 1994.

WARREN, Carl S.; REEVE, James M.; FESS, Philip E. *Contabilidade gerencial*. São Paulo: Thomson Learning, 2001.

WELSCH, Glenn Albert. *Orçamento empresarial*. Tradução e adaptação à terminologia contábil brasileira de Antônio Zoratto Sanvicente. 4. ed. São Paulo: Atlas, 1996.

WESTON, J. Fred; BRIGHAM, Eugene F. *Fundamentos da administração financeira*. 10. ed. São Paulo: Makron Books, 2000.

YOUNG, S. David; O'BYRNE, Stephen F. *EVA e gestão baseada em valor*. Porto Alegre: Bookman, 2003.

YOSHITAKE, Mariano; HOJI, Masakazu. *Gestão de tesouraria*: controle e análise de transações financeiras em moeda forte. São Paulo: Atlas, 1997.

ZAFFANI, Carlos Alberto. EBITDA: virtudes e defeitos. *Boletim CRCSP*. Ano XXXV, no 154, mar. abr. maio 2005.

ZDANOWICZ, José Eduardo. *Finanças aplicadas para empresas de sucesso*. São Paulo: Atlas, 2012.

ZDANOWICZ, José Eduardo. *Fluxo de caixa*: uma decisão de planejamento financeiro. 7. ed. Porto Alegre: Sagra Luzzatto, 1998.

ZDANOWICZ, José Eduardo. *Fluxo de caixa*: uma decisão de planejamento e controle financeiros. Porto Alegre: Sagra Luzzatto, 1995.

ZDANOWICZ, José Eduardo. *Fluxo de caixa*: uma decisão de planejamento e controle financeiro. 8. ed. Porto Alegre: Sagra Luzzatto, 2000.

Sites de consulta

Anexos

Com o objetivo de auxiliar o leitor em sua busca por informações econômico-financeiras e contábeis, são relacionadas algumas fontes de pesquisa (*sites*) que podem ajudar, já que a internet é um meio de comunicação confiável e interativo.

Entidade	Endereço
Abacusliquid	http://abacusliquid.com
ABRASCA – Associação Brasileira das Companhias Abertas	http://www.abrasca.org.br
AMEC – Associação de Investidores no Mercado de Capitais	http://www.amecbrasil.org.br
ANBID	http://certificacao.anbid.com.br/
ANBIMA – Associação Brasileira das Entidades dos Mercados Financeiro e de Capitais	http://portal.anbima.com.br
ANDIMA – Associação Nacional das Instituições do Mercado Financeiro	http://www.andima.com.br
ANEFAC – Associação Nacional dos Executivos de Finanças, Administração e Contabilidade	http://www.anefac.com.br
Associação Brasileira de Custos	http://www.abcustos.org.br
BCB – Banco Central do Brasil	http://www.bcb.gov.br
Banco do Brasil S.A.	http://www.bb.com.br
Blog do Investidor	http://www.blogdoinvestidor.com.br
BM&F BOVESPA	http://www.bmfbovespa.com.br
BNDES – Banco Nacional de Desenvolvimento Econômico e Social	http://www.bndes.gov.br
Broadcast	http://www.broadcast.com.br
BTG pactual	https://www.btgpactual.com/empresas
CEF – Caixa Econômica Federal	http://www.cef.gov.br
CETIP	http://www.cetip.com.br

Entidade	Endereço
CFC – Conselho Federal de Contabilidade	http://www.cfc.org.br
Clube do Valor	http://www.clubedovalor.com.br
CVM – Comissão de Valores Mobiliários	http://www.cvm.gov.br
Damodaran	http://www.damodaran.com
Economática	http://www.economatica.com.br
EmpiricusInvestimentos	https://www.empiricusinvestimentos.com.br/
FGV – Fundação Getulio Vargas	http://www.fgvsp.br
Financial Times	https://www.ft.com
FINEP – Financiadora de Estudos e Projetos	http://www.finep.gov.br
FIPE – Fundação Instituto de Pesquisas Econômicas	http://www.fipe.com
Fundamentus	http://www.fundamentus.com.br
Guiabolso	https://blog.guiabolso.com.br
Guiainvest	http://www.guiainvest.com.br
IBEF – Instituto Brasileiro de Executivos de Finanças	http://www.ibefrio.org.br
IBGE – Fundação Instituto Brasileiro de Geografia e Estatística	http://www.ibge.gov.br
IBMEC	http://ibmec.org
IBRI – Instituto Brasileiro de Relações com Investidores	http://www.ibri.com.br
Infoinvest	http://www.infoinvest.com.br
Infomoney	http://www.infomoney.com.br
Insper	https://www.insper.edu.br
IPEA – Instituto de Pesquisa Econômica Aplicada	http://www.ipea.gov.br
Jornal do Commercio	http://www.jornaldocommercio.com.br
Revista *Capital Aberto*	https://capitalaberto.com.br
Revista *RI (Relação com Investidores)*	http://www.revistari.com.br
SEBRAE – Serviço Brasileiro de Apoio às Micro e Pequenas Empresas	https://www.sebrae.com.br
Secretaria da Receita Federal	http://idg.receita.fazenda.gov.br
SENAC	http://rj.senac.br
SENAI	https://www.cursosenairio.com.br
SUNO Investimentos	https://www.suno.com.br/
Tesouro Direto	http://www.tesourodireto.gov.br
XP Investimento	https://www.xpi.com.br/